2017

中国农村贫困监测报告

POVERTY MONITORING REPORT OF RURAL CHINA

国家统计局住户调查办公室

COMPILED BY
Department of Household Surveys
National Bureau of Statistics of China

图书在版编目（CIP）数据

2017 中国农村贫困监测报告 / 国家统计局住户调查办公室编. -- 北京 : 中国统计出版社, 2017.10
ISBN 978-7-5037-8348-7

Ⅰ. ①2… Ⅱ. ①国… Ⅲ. ①农村—贫困—调查报告—中国—2017 Ⅳ. ①F323.8

中国版本图书馆 CIP 数据核字（2017）第 226128 号

中国农村贫困监测报告 -2017

作　　者 / 国家统计局住户调查办公室
责任编辑 / 冯燕玲
装帧设计 / 黄　晨　李雪燕
出版发行 / 中国统计出版社
通信地址 / 北京市丰台区西三环南路甲 6 号　邮政编码 /100073
电　　话 / 邮购（010）63376909　书店（010）68783171
网　　址 /http://www.zgtjcbs.com/
印　　刷 / 河北鑫兆源印刷有限公司
经　　销 / 新华书店
开　　本 /880mm×1230mm　1/16
字　　数 /850 千字
印　　张 /27.25
版　　别 /2017 年 10 月第 1 版
版　　次 /2017 年 10 月第 1 次印刷
定　　价 /198.00 元

如有印装差错，由本社发行部调换。

《中国农村贫困监测报告—2017》编委会成员

前　言

党的十八大以来，在全面建成小康社会、实现中华民族复兴的伟大进程中，以习近平同志为核心的党中央，坚持以人民为中心的发展思想，把扶贫开发工作纳入“四个全面”战略布局，摆在更加突出的位置，大力实施精准扶贫、精准脱贫基本方略，丰富和拓展了中国特色扶贫开发道路，不断开创扶贫开发事业新局面。国家统计局按照《中共中央国务院关于打赢脱贫攻坚战的决定》要求，围绕脱贫攻坚总目标修订完善贫困监测调查制度，不断提高监测能力和数据质量，加强数据共享，切实加强农村贫困监测体系建设，努力为制定相关政策、打赢脱贫攻坚战提供真实可靠的统计依据。

《中国农村贫困监测报告》以农村贫困监测调查统计和各部门扶贫实践为基础，目的是如实记录脱贫攻坚总体目标实现进程、客观评价农村减贫成效、全面反映各地区各部门实施精准扶贫工作实际及成果。报告分五篇，全国篇主要包括党的十八大以来农业农村经济运行情况及全国农村减贫情况，2016 年度全国农村及贫困地区、连片特困地区和扶贫开发重点县农村减贫情况；部门篇包括国家相关部委扶贫工作开展情况；地区篇包括中西部 22 个省份 2016 年减贫情况；典型案例与调研篇收录了各地在开展产业扶贫、教育扶贫、易地搬迁扶贫、旅游扶贫等方面的典型案例和调研分析报告；统计资料篇主要包括国家统计局贫困监测调查主要结果数据。

本报告编写过程中得到了国务院扶贫领导小组各成员单位的大力支持，在此，特别感谢国务院扶贫办、国家发改委、教育部、工业和信息化部、国家民委、民政部、财政部、国土资源部、交通运输部、水利部、农业部、卫生计生委、审计署、林业局、国家铁路局、全国妇联、中国铁路总公司、中国农业银行等有关部门为本报告提供相关稿件，也衷心感谢国家统计局相关司局及各调查总队的积极参与。

限于水平和经验，本报告难免有不足之处，真诚欢迎大家提出批评和建议。

编　者

2017 年 8 月

目录

Contents

典型案例与调研篇

目录

Contents

目录

Contents

全国篇

党的十八大以来农业和农村经济运行综述

党的十八大以来，面对错综复杂的国内外经济形势和自然灾害多发频发的不利影响，在以习近平同志为核心的党中央坚强领导下，各地区各部门不断深化农村改革特别是农业供给侧结构性改革，完善强农惠农富农政策体系，加快培育新主体新产业新动能，农业农村发展再上新台阶，基础更加稳固，活力明显增强，呈现出农业稳定增长、农民持续增收、农村面貌改善的良好局面，为农村全面小康建设奠定了坚实基础。

一、粮食持续丰收，站上站稳12000亿斤新台阶

（一）粮食生产持续丰收。

保障粮食等重要农产品的基本供给，始终是农业农村工作的首要任务，是治国理政的头等大事。十八大以来，党中央、国务院提出了“以我为主、立足国内、确保产能、适度进口、科技支撑”的粮食安全新战略，继续实施小麦和稻谷最低收购价政策，实施支持保护补贴，对产粮大县进行奖励，充分调动了地方政府重农抓粮和广大农民务农种粮的积极性，粮食持续丰收，取得历史性突破和举世瞩目的巨大成就。

粮食持续丰收是在2004年至2012年连续9年增产、起点较高的情况下取得的，高点爬坡，实属不易。2013年至2015年，全国粮食总产量连年增产，2016年国家实施农业供给侧结构性改革，主动调减玉米播种面积，全国粮食总产量比上年虽有所下降，但仍是历史第二高产年份。2016年，全国粮食总产量达到12325亿斤，比2012年增加533亿斤，增长4.5%，2013-2016年年均增长1.1%。其中，稻谷产量为4142亿斤，增加57亿斤，增长1.4%，年均增长0.3%；小麦产量为2577亿斤，增加

157 亿斤，增长 6.5%，年均增长 1.6%；玉米产量为 4391 亿斤，增加 279 亿斤，增长 6.8%，年均增长 1.7%。

图 1 2012—2016 年全国粮食总产量

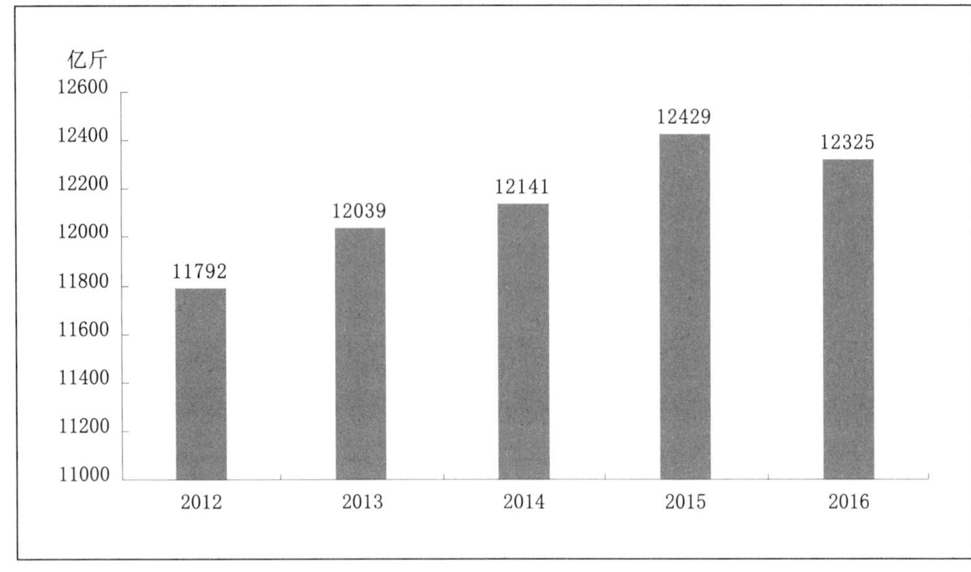

（二）粮食综合生产能力明显提高。

粮食连年丰收，粮食生产水平稳步跃上新台阶。2013 年粮食产量历史上首次突破 12000 亿斤，2014 年至 2016 年均在 12000 亿斤以上，标志着我国粮食生产水平已稳步跨上 12000 亿斤新台阶，粮食综合生产能力实现质的飞跃。粮食丰收，国家粮食安全得到有效保障。2016 年，全国人均粮食占有量达到 447 公斤，比世界平均水平高 47 公斤，比 2012 年提高 11 公斤。稻谷、小麦、玉米等主要粮食作物的自给率均超过了98%，依靠国内生产确保国家粮食安全的能力显著增强，实现了谷物基本自给、口粮绝对安全的目标。

（三）粮食生产区域布局不断优化。

粮食生产区域布局不断优化，主产区稳产增产的作用日益显现。从播种面积来看，2016 年，粮食主产区①播种面积达到 12.2 亿亩，比 2012 年增长 4.8%；占全国粮食播种面积的比重为 72.1%，比 2012 年提高了 0.5 个百分点。从产量来看，2016 年粮食主产区产量为 9355 亿斤，比 2012 年增长 2.4%；占全国粮食总产量的比重为 75.9%，比 2012 年提高了 0.2 个百分点。从对增产的贡献来看，粮食主产区 2012 年至 2016 年累计增产 433 亿斤，占同期全国粮食增产量的比重达到 81.3%。

（四）粮食单产增加。

农业科技对粮食增产的作用增强，良种良法大规模推广应用，粮食土地产出率提高，单产增加。2016 年，全国粮食单产达到 363 公斤 / 亩，比 2012 年增加了 10 公斤 / 亩，增长 2.8%。

①粮食主产区包括河北、内蒙古、辽宁、吉林、黑龙江、江苏、安徽、江西、山东、河南、湖北、湖南、四川等 13 个省份。

二、经济作物结构持续调整，区域布局进一步优化

（一）经济作物结构持续调整。

主要经济作物产量总体仍保持较高水平。油料、蔬菜、水果和茶叶产量增加。2016 年，全国油料产量达到 3630 万吨，比 2012 年增加 193 万吨，增长 5.6%，年均增长 1.4%；蔬菜、水果和茶叶产量分别达到 79780 万吨、28351 万吨和 240 万吨，比 2012 年分别增长 12.6%、17.9% 和 34.1%，2013-2016 年年均分别增长 3%、4.2% 和 7.6%。棉花和糖料减产。受库存积压较多、需求下降和价格总体走低的影响，棉花产量下降较多。2016 年，棉花产量为 530 万吨，比 2012 年减少 154 万吨，下降 22.5%。2016 年，糖料产量为 12341 万吨，比 2012 年减少 1144 万吨，下降 8.5%。

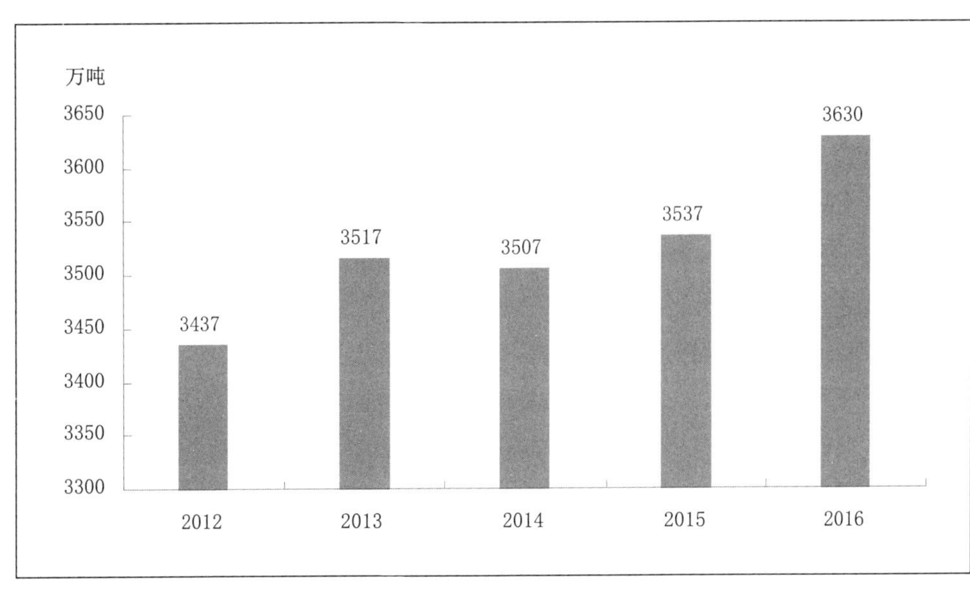

图 2 2012-2016 年全国油料产量

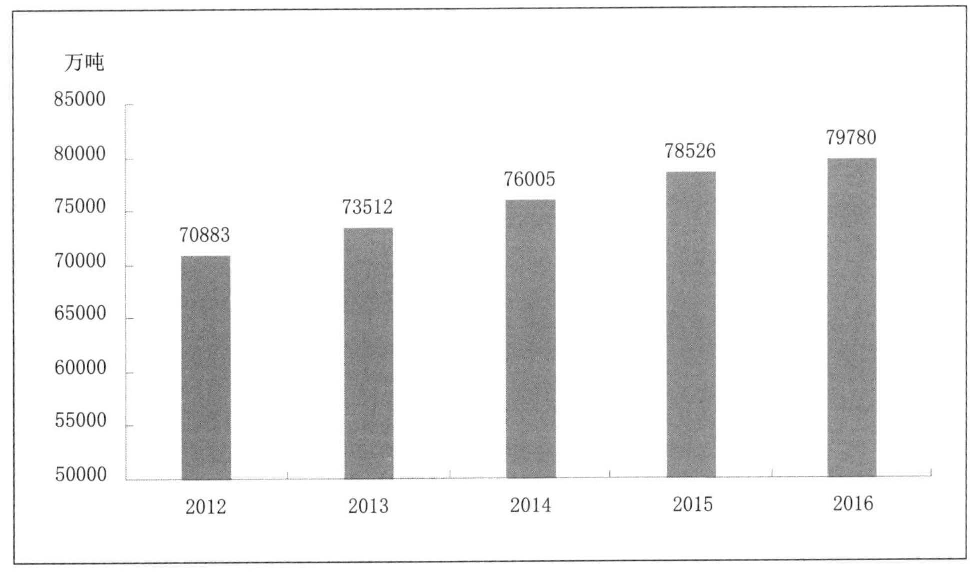

图 3 2012-2016 年全国蔬菜产量

图 4 2012-2016 年全国水果产量

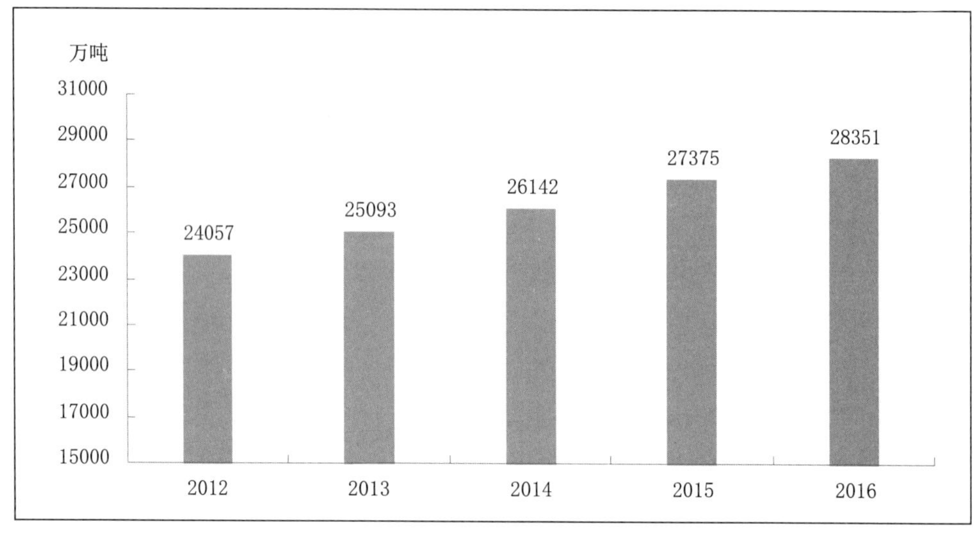

（二）经济作物区域布局不断优化。

主要经济作物向优势产区聚集的趋势增强。棉花生产向新疆产区聚集。2016 年，新疆棉花产量为 359 万吨，占全国棉花产量的比重为 67.8%，比 2012 年提高了 16 个百分点。糖料生产向内蒙古、广东、广西、海南和云南等省集中。2016 年，内蒙古、广东、广西、海南和云南糖料产量合计为 10946 万吨，占全国糖料产量的比重达到 88.7%。

三、林业生态功能增强，美丽中国建设取得新进展

（一）林业生态建设力度加大。

围绕建设生态文明和美丽中国，林业生态建设力度加大，森林资源增多。据国家林业局统计，2016 年，全国造林总面积达到 720 万公顷，比 2012 年增加 161 万公顷，增长 28.7%，2013-2016 年年均增长 6.5%。其中，人工造林面积 382 万公顷，与 2012 年基本持平；飞播造林 16 万公顷，比 2012 年增加 3 万公顷，增长 19.0%，年均增长 4.4%；新封山育林 195 万公顷，增加 31 万公顷，增长 19.2%，年均增幅为 4.5%。2016 年，全国森林覆盖率达到 22.3%，比 2012 年提高 0.7 个百分点；森林蓄积量达到 164 亿立方米，比 2012 年增长 8.2%。自然保护区增多。2015 年，全国自然保护区数量达到 2740 个，比 2012 年增加了 71 个。其中，国家级自然保护区 428 个，增加 65 个。国家级自然保护区面积达到 9649 万公顷，比 2012 年增加了 234 万公顷，增长 2.5%，2013-2015 年年均增长 0.8%。

（二）林产品产量稳定增长。

林产品产量总体保持稳定增长态势。受生态保护力度加大的影响，木材产量总体保持下降态势。2016 年，全国木材产量为 7776 万立方米，比 2012 年减少 399 万立方米，下降 4.9%。橡胶、松脂和油茶籽产量增加。2016 年，全国橡胶产量为 82 万吨，比 2012 年增长 1.7%；松脂产量为 133 万吨，增长 9.2%；油茶籽产量为 216

万吨，增长 25.2%。

四、畜牧业生产稳步增长，规模化养殖继续发展

（一）畜产品产量总体稳定增长。

畜牧业生产总体保持稳定增长态势。2016 年，肉类总产量为 8538 万吨，稳居世界第一，比 2012 年增加 151 万吨，增长 1.8%，2013-2016 年年均增长 0.4%。在主要肉类产品中，猪肉产量受周期性因素的影响，呈现先扬后抑变动态势；牛肉和羊肉产量持续增长；家禽产量增加；牛奶产量下降。2016 年，全国猪肉产量为 5299 万吨，比 2012 年减少 44 万吨，下降 0.8%；牛肉和羊肉分别为 717 万吨和 459 万吨，比 2012 年分别增加 55 万吨和 58 万吨，分别增长 8.3% 和 14.5%，2013-2016 年年均分别增长 2.0% 和 3.4%；禽肉产量 1888 万吨，比 2012 年增加 65 万吨，增长 3.6%；禽蛋产量为 3095 万吨，比 2012 年增加 234 万吨，增长 8.2%，2013-2016 年年均增长 2.0%；牛奶产量为 3602 万吨，比 2012 年减少 142 万吨，下降 3.9%。

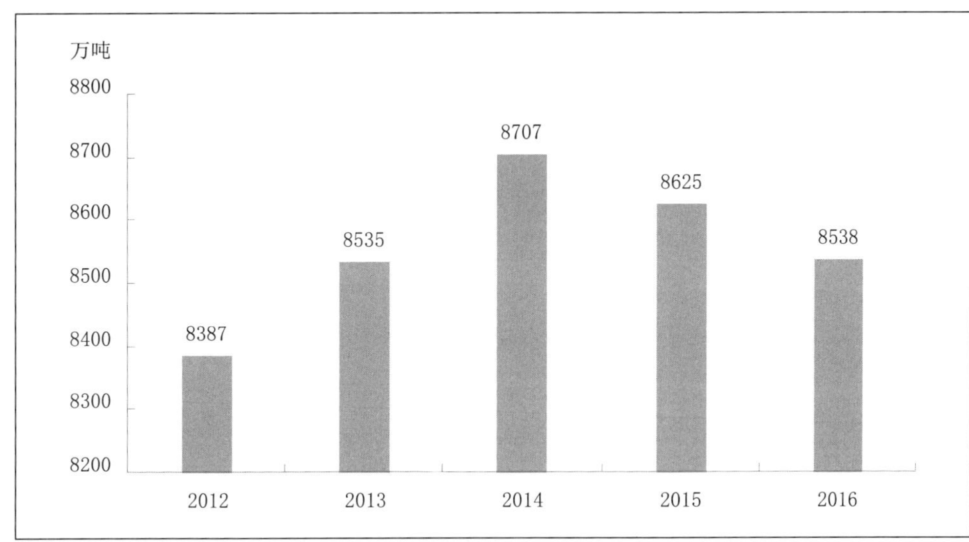

图 5 2012—2016 年全国肉类总产量

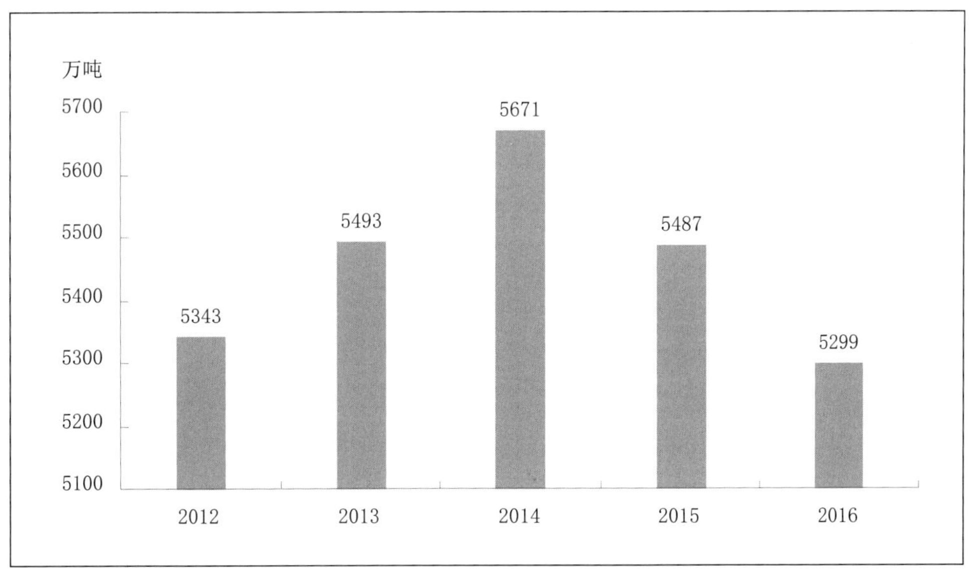

图 6 2012—2016 年全国猪肉产量

图 7 2012—2016年全国牛肉产量

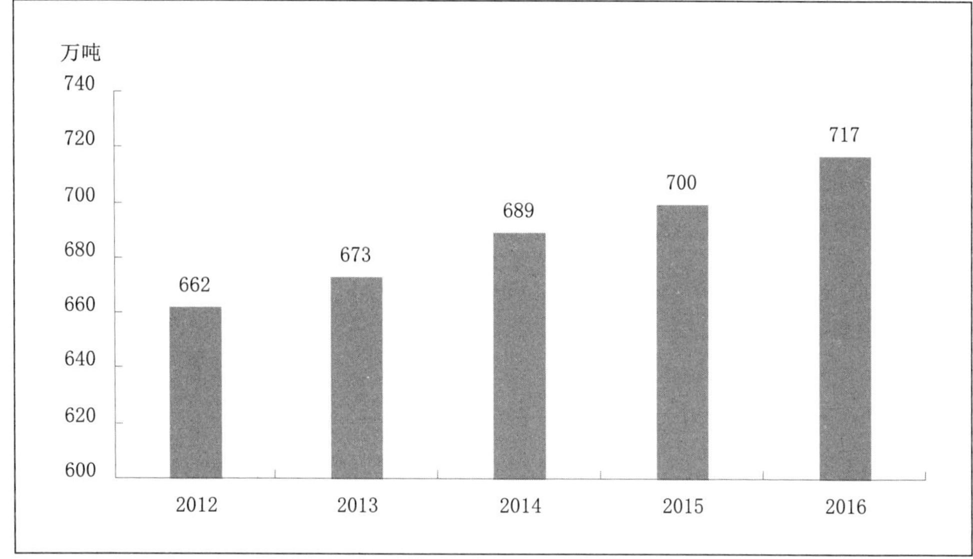

图 8 2012—2016年全国羊肉产量

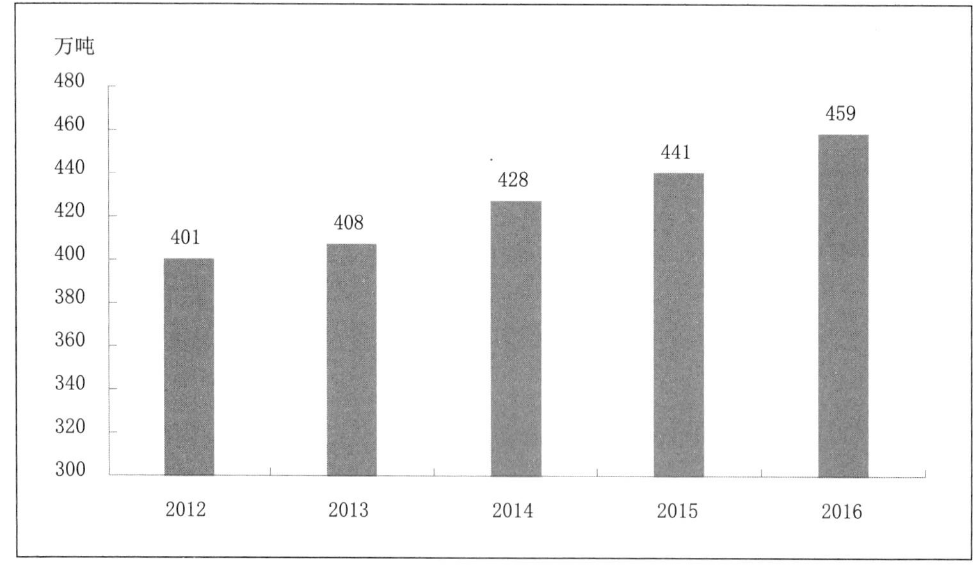

（二）畜牧业规模化养殖深入发展。

十八大以来，畜牧业规模化养殖继续发展。以生猪养殖为例，根据畜禽监测调查[①]结果，2015 年，养殖规模在 10000 头以上的单位，生猪饲养量合计达到 9004 万头，占单位生猪饲养总量的比重达到 64.3%，比 2012 年提高了 1 个百分点；养殖规模在 10000 头以上的规模户，生猪饲养量合计达到 3187 万头，占规模户生猪饲养总量的比重为 20.7%，比 2012 年提高了 1.9 个百分点。

五、水产品产量快速增长，人工养殖占比进一步提高

（一）水产品产量持续增长。

水产品生产持续快速增长。据农业部统计，2016 年，全国水产品产量达到 6901

①畜禽监测调查中的养殖单位不包括北京、天津、上海、浙江和西藏等省（区、直辖市）的养殖单位。

万吨，比 2012 年增长 16.8%，2013-2016 年年均增长 4.0%。其中海水产品 3490 万吨，增长 15.1%，年均增长 3.6%；淡水产品 3411 万吨，增长 18.7%，年均增长 4.4%。

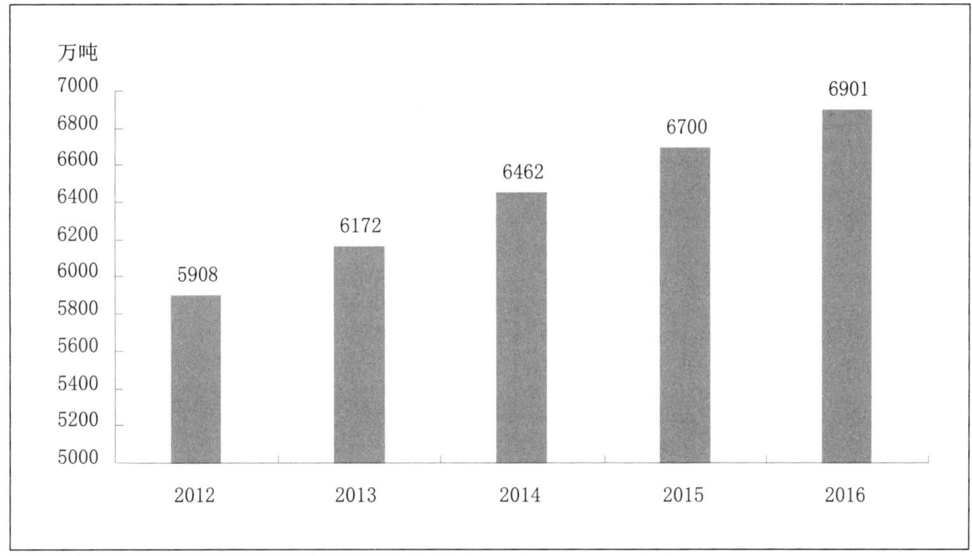

图 9 2012—2016 年全国水产品产量

（二）水产品生产方式发生深刻变化。

人工养殖水产品产量快速增长，占比提高；捕捞水产品产量增长相对较慢，占比下降。2016 年，人工养殖水产品产量为 5142 万吨，比 2012 年增长 19.9%，2013-2016 年年均增长 4.6%；捕捞水产品产量为 1759 万吨，比 2012 年增长 8.6%，2013-2016 年年均增长 2.1%。十八大以来，人工养殖水产品产量年均增速比捕捞水产品高 2.5 个百分点，人工养殖水产品产量占水产品产量的比重提高。2016 年，人工养殖水产品产量占水产品产量的比重为 74.5%，比 2012 年提高 1.9 个百分点。

六、物质技术装备水平提升，农业基础更为稳固

（一）农田灌溉面积增加。

国家加大农业基础设施建设投入力度，建成了一批重大水利骨干工程，农田水利设施条件显著改善。据水利部统计，2016 年底，全国耕地灌溉面积达到 10 亿亩，比 2012 年增加 6844 万亩，增长 7.3%。

（二）农业科技进步加快。

国家继续加大农业科技创新力度，完善农业技术推广体系，推动农业科技进步。据科技部测算，2016 年，农业科技进步贡献率达到 56.2%，比 2012 年提高 1.7 个百分点。农业科技进步贡献率超过 50%，标志着我国农业发展由过去主要依靠资源要素投入增加，逐步转变到主要依靠科技进步上来。

（三）农业机械化水平提高。

国家继续实施农机具购置补贴政策，推动农业机械化发展。据农业部初步统计，

2016年农作物耕种收综合机械化水平达到66%，比2012年提高了9个百分点。农业机械化水平提高，逐步改变了主要依靠人畜力进行农业劳作的传统生产方式，把农民从繁重的农业生产劳动中解放出来，也有效地缓解了农村青壮年劳动力短缺的矛盾，同时极大地提高了农业劳动生产率。

七、农村改革深入推进，发展活力明显增强

（一）稳步推进土地制度改革，助推适度规模经营发展。

农村土地承包制度改革深入推进，实现了土地所有权、承包权和经营权的“三权分置”，开展土地承包经营权确权登记颁证试点，这是农村改革的又一重大制度创新。按照依法自愿有偿原则，鼓励农民以转包、出租、互换、入股、转让等方式流转承包地，推动适度规模经营。据农业部统计，截至2016年6月底，全国农村承包地流转面积达到了4.6亿亩，比2012年增加了1.9亿亩。土地流转推动了农业规模化经营快速发展。目前，粮食、油料、棉花等大宗产品的生产主体依然是以小规模农户为主，而蔬菜、花卉、瓜果种植、畜禽水产养殖和特色种养等产品的生产则逐渐向规模化、专业化农户聚集，生产规模化程度提高。

（二）改革完善农产品价格形成机制，激发市场活力。

坚持市场化改革方向，在保护农民利益的基础上，发挥市场机制配置资源的决定性作用。取消玉米临时收储政策，实行市场化收购加补贴的机制，逐步扭转品种和结构失衡问题。开展目标价格改革试点。在市场决定价格的基础上，对差价部分进行补贴。先后在新疆和东北三省及内蒙古开展棉花、大豆目标价格改革试点。改革完善稻谷、小麦最低收购价政策。适时调整稻谷、小麦最低收购价水平，并及早公布，保护农民种粮积极性，合理引导市场主体预期。

（三）新型农业经营主体快速涌现，生产方式加快转变。

家庭农场、农民合作社、生产大户、专业户、农业龙头企业等各种类型的新型农业生产经营主体快速发展，逐步成为现代农业建设的重要力量。据农业部统计，2016年，各类新型农业经营主体达到280万个，新型职业农民不断壮大，总数超过1270万人。其中，家庭农场达到87.7万家；农民合作社达到179.4万家，入社农户占全国农户总数的44.4%；农业产业化组织超过38万个。新型经营主体的不断壮大，有力地助推了土地流转型、服务带动型等多种形式的适度规模经营稳步发展，有力地助推了农业产业化经营。

（四）农业功能拓展，一二三产业融合发展加快。

主动适应把握引领经济发展新常态，积极培育农业农村发展新动能，大力推动一二三产业融合发展，农村新产业新业态新商业模式快速发展，农业功能拓展，农村经济发展活力增强，动力转换加快。农业产业链条延伸，生产、加工、冷链物流、

销售一体化发展成为促进农民分享农业增值收益的重要途径。农业与旅游、教育、文化、养老等产业深度融合，生态农业、观光农业、创意农业等不断发展，多种形式的农家乐、休闲农庄、特色民宿等农业新业态快速涌现，采摘、垂钓、餐饮住宿、农事体验等新型农业经营活动方兴未艾。大量下乡返乡人员在农村创业创新，为农业农村发展增添了新的活力、持久动力。

八、农业对外开放扩大，"走出去"战略迈出新步伐

农业对外直接投资和农产品国际贸易额快速增长，"走出去"战略取得新进展，对外开放度进一步扩大。据商务部统计，2015 年，我国农、林、牧、渔业对外直接投资净额达到 25.7 亿美元，比 2012 年增加 11.1 亿美元，增长 76.0%，2013-2015 年年均增长幅度达到 20.7%。2015 年，我国食品及主要供食用的活动物出口额达到 582 亿美元，比 2012 年增加 61 亿美元，增长 11.7%，2013-2015 年年均增长 3.7%；进口额达到 505 亿美元，比 2012 年增加 152 亿美元，增长 43.2%，2013-2015 年年均增长 12.7%。

十八大以来，我国农业农村发展取得了巨大辉煌成就，将会激励我们的干劲，提高我们的信心，但也要清醒地认识到，农业发展中依然存在农产品供求结构失衡、要素配置不合理、资源环境压力大、农产品竞争力不强、农民收入持续增长乏力等突出问题。我们要更加紧密地团结在以习近平同志为核心的党中央周围，深入贯彻落实治国理政新理念新思想新战略，坚持稳中求进工作总基调，深入推进农业供给侧结构性改革，不断培育壮大农业农村发展新动能，促进农业农村持续健康发展。

（国家统计局农村司 汪传敬）

党的十八大以来全国农村减贫情况

党的十八大以来，在以习近平同志为核心的党中央坚强领导下，各地区各部门抱定坚决打赢脱贫攻坚战的决心和信心，苦干实干，切实落实“五个一批”工程，扎实推进精准扶贫，农村贫困人口大幅减少，贫困发生率持续下降，贫困地区农村居民人均收入快速增长，生活消费水平大幅提高，生活条件和环境明显改善，为到2020年所有贫困地区和贫困人口一道迈入全面小康社会打下了坚实的基础。

一、农村贫困人口大幅减少，贫困发生率持续下降

党的十八大以来，面对扶贫开发进入啃硬骨头、攻坚拔寨阶段，党中央国务院对脱贫攻坚作出新部署，建立精准扶贫、精准脱贫责任体系、政策体系、制度体系和社会动员体系，加大投入和动员力度，实施精准识别、精准帮扶，全国及各地区农村贫困人口大幅减少，区域性整体贫困明显缓解。我国在反贫困领域取得新的非凡成就，为全球减贫事业做出巨大贡献。

（一）全国农村减贫规模年均超过1300万人。

按现行国家农村贫困标准（2010年价格水平每人每年2300元）测算，全国农村贫困人口由2012年的9899万人减少至2016年的4335万人，累计减少5564万人，平均每年减少1391万人；贫困发生率由2012年的10.2%下降至2016年的4.5%，下降5.7个百分点，平均每年下降1.4个百分点。

表1　2013-2016年全国农村减贫情况

年　份	贫困人口（万人）	比上年减少（万人）	贫困发生率（%）
2013	8249	1650	8.5
2014	7017	1232	7.2
2015	5575	1442	5.7
2016	4335	1240	4.5

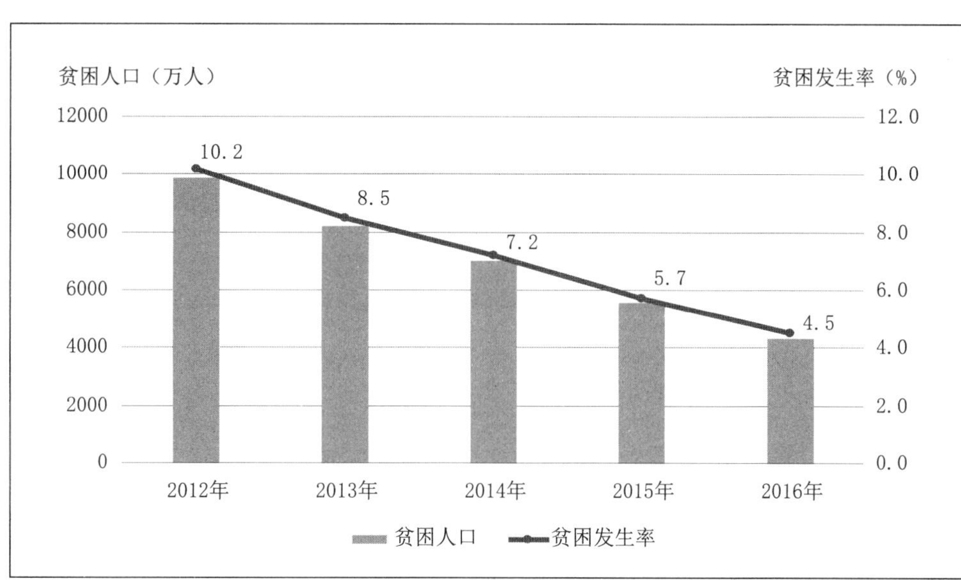

图 1 2012-2016 年全国农村贫困人口变化趋势

（二）各地区[①]农村减贫幅度均超过 50%。

党的十八大以来，东部地区和中西部地区在深化精准脱贫、加快脱贫进度、健全脱贫机制、探索脱贫路子等方面均取得了显著成效。西部地区农村贫困人口由 2012 年的 5086 万人减少到 2016 年 2251 万人，累计减少 2835 万人，下降幅度为 55.7%；中部地区农村贫困人口由 2012 年的 3446 万人减少到 2016 年的 1594 万人，累计减少 1852 万人，下降幅度为 53.7%；东部地区农村贫困人口由 2012 年的 1367 万人减少到 2016 年 490 万人，累计减少 877 万人，下降幅度为 64.2%。

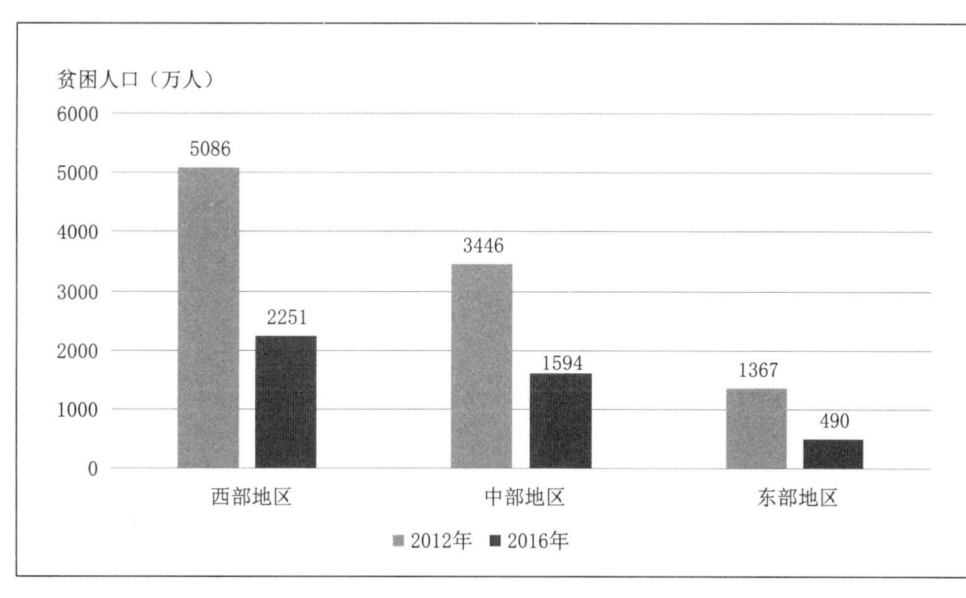

图 2 2012 年和 2016 年东中西地区农村贫困状况

①东部地区：包括北京、天津、河北、辽宁、上海、江苏、浙江、福建、山东、广东、海南。
中部地区：包括山西、吉林、黑龙江、安徽、江西、河南、湖北、湖南。
西部地区：包括内蒙古、广西、重庆、四川、贵州、云南、西藏、陕西、甘肃、青海、宁夏、新疆。

从贫困发生率来看，西部地区农村贫困发生率由2012年的17.6%下降到2016年7.8%，下降9.8个百分点；中部地区农村贫困发生率由10.5%下降到4.9%，下降5.6个百分点；东部地区农村贫困发生率由3.9%下降到1.4%，下降2.5个百分点。

图3 2012-2016年东中西地区贫困发生率变化情况

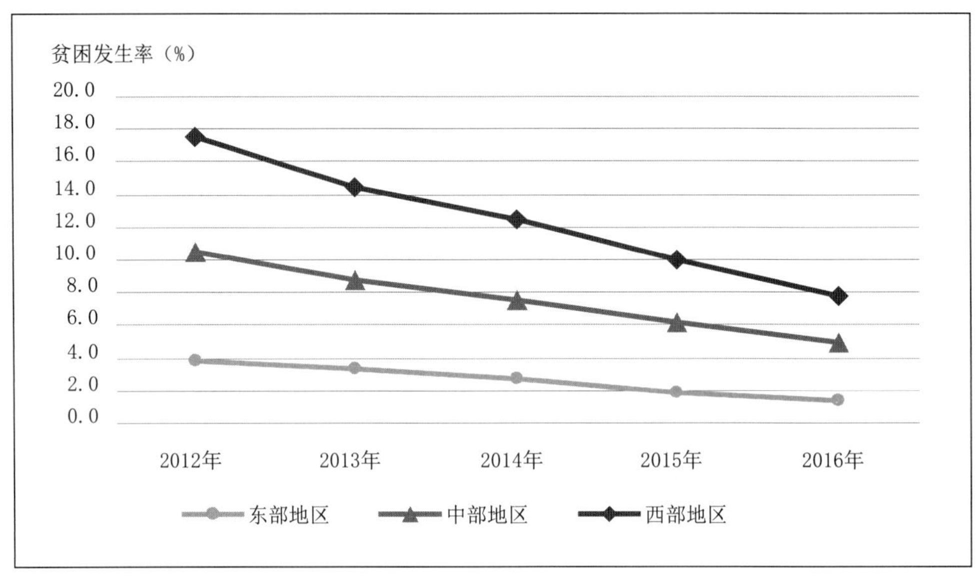

（三）特困地区贫困状况明显缓解。

集中连片特困地区、少数民族地区、边疆等地区贫困人口多、贫困程度深，区域性整体贫困问题突出。党中央国务院继续加大政策倾斜和投入力度，着力破除贫困地区发展瓶颈制约，特困地区贫困发生率显著下降，贫困人口规模大量减少。

贫困地区农村贫困发生率年均下降3.3个百分点。贫困地区①作为扶贫开发的重点区域和主战场，全国农村贫困人口六成以上集中在贫困地区。2012年，贫困地区农村贫困发生率为23.2%，比全国农村平均水平高13.0个百分点。2016年贫困地区农村贫困发生率下降至10.1%，累计下降13.1个百分点，年均下降3.3个百分点。从贫困规模看，贫困地区农村贫困人口由2012年6039万人减少到2016年2654万人，累计减少3385万人，减贫规模占全国农村减贫总规模的六成。

集中连片特困地区农村贫困发生率年均下降3.5个百分点。2012年，集中连片特困地区农村贫困发生率24.4%，比全国农村平均水平高14.2个百分点。2016年，集中连片特困地区农村贫困发生率下降到10.5%，累计下降13.9个百分点，年均下降3.5个百分点。从贫困规模看，集中连片特困地区农村贫困人口由2012年的5067万人减少到2182万人，累计减少2885万人，下降幅度为56.9%。

①贫困地区，包括集中连片特困地区和片区外的国家扶贫开发工作重点县，共832个县。其中集中连片特困地区覆盖680个县，国家扶贫开发工作重点县共计592个，集中连片特困地区包含440个国家扶贫开发工作重点县。

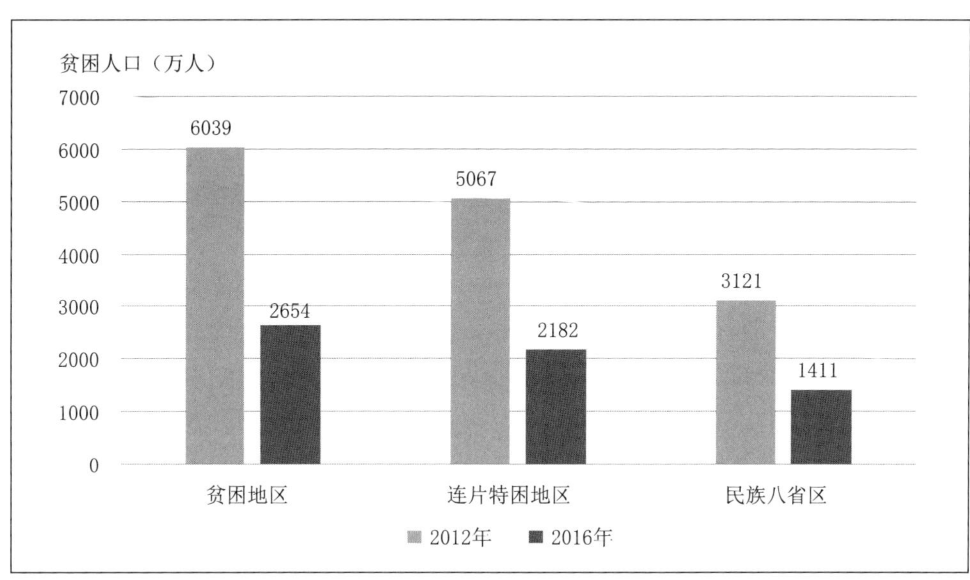

图 4　2012 年和 2016 年不同区域农村贫困人口下降情况

民族八省区农村贫困发生率年均下降 2.9 个百分点。2012 年，内蒙古、广西、贵州、云南、西藏、青海、宁夏、新疆等民族八省区农村贫困发生率为 21.1%，比全国农村平均水平高 10.9 个百分点。2016 年民族八省区农村贫困发生率下降至 9.4%，累计下降 11.7 个百分点，年均下降 2.9 个百分点。从贫困规模来看，民族八省区农村贫困人口由 2012 年的 3121 万人减少到 2016 年的 1411 万人，累计减少 1710 万人，减少幅度为 54.8%，减贫规模占全国农村减贫规模的三成。

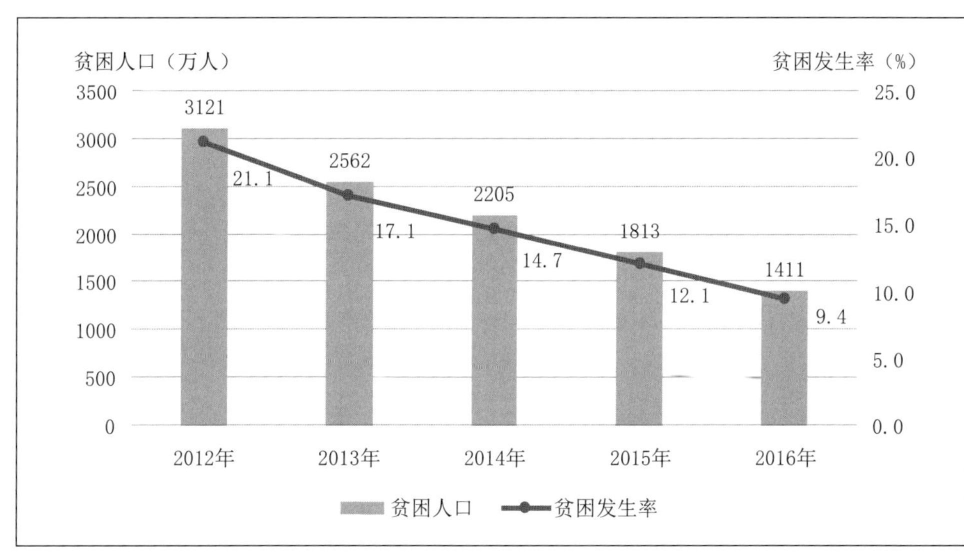

图 5　2012-2016 年民族八省区农村贫困人口及贫困发生率

（四）我国为全球减贫作出巨大贡献。

按照现行农村贫困标准测算，从 1978 年到 2016 年，全国农村贫困人口减少 7.3 亿，贫困发生率从 1978 年的 97.5% 下降至 2016 年的 4.5%，为全球减贫作出了巨大贡献。联合国开发计划署 2015 年发布的《联合国千年发展目标报告》明确指出，“中国在全球减贫中发挥了核心作用”。中国精准扶贫的新理论、新实践也为全球减少贫困提供了中国范例。

二、贫困地区农村居民收入保持快速增长，增速持续快于全国农村平均水平

党的十八大以来，党中央国务院不断加大投入力度，因地制宜发展特色产业脱贫、引导劳务输出脱贫、实施易地搬迁脱贫、结合生态保护脱贫等，贫困地区农村居民持续增收能力不断增强，收入增速持续快于全国平均水平。

（一）收入保持快速增长。

2016 年，贫困地区农村居民人均可支配收入 8452 元，名义水平是 2012 年的 1.6 倍；扣除价格因素，实际水平是 2012 年的 1.5 倍。贫困地区农村居民人均收入连续保持两位数增长，2013-2016 年人均可支配收入名义增速分别是 16.6%、12.7%、11.7% 和 10.4%，年均名义增长 12.8%，扣除价格因素，年均实际增长 10.7%。其中：

图 6　2013-2016 年贫困地区农村居民收入增长情况

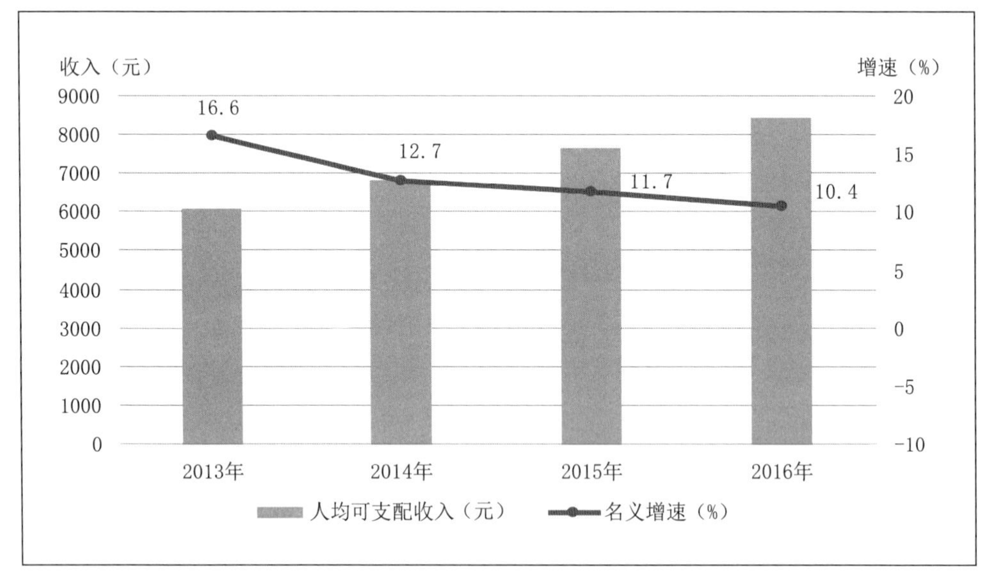

2016 年集中连片特困地区农村居民人均可支配收入 8348 元，扣除价格因素，实际水平达到 2012 年的 1.5 倍，年均实际增长 10.5%。分片区看，年均实际增速在 11% 以上的有 4 个片区，分别是四省藏区 12.8%，滇西边境山区 11.8%，南疆三地州 11.6%，乌蒙山区 11.5%；年均实际增速在 10%-11% 的有 7 个片区，分别是六盘山区 10.9%，秦巴山区 10.9%，滇黔桂石漠化区 10.8%，西藏 10.6%，罗霄山区 10.5%，武陵山区 10.2%，大别山区 10.1%。

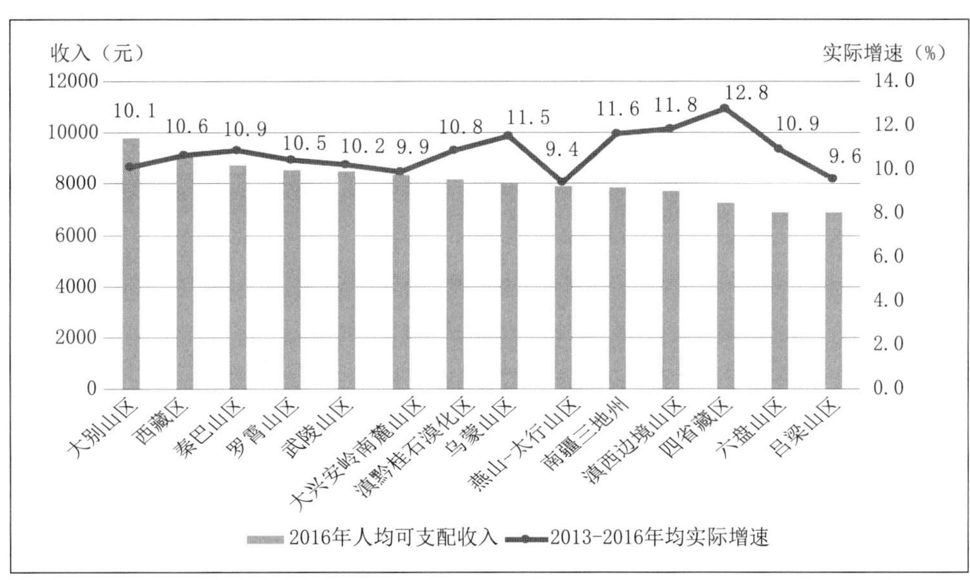

图7 连片特困地区农村居民人均可支配收入及增长情况

2016年扶贫开发工作重点县农村居民人均可支配收入8355元，是2012年的1.65倍；扣除价格因素影响，实际水平是2012年的1.52倍，是2010年的2倍，扶贫开发工作重点县农村居民收入提前实现翻番目标。

（二）收入增速持续快于全国农村平均水平。

2013-2016年，贫困地区农村居民人均可支配收入年均实际增速比全国农村平均水平快2.7个百分点。其中，集中连片特困地区年均实际增长10.5%，比全国农村平均水平快2.5个百分点；扶贫开发工作重点县年均实际增长11.1%，比全国农村平均水平快3.1个百分点。

（三）与全国农村平均收入水平差距缩小。

贫困地区农村居民收入水平与全国农村平均差距缩小。2016年贫困地区农村居民人均可支配收入是全国农村平均水平的68.4%，比2012年提高了6.2个百分点。其中，集中连片特困地区是全国农村平均水平的67.5%，比2012年提高5.8个百分点；扶贫开发工作重点县是全国农村平均水平的67.6%，比2012年提高7.0个百分点。

生活相对困难群体收入水平与全国农村平均水平差距缩小。按照人均消费从低到高进行五等分分组，2014-2016年，最低组、中低组、中等组、中高组、最高组的收入年均名义增速分别为12.9%、11.2%、12.2%、11.7%和10.8%。最低组比最高组收入增速快2.1个百分点，比同期全国农村居民人均收入增速高3.5个百分点，生活相对困难群体实现收入较快增长，与全国平均水平差距有所缩小。尤其是随着脱贫攻坚战的全面实施，生活相对困难群体收入增速明显加快，2016年贫困地区人均消费最低组农村居民人均可支配收入名义增长15.8%，比最高组收入增速快7.0个百分点。

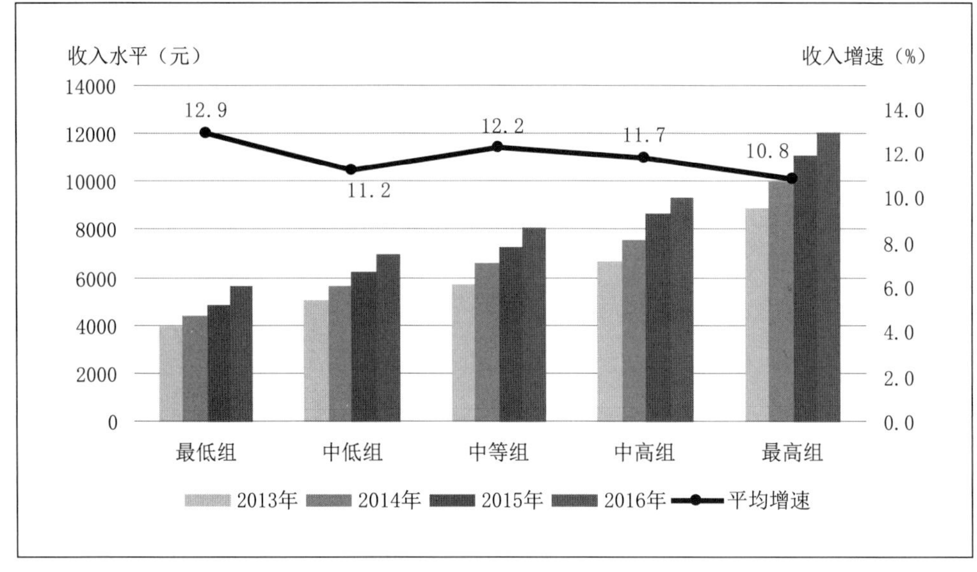

图 8 2013-2016 年五等分群体收入增长情况

（四）持续增收能力不断提高。

农村居民就业机会增多，工资性收入占比提高。2016 年贫困地区农村居民人均工资性收入 2880 元，与 2012 年相比，年均增长 16.5%，占可支配收入的比重为 34.1%，比 2012 年提高 4.1 个百分点。对传统农业依赖下降。2016 年贫困地区农村居民人均经营净收入 3443 元，与 2012 年相比，年均名义增长 8.3%，保持稳定增长，但一产经营净收入占比与 2012 年相比下降 13.9 个百分点。农村居民收入来源日益多元化。2016 年贫困地区农村居民人均财产净收入和转移净收入分别是 107 元和 2021 元，与 2012 年相比，年均分别名义增长 17.1% 和 16.9%，占可支配收入的比重为 1.3% 和 23.9%。

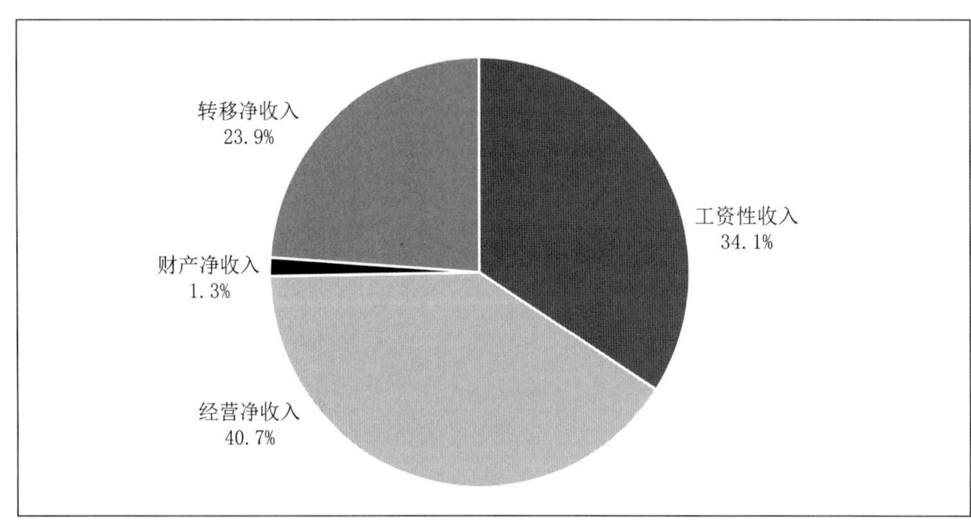

图 9 2016 年贫困地区农村居民收入结构

三、贫困地区农村居民生活消费水平持续提高，质量不断改善

党的十八大以来，贫困地区农村居民消费逐渐由生存型向发展型升级，各项消费支出持续增长，消费结构优化，居住条件不断改善，耐用消费品数量增加，产品

升级换代，生活消费水平明显提高。

（一）消费保持较快增长。

2016年，贫困地区农村居民人均消费支出7331元，与2012年相比，年均名义增长11.7%，扣除价格因素，实际水平是2012年的1.44倍，年均实际增长9.6%。其中，集中连片特困地区农村居民人均消费支出7273元，年均名义增长11.7%；扣除价格因素，年均实际增长9.6%；扶贫开发重点县农村居民人均消费支出人均7260元，年均名义增长11.9%，扣除价格因素，年均实际增长9.8%。

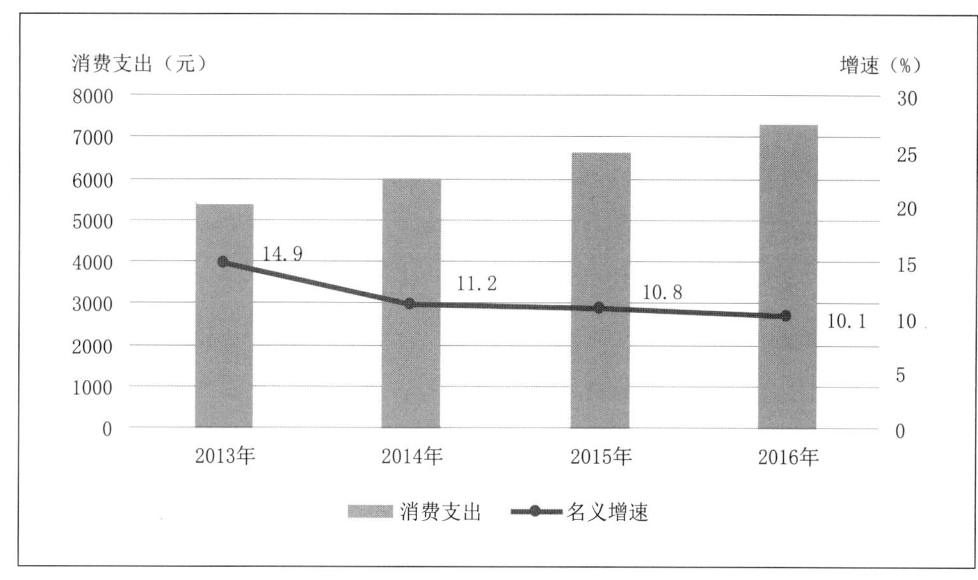

图10 2013-2016年贫困地区人均消费支出增长情况

（二）消费结构明显优化。

吃饭穿衣支出稳定增长，占比下降。2016年贫困地区农村居民食品支出为2567元，是2013年的1.25倍，年均名义增长7.6%，恩格尔系数35.0%，比2013年下降3.2个百分点。2016年贫困地区农村居民用于衣着的消费支出人均423元，是2013年的1.27倍，年均名义增长8.2%，衣着支出占消费支出的比重为5.8%，比2013年下降0.4个百分点。

交通通信、教育文化娱乐支出快速增长，占比提高。2016年贫困地区农村居民人均交通通信支出803元，与2013年相比，年均增长16.0%，占比从2013年的9.5%提高到2016年的11.0%。人均教育文化娱乐支出790元，与2013年相比，年均增长16.3%，占比从2013年的9.3%提高到2016年的10.8%。

（三）居住条件不断改善。

住房质量改善。2016年，贫困地区农村居民户均住房面积比2012年增加19.1平方米。居住在竹草土坯房的农户比重为4.5%，比2012年下降3.3个百分点；居住在钢筋混凝土房或砖混材料房的农户比重为57.1%，比2012年上升17.9个百分点。

饮水安全不断提高。2016 年，贫困地区农村饮水有困难的农户比重为 12.1%，比 2013 年下降 6.9 个百分点；使用管道供水的农户比重为 67.4%，比 2013 年提高 13.8 个百分点；使用经过净化处理自来水的农户比重为 40.8%，比 2013 年提高 10.2 个百分点。

居住设施不断改善。卫生设施方面，2016 年，贫困地区农村居民独用厕所的农户比重为 94.2%，比 2012 年提高 3.2 个百分点；使用卫生厕所的农户比重为 31.0%，比 2012 年提高 5.3 个百分点。炊事用能源中，2016 年贫困地区使用柴草作为炊用能源的农户比重为 51.3%，比 2012 年下降 9.8 个百分点；使用清洁能源的农户比重为 32.3%，比 2012 年上升 14.6 个百分点。

表 2　2012-2016 年贫困地区农户居住条件

单位：%

指　标	2012 年	2013 年	2014 年	2015 年	2016 年
使用管道供水的农户比重	--	53.6	55.9	61.5	67.4
使用经过净化处理自来水的农户比重	--	30.6	33.1	36.4	40.8
独用厕所的农户比重	91.0	92.7	93.1	93.6	94.2
炊用柴草的农户比重	61.1	58.6	57.8	54.9	51.3

（四）耐用消费品升级换代。

传统耐用消费品拥有量持续增加。2016 年，贫困地区农村每百户拥有电冰箱、洗衣机、彩电分别为 75.3 台、80.7 台和 108 台，分别比 2012 年增加 27.8 台、28.4 台和 9.7 台，和全国农村平均水平的差距逐渐缩小。

汽车、计算机等反映现代生活的耐用消费品快速增长。2016 年，贫困地区农村每百户汽车、计算机拥有量分别为 11.1 辆、15.1 台，分别是 2012 年的 4.1 倍和 2.8 倍。

表 3　2012 年和 2016 年贫困地区农村耐用消费品拥有量

指　标	2012 年	2016 年	增加
百户电冰箱拥有量（台）	47.5	75.3	27.8
百户洗衣机拥有量（台）	52.3	80.7	28.4
百户彩电拥有量（台）	98.3	108.0	9.7
百户汽车拥有量（辆）	2.7	11.1	8.4
百户计算机拥有量（台）	5.4	15.1	9.7

四、贫困地区农村基础设施明显改善，基本公共服务得到加强

党的十八大以来，中央和地方政府不断加大对水、电、路、网等基础设施和公共服务建设投资力度，“四通”覆盖面不断扩大，教育文化卫生设施获得明显提升，生产生活条件得到进一步改善，贫困地区农村面貌换新颜。

（一）基础设施条件不断完善。

贫困地区“四通”覆盖面不断扩大。截至 2016 年，贫困地区通电的自然村接近全覆盖；通电话的自然村比重达到 98.2%，比 2012 年提高 4.9 个百分点；通有线电视信号的自然村比重为 81.3%，比 2012 年提高 12.3 个百分点；通宽带的自然村比重为 63.4%，比 2012 年提高 25.1 个百分点。

贫困地区交通便利情况也获得明显改善。2016 年，贫困地区村内主干道路面经过硬化处理的自然村比重为 77.9%，比 2013 年提高 18.0 个百分点；通客运班车的自然村比重为 49.9%，比 2013 年提高 11.1 个百分点。

表 4　2012-2016 年贫困地区基础设施条件

单位：%

指　标	2012 年	2013 年	2014 年	2015 年	2016 年
通电话的自然村比重	93.3	93.3	95.2	97.6	98.2
通有线电视信号的自然村比重	69.0	70.7	75.0	79.3	81.3
通宽带的自然村比重	38.3	41.5	48.0	56.3	63.4
主干道路面经过硬化处理的自然村比重	-	59.9	64.7	73.0	77.9
通客运班车的自然村比重	-	38.8	42.7	47.8	49.9

连片特困地区和扶贫重点县“四通”情况不断改善。2016 年，连片特困地区和扶贫重点县通电均接近全覆盖；通电话的自然村比重均达到 98% 以上，比 2012 年均提高 5.0 个百分点；通有线电视信号的自然村比重分别为 79.0% 和 81.0%，比 2012 年分别提高 12.6 个百分点和 12.0 个百分点；通宽带的自然村比重分别为 60.1% 和 61.9%，比 2012 年分别提高 23.7 个百分点和 24.0 个百分点。

表 5　连片特困地区和扶贫重点基础设施情况

指　标	连片特困地区			扶贫重点县		
	2012 年（%）	2016 年（%）	增长（百分点）	2012 年（%）	2016 年（%）	增长（百分点）
通电话的自然村比重	93.1	98.1	5.0	93.2	98.2	5.0
通有线电视信号的自然村比重	66.4	79.0	12.6	69.0	81.0	12.0
通宽带的自然村比重	36.4	60.1	23.7	37.9	61.9	24.0

（二）教育文化状况显著改善。

党的十八大以来，各地各部门积极推进教育文化扶贫，贫困地区农村受教育情况明显改善，教育文化设施状况获得较大提升。2016 年，贫困地区农村 79.7% 的农户所在自然村上幼儿园便利，84.9% 的农户所在自然村上小学便利，分别比 2013 年提高 12.1 和 6.9 个百分点；有文化活动室的行政村比重为 86.5%，比 2012 年提高 12.0 个百分点。

连片特困地区和扶贫重点县文化公共服务条件也显著改善。2016 年，连片特困地区和扶贫重点县有文化活动室的行政村比重分别为 86.6% 和 86.2%，比 2012 年分别提高 11.9 个百分点和 12.6 个百分点。

（三）医疗卫生水平显著提高。

2012 年以来，中央专项投资支持贫困地区医疗卫生机构基础设施建设，贫困地区医疗卫生服务条件获得较大改善。2016 年，贫困地区农村拥有合法行医证医生或卫生员的行政村比重为 90.4%，比 2012 年提高 7.0 个百分点；91.4% 的户所在自然村有卫生站，比 2013 年提高 7.0 个百分点；拥有畜禽集中饲养区的行政村比重为 28.0%，比 2012 年提高 12.0 个百分点；饮用水经过集中净化处理的自然村比重 44.7%，比 2013 年提高 17.0 个百分点；50.9% 的户所在自然村垃圾能集中处理，比 2013 年提高 21.0 个百分点。

表 6　2012-2016 年贫困地区农村医疗卫生条件

单位：%

指　标	2012 年	2013 年	2014 年	2015 年	2016 年
拥有合法行医证医生／卫生员的行政村比重	83.4	88.9	90.9	91.2	90.4
所在自然村有卫生站的农户比重	--	84.4	86.8	90.3	91.4
拥有畜禽集中饲养区的行政村比重	16.0	23.9	26.7	26.9	28.0
饮用水经过集中净化处理的自然村比重	--	27.7	34.4	39.2	44.7
所在自然村垃圾能集中处理的农户比重	--	29.9	35.2	43.2	50.9

连片特困地区和扶贫重点县医疗服务条件明显提升。2016 年拥有合法行医证医生或卫生员的行政村比重分别为 89.7% 和 90.5%，比 2012 年分别提高 6.8 个百分点和 6.5 个百分点。

回顾过去五年，在以习近平总书记为核心的党中央坚强领导下，全党全社会采取超常规举措，增加投入，各方参与，因人因户因村施策，产业扶贫、交通扶贫、水利扶贫、教育扶贫、健康扶贫、金融扶贫、易地搬迁等各项决策部署全面落实，脱贫攻坚取得显著成绩，全面小康社会短板加速补齐。展望未来，我国脱贫攻坚任务仍十分艰巨，到2020年实现现行标准下贫困人口脱贫，每年仍需减贫1000万以上，而且剩下的大都是条件较差、基础较弱、贫困程度较深的地区和群众，脱贫特别是深度贫困地区脱贫任务仍十分艰巨而繁重。让我们更加紧密团结在以习近平同志为核心的党中央周围，增强打赢脱贫攻坚战的责任感、使命感和紧迫感，以更大的决心，更精准的举措，众志成城，为确保实现到2020年所有贫困地区和贫困人口一道迈入全面小康社会的宏伟目标而努力奋斗，以优异成绩迎接党的十九大胜利召开。

（国家统计局住户调查办公室 徐鑫 马倩）

2016 年全国农村贫困状况

2011 年，我国开始实施《中国农村扶贫开发纲要（2011-2020 年）》，按照“两不愁、三保障”的扶贫开发工作目标，将国家农村扶贫标准大幅提高到 2300 元（2010 年不变价），以下简称现行国家农村贫困标准。自此以后，扶贫开发工作进入巩固温饱成果、加快脱贫致富、改善生态环境、提高发展能力、缩小发展差距的新阶段，从解决基本的生存和温饱问题转向解决可持续的发展问题。本文据对全国 31 个省（自治区、直辖市）16 万户居民家庭的抽样调查，从多元角度对农村贫困状况进行了分析。

一、农村贫困人口规模与分布

（一）贫困人口规模。

1. 2016 年全国农村贫困人口减少 1240 万人。

按现行国家农村贫困标准测算，2016 年全国农村贫困人口 4335 万人，比上年减少 1240 万人；贫困发生率 4.5%，比上年下降 1.2 个百分点。

2. 六年来全国农村贫困人口共减少 1.22 亿。

按现行国家农村贫困标准测算，2010 年全国农村贫困人口规模为 1.66 亿，贫困发生率为 17.2%。与 2010 年相比，六年来全国农村贫困人口共减少 1.22 亿，年均减贫人口规模 2039 万人；贫困发生率下降 12.7 个百分点，年均下降 2.1 个百分点。

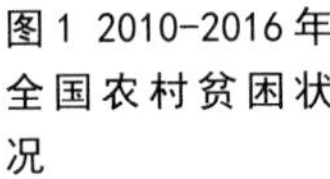
图 1 2010-2016 年全国农村贫困状况

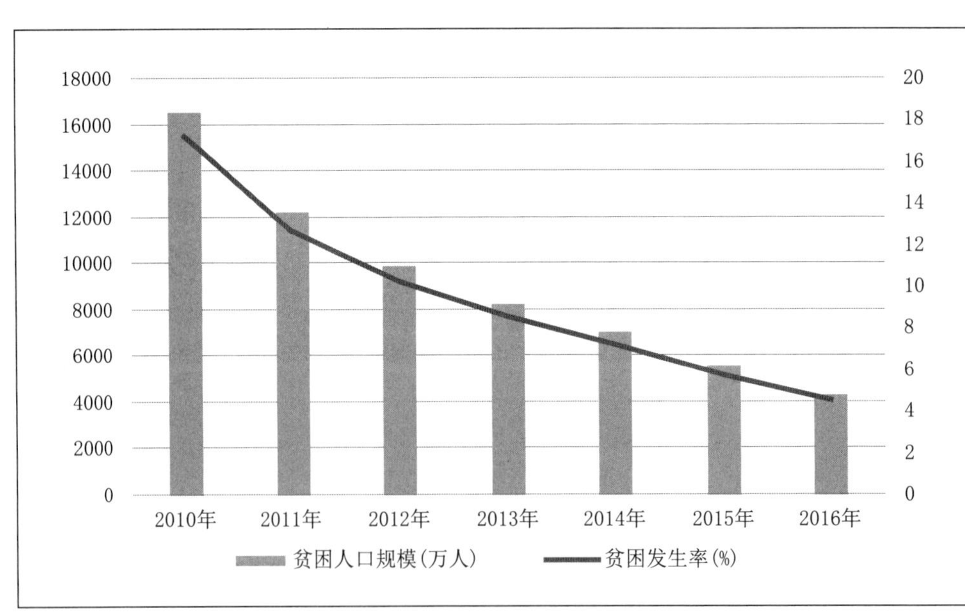

数据来源：国家统计局住户收支与生活状况调查

（二）区域分布。

1. 一半以上的农村贫困人口仍集中在西部地区。

按现行国家农村贫困标准测算，一半以上的农村贫困人口仍集中在西部地区[①]。2016 年东部地区农村贫困人口 490 万，农村贫困发生率为 1.4%，贫困人口占全国农村贫困人口的比重为 11.3%。中部地区农村贫困人口 1594 万，农村贫困发生率为 4.9%，贫困人口占全国农村贫困人口的比重为 36.8%。西部地区农村贫困人口 2251 万，农村贫困发生率为 7.8%，贫困人口占全国农村贫困人口的比重为 51.9%。

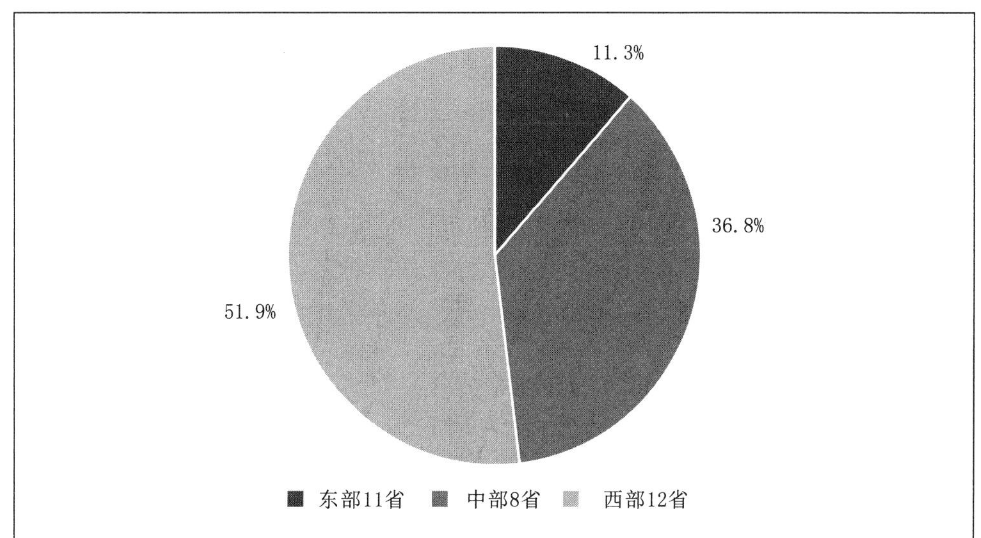

图 2 2016 年农村贫困人口的地区分布

数据来源：国家统计局住户收支与生活状况调查

与上年相比，2016 年东、中、西部地区农村贫困人口全面减少。其中，西部地区农村贫困人口减少数量最多，西部地区贫困人口占全国农村贫困人口的比重下降。具体来看： 2016 年东、中、西部地区农村贫困人口分别比上年减少 163 万，413 万和 663 万人，贫困发生率分别下降 0.4，1.3 和 2.2 个百分点。全国农村贫困人口中，东部地区贫困人口占全国农村贫困人口的比重比上年下降 0.4 个百分点，中部地区贫困人口比重比上年上升 0.8 个百分点，西部地区贫困人口比重比上年下降 0.4 个百分点。

表 1 2010-2016 年分地区农村贫困人口情况

单位：万人、%

年 份	农村贫困人口规模			农村贫困发生率		
	东部	中部	西部	东部	中部	西部
2010	2587	5551	8429	7.4	17.2	29.2
2011	1655	4238	6345	4.7	13.1	21.9
2012	1367	3446	5086	3.9	10.6	17.5
2013	1171	2869	4209	3.3	8.8	14.5
2014	956	2461	3600	2.7	7.5	12.4
2015	653	2007	2914	1.8	6.2	10.0
2016	490	1594	2251	1.4	4.9	7.8

数据来源：国家统计局住户收支与生活状况调查

①东部地区：包括北京、天津、河北、辽宁、上海、江苏、浙江、福建、山东、广东、海南 11 省份。
中部地区：包括山西、吉林、黑龙江、安徽、江西、河南、湖北、湖南 8 省份。
西部地区：包括内蒙古、广西、重庆、四川、贵州、云南、西藏、陕西、甘肃、青海、宁夏、新疆 12 省份。

2. 有6个省农村贫困人口在300万以上，5个省农村贫困发生率在10%以上。

2016年，按现行国家农村贫困标准测算，农村贫困人口在300万以上的省份有6个，比上年减少2个省；在100万-300万之间的省份有9个；16个省份农村贫困人口在100万以下。

2016年，农村贫困发生率在10%以上的省份有5个，农村贫困发生率在5%-10%的省份有7个，农村贫困发生率在3%-5%的省份有9个，其余10个省份农村贫困发生率在3%以下，比上年增加2个省。

（三）群体分布。

1. 农村老人和儿童贫困发生率相对较高。

将所有人按每20岁为一组分组，分年龄组贫困发生率分布总体呈现两边高中间低的特点，老年和儿童贫困发生率相对较高。2016年0-20岁，21-40岁，41-60岁，61-80岁，81岁及以上农村人口贫困发生率分别为5.3%，4.7%，2.9%，5.7%，6.4%。其中，17岁及以下青少年儿童贫困发生率为5.6%，60岁以上老人贫困发生率为5.8%。按性别分组看，2016年女性群体贫困发生率与男性群体贫困发生率没有明显差异。

图3 2016年分年龄段农村贫困发生率

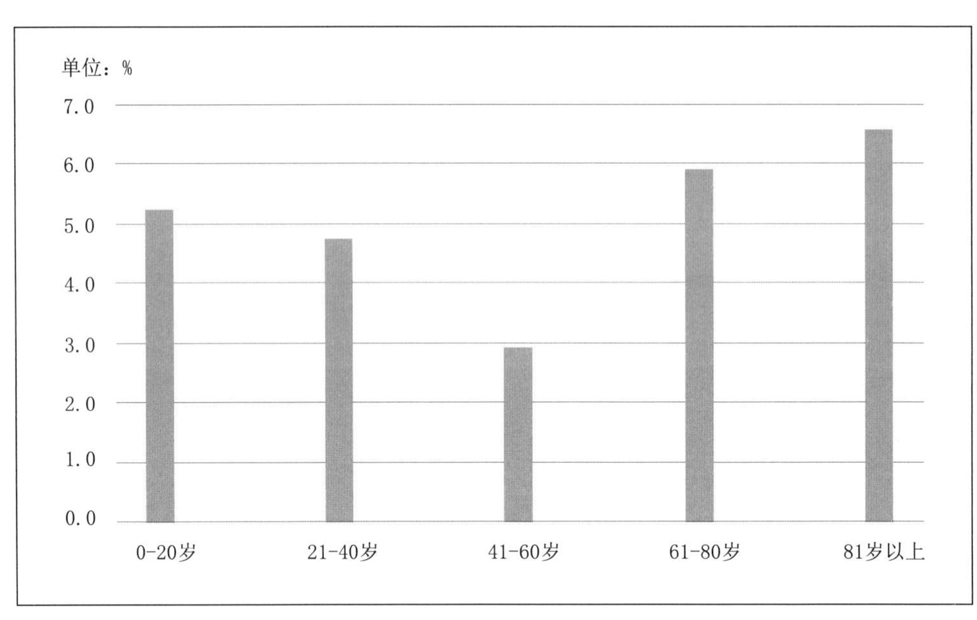

数据来源：国家统计局住户收支与生活状况调查

2. 农村贫困发生率与受教育程度成反比。

按户主受教育程度分组看，贫困发生率与户主受教育程度成反比，户主受教育程度较低的群体贫困发生率相对较高。2016年户主受教育程度为文盲的群体中贫困发生率为9.9%，户主受教育程度为小学的群体中贫困发生率为6.7%，户主受教育程度为初中的群体中贫困发生率为3.5%，户主受教育程度为高中及以上的群体中贫困发生率为2.1%。

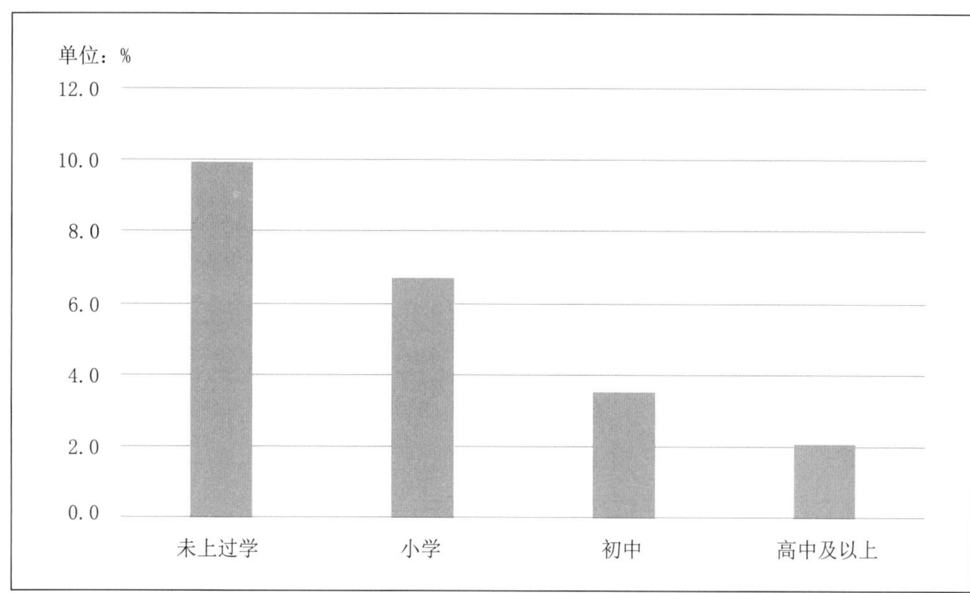

图4 2016年按户主受教育程度分组农村贫困发生率

数据来源：国家统计局住户收支与生活状况调查

3. 农村健康程度较差的人群贫困发生率相对较高。

从健康状况分组看，农村身体健康程度与贫困发生率呈反比。2016年身体健康的人群贫困发生率为4.2%；身体基本健康的人群贫困发生率为6.3%，身体健康状况较差[①]的人群贫困发生率为8.3%。

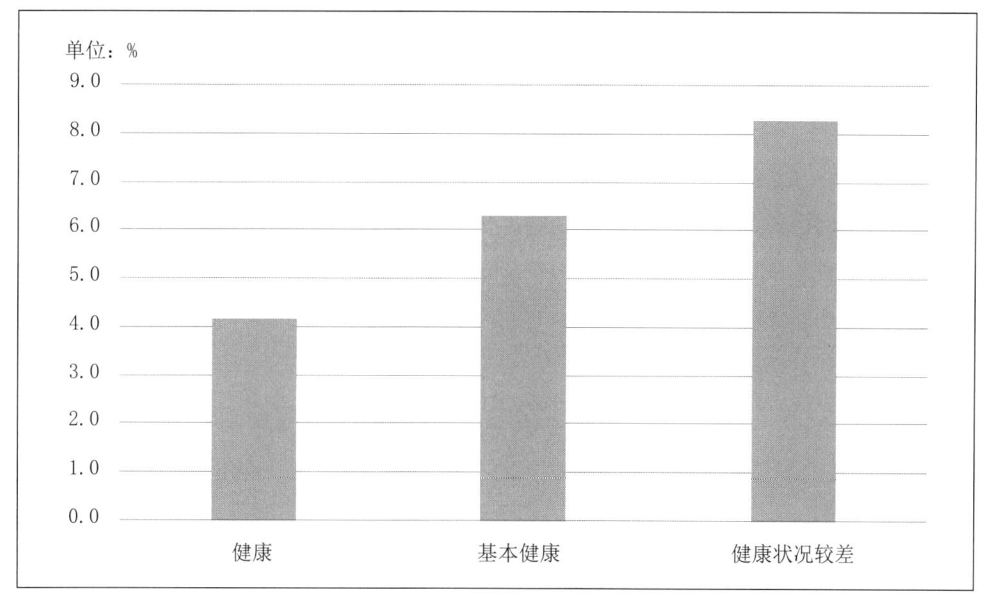

图5 2016年按照健康程度分组的农村贫困发生率

数据来源：国家统计局住户收支与生活状况调查

二、农村居民收支状况

（一）2016年农村居民收入持续增加。

2016年农村居民人均可支配收入12363元，比上年名义增长8.2%，扣除价格因素影响，实际增长6.2%。具体情况如下：

①身体健康状况较差，包括身体不健康但生活能自理和生活不能自理两类。

1. 转移净收入增长最快。

从分项收入增长情况看，第一，全国农村居民人均转移净收入2328元，增长12.7%，增速比上年加快2.6个百分点，在四大项收入中增长最快，主要是各地大力推进精准扶贫，增加扶贫投入，以及其他惠民政策的实施使得农民得到实实在在的实惠。第二，全国农村居民人均工资性收入5022元，增长9.2%。主要是农民工就近务工数量增加和工资水平继续增长。第三，全国农村居民人均经营净收入4741元，增长5.3%。其中，二三产业经营净收入增长9.0%，第一产业经营净收入增长3.7%。具体来看，主要是蔬菜、棉花、糖料等农产品价格上涨，使得种植业净收入小幅增长；同时，生猪价格大幅上涨以及饲料价格下降，带动生猪养殖收入大幅增长。人均牧业净收入574元，增长17.4%。第四，全国农村居民人均财产净收入272元，增长8.2%，主要是转让承包土地经营权租金净收入和出租房屋收入增长较快。

表2　2016年全国农村居民收入增长情况

指　标	水平（元）	名义增速（%）
人均可支配收入	12363	8.2
一、工资性收入	5022	9.2
二、经营净收入	4741	5.3
（一）一产净收入	3270	3.7
# 农业	2440	1.1
牧业	574	17.4
（二）二三产净收入	1472	9.0
三、财产净收入	272	8.2
四、转移净收入	2328	12.7

数据来源：国家统计局住户收支与生活状况调查。

2014-2016年，转移净收入年均增长最快。全国农村居民人均工资、转移、财产三项收入年均增速均在10%以上，分别为11.2%、12.2%和11.8%；人均经营净收入年均增速为6.4%，主要特点是一产净收入年均增速低，仅增长4.8%，二三产净收入增长较快，年均增长10.4%。

表3　2014-2016年农村居民分项收入增长情况

单位：%

指　标	2014年	2015年	2016年	2014-2016年年均增速
人均可支配收入	11.2	8.9	8.2	9.4
（一）工资性收入	13.7	10.8	9.2	11.2
（二）经营净收入	7.7	6.3	5.3	6.4
1. 第一产业	5.6	5.2	3.7	4.8
# 农业	6.8	4.6	1.1	4.1
牧业	-3.7	10.3	17.4	7.6
2. 第二产业	2.6	6.5	4.3	4.5
3. 第三产业	16.3	9.6	10.3	12.0
（三）财产净收入	14.1	13.3	8.2	11.8
（四）转移净收入	13.9	10.1	12.7	12.2

2. 工资性收入增收贡献最大。

2016 年全国农村居民人均可支配收入中，工资性收入对全年农民增收的贡献率为 44.8%，拉动可支配收入增长 3.7 个百分点；经营净收入对全年农民增收的贡献率为 25.2%，拉动可支配收入增长 2.1 百分点；转移净收入对全年农民增收的贡献率为 27.8%，拉动可支配收入增长 2.3 个百分点；财产净收入对全年农民增收的贡献率为 2.2%。从较长的时间来看，2014-2016 年，工资性收入增收贡献也最大。2014-2016 年，全国农村居民人均工资、经营、转移三项收入对农村居民增收的贡献率分别为 46.7%、27.5% 和 23.2%。

3. 工资、转移收入占比提高。

2016 年全国农村居民人均可支配收入中，工资性收入占比最高。工资性收入占人均可支配收入的比重为 40.6%，比上年提升 0.3 个百分点，比 2013 年提升 1.9 个百分点；转移净收入占比为 18.8%，比上年提升 0.7 个百分点，比 2013 年提升 1.4 个百分点；经营净收入占比为 38.3%，比上年下降 1.1 个百分点，比 2013 年下降 3.4 个百分点；财产净收入占比为 2.2%，占比一直较小，变化不大。

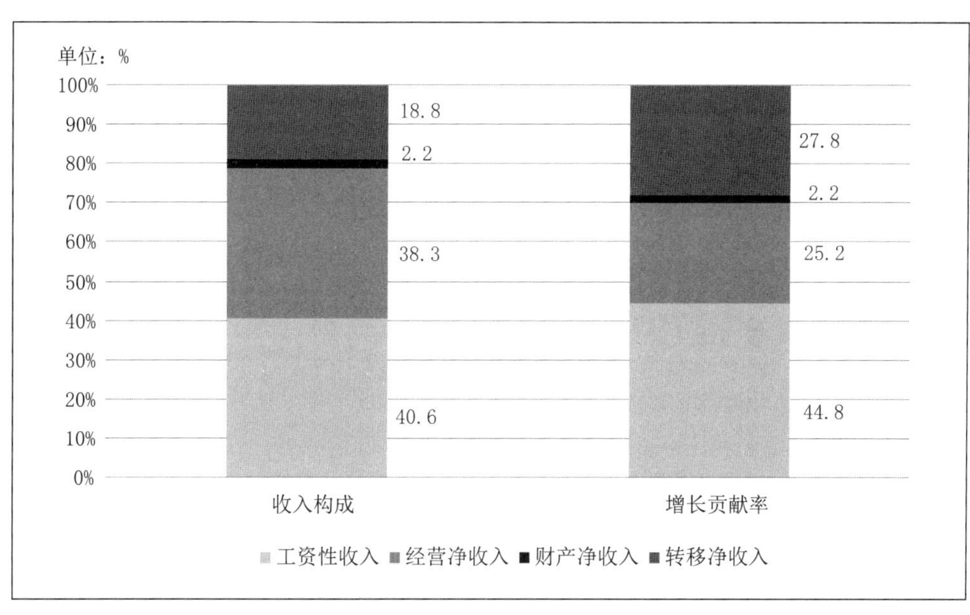

图 6 2016 年农村居民收入构成和各项收入增长贡献率

数据来源：国家统计局住户收支与生活状况调查

4. 农村居民收入较快增长为脱贫攻坚打下坚实基础。

2014-2016 年，全国农村居民人均可支配收入实际增速分别为 9.2%、7.5% 和 6.2%，为脱贫攻坚打下坚实基础。从较长历史时期看，该时期仍是农村居民收入增长较快的一个时期。“六五”至“十二五”时期，农村居民收入年均实际增速分别为 14.1%、3.0%、4.3%、4.7%、5.3%、8.9% 和 9.6%。其中，“七五”、“八五”、“九五”、“十五”时期农村居民收入实际增速均慢于 2014-2016 年。

表4　2014-2016年农村居民可支配收入情况

年　份	农村居民人均可支配收入（元）	名义增长（%）	实际增长（%）
2014	10489	11.2	9.2
2015	11422	8.9	7.5
2016	12363	8.2	6.2

（二）2016年农村居民消费进一步改善。

2016年农村居民人均消费支出10130元，名义增长9.8%，实际增长7.8%。总体来看，农村居民人均消费支出继续增长，交通通信、居住、教育文化娱乐支出增速较快。

1. 八大项消费支出均实现增长，居住、交通通信、教育文化娱乐消费支出增速在10%以上。

从八大项消费支出增长情况看，2016年农村居民人均食品烟酒支出3266元，增长7.2%；人均衣着支出575元，增长4.5%；人均居住支出2147元，增长11.5%；人均生活用品及服务支出596元，增长9.2%；人均交通通信支出1360元，增长16.9%；人均教育文化娱乐支出1070元，增长10.4%；人均医疗保健支出929元，增长9.8%；人均其他用品及服务支出186元，增长6.9%。

表5　2016年全国农村居民消费支出增长情况

指　标	水平（元）	增速（%）
人均消费支出	10130	9.8
1. 食品烟酒	3266	7.2
2. 衣着	575	4.5
3. 居住	2147	11.5
4. 生活用品及服务	596	9.2
5. 交通通信	1360	16.9
6. 教育文化娱乐	1070	10.4
7. 医疗保健	929	9.8
8. 其他用品及服务	186	6.9

数据来源：国家统计局住户收支与生活状况调查

2. 恩格尔系数下降，部分发展型消费占比提高。

2016年农村居民人均消费支出中，衣食等生存型消费占比下降，恩格尔系数由上年的33%下降为32.2%；交通通信、教育文化娱乐等发展型消费支出占比提高。具体来看，农村居民人均食品烟酒支出占人均消费支出的比重为32.2%，比上年下降

0.8 个百分点；衣着支出占比为 5.7%，比上年下降 0.3 个百分点；居住支出占比为 21.2%，比上年上升 0.3 个百分点；生活用品及服务支出占比为 5.9%，与上年基本持平；交通通信支出占比为 13.4%，比上年上升 0.8 个百分点；教育文化娱乐支出占比为 10.6%，比上年上升 0.1 个百分点；医疗保健支出占比为 9.2%，与上年基本持平。

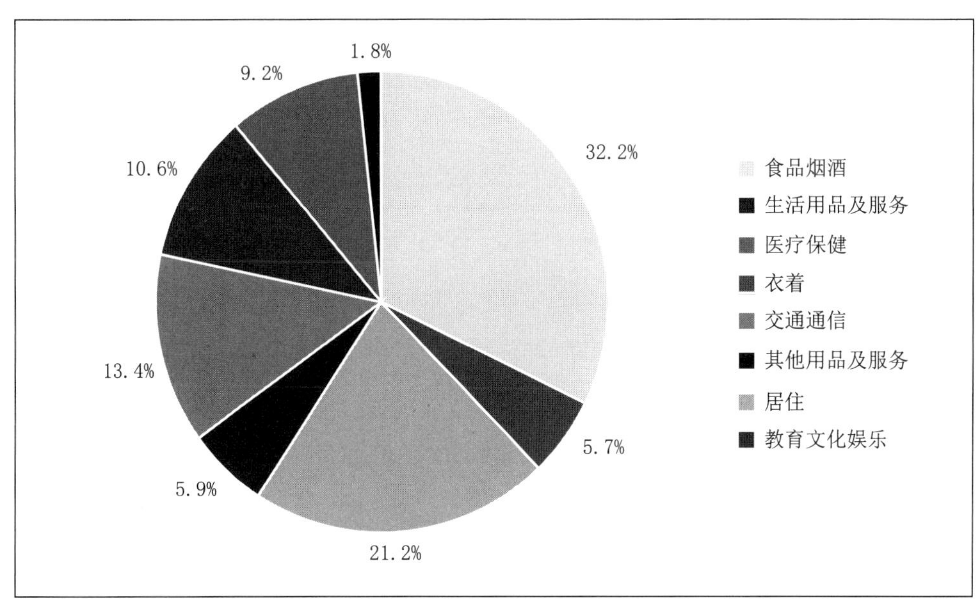

图 7 2016 年全国农村居民消费支出结构

数据来源：国家统计局住户收支与生活状况调查

3. 粮食等主食消费减少，菜果蛋奶等副食消费增加。

2016 年，农村居民人均粮食和肉类消费量下降，蔬菜、鲜瓜果、蛋类、奶类消费量增加。农村居民人均粮食消费量 157.2 公斤，比上年下降 1.4%；在猪肉价格持续高位运行下，人均猪肉消费量 18.7 公斤，下降 4%；牛羊肉消费量增加，人均牛、羊肉消费量分别为 0.9 公斤和 1.1 公斤，分别增长 7.5% 和 23%；人均植物油消费量 9.3 公斤，比上年增长 1.1%；人均鲜菜消费量 89.7 公斤，增长 1.1%；人均禽类消费量 7.9 公斤，增长 11.2%；人均蛋类及制品消费量 8.5 公斤，增长 2.3%；人均奶类及制品消费量 6.6 公斤，增长 4.8%；人均水产品消费量 7.5 公斤，增长 4.7%；人均鲜瓜果消费量 33.8 公斤，增长 13.8%。此外，农村居民用于饮食服务的支出增长 7.9%，其中在外饮食增长 19.2%。

表 6 2016 年农村居民家庭主要食品人均消费量

指 标	单位	2016 年	2015 年	增长（%）
一、粮食消费量	公斤	157.2	159.5	-1.4
（一）谷物消费量	公斤	147.1	150.2	-2.1
（二）薯类消费量	公斤	2.9	2.7	5.9
（三）豆类消费量	公斤	7.3	6.6	10.7
二、油脂类消费量	公斤	10.2	10.1	1.1
# 植物油	公斤	9.3	9.2	1.1
三、蔬菜及菜制品消费量	公斤	91.5	90.3	1.2
# 鲜菜	公斤	89.7	88.7	1.1
四、肉类	公斤	22.7	23.1	-1.7
# 猪肉	公斤	18.7	19.5	-4.0
牛肉	公斤	0.9	0.8	7.5
羊肉	公斤	1.1	0.9	23.0
五、禽类	公斤	7.9	7.1	11.2
六、水产品	公斤	7.5	7.2	4.7
七、蛋类及蛋制品	公斤	8.5	8.3	2.3
八、奶和奶制品	公斤	6.6	6.3	4.8
九、鲜瓜果	公斤	33.8	29.7	13.8
十、食糖	公斤	1.4	1.3	2.6

三、收入差距

2016 年农村居民人均可支配收入名义增速和实际增速分别快于城镇居民 0.4 和 0.6 个百分点，城乡居民差距继续缩小。但农村居民内部收入差距变化比较复杂，西部地区农村居民收入增长最快，与其它地区相对收入差距缩小；高低收入组收入相对差距有所扩大。

（一）城乡居民收入相对差距继续缩小。

按常住地分，2016 年城镇居民人均可支配收入 33616 元，名义增长 7.8%，实际增长 5.6%；农村居民人均可支配收入 12363 元，名义增长 8.2%，实际增长 6.2%。农村居民人均可支配收入名义增速和实际增速分别快于城镇居民 0.4 和 0.6 个百分点。2016 年城乡居民收入之比为 2.72：1，比上年下降 0.01。

2014-2016 年，全国农村居民人均可支配收入实际增速分别为 9.2%、7.5% 和 6.2%；城镇居民人均可支配收入实际增速分别为 6.8%、6.6% 和 5.6%。农村居民收入增速持续快于城镇居民，城乡居民收入相对差距逐年缩小，人均可支配收入之比由 2013 年的 2.81 下降为 2016 年的 2.72。

（二）西部地区[①]与其它地区收入相对差距缩小。

分东、中、西、东北地区看，2016 年东部地区农村居民人均可支配收入 15498 元，比上年增长 8.4%，中部地区农村居民人均可支配收入 11794 元，增长 8.0%，西部地区农村居民人均可支配收入 9918 元，增长 9.1%，东北地区农村居民人均可支配收入 12275 元，增长 6.8%。西部地区增长最快，东北地区增长最慢。以西部地区为 1，东部、中部、东北地区与西部地区全体居民人均可支配收入之比分别为 1.56:1、1.19:1 和 1.24:1，西部地区与其他地区的收入相对差距均缩小。

表 7　2016 年东、中、西部及东北地区农村居民人均可支配收入

分　组	绝对值（元）	增长率（%）
东部地区	15498	8.4
中部地区	11794	8.0
西部地区	9918	9.1
东北地区	12275	6.8

（三）高、低收入组收入相对差距有所扩大。

按农村居民人均可支配收入从低到高进行五等份分组，全国农村居民低收入组人均可支配收入 3006 元，减少 2.6%；中等偏下组人均可支配收入 7828 元，增长 8.4%；中等收入组人均可支配收入 11159 元，增长 8.2%；中等偏上组人均可支配收入 15727 元，增长 8.2%；高收入组人均可支配收入 28448 元，增长 9.4%。高收入组收入增长相对较快，全国农村高、低收入组居民人均可支配收入之比为 9.46：1，比上年上升了 1.03。

表 8　2016 年全国农村居民人均可支配收入分组情况

分　组	绝对值（元）	增长率（%）
低收入组	3006	-2.6
中等偏下组	7828	8.4
中等收入组	11159	8.2
中等偏上组	15727	8.2
高收入组	28448	9.4

数据来源：国家统计局住户收支与生活状况调查

①按东中西东北分区
东部地区：包括北京、天津、河北、上海、江苏、浙江、福建、山东、广东、海南。
中部地区：包括山西、安徽、江西、河南、湖北、湖南。
西部地区：包括内蒙古、广西、重庆、四川、贵州、云南、西藏、陕西、甘肃、青海、宁夏、新疆。
东北地区：包括辽宁、吉林、黑龙江。

四、多元生活状况

（一）居住条件。

2016 年，农村居民住房结构、住宅外道路、卫生等生活居住条件进一步改善。从住房面积和结构看，2016 年农村居民人均居住住房面积 45.8 平方米，居住钢筋混凝土和砖混材料结构住房的农户占 64.4%，比上年上升 4.4 个百分点。从住宅外道路条件看，2016 年农村地区住宅外道路硬化[①]的农户比重为 85.4%，比上年上升 4.9 个百分点。从饮水条件看，主要饮用水来源为安全饮用水的农户比重为 80.3%，比上年上升 3.7 个百分点。从卫生设备看，2016 年农村地区有水冲式卫生厕所的农户比重为 30.5%，比上年上升 4.2 个百分点；有卫生旱厕的农户比重为 13.5%，比上年略有上升；无洗澡设施的农户比重为 35.3%，比上年下降 6.0 个百分点。从能源使用情况看，2016 年农村地区炊事用主要能源为柴草的农户比重为 39.4%，比上年下降 4.4 个百分点。

表 9　2015-2016 年农村居民居住条件

单位：%

指　标	2016 年	2015 年
居住钢筋混凝土和砖混材料结构住房的农户比重	64.4	60.0
住宅外道路硬化的农户比重	85.4	80.5
有水冲式卫生厕所的农户比重	30.5	26.3
有安全饮用水的农户比重	80.3	76.6
无洗澡设施的农户比重	35.3	41.3
炊事用主要能源为柴草的农户比重	39.4	43.8

数据来源：国家统计局住户收支与生活状况调查

（二）耐用消费品拥有情况。

2016 年，农村居民家庭年末拥有的主要传统耐用消费品稳定增加，新型耐用消费品需求较旺。一是交通类耐用消费品较快增加。2016 年全国农村居民每百户拥有家用汽车 17.4 台，比上年增加 4.1 台，增长 31.2%；百户拥有助力车 57.7 台，比上年增加 7.6 台，增长 15.2%。二是空调、热水器等家电较快增加。2016 年全国农村居民每百户拥有空调 47.6 台，比上年增加 8.8 台，增长 22.7%；百户拥有热水器 59.7 台，增加 7.1 台，增长 13.6%；百户拥有排油烟机 18.4 台，上年增加 3.0 台，增长 19.9%。三是洗衣机、电冰箱、彩色电视机等普及度相对较高的传统家电继续增加。2016 年全国农村居民每百户拥有洗衣机 84.0 台，比上年增加 5.2 台，增长 6.6%；百户拥有电冰箱 89.5 台，增加 7.0 台，增长 8.5%；拥有彩色电视机 118.8 台，增加 1.9 台，增长 1.6%。

①住宅外道路硬化指的是住宅外道路为水泥、柏油、沙石或石板等硬质路面。

表 10　2015-2016 年农村居民百户耐用消费品拥有情况

指　标	单位	2016 年	2015 年	增加量	增长幅度（%）
家用汽车	辆 / 百户	17.4	13.3	4.1	31.2
摩托车	辆 / 百户	65.1	67.5	-2.4	-3.6
助力车	台 / 百户	57.7	50.1	7.6	15.2
洗衣机	台 / 百户	84.0	78.8	5.2	6.6
电冰箱（柜）	台 / 百户	89.5	82.6	7.0	8.5
彩色电视机	台 / 百户	118.8	116.9	1.9	1.6
空调	台 / 百户	47.6	38.8	8.8	22.7
热水器	台 / 百户	59.7	52.5	7.1	13.6
排油烟机	台 / 百户	18.4	15.3	3.0	19.9
移动电话	部 / 百户	240.7	226.1	14.6	6.5
计算机	台 / 百户	27.9	25.7	2.2	8.6

数据来源：国家统计局住户收支与生活状况调查

（三）交通通信条件。

从交通通信条件看，2016 年农村地区通路、通电等基本接近全覆盖，通讯基础设施条件持续改善，居民移动电话、计算机等拥有量继续增加。2016 年，超过 97% 的农户所在自然村能接收有线电视信号，比重继续提升；每百户农村居民拥有移动电话 240.7 台，增加 14.6 台，增长 6.5%；百户拥有计算机 27.9 台，增加 2.2 台，增长 8.6%；平均每百户农村居民家庭拥有接入互联网的移动电话 92 部，增加 22.8 部，增长 32.9%；平均每百户农村居民家庭拥有接入互联网的计算机 20.8 台，增加 2.1 台，增长 11.1%。

（四）社区环境条件。

从社区环境条件看，95% 以上的农户所在自然村内主要道路路面为硬化路面；66.9% 的农户所在自然村内垃圾能够做到集中处理，比上年上升 6.5 个百分点；52.1% 的农户所在自然村主要道路有路灯，比上年上升 5.2 个百分点；48.0% 的农户所在自然村有健身器材，比上年上升 6.2 个百分点；22.2% 的农户所在自然村有绿化园林景观设计，比上年上升 2.4 个百分点；87.4% 的农户所在自然村有卫生站，比上年上升 1.5 个百分点。

表 11 2015-2016 年农户所在社区环境条件

单位：%

指　标	2016 年	2015 年
所在自然村内主要道路硬化路面的农户比重	95.2	93.9
所在自然村主要道路有路灯的农户比重	52.1	46.9
所在自然村垃圾集中处理的农户比重	66.9	60.4
所在自然村有健身器材的农户比重	48.0	41.8
所在自然村有绿化园林景观设计的农户比重	22.2	19.8
所在自然村有卫生站（室）的农户比重	87.4	85.9

（五）教育条件。

从受教育便利程度看，农村地区教育服务条件继续改善。81.8%的农户所在自然村上幼儿园或学前班便利，84.6%的农户所在自然村上小学便利，比重均较上年有所提升。

从户主文化程度看，2016年全国农村居民家庭中，户主为小学及以下文化程度的占33.2%，初中文化程度的占54.6%，高中文化程度的占10.7%，大专及以上文化程度的占1.4%。

图8 2016年农村居民家庭户主文化程度

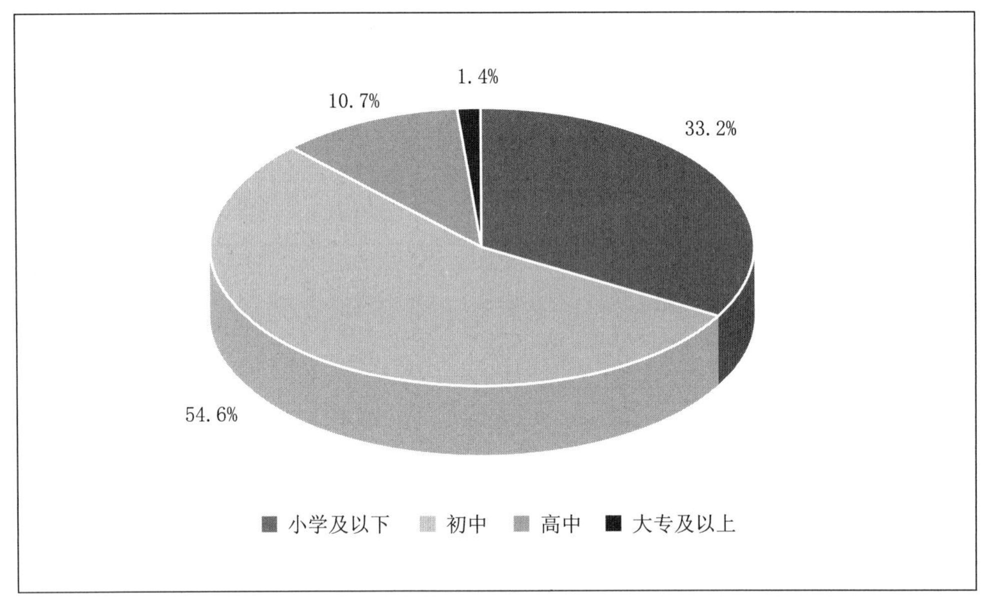

从劳动力受教育程度看，2016年全国农村地区常住劳动力中，未上过学的人占比5.2%，小学文化程度的人占29.9%，初中文化程度的人占51.2%，高中文化程度的人占10.4%，大专及以上文化程度的人占3.3%。

图9 2016年农村劳动力受教育程度

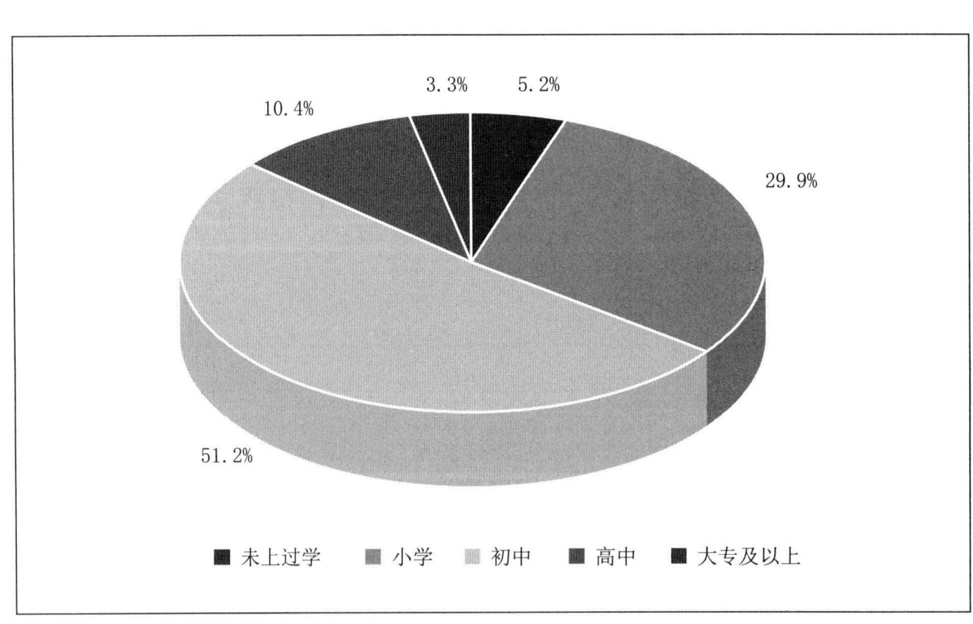

（六）就业情况。

2016 年，全国农村地区户均常住从业人口 2.0 人，从业人口负担系数为 1.6。从行业分布看，2016 年全国农村地区常住从业人员中，第一产业从业人员占比为 59.8%，第二产业从业人员占比为 20.5%，第三产业从业人员占比为 19.8%。

（七）社会保障情况。

从医疗保险参与情况看，2016 年农村地区常住劳动力中，没有参加任何医疗保险的人不足 1%，九成以上的人参加新型农村合作医疗保险，其余人参加城镇职工基本医疗保险、居民基本医疗保险或商业医疗保险等。

从养老保险参与情况看，2016 年农村地区常住劳动力中，八成的人参加新型农村社会养老保险，10.1% 的人没有参加任何养老保险，比上年下降 1.3 个百分点。

（国家统计局住户调查办公室 连佳佳）

2016 年贫困地区[①]农村贫困状况

2016 年是脱贫攻坚首战之年，各地区各部门深入实施精准扶贫精准脱贫方略，建立健全扶贫责任体系、政策体系、制度体系和社会动员体系，尤其是不断加大贫困地区投入和工作力度，全面推进各项重点工作，脱贫攻坚开局良好。根据国家统计局开展的农村贫困监测调查显示，2016 年贫困地区农村贫困人口减少 836 万人，占全国农村减贫总规模的 67.3%；贫困地区农村居民人均可支配收入增长速度快于全国农村平均水平 2.2 个百分点，农民生活质量稳步提升，基础设施和公共服务持续改善，脱贫攻坚取得明显成效。

一、贫困地区基本情况

贫困地区覆盖全国 22 个省（自治区、直辖市）832 个县，11775 个乡镇。2015 年行政区划面积 464 万平方公里，约占全国行政区划总面积的 48%；户籍人口数 30517 万人，占全国总人口的 22.2%。

据国家统计局县（市）社会经济基本情况统计，2015 年，贫困地区生产总值 55607 亿元，名义值比上年增长 6.2%，占全国 GDP 的 8.1%，其中，第一产业增加值 12668 亿元，增长 6.4%，占全国第一产业增加值的 20.8%；第二产业增加值 22463 亿元，下降 0.4%，占全国第二产业增加值的 8.0%；第三产业增加值 20477 亿元，增长 14.5%，占全国第三产业增加值的 6.0%，第一产业、第二产业、第三产业增加值占地区生产总值的比重分别为 22.8%、40.4% 和 36.8%。公共财政收入 3561 亿元，比上年增长 6.4%，占全国公共财政收入 2.3%；公共财政支出 18811 亿元，增长 16.3%，占全国公共财政支出 10.7%。全社会固定资产投资总额 61749 亿元，增长 13.7%，占全国全社会固定资产投资总额的 11.0%。

2015 年，贫困地区农业总产值 7585 亿元，比上年增长 6.5%，占全国农业总产值的 13.2%；粮食总产量 14041 万吨，增长 1.7%，占全国粮食总产量的 22.6%；棉花总产量 119 万吨，增长 5.8%，占全国棉花总产量的 21.3%；油料总产量 920 万吨，增长 3.4%，占全国油料总产量的 26.0%；肉类总产量 2422 万吨，与去年持平，占全国肉类总产量的 28.1%。

2015 年，贫困地区普通小学在校学生数 2194 万人，占全国普通小学在校学生数的 22.6%；普通中学在校学生数 1440 万人，占全国普通中学在校学生数的 21.5%。医疗卫生机构床位数 104 万张，增长 8.5%，占全国医疗卫生机构床位数的 14.8%。

①贫困地区，包括集中连片特困地区和片区外的国家扶贫开发工作重点县，共 832 个县。其中集中连片特困地区覆盖 680 个县，国家扶贫开发工作重点县共计 592 个，集中连片特困地区包含 440 个国家扶贫开发工作重点县。

二、贫困变化

（一）贫困人口规模和减贫情况。

据全国农村贫困监测调查，按照现行农村贫困标准测算，2016 年贫困地区农村贫困人口 2654 万人，比上年减少 836 万人，下降 23.9%；贫困发生率 10.1%，比上年下降 3.2 个百分点。与 2012 年相比，农村贫困人口四年来累计下降 3385 万人，年均减少 846 万，减贫规模占全国农村减贫总规模的六成。

贫困地区减贫速度快于全国农村平均水平。2016 年，贫困地区全面实施脱贫攻坚战略，减贫速度加快。从减贫规模看，贫困地区农村减贫 836 万人，比上年多减 9 万人；从减贫速度看，贫困地区农村贫困人口比上年减少 23.9%，减贫速度比上年提高 4.7 个百分点，比全国农村快 1.7 个百分点；从减贫规模占比看，贫困地区农村减贫规模占全国农村减贫总规模的 67.3%，比上年提高 9.9 个百分点。

贫困地区农村贫困发生率仍高于全国农村平均水平 5.6 个百分点。2016 年贫困地区农村贫困发生率 10.1%，比全国农村高 5.6 个百分点。其中，14 个集中连片特困地区和扶贫开发工作重点县农村贫困发生率均为 10.5%，比全国农村高 6.0 个百分点。

表 1　2012-2016 年贫困地区农村贫困状况

年　份	贫困人口（万人）	比上年下降（万人）	贫困发生率（%）	比上年下降（个百分点）
2012	6039	--	23.2	-
2013	5070	969	19.3	3.9
2014	4317	753	16.6	2.7
2015	3490	827	13.3	3.3
2016	2654	836	10.1	3.2

数据来源：国家统计局农村贫困监测调查。

（二）贫困人口地区分布。

2016 年贫困地区农村贫困人口在 300 万以上的省份有 2 个，包括云南 352 万、贵州 346 万；在 200-300 万的省份有 3 个，包括甘肃 235 万、河南 221 万、湖南 205 万；在 100-200 万的省份有 7 个，包括安徽 155 万、四川 150 万、河北 147 万、陕西 140 万、湖北 117 万、江西 103 万、广西 100 万。

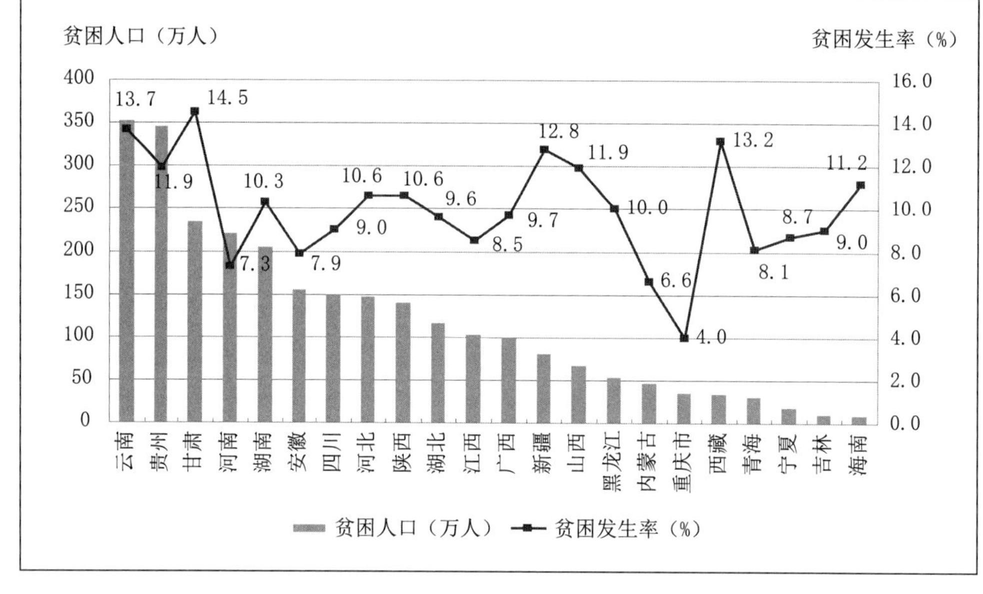

图1 2016年贫困地区分地区贫困人口和贫困发生率

数据来源：国家统计局农村贫困监测调查。

三、农村居民收入

（一）贫困地区农村居民收入增速快于全国农村。

据全国农村贫困监测调查，2016 年贫困地区农村居民人均可支配收入 8452 元，比上年增加 799 元，名义增长 10.4%，剔除价格因素影响，实际增长 8.4%，实际增速高于全国农村平均水平 2.2 个百分点，精准扶贫成效十分显著。

1. 多项收入实现较快增长。

按收入来源分，2016 年，贫困地区农村居民人均工资性收入 2880 元，比上年增加 325 元，增长 12.7%，增速比全国农村平均水平高 3.5 个百分点，对增收的贡献率为 40.6%。

人均转移净收入 2021 元，增加 300 元，增长 17.4%。增速比全国农村平均水平高 4.7 个百分点，增速为近三年来最高，对增收的贡献率为 37.5%。其中，人均养老金收入 347 元，增长 16%，人均社会救济补助和政策性生活补贴 229 元，增长 28.8%。

人均经营净收入 3443 元，增加 161 元，增长 4.9%。其中，一产经营净收入 2696 元，增加 70 元，增长 2.7%，增速低于全国农村平均水平 1 个百分点，这主要是由于贫困地区受资源禀赋约束，农户种玉米、养羊等传统品种较多，受价格大幅下跌的影响，相关收入下滑；二三产业经营净收入人均 747 元，增加 91 元，增长 13.9%，增速高于全国农村平均水平 4.9 个百分点。

人均财产净收入 107 元，增加 13 元，增长 14.3%，增速高于全国农村平均水平 6.1 个百分点。

表 2　2016 年贫困地区与全国农村收入对比

指　标	贫困地区农村			全国农村		
	收入水平（元）	结构（%）	名义增速（%）	收入水平（元）	结构（%）	名义增速（%）
人均可支配收入	8452	100.0	10.4	12363	100.0	8.2
一．工资性收入	2880	34.1	12.7	5022	40.6	9.2
二．经营净收入	3443	40.7	4.9	4741	38.3	5.3
（一）一产净收入	2696	31.9	2.7	3270	26.4	3.7
# 农业	1931	22.8	2.1	2440	19.7	1.1
牧业	571	6.8	6.9	574	4.6	17.4
（二）二三产净收入	747	8.8	13.9	1472	11.9	9.0
三．财产净收入	107	1.3	14.3	272	2.2	8.2
四．转移净收入	2021	23.9	17.4	2328	18.8	12.7

数据来源：国家统计局全国住户收支与生活状况调查、农村贫困监测调查

2. 中西部 22 个省份均实现贫困地区农民增收目标

分省来看，2016 年中西部地区 22 个省（自治区、直辖市）贫困地区农村居民收入实现较快增长。全省（区）为贫困地区的西藏和青海农村居民人均可支配收入同比分别增长 10.3% 和 9.2%，分别高于全国农村平均水平 2.1 和 1.0 个百分点；其余 20 个省份贫困地区农村居民收入增速明显高于本省农村居民平均水平。

（二）贫困地区农村居民收入与全国农村的差距缩小。

1. 贫困地区农村居民收入与全国农村的相对差距缩小。

贫困地区农村居民收入增速快于全国农村平均水平，相对差距不断缩小。2016 年，贫困地区农村居民人均可支配收入占全国农村居民人均收入的比重为 68.4%，比 2015 年上升 1.4 个百分点。

2. 生活相对困难群体收入增速快于全国农村。

在精准扶贫政策作用下，2016 年生活相对困难群体收入增速明显加快。按照人均消费从低到高进行五等分分组，2016 年贫困地区最低组、中低组、中等组、中高组、最高组农村居民人均可支配收入增速分别为 15.8%、11.6%、11.0%、8.2% 和 8.8%，最低组比最高组收入增速快 7.0 个百分点，比全国农村收入增速高 7.6 个百分点，生活相对困难群体实现收入较快增长，内生动力不断增强。

四、农村居民消费

（一）贫困地区农村居民消费增速快于全国农村。

2016 年贫困地区农村居民人均消费支出 7331 元，名义增长 10.1%，剔除价格因素，实际增长 8.1%，实际增速比全国农村平均水平高 0.3 个百分点。其中，连片特

困地区农村居民人均消费支出 7273 元，增长 10.7%；扶贫重点县农村居民人均消费支出 7260 元，增长 9.7%。

图 2　2016 年不同地区农村居民人均消费支出情况

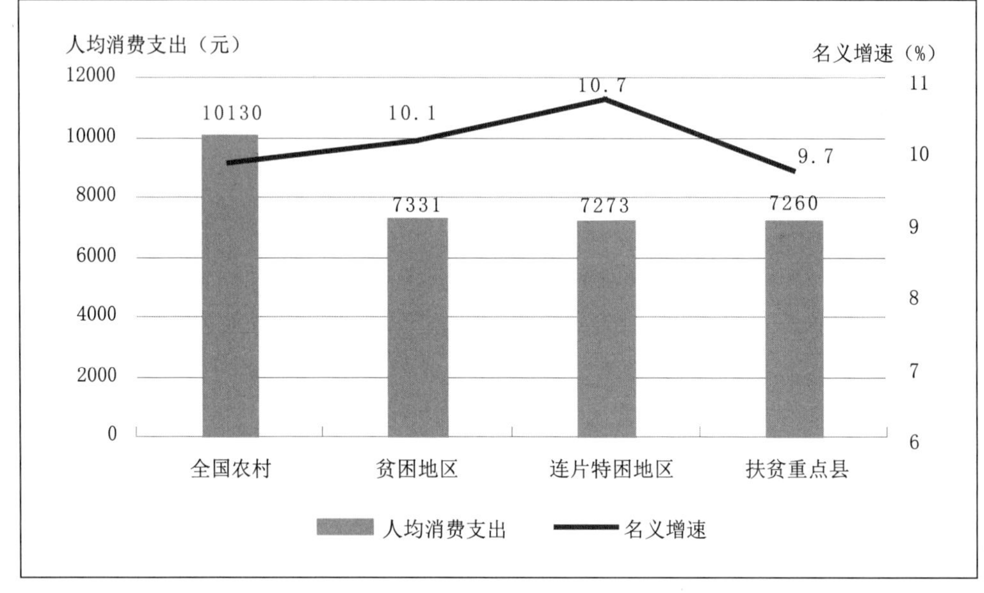

（二）贫困地区农村居民消费结构进一步优化。

1. 食品、衣着等基本消费支出稳定增长，占比下降。

2016 年，贫困地区农村居民食品烟酒支出人均 2567 元，增长 6.5%。恩格尔系数为 35%，比上年下降 1.2 个百分点。其中，粮食支出人均 551 元，增长 3.6%；肉禽蛋奶支出人均 802 元，增长 9.1%。2016 年，贫困地区农村居民衣着支出人均 423 元，增长 4.4%；衣着支出占消费支出的比重为 5.8%，比上年下降 0.3 个百分点。

2. 发展改善型消费支出继续保持快速增长。

2016 年，贫困地区农村居民交通通信、教育文化娱乐以及医疗保健支出增速均实现快速增长。其中，人均教育文化娱乐和医疗保健支出分别增长 16.2% 和 12.5%，分别比全国农村平均水平高 5.8 和 2.7 个百分点。

图 3 2013-2016 年贫困地区人均消费支出增长情况

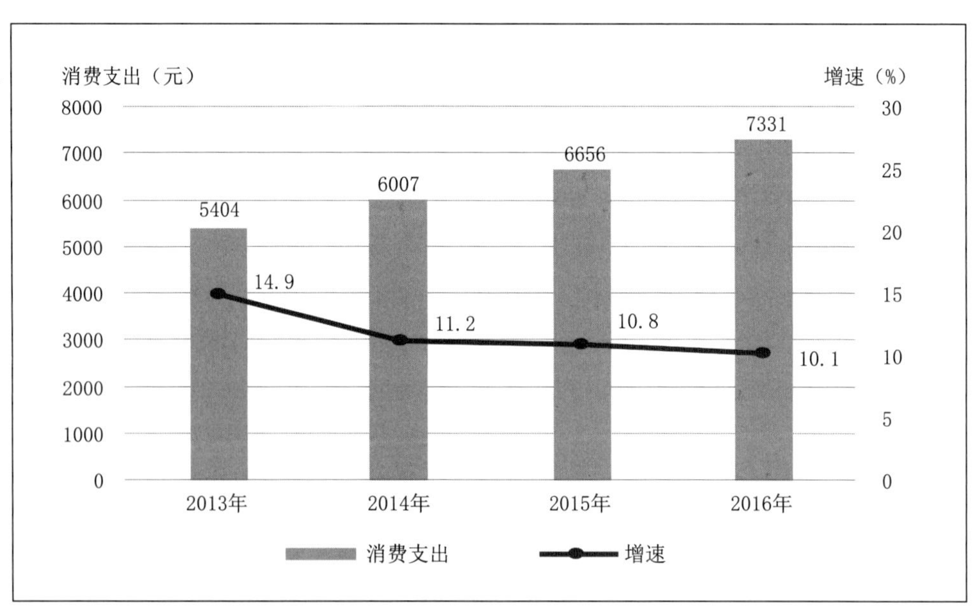

数据来源：国家统计局农村贫困监测调查。

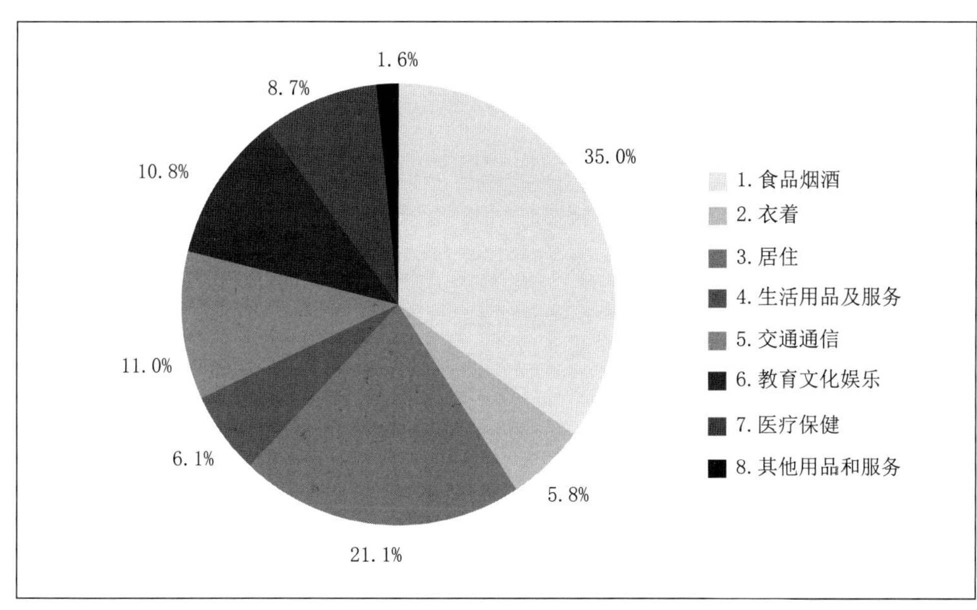

图4 2016年贫困地区农村居民消费支出结构

数据来源：国家统计局农村贫困监测调查。

(三) 贫困地区农村居民各项消费支出占全国农村平均水平的比重。

2016年贫困地区农村居民人均各项消费支出占全国农村平均水平的比重在六成至八成之间。其中，贫困地区食品烟酒支出占全国农村平均水平的78.6%，交通通信支出占全国农村平均水平的59%。

表3 2016年贫困地区与全国农村消费水平和结构对比

指标	贫困地区农村			全国农村			贫困地区农村占全国农村平均水平的比重
	水平（元）	结构（%）	名义增速（%）	水平（元）	结构（%）	名义增速（%）	
人均消费支出	7331	100.0	10.1	10130	100.0	9.8	72.4
（一）食品烟酒	2567	35.0	6.5	3266	32.2	7.2	78.6
（二）衣着	423	5.8	4.4	575	5.7	4.5	73.4
（三）居住	1543	21.1	12.1	2147	21.2	11.5	71.9
（四）生活用品及服务	448	6.1	9.2	596	5.9	9.2	75.3
（五）交通通信	803	11.0	15.9	1360	13.4	16.9	59.0
（六）教育文化娱乐	790	10.8	16.2	1070	10.6	10.4	73.8
（七）医疗保健	638	8.7	12.5	929	9.2	9.8	68.6
（八）其他用品和服务	118	1.6	4.0	186	1.8	6.9	63.5

数据来源：国家统计局农村贫困监测调查、全国住户收支与生活状况调查。

五、居住及生活条件

住房安全是“两不愁、三保障”的重要内容，脱贫攻坚战以来，我国加大农村危房改造力度，大规模实施易地扶贫搬迁，帮助住房最危险、经济最贫困农户解决最基本住房安全，贫困地区农村居民住房及生活条件得到明显改善。

（一）住房面积增加，住房质量改善。

2016年，贫困地区农村居民户均住房面积为137.3平方米，比上年增加5.9平方米；居住在竹草土坯房的农户比重为4.5%，比上年下降1.2个百分点；居住在钢筋混凝土房或砖混材料房的农户比重为57.1%，比上年上升4.6个百分点。

表4　2015-2016年贫困地区农户住房条件

指　标	2015年	2016年	增长
户均居住住房面积（平方米）	131.4	137.3	5.9
居住竹草土坯房的农户比重（%）	5.7	4.5	1.2
居住钢筋混凝土房或砖混材料房的农户比重（%）	52.5	57.1	4.6

数据来源：国家统计局农村贫困监测调查。

（二）住房周边环境不断改善。

2016年，贫困地区农户中，住宅外道路为水泥或柏油路面的比重为56.9%，为沙石或石板等硬质路面的比重为20.2%。2016年贫困地区农户住宅外道路硬化的比重为77.1%，比上年提高6.1个百分点。

（三）饮水有困难的农户减少，饮水质量不断提高。

2016年，贫困地区饮水有困难的农户比重为12.1%，比上年下降2.6个百分点，其中，2.3%的农户单次取水往返时间超过半小时；4.7%的农户存在间断或定时供水；5.1%的农户当年连续缺水时间超过15天。

2016年，贫困地区使用管道供水的农户比重为67.4%，比上年提高5.9个百分点；使用经过净化处理自来水的农户比重为40.8%，比上年提高4.4个百分点。

（四）生活居住设施不断改善。

卫生设施方面，2016年，贫困地区农村居民独用厕所的农户比重为94.2%，比上年提高0.6个百分点；使用卫生厕所的农户比重为31.0%，比上年提高4.0个百分点。

炊事用能源中，2016年贫困地区使用柴草作为炊用能源的农户比重为51.4%，比上年下降3.5个百分点；使用清洁能源的农户比重为32.3%，比上年上升4.4个百分点。

表5　2015-2016年贫困地区农户居住条件

单位：%

指　标	2015年	2016年
使用管道供水的农户比重	61.5	67.4
使用经过净化处理自来水的农户比重	36.4	40.8
独用厕所的农户比重	93.6	94.2
炊用柴草的农户比重	54.9	51.4

数据来源：国家统计局农村贫困监测调查。

（五）耐用消费品数量增加，产品升级换代。

传统耐用消费品拥有量持续增加。2016 年，贫困地区每百户拥有电冰箱、洗衣机、彩电分别为 75.3 台、80.7 台和 108 台，分别比上年增加 7.4 台、5.1 台和 1.9 台。

汽车、计算机等反映现代生活的耐用消费品快速增长。2016 年，贫困地区每百户汽车、计算机拥有量分别为 11.1 辆、15.1 台，比上年增加 2.8 辆、1.9 台。

表 6　2015-2016 年贫困地区农户每百户耐用消费品拥有量

指　标	单位	2015 年	2016 年
1. 汽车拥有量	辆	8.3	11.1
2. 洗衣机拥有量	台	75.6	80.7
3. 电冰箱拥有量	台	67.9	75.3
4. 彩色电视拥有量	台	106.1	108.0
5. 计算机拥有量	台	13.2	15.1

数据来源：国家统计局农村贫困监测调查。

六、基础设施与公共服务状况

2016 年中央和地方政府继续加大对贫困地区基础设施的投资力度，积极推进教育文化扶贫，努力提高医疗卫生服务水平，大幅提升了贫困地区的基础设施水平，教育文化设施状况和受教育情况明显改善，医疗卫生服务条件得到改善。

（一）基础设施条件日益改善。

贫困地区“四通”覆盖面不断扩大。截至 2016 年，贫困地区通电的自然村基本实现全覆盖；所在自然村通电话、通有线电视信号、通宽带的农户比重分别达到 99.9%、94.2%、79.8%，比上年分别提高 0.2、2.0、8.0 个百分点。

贫困地区交通便利情况也获得明显改善。2016 年，贫困地区所在自然村主干道路面经过硬化处理的农户比重为 96.0%，比上年提高 1.9 个百分点；所在自然村能便利乘坐公共汽车的农户比重为 63.9%，比上年提高 3.0 个百分点。

表 7　2015-2016 年贫困地区基础设施条件

单位：%

指　标	2015 年	2016 年
所在自然村通电话的农户比重	99.7	99.9
所在自然村通有线电视信号的农户比重	92.2	94.2
所在自然村通宽带的农户比重	71.8	79.8
所在自然村主干道路面经过硬化处理的农户比重	94.1	96.0
所在自然村能便利乘坐公共汽车的农户比重	60.9	63.9

数据来源：国家统计局农村贫困监测调查。

（二）教育文化状况继续改善。

1. 非在校儿童比率继续降低。

2016 年，贫困地区农村 7-15 岁非在校儿童比重为 1.8%，比 2015 年下降 0.4 个百分点。贫困地区农村 17 岁以下儿童中，中途辍学的比例为 1.0%。主要原因是孩子不愿意读书，占 80.0%；家庭缺少劳动力占 5.0%；生病残疾等健康问题占 3.7%。在中途辍学儿童中，小学阶段辍学的儿童占 14.1%，初中阶段占 70.0%，高中阶段占 15.9%。儿童辍学集中在初中二年级和初中三年级，比重分别占 20.5% 和 43.9%。

图 5　2016 年贫困地区儿童辍学年级分布

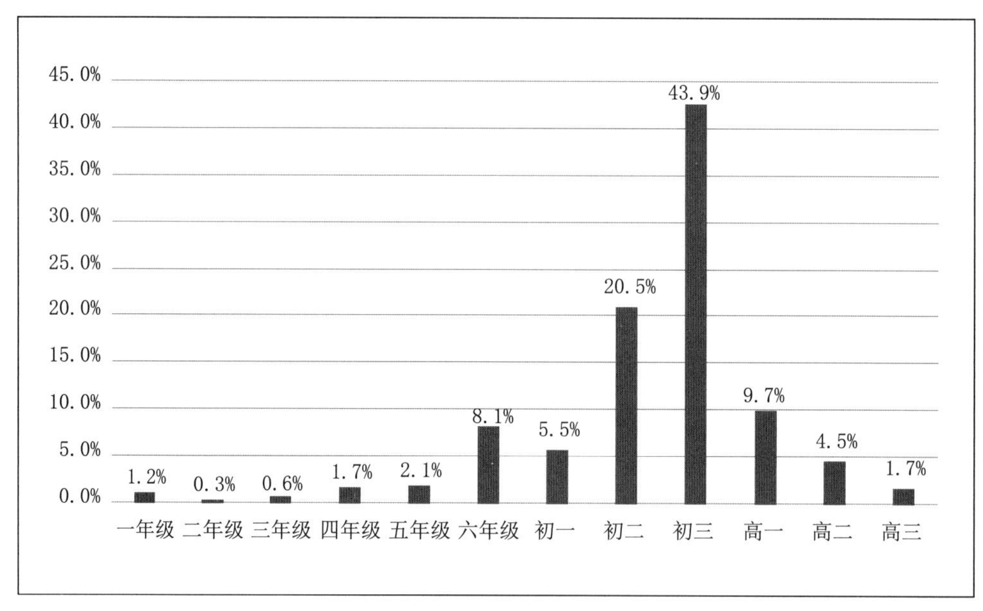

数据来源：国家统计局农村贫困监测调查。

2. 教育设施条件继续改善，便利程度提高。

从教育文化设施的便利性来看，2016 年，所在自然村上幼儿园、上小学便利的农户比重分别为 79.7% 和 84.9%，比上年分别提高 3.6 和 3.2 个百分点。有文化活动室的行政村比重为 86.5%，比上年提高 2.7 个百分点。

2016 年，贫困地区儿童在义务教育阶段，近九成上学花费时间在半小时以内，其中，55.8% 在 15 分钟以内，32.2% 在 15-30 分钟之间，12.0% 在半小时以上。与上年相比，义务教育阶段上学花费时间在半小时以上的下降了 0.3 个百分点。普通高中或以上教育阶段，八成儿童上学花费时间在半小时以内，其中，40.8% 在 15 分钟以内，39.5% 在 15-30 分钟之间，19.7% 在半小时以上。与上年相比，高中或以上教育阶段上学花费时间在半小时以上的下降了 5.5 个百分点。

3. 对师资的满意度普遍较高。

2016 年，贫困地区农村儿童在义务教育阶段对学校师资条件的评价普遍较高，其中，认为达到非常好的占 28.0%，比较好的占 48.8%，一般的占 22.4%；评价为“非常好”和“较好”的比重比上年提高 5.0 个百分点。普通高中以上教育阶段，对学校师资条件的评价较高，其中，认为达到非常好的占 35.5%，比较好的占 48.5%，一般的占 15.4%。中等职业教育阶段，对中职学校师资评价为“非常好”占 29.1%，“比较好”占 45.4%，“一般”的比重为 25.4%。

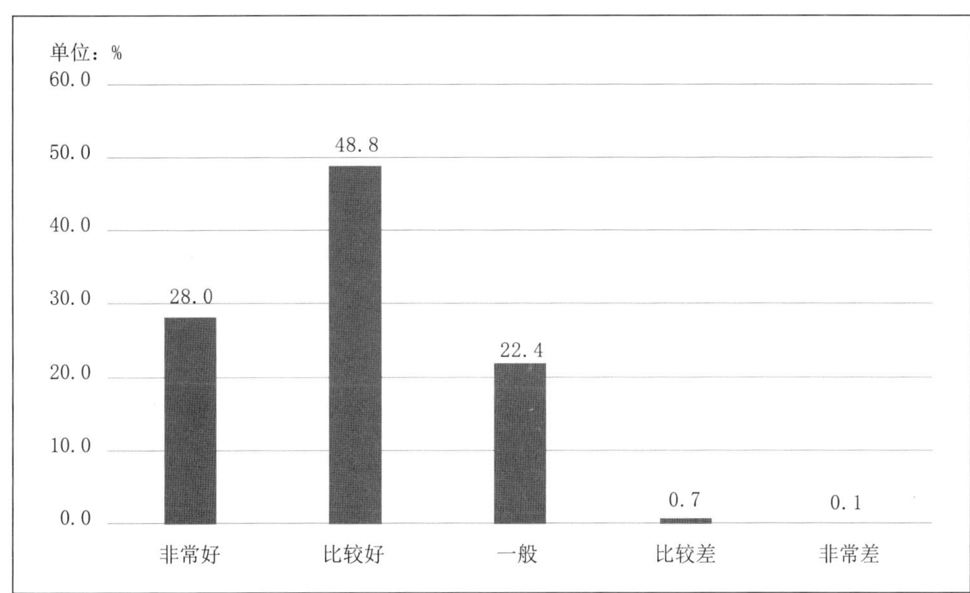

图 6 2016 年贫困地区对义务教育阶段教育的评价

数据来源：国家统计局农村贫困监测调查。

表 8 2015-2016 年贫困地区农村教育文化情况

单位：%

指 标	2015 年	2016 年	增长
7-15 岁非在校儿童比重	2.2	1.8	-0.4
16 岁以上成员均未完成初中教育农户比重	16.9	16.0	-0.9
所在自然村上幼儿园便利的农户比重	76.1	79.7	3.6
所在自然村上小学便利的农户比重	81.7	84.9	3.2
有文化活动室的行政村比重	83.8	86.5	2.7

数据来源：国家统计局农村贫困监测调查。

（三）医疗卫生水平提高。

2016 年，贫困地区所在自然村有卫生站的农户比重为 91.4%，比上年提高 1.0 个百分点。所在自然村能进行垃圾集中处理的农户比重为 50.9%，比上年提高 7.6 个百分点。

据农村贫困监测调查，2016 年贫困地区农村居民中，身体状况为健康的人数占 91.0%，基本健康占 5.6%，不健康但生活能自理占 2.9%；生活不能自理的比重为 0.4%。2016 年贫困地区农村居民中，身体存在残疾的占 3.8%，其中，肢体残疾占 1.0%，视力残疾占 0.8%，听力残疾占 0.3%。2016 年贫困地区农村居民中，生病后能及时就医的比重为 96.0%，比上年提高 0.8 个百分点。在不能及时就医的主要原因中，经济困难和医院距离太远所占比重分别为 19.9% 和 75.3%。2016 年，贫困地区 5 岁以下儿童中，99.2% 接受免费计划免疫，比上年提高 0.1 个百分点。

表9　2015-2016年贫困地区农村医疗卫生条件

单位：%

指　标	2015年	2016年
所在自然村有卫生站的农户比重	90.4	91.4
使用经过净化处理自来水的农户比重	36.4	40.8
所在自然村垃圾能集中处理的农户比重	43.3	50.9

数据来源：国家统计局农村贫困监测调查。

七、劳动力状况

2016年各级各部门积极推进各项扶贫政策措施，贫困地区劳动力素质不断提升，内生发展能力得到提高。

（一）劳动力文化程度继续提高。

2016年贫困地区常住劳动力中，不识字或识字不多所占比重为8.0%，小学文化程度占34.4%，初中占46.2%，高中占8.6%，大专及以上文化程度占2.9%。与上年相比，劳动力中初中及以上文化程度所占比重提高0.7个百分点。

图7　2016年贫困地区常住劳动力文化程度分布

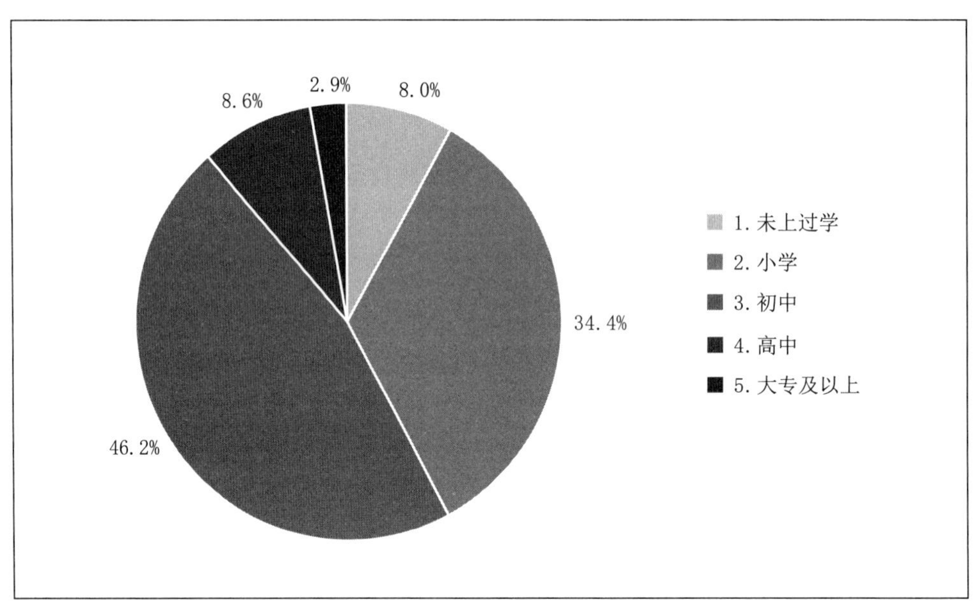

数据来源：国家统计局农村贫困监测调查。

（二）接受过技能培训劳动力比重提高。

2016年，贫困地区农村常住劳动力中27.4%接受过技能培训，其中，21.6%的劳动力接受过农业技术培训，13.6%的劳动力接受过非农技能培训。与上年相比，接受技能培训的劳动力比重提高2.8个百分点。

（三）九成以上外出劳动力从事二三产业。

2016年，贫困地区农村外出劳动力中，8.4%从事第一产业，57.2%从事第二产业，34.3%从事第三产业。六成左右外出劳动力当年外出时间超过半年，41.5%外出劳动力外出时间在半年之内。

贫困地区农村劳动力外出主要以自发和亲戚朋友介绍为主，2016 年，以自发形式外出的劳动力占全部外出劳动力的比重为 54.8%，亲戚朋友介绍外出占 39.3%。在劳动力外出地区中，县内乡外占 27.7%，省内县外占 31.9%，省外占 39.5%。2016 年，贫困地区外出劳动力在省内就业的比重较上年提高 2.2 个百分点。

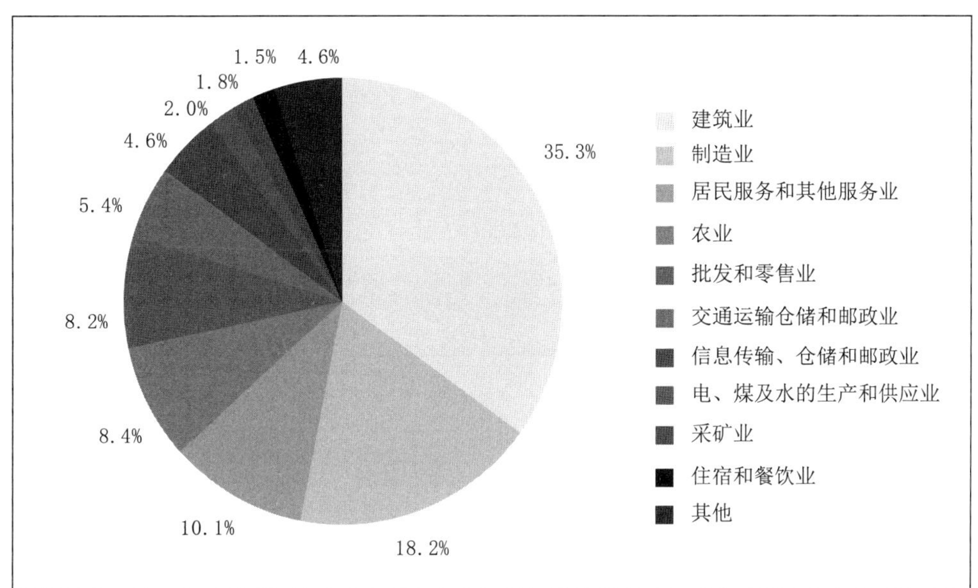

图 8　2016 年贫困地区农村劳动力外出行业分布

数据来源：国家统计局农村贫困监测调查。

八、性别平等

（一）农村八成以上女性劳动力在第一产业从业。

2016 年，贫困地区常住人口中，农村女性劳动力在第一产业就业的比重为 81.6%，比上年下降 1.4 个百分点；在第二产业就业的女性劳动力比重为 7.1%；在第三产业就业的女性劳动力比重为 11.3%。女性劳动力在二三产业就业的比重比男性劳动力低 21.2 个百分点。

表 10　2016 年贫困地区男性女性从业劳动力在不同产业分布对比

单位：%

产业类型	从业劳动力	女性从业劳动力	男性从业劳动力	女性比男性劳动力高
第一产业	70.1	81.6	60.3	21.3
第二产业	14.3	7.1	20.4	-13.3
第三产业	15.6	11.3	19.2	-7.9

数据来源：国家统计局农村贫困监测调查。

（二）女性劳动力受教育程度低于男性劳动力。

2016 年贫困地区常住女性劳动力中，高中以上文化程度所占比重为 7.9%，比男性劳动力低 7.1 个百分点；小学以下文化程度占 51.5%，比男性劳动力高 18.4 个百分点。女性劳动力受教育程度低于男性。

表 11　2016 年贫困地区劳动力文化程度分布

单位：%

受教育程度	女性	男性
1. 未上过学	12.0	3.9
2. 小学	39.5	29.2
3. 初中	40.6	51.9
4. 高中	5.8	11.3
5. 大专及以上	2.1	3.7

数据来源：国家统计局农村贫困监测调查。

图 9　2016 年贫困地区女性劳动力与男性劳动力文化程度对比

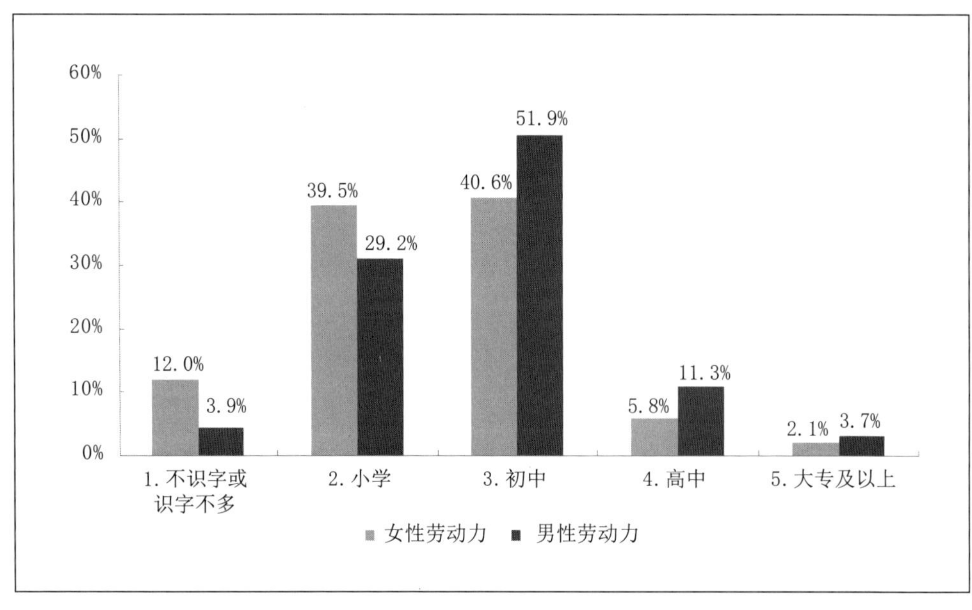

数据来源：国家统计局农村贫困监测调查。

（三）外出就业情况。

2016 年贫困地区农村女性劳动力外出就业主要集中在制造业、建筑业、批发零售业，所占比重分别为：24.4%、16.9% 和 13.7%。男性劳动力主要集中在建筑业、制造业、居民服务业，所占比重分别为 43.1%、15.4% 和 9.2%。

女性劳动力到省外就业的比重占 41.7%，比男性劳动力高 3.0 个百分点。从外出方式来看，女性劳动力外出以自发和亲戚朋友介绍为主，占比为 93.9%，与男性劳动力相比低 0.3 个百分点。

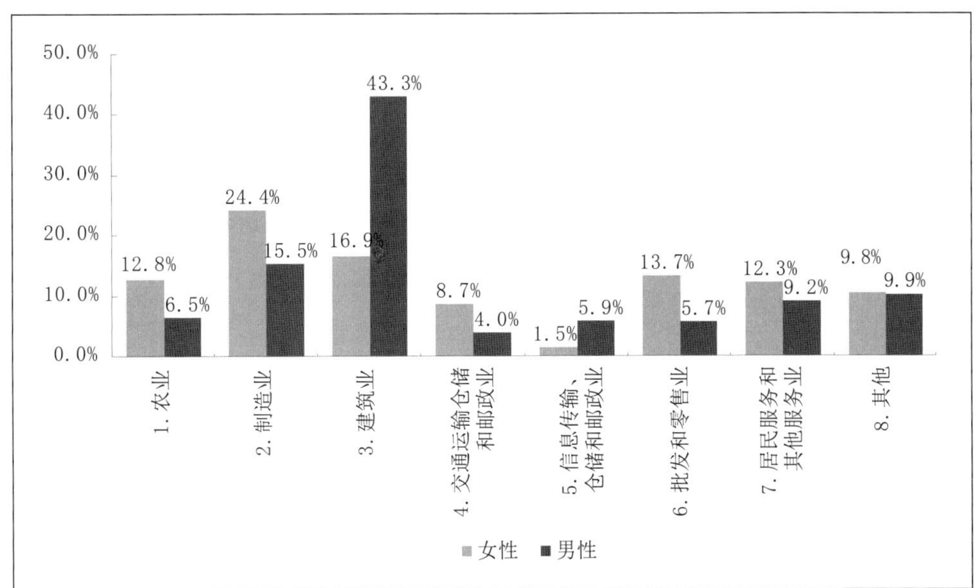

图10 2016年贫困地区女性劳动力和男性劳动力外出就业行业分布

数据来源：国家统计局农村贫困监测调查。

九、扶贫资金使用

（一）县级扶贫资金来源[①]。

2016年，贫困地区县级扶贫资金共2958.6亿元，比上年增长55.5%。其中，中央扶贫贴息贷款累计发放556.7亿元，中央财政专项扶贫资金627.6亿元，中央专项退耕还林还草工程补贴107.9亿元，中央拨付的低保资金378亿元，省级财政安排的扶贫资金259.7亿元，国际资金3.2亿元，其他资金1025.4亿元。

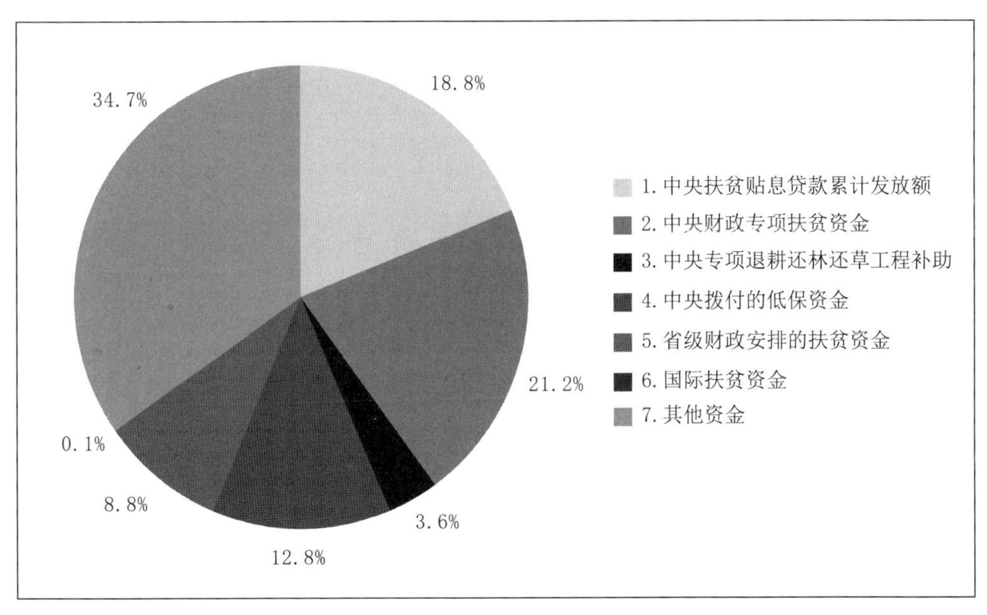

图11 2016年贫困地区县级扶贫资金主要来源

数据来源：国家统计局农村贫困监测调查。

①根据各县上报数据汇总得出。

表 12　2016 年县级扶贫资金增长情况

扶贫资金来源	2015 年（亿元）	2016 年（亿元）	增长（%）
1. 中央扶贫贴息贷款累计发放额	290.1	556.7	91.9
2. 中央财政专项扶贫资金	440.4	627.6	42.5
3. 中央专项退耕还林还草工程补助	102.3	107.9	5.4
4. 中央拨付的低保资金	343.9	378.0	9.9
5. 省级财政安排的扶贫资金	171.3	259.7	51.6
6. 国际扶贫资金	2.1	3.2	52.9
7. 其他资金	551.5	1025.4	85.9

数据来源：国家统计局农村贫困监测调查。

（二）县级扶贫资金投向。

2016 年，贫困地区县级扶贫资金主要投入到易地扶贫搬迁、村通公路、农业生产、农村中小学建设、农村危房改造等项目。其中易地扶贫搬迁占扶贫资金的比重为 17.1%，村通公路占扶贫资金的比重为 10.3%，农业占 8.9%，农村中小学建设占 7.3%，农村危房改造占 6.5%。

图 12　2016 年贫困地区县级扶贫资金主要投向

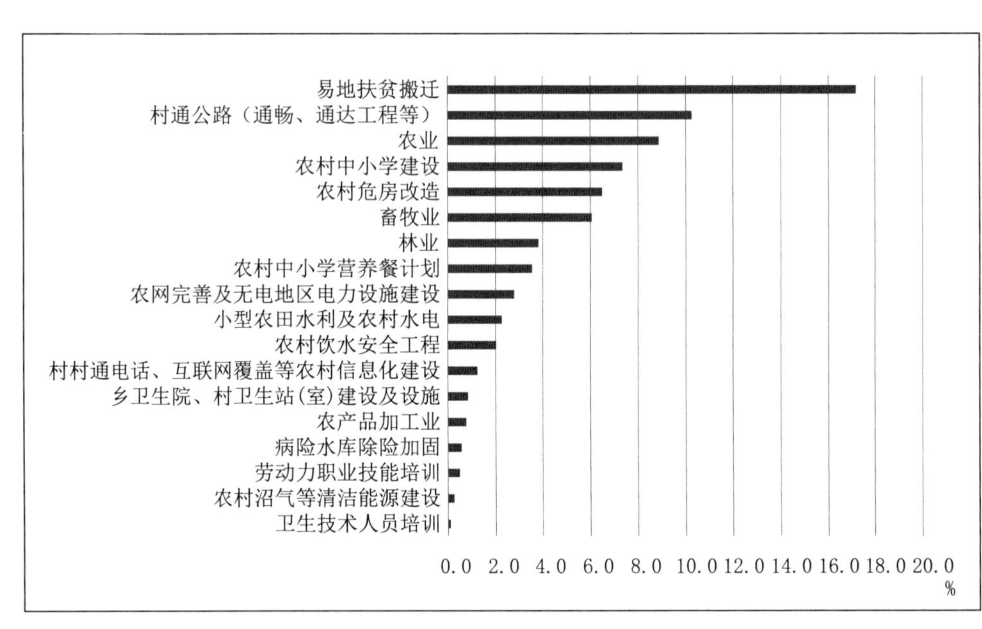

数据来源：国家统计局农村贫困监测调查。

（三）村级扶贫资金使用。

2016 年，贫困地区村级扶贫资金投向主要集中在农业、村通公路、易地搬迁、农村危房改造等，扶贫资金分别占 27.6%、16.1%、14.7% 和 14.4%。与上年相比，易地扶贫搬迁提高 11.3 个百分点。

表 13　2016 年村级扶贫资金投向

村级扶贫资金投向	占比（%）
1. 农业	27.6
2. 村通公路（通畅、通达工程等）	16.1
3. 易地扶贫搬迁	14.7
4. 农村危房改造	14.4
5. 畜牧业	5.1
6. 农网完善及无电地区电力设施建设	3.0
7. 农村饮水安全工程	2.6
8. 农村中小学建设	2.6
9. 小型农田水利及农村水电	2.3
10. 中低产田改造、土地开发整理	1.7
11. 其他	9.8

数据来源：国家统计局农村贫困监测调查。

（国家统计局住户调查办公室　徐鑫）

2016 年连片特困地区贫困状况

2016 年各地区各部门深入贯彻落实习近平总书记扶贫开发战略思想，将连片特困地区作为脱贫攻坚的主战场，加大对连片特困地区投入和倾斜力度，连片特困地区脱贫攻坚成效显著。据国家统计局开展的农村贫困监测调查显示，2016 年连片特困地区农村贫困人口比上年减少 693 万人，占全国农村总减贫规模的 55.9%，贫困发生率比上年下降 3.4 个百分点；连片特困地区农村居民收入增长速度快于全国农村平均水平 2.7 个百分点。

一、连片特困地区基本情况

14 个连片特困地区覆盖全国 21 个省（自治区、直辖市）680 个县，9823 个乡镇。2015 年行政区划面积 402 万平方公里，约占全国行政区划总面积的 42%；户籍人口数 24287 万人，占全国总人口的 17.7%。

据国家统计局县（市）社会经济基本情况统计，2015 年，14 个连片特困地区生产总值 41808 亿元，占全国 GDP 的 6.1%，其中，第一产业增加值 9664 亿元，占全国第一产业增加值的 15.9%，第二产业增加值 16240 亿元，占全国第二产业增加值的 5.8%，第三产业增加值 15904 亿元，占全国第三产业增加值的 4.6%。公共财政收入 2759 亿元，占全国公共财政收入 1.8%；公共财政支出 15326 亿元，占全国公共财政支出 8.7%。全社会固定资产投资总额 47903 亿元，占全国全社会固定资产投资总额的 8.5%。

2015 年，连片特困地区农业总产值 5768 亿元，占全国农业总产值的 10.0%；粮食总产量 10232 万吨，占全国粮食总产量的 16.5%；棉花总产量 96 万吨，占全国棉花总产量的 17.2%；油料总产量 692 万吨，占全国油料总产量的 19.6%；肉类总产量 1937 万吨，占全国肉类总产量的 22.5%。

2015 年，连片特困地区普通小学在校学生数 1763 万人，占全国普通小学在校学生数的 18.2%；普通中学在校学生数 1164 万人，占全国普通中学在校学生数的 17.4%；医疗卫生机构床位数 84 万张，占全国医疗卫生机构床位数的 12.0%。

二、连片特困地区贫困状况及减贫情况

（一）2016 年连片特困地区贫困状况。

据全国农村贫困监测调查，按现行国家农村贫困标准（每人每年 2300 元，2010 年不变价）测算，2016 年连片特困地区农村贫困人口 2182 万人，贫困发生率 10.5%。

分片区看，农村贫困人口规模在 300 万以上的连片特困地区有 1 个，为滇黔桂石漠化区 312 万人，贫困发生率 11.9%；在 200-300 万的连片特困地区有 5 个，包

括武陵山区 285 万人，乌蒙山区 272 万人，秦巴山区 256 万人，大别山区 252 万人，六盘山区 215 万人；在 100-200 万的连片特困地区有 1 个，为滇西边境山区 152 万人；100 万以下的连片特困地区有 7 个，包括燕山－太行山区 99 万人，罗霄山区 73 万人，南疆三地州 73 万人，四省藏区 68 万人，吕梁山区 47 万人，大兴安岭南麓山区 46 万人，西藏区 34 万人。

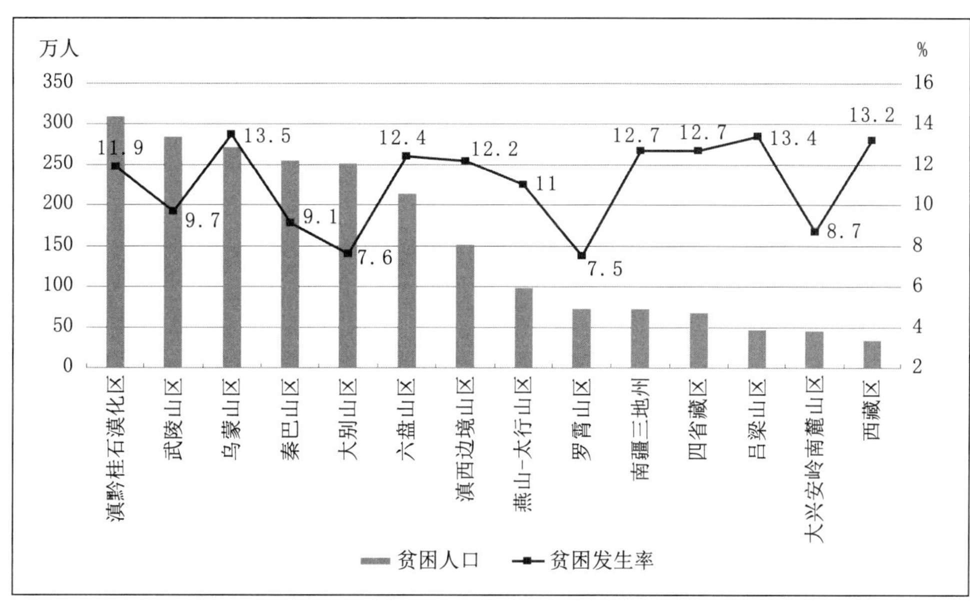

图 1 2016 年各连片特困地区农村贫困人口规模及贫困发生率

数据来源：国家统计局农村贫困监测调查。

从 14 个连片特困地区农村贫困人口的具体分布看，滇黔桂石漠化区农村贫困人口占 14.3%，武陵山区占 13.1%，乌蒙山区占 12.5%，秦巴山区占 11.7%，大别山区占 11.5%，六盘山区占 9.9%，滇西边境山区占 7.0%，燕山－太行山区占 4.5%，罗霄山区占 3.3%，南疆三地州占 3.3%，四省藏区占 3.1%，吕梁山区占 2.2%，大兴安岭南麓山区占 2.1%，西藏区占 1.6%。

（二）2016 年连片特困地区减贫情况。

2016 年连片特困地区农村贫困人口比上年减少 693 万人，下降 24.1%；贫困发生率比上年下降 3.4 个百分点。

连片特困地区农村贫困人口下降速度快于全国农村平均水平。2016 年，连片特困地区农村贫困人口 2182 万人，占全国农村贫困人口的 50.3%；农村贫困人口比上年减少 693 万人，占全国农村贫困人口减少总规模的 55.9%；农村贫困人口比上年下降 24.1%，比全国农村平均水平快 1.9 个百分点。

在 14 个连片特困地区中，农村贫困人口下降幅度快于全国农村平均水平的有 8 个，分别是西藏区下降 28.9%，罗霄山区下降 28.2%，乌蒙山区下降 27.1%，大别山区下降 26.2%，秦巴山区下降 25.9%，武陵山区下降 25%，六盘山区 23.4%，四省藏区下降 22.9%，降幅分别比全国农村平均水平快 6.7、6.0、4.9、4.0、3.7、2.8、1.2 和 0.7 个百分点。

6 个连片特困地区农村贫困人口减少 50 万人以上。农村贫困人口减少超过 50 万人的连片特困地区有 6 个，分别是乌蒙山区减少 101 万人，武陵山区减少 95 万人，秦巴山区减少 90 万人，大别山区减少 89 万人，滇黔桂石漠化区减少 86 万人，六盘山区减少 66 万人。

5 个连片特困地区农村贫困发生率下降至 10% 以下。农村贫困发生率下降至 10% 以下的连片特困地区有 5 个，分别是罗霄山区 7.5%，大别山区 7.6%，大兴安岭南麓山区 8.7%，秦巴山区 9.1%，武陵山区 9.7%。

（三）十八大以来连片特困地区减贫情况。

2016 年连片特困地区农村贫困人口 2182 万人，与 2012 年相比，四年来累计减少 2885 万人，平均每年减少 721 万人。十八大以来连片特困地区农村贫困人口减少规模占同期全国农村贫困人口减少规模的 51.9%。其中，四年来农村减贫规模在 400 万以上的连片特困地区有 1 个，是秦巴山区减少 428 万人；减贫规模在 300-400 万人的连片特困地区有 5 个，分别是乌蒙山区减少 392 万人，武陵山区减少 386 万人，滇黔桂石漠化区减少 373 万人，六盘山区减少 317 万人，大别山区减少 314 万人。

图 2　2012 年、2016 年各连片特困地区贫困人口规模对比

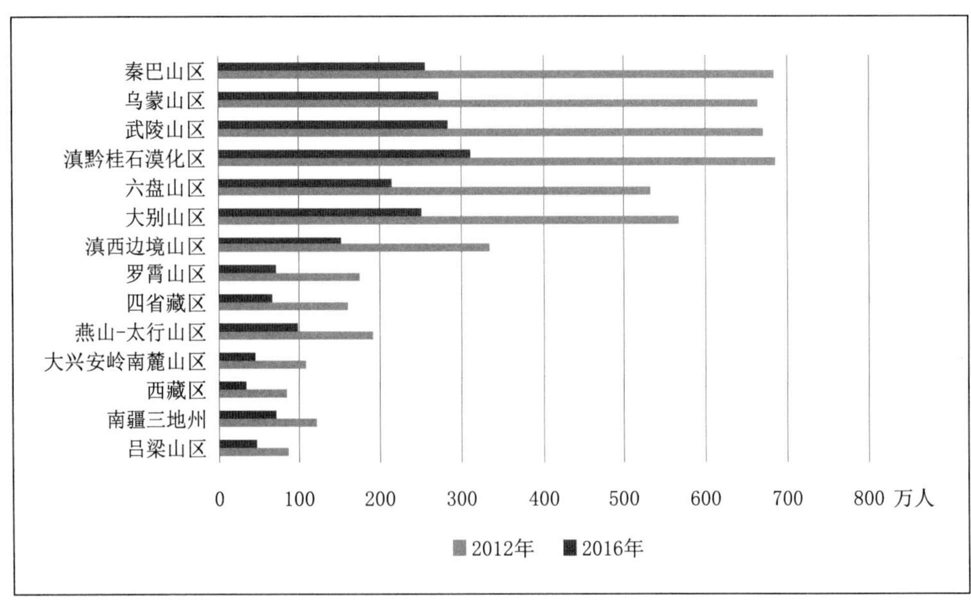

数据来源：国家统计局农村贫困监测调查。

四年来连片特困地区农村贫困发生率下降 13.9 个百分点，从 2012 年的 24.4% 下降到 2016 年的 10.5%。其中，贫困发生率下降 20 个百分点以上的连片特困地区有 3 个，分别是四省藏区下降 25.9 个百分点，从 2012 年的 38.6% 下降到 2016 年的 12.7%，西藏区下降 22.0 个百分点，从 2012 年的 35.2% 下降到 2016 年的 13.2%，南疆三地州下降 20.9 个百分点，从 2012 年的 33.6% 下降到 2016 年的 12.7%；下降 15-20 个百分点的连片特困地区有 2 个，分别是乌蒙山区下降 19.5 个百分点，从 2012 年的 33.0% 下降到 2016 年的 13.5%，六盘山区下降 16.5 个百分点，从 2012 年的 28.9% 下降到 2016 年的 12.4%。

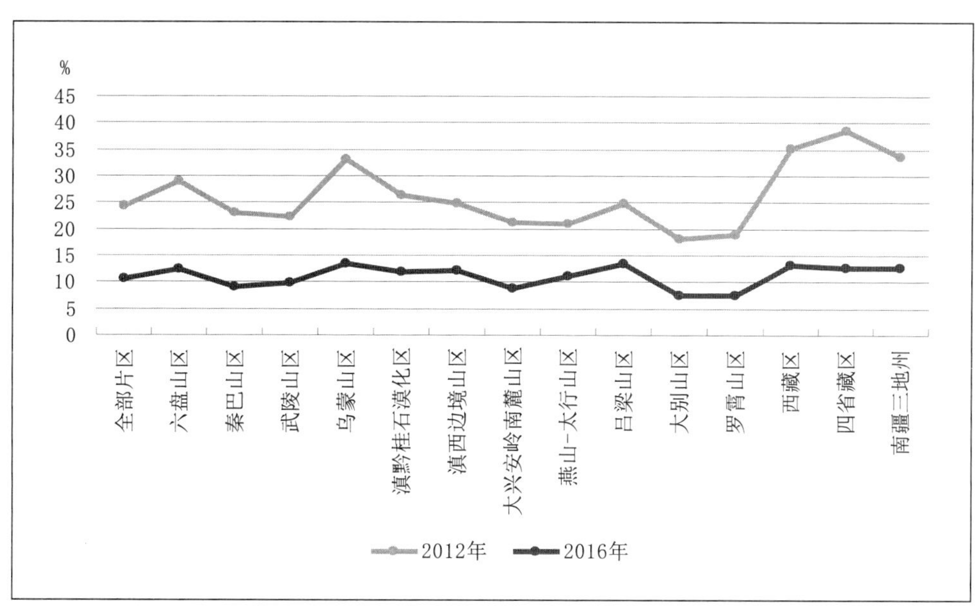

图 3　2012 年和 2016 年各连片特困地区农村贫困发生率

数据来源：国家统计局农村贫困监测调查。

三、连片特困地区农村居民收支增长情况

（一）2016 年连片特困地区农村居民收入实际增长 8.9%。

2016 年全国 14 个集中连片特困地区农村居民人均可支配收入 8348 元，比上年增加 823 元，增长 10.9%，扣除价格因素，实际增长 8.9%，实际增速比全国农村平均水平高 2.7 个百分点。连片特困地区农村居民收入水平相当于全国农村平均水平的 67.5%。其中，人均工资性收入 2846 元，增长 13.7%；人均经营净收入 3429 元，增长 5.0%；人均财产净收入 97 元，增长 16.2%；人均转移净收入 1976 元，增长 18%。

2016 年 14 个集中连片特困地区农村居民收入增长速度均高于全国农村平均水平。分别为：乌蒙山区增长 14.3%、四省藏区增长 12.9%、大兴安岭南麓区增长 12.2%、武陵山区增长 12.2%、滇西边境山区增长 11.7%、南疆三地州增长 11.6%、罗霄山区增长 11.4%、燕山－太行山区增长 10.4%、西藏区增长 10.3%、秦巴山区增长 10.1%、滇黔桂石漠化区增长 9.7%、吕梁山区增长 9%、大别山区增长 8.6%、六盘山区增长 8.5%。

2013-2016 年连片特困地区农村居民人均收入年均实际增速比全国农村平均水平高 2.5 个百分点。2016 年，14 个连片特困地区农村居民人均收入比 2012 年增长 61.7%，年均名义增长 12.8%，扣除价格因素，年均实际增长 10.5%。

连片特困地区农村居民收入与全国农村平均水平的差距持续缩小。2016 年连片特困地区人均收入占全国农村居民人均收入的比重为 67.5%，比 2012 年上升 5.8 个百分点。

（二）2016 年连片特困地区人均消费支出实际增长 8.6%。

2016 年，连片特困地区农村居民人均消费 7273 元，比上年增长 10.7%，扣除价格因素，实际增长 8.6%。连片特困地区农村居民人均消费支出占人均可支配收入的比重为 87.1%，比全国农村平均水平高 5.2 个百分点。

从结构上分析，2016年连片特困地区农村居民人均食品烟酒支出2575元，占消费支出的比重为35.4%，比全国农村平均水平高3.2个百分点；衣着支出人均414元，占5.7%；居住支出人均1519元，占20.9%；生活用品及服务支出人均447元，占6.1%；交通通信支出人均790元，占10.9%；教育文化娱乐支出人均788元，占10.8%；医疗保健支出人均623元，占8.6%；其他支出人均118元，占1.6%。

表1　2016年连片特困地区与全国农村消费水平和结构对比

指　标	消费支出		连片特困地区相当于全国农村平均水平（%）	消费构成	
	连片特困地区（元）	全国农村居民（元）		连片特困地区（%）	全国农村居民（%）
人均消费支出	7273	10130	71.8	100	100
1. 食品烟酒	2575	3266	78.8	35.4	32.2
2. 衣着	414	575	72.0	5.7	5.7
3. 居住	1519	2147	70.7	20.9	21.2
4. 生活用品及服务	447	596	75.0	6.1	5.9
5. 交通通信	790	1360	58.1	10.9	13.4
6. 教育文化娱乐	788	1070	73.6	10.8	10.6
7. 医疗保健	623	929	67.1	8.6	9.2
8. 其他用品和服务	118	186	63.2	1.6	1.8

数据来源：国家统计局农村贫困监测调查、全国住户收支与生活状况调查。

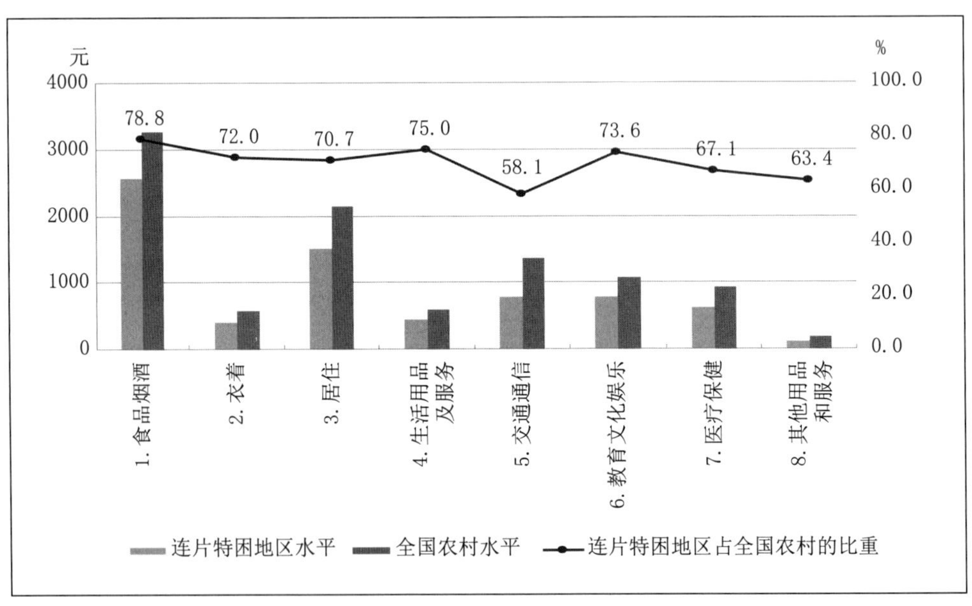

图4　2016年连片特困地区与全国农村消费水平对比

数据来源：国家统计局农村贫困监测调查。

2013-2016年连片特困地区人均消费支出年均实际增长9.6%。四年来，14个连片特困地区人均消费支出累计增长55.9%，年均增长11.7%，扣除价格因素，年均实际增长9.6%，比人均收入增速低1.0个百分点。

四、连片特困地区农村居民生产生活条件

（一）生产生活条件明显改善。

2016 年，连片特困地区农村居民居住在竹草土坯房的农户比重为 4.8%，比上年下降 1.3 个百分点；炊用柴草的农户比重为 52.0%，比上年下降 3.5 个百分点；独用厕所的农户比重为 93.9%，比上年提高 0.9 个百分点；饮水无困难、使用管道供水和使用经过净化处理自来水的农户比重分别为 86.9%、67.4% 和 38.5%，比上年分别提高 2.9、6.2 和 3.8 个百分点。

十八大以来，连片特困地区农户居住条件明显改善，居住设施进一步改进。居住在竹草土坯房的农户比重由 2012 年的 8.1% 下降到 2016 年的 4.8%，下降 3.3 个百分点。独用厕所的农户比重由 2012 年的 89.9% 提高到 2016 年的 93.9%，提高 4.0 个百分点。炊用柴草的农户比重由 2012 年的 62.6% 下降到 2016 年的 52.0%，下降 10.6 个百分点。饮水安全不断提高。2016 年，连片特困地区农村饮水无困难、使用管道供水和使用经过净化处理自来水的农户比重比 2013 年分别提高 6.9、13.8 和 9.2 个百分点。

（二）耐用消费品拥有量不断增加。

2016 年，连片特困地区农村每百户拥有移动电话 226.1 部，比上年增加 15.6 部；每百户拥有洗衣机 80.4 台，比上年增加 5.4 台；每百户拥有电冰箱 73.8 台，比上年增加 8.0 台；每百户拥有计算机 13.6 台，比上年增加 1.6 台；每百户拥有汽车 10.6 辆，比上年增加 2.7 辆。

十八大以来，连片特困地区农村居民耐用消费品升级换代明显。传统耐用消费品拥有量持续稳定提高。2016 年，连片特困地区农村每百户拥有洗衣机、电冰箱分别比 2012 年增加 29 台和 27.7 台。反映现代生活的耐用消费品拥有量快速增长。2016 年，连片特困地区农村每百户拥有移动电话、汽车、计算机分别比 2012 年增加 63.3 部、7.9 辆和 9.1 台。

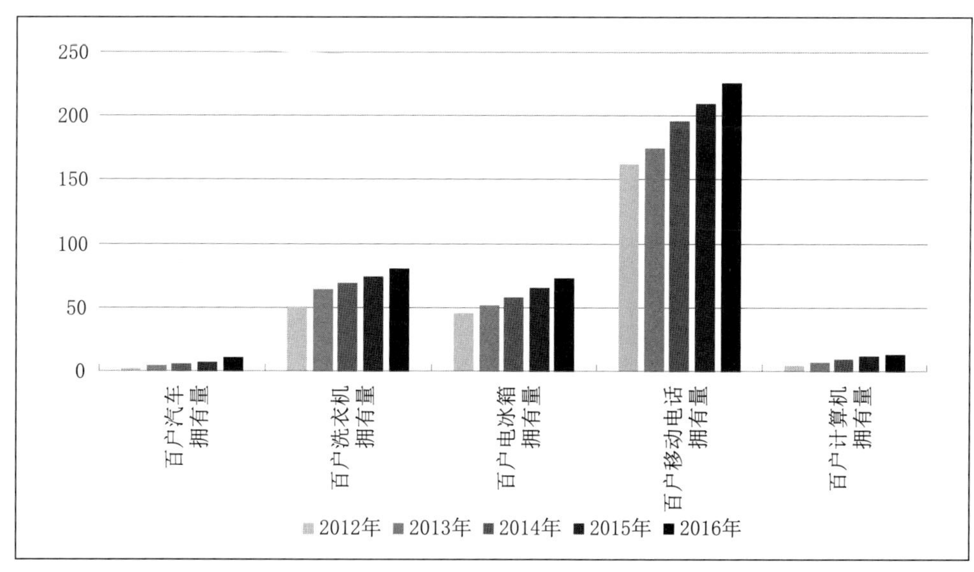

图 5 2012-2016 年连片特困地区每百户主要耐用消费品拥有量

数据来源：国家统计局农村贫困监测调查。

全国篇

（三）基础设施状况明显改善。

2016 年连片特困地区道路通达情况继续改善，所在自然村通公路、所在自然村进村主干道路硬化、所在自然村能便利乘坐公共汽车的农户比重分别为 99.8%、95.6% 和 61.2%，比上年分别提高 0.1、1.9、2.9 个百分点。通信设施状况进一步改善，所在自然村通电话、所在自然村通宽带、所在自然村能接收有线电视信号的农户比重分别为 99.9%、77.4% 和 93.4%，比上年分别提高 0.2、7.4、3.0 个百分点。

2013 年以来连片特困地区道路通达情况和通信设施状况不断改善。2016 年连片特困地区所在自然村通公路、所在自然村进村主干道路硬化、所在自然村能便利乘坐公共汽车的农户比重比 2013 年分别提高 1.8、7.2、7.7 个百分点；2016 年所在自然村通电话、所在自然村能接收有线电视信号的农户比重分别比 2013 年分别提高 1.8 和 16.6 个百分点。

五、连片特困地区农村居民教育文化和医疗卫生情况

（一）教育文化条件获得改善。

2016 年连片特困地区农村居民教育条件进一步改善。2016 年，连片特困地区所在自然村上幼儿园便利的农户比重为 79.6%，比上年提高 4.3 个百分点；所在自然村上小学便利的农户比重为 85.2%，比上年提高 4.0 个百分点。

2016 年连片特困地区农村居民受教育情况较上年有所改善。2016 年，连片特困地区 7-15 岁非在校儿童比重为 2.0%，比上年降低了 0.4 个百分点；16 岁以上成员均未完成初中教育农户比重为 17.0%，比上年降低了 1.1 个百分点；劳动力平均受教育年限为 7.4 年，比上年提高了 0.1 年。

2013 年以来连片特困地区教育条件不断改善。2016 年连片特困地区所在自然村上幼儿园便利和所在自然村上小学便利的农户比重比 2013 年分别提高 8.8 个和 5.7 个百分点。

表 2　2015-2016 年连片特困地区农村居民教育情况

指　标	2015 年	2016 年	变动
所在自然村上幼儿园便利的农户比重（%）	75.3	79.6	4.3
所在自然村上小学便利的农户比重（%）	81.2	85.2	4.0
7-15 岁非在校儿童比重（%）	2.4	2.0	-0.4
16 岁以上成员均未完成初中教育农户比重（%）	18.1	17.0	-1.1
劳动力平均受教育年限（年）	7.3	7.4	0.1

数据来源：国家统计局农村贫困监测调查。

（二）医疗卫生条件明显改善。

2016 年连片特困地区农村居民卫生条件明显改善，所在自然村垃圾能集中处理的农户比重为 49.5%，比上年提高 6.4 个百分点。医疗情况较上年有所改善，2016 年，连片特困地区所在自然村有卫生站的农户比重为 90.6%，比上年提高 1.4 个百分点；未参加医疗保险的人口比重为 0.8%，比上年降低 0.1 个百分点；有病不能及时就医的人口比重为 4.4%，比上年降低 1.2 个百分点；报销医疗费占医疗总支出的比重为 21.4%，比上年降低 0.1 个百分点。

2013 年以来连片特困地区农村居民医疗卫生条件不断改善。2016 年连片特困地区所在自然村垃圾能集中处理和所在自然村有卫生站的农户比重比 2013 年分别提高 19.2 和 7.0 个百分点。

表 3　2015-2016 年连片特困地区农村居民医疗情况

单位：%

指　标	2015 年	2016 年	变动
所在自然村垃圾能集中处理的农户比重	43.1	49.5	6.4
所在自然村有卫生站的农户比重	89.2	90.6	1.4
未参加医保人口比重	0.9	0.8	-0.1
有病不能及时就医人口比重	5.6	4.4	-1.2
报销医疗费占医疗总支出比重	21.5	21.4	-0.1

数据来源：国家统计局农村贫困监测调查。

（国家统计局住户调查办公室　马倩）

2016年扶贫重点县贫困状况

一、扶贫重点县基本情况

全国592个扶贫开发重点县（以下简称“扶贫重点县”）覆盖全国8871个乡镇，2015年行政区划面积251万平方公里，占全国行政区划总面积的26%；户籍人口数24528万人，占全国总人口的17.8%。

据国家统计局县（市）社会经济基本情况统计，2015年全国592个扶贫重点县地区生产总值43115亿元，占全国GDP的比重为6.3%，其中，第一产业增加值9912亿元，占全国第一产业增加值的16.3%；第二产业增加值17493亿元，占全国第二产业增加值的6.2%；第三产业增加值15709亿元，占全国第三产业增加值的4.6%。公共财政收入2786亿元，占全国公共财政收入1.8%；公共财政支出14636亿元，占全国公共财政支出8.3%。全社会固定资产投资总额48001亿元，占全国全社会固定资产投资总额的8.5%。

2015年，扶贫重点县农业总产值5936亿元，占全国农业总产值的10.3%。粮食总产量11599万吨，占全国粮食总产量的18.7%；棉花总产量92万吨，占全国棉花总产量的16.5%；油料总产量728万吨，占全国油料总产量的20.6%；肉类总产量1858万吨，占全国肉类总产量的21.5%。规模以上工业企业单位数23939个，占全国规模以上工业企业单位数的6.2%。

2015年，扶贫重点县小学在校学生数1768万人，占全国小学在校学生数的18.2%；普通中学在校学生数1152万人，占全国普通中学在校学生数的17.2%；医疗卫生机构床位数80万张，占全国医疗卫生机构床位数的11.4%。

二、扶贫重点县减贫情况

（一）2016年扶贫重点县农村贫困人口2219万人。

据全国农村贫困监测调查，按国家农村贫困标准（每人每年2300元，2010年不变价）测算，2016年扶贫重点县农村贫困人口2219万人，贫困发生率10.5%。其中，扶贫重点县中农村贫困人口数量在300万以上的省份有1个，是云南316万；农村贫困人口数量在200-300万的有2个，分别是贵州279万、甘肃217万。

（二）2016年扶贫重点县农村贫困人口减少674万人。

2016年扶贫重点县农村贫困人口比上年减少674万人，下降23.3%；贫困发生率由上年的13.7%下降到10.5%，下降了3.2个百分点。其中，扶贫重点县中农村贫困人口比上年减少50万人以上的省份有3个，分别是贵州减少74万人，云南减少

64 万人，安徽减少 50 万人。

（三）十八大以来扶贫重点县农村贫困人口持续减少。

2016 年扶贫重点县农村贫困人口 2219 万人，与 2012 年相比，四年来累计减少 2886 万人，平均每年减少 721 万人。十八大以来扶贫重点县农村贫困人口减少规模占同期全国农村贫困人口减少规模的 51.9%。其中，四年来扶贫重点县农村减贫规模在 300 万以上的省份有 2 个，分别是云南减少 356 万人，贵州减少 343 万人；减贫规模在 200-300 万人的省份有 3 个，分别是甘肃减少 297 万人，河南减少 210 万人，四川减少 203 万人。

四年来扶贫重点县农村减贫幅度超过 60% 的省份有 6 个，分别是江西减少 66.3%，重庆减少 66.2%，青海减少 65.9%，内蒙古减少 65.5%，四川减少 63.3%，湖北减少 60.5%；减贫幅度在 50%-60% 的省份有 11 个，分别为河北减少 59.1%，湖南减少 58.5%，甘肃减少 57.9%，广西减少 56.7%，陕西减少 56.5%，贵州减少 55.2%，山西减少 54.2%，河南减少 53.7%，云南减少 53%，安徽减少 50.3%，宁夏减少 50.3%。

扶贫重点县农村贫困发生率由 2012 年的 24.4% 下降到 2016 年的 10.5%，累计下降 13.9 个百分点。其中，扶贫重点县贫困发生率下降 20 个百分点以上的省份有 1 个，是甘肃下降 22.2 个百分点；贫困发生率下降 15-20 个百分点的省份有 4 个，分别是江西下降 17.8 个百分点，湖南下降 16.9 个百分点，贵州下降 16.6 个百分点，云南下降 15.2 个百分点。

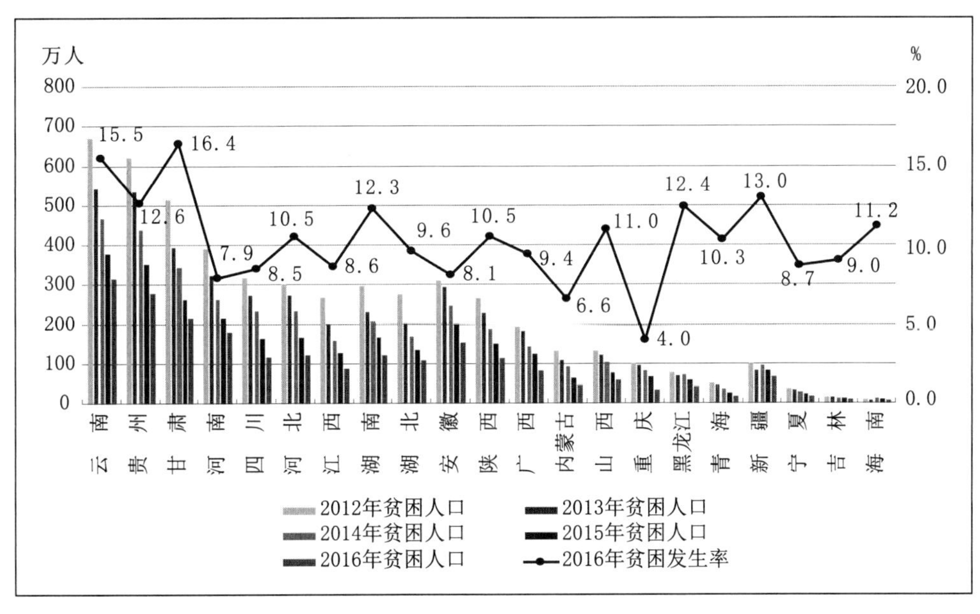

图 1 2012-2016 年各省扶贫重点县农村贫困人口和贫困发生率

数据来源：国家统计局农村贫困监测调查。

三、扶贫重点县农村居民收支增长情况

（一）2016 年扶贫重点县农村居民人均可支配收入实际增长 8.7%。

2016 年全国扶贫重点县农村居民人均可支配收入 8355 元，比上年增加 812 元，增长10.8%，扣除价格因素，实际增长8.7%，增速高于全国农村平均水平2.5个百分点。其中：人均工资性收入2797元，增长12.8%；人均经营净收入3385元，增长5.4%；人均财产净收入103元，增长15.0%；人均转移净收入2070元，增长17.5%。

十八大以来扶贫重点县农村居民人均收入年均实际增长11.1%。2013-2016年，扶贫重点县农村居民人均收入四年累计增长64.4%，年均名义增长13.2%，扣除价格因素，年均实际增长11.1%，增速比全国农村平均水平高3.1个百分点。2016年扶贫重点县农村居民人均收入水平相当于全国农村平均水平的67.6%，占全国农村收入的比重比2012年上升9.4个百分点，与全国农村平均水平的差距不断缩小。

表1　2012-2016年扶贫重点县收入增长情况

年　份	农村常住居民人均可支配收入（元）	名义增速（%）	实际增速（%）
2012	--	16.8	14.0
2013	5945	17.0	13.9
2014	6717	13.0	11.0
2015	7543	12.3	10.9
2016	8355	10.8	8.7

数据来源：国家统计局农村贫困监测调查。

（二）2016年扶贫重点县人均消费支出实际增长7.7%。

2016年，扶贫重点县农村居民人均消费7260元，比上年增长9.7%，扣除价格因素，实际增长7.7%。扶贫重点县农村居民人均消费支出占人均可支配收入的比重为86.9%，比全国农村平均水平高5.0个百分点。

从结构看，2016年扶贫重点县食品烟酒支出人均2573元，占消费支出的比重为35.4%，比全国农村平均水平高3.2个百分点；衣着支出人均414元，占5.7%；居住支出人均1516元，占20.9%；生活用品及服务支出443元，占6.1%；交通通信支出783元，占10.8%；教育文化娱乐支出782元，占10.8%；医疗保健支出636元，占8.8%；其他用品和服务支出112元，占1.5%。

表2　2016年扶贫重点县与全国农村消费水平和结构对比

指　标	扶贫重点县农村居民人均消费支出（元）	全国农村常住居民人均消费支出（元）	扶贫重点县相当于全国农村平均水平（%）	扶贫重点县消费构成（%）	全国农村消费构成（%）
人均消费支出	7260	10130	71.7	100.0	100.0
1. 食品烟酒	2573	3266	78.8	35.4	32.2
2. 衣着	414	575	72.0	5.7	5.7
3. 居住	1516	2147	70.6	20.9	21.2
4. 生活用品及服务	443	596	74.4	6.1	5.9
5. 交通通信	783	1360	57.6	10.8	13.4
6. 教育文化娱乐	782	1070	73.1	10.8	10.6
7. 医疗保健	636	929	68.4	8.8	9.2
8. 其他用品和服务	112	186	60.4	1.5	1.8

数据来源：国家统计局农村贫困监测调查。

2013-2016 年扶贫重点县人均消费支出年均实际增长 9.8%。四年来，扶贫重点县人均消费支出累计增长 56.7%，年均名义增长 11.9%，扣除价格因素，实际增长 9.8%。

四、扶贫重点县农村居民生产生活条件

（一）农村居民生活条件不断改善。

2016 年，扶贫重点县农村居民居住在竹草土坯房的农户比重为 4.9%，比上年下降 1.3 个百分点；炊用柴草的农户比重为 52.8%，比上年下降 3.7 个百分点；独用厕所的农户比重为 94.2%，比上年提高 0.5 个百分点；饮水无困难、使用管道供水和使用经过净化处理自来水的农户比重分别为 87.8%、67.4% 和 41.3%，比上年分别提高 2.6、6.2 和 4.8 个百分点。

十八大以来扶贫重点县农户住房情况明显改善，居住在竹草土坯房的农户比重继续下降，居住设施进一步改进。2016 年，居住在竹草土坯房的农户比重比 2012 年下降 3.5 个百分点。使用照明电、独用厕所、炊用柴草的农户比重分别比 2012 年提高 0.2、2.6 和下降 10.5 个百分点。

十八大以来扶贫重点县农村居民的饮水安全不断提高。2016 年，扶贫重点县地区农村饮水无困难、使用管道供水和使用经过净化处理自来水的农户比重比 2013 年分别提高 7.4、14.3 和 10.4 个百分点。

表 3　2012-2016 年扶贫重点县农户居住条件

指　标	单位	2012 年	2013 年	2014 年	2015 年	2016 年
1. 居住竹草土坯房的农户比重	%	8.4	7.7	7.0	6.2	4.9
2. 使用照明电的农户比重	%	99.0	99.2	99.5	99.8	99.2
3. 使用管道供水的农户比重	%	--	53.1	55.5	61.2	67.4
4. 使用经过净化处理自来水的农户比重	%	--	30.9	33.4	36.5	41.3
5. 饮水无困难的农户比重	%	--	80.4	82.3	85.2	87.8
6. 独用厕所的农户比重	%	91.6	92.3	93.2	93.7	94.2
7. 炊用柴草的农户比重	%	63.3	61.1	59.4	56.5	52.8

数据来源：国家统计局农村贫困监测调查。

（二）农村居民耐用消费品拥有量明显增加。

2016 年，扶贫重点县农村每百户拥有移动电话 223.4 部，比上年增加 16.4 部；每百户拥有洗衣机 80.5 台，比上年增加 5.2 台； 每百户拥有电冰箱 74.8 台，比上年增加 7.3 台；每百户拥有计算机 15.0 台，比上年增加 1.7 台；每百户拥有汽车 10.9 辆，比上年增加 2.8 辆。

十八以来，扶贫重点县农村居民耐用消费品拥有量明显增加。2016 年，扶贫重点县农村百户拥有移动电话比 2012 年增加 63.7 部；百户拥有洗衣机比 2012 年增加

27.7台；百户拥有电冰箱比2012年增加27.8台；百户拥有计算机比2012年增加9.5台；百户拥有汽车比2012年增加8.5辆。

表4　2012-2016年扶贫重点县每百户农户耐用消费拥有量

指　标	2012年	2013年	2014年	2015年	2016年
1. 百户汽车拥有量（辆）	2.4	5.6	6.6	8.1	10.9
2. 百户洗衣机拥有量（台）	52.8	65.8	70.6	75.3	80.5
3. 百户电冰箱拥有量（台）	47.0	54.4	60.5	67.5	74.8
4. 百户移动电话拥有量（部）	159.7	172.1	193.0	207.0	223.4
5. 百户计算机拥有量（台）	5.5	8.9	11.4	13.3	15.0

数据来源：国家统计局农村贫困监测调查。

（三）基础设施进一步完善。

2016年扶贫重点县道路通达情况进一步改善，所在自然村通公路、所在自然村进村主干道路硬化、所在自然村能便利乘坐公共汽车的农户比重分别为99.9%、95.7%和64.5%，比上年分别提高0.2、2.3、3.3个百分点。通信设施状况继续改善，所在自然村通电话、所在自然村通宽带、所在自然村能接收有线电视信号的农户比重分别为99.8%、80.3%和94.6%，比上年分别提高0.1、6.9、2.2个百分点。

2013年以来扶贫重点县道路通达情况和通信设施状况不断改善。2016年扶贫重点县所在自然村通公路、所在自然村进村主干道路硬化、所在自然村能便利乘坐公共汽车的农户比重比2013年分别提高2.1、7.1、8.4个百分点；2016年所在自然村通电话、所在自然村能接收有线电视信号的农户比重比2013年分别提高1.3个和14.6个百分点。

五、扶贫重点县农村居民教育文化和医疗卫生情况

（一）教育文化条件继续改善。

2016年扶贫重点县农村居民教育条件继续改善。2016年扶贫重点县所在自然村上幼儿园便利的农户比重为78.9%，比上年提高3.8个百分点；所在自然村上小学便利的农户比重为84.4%，比上年提高3.6个百分点。

2016年扶贫重点县农村居民受教育情况较上年有所改善，但仍低于全国贫困地区平均水平。2016年，扶贫重点县7-15岁非在校儿童比重为1.7%，比上年降低了0.4个百分点，比全国贫困地区高0.2个百分点；16岁以上成员均未完成初中教育农户比重为16.9%，比上年降低了0.7个百分点，比全国贫困地区高1.0个百分点；劳动力平均受教育年限为7.5年，比上年提高了0.1年，比全国贫困地区低0.3年。

2013年以来扶贫重点县教育条件不断提高。2016年扶贫重点县所在自然村上幼儿园便利和所在自然村上小学便利的农户比重比2013年分别提高8.3个和

5.3 个百分点。

表 5　2015-2016 年扶贫重点县农村居民教育情况

指　标	2015 年	2016 年	变动
所在自然村上幼儿园便利的农户比重（%）	75.1	78.9	3.8
所在自然村上小学便利的农户比重（%）	80.8	84.4	3.6
7-15 岁非在校儿童比重（%）	2.1	1.7	-0.4
16 岁以上成员均未完成初中教育农户比重（%）	17.6	16.9	-0.7
劳动力平均受教育年限（年）	7.4	7.5	0.1

（二）医疗卫生条件明显改善。

2016 年扶贫重点县农村居民卫生条件明显改善，所在自然村垃圾能集中处理的农户比重为 50.2%，比上年提高 7.0 个百分点。医疗情况较上年有所改善，2016 年，扶贫重点县所在自然村有卫生站的农户比重为 91.7%，比上年提高 2.0 个百分点；未参加医疗保险的人口比重为 0.8%，比上年降低 0.1 个百分点；有病不能及时就医的人口比重为 4.5%，比上年降低 0.8 个百分点；报销医疗费占医疗总支出的比重为 20.2%，比上年降低 0.9 个百分点。

2013 年以来扶贫重点县农村居民医疗卫生条件不断改善。2016 年重点县所在自然村垃圾能集中处理和所在自然村有卫生站的农户比重比 2013 年分别提高 21.1 和 7.4 个百分点。

表 6　2015-2016 年扶贫重点县农村居民医疗情况

单位：%

指　标	2015 年	2016 年	变动
所在自然村垃圾能集中处理的农户比重	43.2	50.2	7.0
所在自然村有卫生站的农户比重	89.7	91.7	2.0
未参加医保人口比重	0.9	0.8	-0.1
有病不能及时就医人口比重	5.3	4.5	-0.8
报销医疗费占医疗总支出比重	21.1	20.2	-0.9

（国家统计局住户调查办公室　马倩）

部门篇

国务院扶贫办扶贫开展情况

2016 年是全面贯彻落实中央扶贫开发工作会议精神、打赢脱贫攻坚战的首战之年。党中央、国务院高度重视脱贫攻坚工作，研究制定一系列支持措施。习近平总书记多次深入贫困地区调研考察，听取扶贫工作汇报，对脱贫攻坚工作亲自研究、亲自部署、亲自推进、亲自督战。李克强总理在 2016 年政府工作报告中提出：“今年要完成 1000 万以上农村贫困人口脱贫任务”。

一年来，在党中央、国务院坚强领导下，扶贫办认真抓好统筹协调、督促落实，各地各部门齐抓共管、密切配合，社会各界积极参与、合力攻坚，脱贫攻坚首战告捷，取得良好开局。全年减少 1240 万农村贫困人口，圆满完成目标任务。

一、坚持理论指导，以习近平总书记扶贫开发重要战略思想统领脱贫攻坚工作

汪洋副总理率扶贫领导小组全体成员赴各地开展宣讲调研活动，全面讲解《中共中央国务院关于打赢脱贫攻坚战的决定》（以下简称《决定》）和中央扶贫开发工作会议精神。组织各地各部门深入学习《习近平关于扶贫开发论述摘编》，举办学习贯彻习近平总书记扶贫开发重要战略思想研讨会。组织编写《脱贫攻坚政策解读》，帮助基层干部准确把握脱贫攻坚总体目标、基本方略、政策举措和组织保障。利用各类媒体广泛宣传，引导广大干部群众树立打赢脱贫攻坚战、补齐全面建成小康社会突出短板的坚强决心和坚定信心。

二、强化统筹协调，落实年度千万减贫任务

努力完成千万减贫任务。围绕完成 2016 年《政府工作报告》提出的 1000 万以

上农村贫困人口脱贫任务，指导各地制定2016年脱贫计划。与25个省区市签订《2016年减贫责任书》，各省层层分解任务，落实到县到村到户到人。各地认真实施精准扶贫精准脱贫方略，采取有效措施，加大工作力度，确保完成任务。

加大扶贫投入力度。中央和省级财政专项扶贫资金首次突破1000亿元，其中中央为667亿元，比上年增长43.4%，省级493.5亿元，比上年增长56.1%。开展贫困县统筹整合使用财政涉农资金试点，832个贫困县中有792个开展了试点。各类金融机构都加大了扶贫支持力度，其中累计发放扶贫小额贷款2772亿元，全年新增1645亿元，累计支持了766万贫困户。保险扶贫、资本市场扶贫等工作举措明显加强。

三、落实扶贫责任，建立脱贫攻坚工作体系

建立责任体系。健全“中央统筹、省负总责、市县抓落实”的扶贫工作机制。建立脱贫攻坚责任制，中西部22个省份党政主要负责同志向中央立下军令状，832个贫困县党政正职脱贫攻坚期内保持稳定，省市县乡村层层压实责任，五级书记抓扶贫。扶贫领导小组成员单位中有18个成立扶贫办，其余都明确了责任司局。

加强规划体系。根据《决定》和《中华人民共和国国民经济和社会发展第十三个五年规划纲要》，国务院印发《“十三五”脱贫攻坚规划》。配合行业部门制定“十三五”行业扶贫规划，指导各地编制省级“十三五”脱贫攻坚规划和五年脱贫滚动规划，统筹推进实施集中连片特困地区规划。

健全政策体系。中央办公厅、国务院办公厅发布10个《决定》配套文件，各部门出台118个政策文件或实施方案，涵盖贫困地区基础设施、公共服务、产业就业、生态建设、社会保障等重点领域，涉及资金、土地、科技、人才等支撑保障，对很多“老大难”问题都拿出了针对性措施，体现了超常规。各地相继出台和完善了1+N政策举措，政策体系日趋完善。

完善社会动员体系。深化东西部扶贫协作，调整完善结对关系，实现对全国30个民族自治州全覆盖，明确了京津冀协同发展中京津两市与河北省张家口、承德和保定三市的扶贫协作任务。启动“携手奔小康”行动，东部发达地区267个经济较强县（市、区）结对帮扶西部390个贫困县。加强中央单位定点扶贫工作，320个单位向定点扶贫县派驻652名挂职干部，307个单位向定点扶贫县选派336名贫困村第一书记。中央企业定点帮扶贫困革命老区“百县万村”行动和民营企业“万企帮万村”精准扶贫行动深入推进。中央企业设立贫困地区产业投资基金。组织扶贫日系列活动，动员各方面力量参与脱贫攻坚，中国社会扶贫网顺利启动。

四、优化工作举措，打牢精准扶贫精准脱贫基础

完善建档立卡。全国动员近200万人进村入户开展建档立卡“回头看”，剔除识别不准人口，补录漏登贫困人口，识别精准度进一步提高。各地严肃查处建档立卡中弄虚作假、失职渎职、优亲厚友等行为。有关部门进行数据比对，加强信息共享，促进行业扶贫政策落实到建档立卡贫困家庭。

加强驻村帮扶。全国共向贫困村派出12.8万个驻村工作队、77.5万多名帮扶干部，一线扶贫力量明显增强。开展抓党建促脱贫工作，选派19.5万名优秀干部到贫困村和基层党组织薄弱涣散村担任第一书记，加强基层党组织建设，提升带动群众脱贫能力。

建立表彰制度。国家设立脱贫攻坚奖，表彰在脱贫攻坚中作出杰出贡献的人士。首次组织开展评选表彰活动，召开表彰大会，对获得全国脱贫攻坚奖奋进奖、贡献奖、奉献奖、创新奖的38名获奖者进行表彰。追授李保国、姜仕坤同志“全国脱贫攻坚模范”，并召开先进事迹报告会。开展全国扶贫系统先进评选表彰活动，表彰49个先进集体和55名先进工作者。

五、推进分类施策，落实脱贫攻坚重大举措

实施产业扶贫。配合农业部等部门出台《贫困地区发展特色产业促进精准脱贫指导意见》，支持贫困地区发展特色产业促进精准脱贫，指导各地编制省、县两级产业精准扶贫规划。贫困地区因地制宜发展特色农牧业、乡村旅游、电商、光伏、农村小水电等产业，探索产业发展带动脱贫增收的新模式。

推进易地扶贫搬迁。配合发展改革委编制实施《全国“十三五”易地扶贫搬迁规划》等政策文件。赴广西开展易地扶贫搬迁政策宣讲工作。配合发展改革委在贵州组织召开全国易地扶贫搬迁现场会。指导各地核实易地扶贫搬迁建档立卡贫困对象，并组织开展动态调整。

促进劳务协作扶贫。配合人力资源社会保障部等部门指导各地加大建档立卡贫困劳动力转移就业帮扶力度，增加贫困户转移就业收入。开展2016年春风行动，为农村贫困劳动力提供针对性就业服务。开展技能脱贫千校行动，加大职业技能提升计划实施力度。在广东、湖南、湖北三省组织开展扶贫劳务协作试点，探索新形势下促进农村贫困人口就业脱贫的工作机制和政策措施，形成了可复制可推广的经验。

开展教育扶贫。国务院研究制定《教育脱贫攻坚“十三五”规划》，促进教育资源向最贫困地区、最薄弱环节、最弱势群体倾斜。全面改善贫困地区农村义务教育薄弱学校基本办学条件，加强贫困地区学前教育。贫困地区农村义务教育阶段学生营养改善计划实现对贫困县的全覆盖。从2016年秋季学期起，免除普通高中建档立卡家庭经济困难学生学杂费。实施职业教育东西协作行动计划，实现西部地区职教集团、高职院校、中职学校结对帮扶全覆盖。

推动健康扶贫。全面完成因病致贫、因病返贫情况核实核准工作，新农合、大病保险对农村贫困人口实行政策倾斜。组织开展农村贫困家庭分类救治工作，加强贫困地区医疗卫生服务体系、人才队伍建设，加大传染病、地方病、慢性病防控力度。组织889家三级医院对口帮扶1149个贫困县医院。

开展科技扶贫。配合科技部等部门实施科技扶贫行动，组织动员科技工作者投身脱贫攻坚，通过技术攻关、成果转化、平台建设、要素对接、创业扶贫、教学培训、科普惠农等方式，帮助贫困地区破解技术瓶颈制约。全年共向贫困县选派科技人员

2 万名，引导科技成果向贫困地区转移转化。

探索资产收益和生态保护扶贫方式。国务院办公厅印发《贫困地区水电矿产资源开发资产收益扶贫改革试点方案》，在贫困地区选择占用农村集体土地的水电或矿产资源开发项目开展试点。开展建档立卡贫困人口转化为生态护林员工作，为 20 多万贫困人口安排了护林员岗位，实现就地就近就业。在安排退耕还林还草、天然林资源保护、岩溶石漠化治理等重点生态工程时，对贫困地区给予了重点倾斜。

推进两项制度衔接。国务院办公厅转发《关于做好农村最低生活保障制度与扶贫开发政策有效衔接指导意见》，完善低保对象认定办法，进一步促进农村低保和扶贫开发在政策、对象、标准、管理等方面的有效衔接，要求将符合条件的建档立卡贫困户全部纳入低保，符合条件的低保对象全部纳入建档立卡范围，做到应扶尽扶、应保尽保。

六、推动区域攻坚，改善贫困地区发展环境

推进特困地区脱贫攻坚。推动各地各部门认真落实《关于加大脱贫攻坚力度支持革命老区开发建设的指导意见》，出台《川陕革命老区振兴发展规划》。继续加大中央专项彩票公益金项目支持贫困革命老区力度。对加快推进特困少数民族地区和少数民族群体脱贫攻坚开展专项调研，研究解决方案。指导各地实施兴边富民行动计划，推进边境地区脱贫攻坚工作。

强化贫困地区基础设施建设。“十三五”交通扶贫规划、“十三五”以工代赈工作方案、水利扶贫开发行动指导意见、危房改造指导意见、网络扶贫行动计划等发布实施，百万公里农村公路建设工程、百项交通扶贫骨干通道工程、农村饮水安全巩固提升工程、“五小水利”工程、贫困地区小城镇中心村电网改造和农村机井通电工程、网络通信扶贫工程等深入推进。贫困村人居环境整治力度不断加大，贫困地区土地整治、水土保持和高标准农田建设稳步推进，国家以工代赈等项目建设的中小型公益性基础设施发挥积极作用。

七、坚持改革创新，建立考核监督工作新的机制

建立考核评估机制。中央办公厅、国务院办公厅发布《省级党委和政府扶贫开发工作成效考核办法》，从减贫成效、精准识别、精准帮扶和扶贫资金使用管理四个方面进行综合考核。组织开展 2015 年度扶贫开发工作成效试考核，委托第三方开展试评估。

建立督查巡查机制。中央办公厅、国务院办公厅印发《脱贫攻坚督查巡查工作办法》，列为党内法规，督查以促进抓落实为导向，巡查以发现问题为重点。扶贫领导小组组成 20 个督查组和 2 个巡查组，对中西部 22 个省份脱贫攻坚工作进行督查巡查，采取随机抽查、直接进村入户、一对一访谈的形式，发现先进典型，查找突出问题，推动整改落实。在中央统战部的大力支持下，各民主党派中央对贫困人口多、贫困发生率高的 8 省区脱贫攻坚工作开展民主监督。

明确约束退出机制。明确贫困县必须作为、提倡作为、禁止作为事项，坚决刹住穷县富衙、“戴帽”炫富之风。中央办公厅、国务院办公厅出台《关于建立贫困退出机制的意见》，明确规定贫困县、贫困人口退出的标准、程序和后续政策，对贫困退出开展考核评估检查，防止数字脱贫、虚假脱贫，确保脱贫质量。

强化扶贫资金项目监管机制。启动实施扶贫领域监督执纪问责、集中整治和加强预防扶贫领域职务犯罪、财政专项扶贫资金绩效评价、扶贫资金管理使用和政策跟踪审计等专项工作。设立 12317 扶贫监督举报电话，全面推行扶贫资金分配和项目安排公告公示，接受各方面监督，扶贫资金监管机制不断完善。

八、加强国际减贫合作，为全球反贫困作出新的贡献

2016 年 9 月，习近平总书记在二十国集团工商峰会上表示，中国将继续为全球反贫困作出贡献。扶贫办贯彻落实党中央国务院决策部署，通过对外援助、项目合作、技术扩散、智库交流等多种形式，加强与发展中国家和国际机构在减贫领域的交流合作，积极借鉴国际先进减贫理念与经验，履行减贫国际责任，积极落实联合国 2030 年可持续发展议程，为减贫国际治理提供中国方案、贡献中国智慧。

深化国际减贫领域交流合作。积极发挥中国国际扶贫中心国际减贫交流平台作用，在国内成功举办第十届中国－东盟社会发展与减贫论坛和中非合作论坛－减贫与发展会议。与乌拉圭社会发展部签署《关于开展减贫和社会发展合作谅解备忘录》，推动将减贫合作写入《中国对拉丁美洲和加勒比政策文件》。深化东亚减贫交流合作，积极落实《澜湄合作首次领导人会议三亚宣言》，推进澜湄减贫合作，在五大优先领域中率先召开了减贫工作组会议，积极落实早期收获项目，推进东亚减贫示范合作技术援助项目，继续举办第四届“东盟 +3 村官交流活动”。稳步推进中非减贫合作，继续推进中坦村级减贫学习中心项目建设。圆满完成对外减贫培训任务，培训 63 个国家 358 名学员。总结和推广世行五期扶贫贷款项目经验，稳步推进世行六期扶贫贷款项目。

推动社会组织“走出去”。2016 年，指导中国扶贫基金会在埃塞俄比亚、苏丹实施“微笑儿童学校供餐项目”，向近 7000 名饥饿儿童提供早午餐；在缅甸实施胞波助学金项目，支持 600 名贫困大学生；在尼泊尔实施教育、卫生 2 大类 7 个地震灾后重建项目，并赴厄瓜多尔和海地开展地震和飓风灾害紧急救援工作。

（国务院扶贫办规划财务司 余平）

国家发展和改革委员会扶贫开展情况

2016年，国家发展改革委按照《中共中央国务院关于打赢脱贫攻坚战的决定》决策部署，把脱贫攻坚摆在突出重要位置，坚持以精准扶贫精准脱贫基本方略为引领，围绕脱贫攻坚规划编制、易地扶贫搬迁、老少边穷地区脱贫发展、贫困地区基础设施建设等重点工作，强化顶层设计，完善政策体系，加大投入力度，加强督促检查和跟踪服务，扎实推进各项工作，为脱贫攻坚战实现“首战告捷”做出了应有贡献。

一、研究制定脱贫攻坚规划和重大政策举措

一是将脱贫攻坚作为“十三五”规划《纲要》的重要内容，设立“全力实施脱贫攻坚”专篇，将“农村贫困人口脱贫”作为约束性指标纳入“十三五”经济社会发展目标体系。二是按照国务院扶贫开发领导小组第六次全体会议部署，会同扶贫办编制《“十三五”脱贫攻坚规划》，经国务院常务会议审定，以国发〔2016〕64号文件印发实施，明确脱贫攻坚时间表、路线图，全面构建起政府、市场、社会协同推进的大扶贫工作格局。三是牵头编制并报请国务院办公厅印发实施《贫困地区水电矿产资源开发资产收益扶贫改革试点方案》，在贫困地区选择一批水电、矿产资源开发项目开展资产收益扶贫改革试点，推进资源、资金，农民向资产、股金、股东转变，探索资源开发与脱贫攻坚有机结合的新路子。四是继续将农村扶贫开发有关指标纳入国民经济和社会发展年度计划，经十二届全国人大四次会议批准，下达2016年农村贫困人口脱贫1000万人以上的目标任务。

二、统筹推进易地扶贫搬迁实现良好开局

国家发展改革委按照“中央统筹、省负总责、市县抓落实”的工作机制，全力推进新时期易地扶贫搬迁各项工作。一是编制出台《全国“十三五”易地扶贫搬迁规划》，督促指导地方同步编制省、市、县级规划，形成自上而下的易地扶贫搬迁规划体系。会同扶贫办印发《关于严格控制住房建设面积的通知》，明确建档立卡搬迁户人均住房建设面积不得超过25平方米的“红线”，防止贫困户因搬迁举债，防止因搬迁而难以脱贫。协同有关部门出台财政、金融、土地等支持政策，全面构建起新时期易地扶贫搬迁“四梁八柱”政策体系。二是制定出台多项管理办法。先后出台《易地扶贫搬迁专项建设基金监督管理办法》、《易地扶贫搬迁中央预算内投资管理办法》，建立起事前规范审核、事中强化监督、事后严格考核的监管机制。协调国家开发银行、中国农业发展银行出台信贷资金监督管理办法，确保资金依法合规使用。三是及时下达2016年搬迁建设任务和各渠道资金。会同有关部门下达2016年易地扶贫搬迁任务249万人，安排中央预算内投资193.6亿元、贴息贷款

规模 828.5 亿元，一次性切块下达“十三五”专项建设基金 500 亿元、地方政府债 1000 亿元，用于易地扶贫搬迁项目建设。指导督促 22 个省份组建省级投融资主体，从政策和制度上保障各省份搬迁资金来源并明确省级“统贷统还”责任。四是加强政策宣讲和督导检查，多次召开部门协商会、举办政策专题培训班，并指导地方面向县、乡、村基层开展政策宣讲解读。组织 22 个省份对易地扶贫搬迁政策执行情况进行全面自查，完成新时期易地扶贫搬迁的第一次全方位“体检”，开展常态化督导检查及专项稽察，督促各地系好“第一颗扣子”。

在中央有关部门和地方政府共同努力下，2016 年易地扶贫搬迁各项工作平稳有序推进，249 万建档立卡贫困人口搬迁建设任务顺利完成。

三、大力推进贫困地区补齐基础设施“短板”

一是加快推进重大交通、能源、水利基础设施建设。安排中央预算内投资 255 亿元、专项建设基金 1700 多亿元支持中西部贫困地区铁路建设，加快推进银川至西安铁路、大理至临沧铁路等重大项目建设。批复四川仁寿至屏山新市公路、云南保山至泸水等 10 余条高速公路项目可研报告。安排中央预算内投资 30.9 亿元支持贫困地区农村扶贫公路和进藏公路整治工程建设。安排中央预算内投资 651 亿元，支持 22 个省份贫困地区重点水源、大型灌区续建配套与节水改造、农村饮水安全巩固提升等工程建设。安排中央预算内投资 85 亿元，支持中西部贫困地区农网改造升级。二是印发支持贫困地区农林水利基础设施建设推进脱贫攻坚的指导意见，明确“十三五”时期中央预算内农林水利建设投资用于贫困地区的比重要达到 40% 左右。出台进一步发挥交通扶贫脱贫攻坚基础支撑作用的实施意见，启动实施交通扶贫脱贫“双百”工程。三是推动实施光伏扶贫、网络扶贫等精准脱贫工程，下达光伏扶贫项目装机总规模 516 万千瓦，协调农业发展银行投入 1000 亿元信贷资金支持网络扶贫。

四、加快推进老少边穷地区脱贫攻坚

一是深入贯彻落实全国革命老区开发建设座谈会精神，印发《关于加大脱贫攻坚力度支持革命老区开发建设的指导意见》部门分工方案，推动国家支持老区的各项政策措施落到实处。印发实施《川陕革命老区振兴发展规划》，形成了支持革命老区的 1258 政策体系，即 1 个总体指导意见、2 个区域性政策意见、5 个重点老区振兴发展规划、8 个涉及老区的片区区域发展与扶贫攻坚规划。二是指导有关省份编制完成片区“十三五”省级实施规划，推动片区重大工程项目优先纳入“十三五”相关专项规划并尽早开工建设。与扶贫办联合召开片区联系单位第四次工作会议，印发 2016 年片区联系工作要点。

五、扎实推进以工代赈取得新突破

一是印发实施《全国“十三五”以工代赈工作方案》，提出了新时期以工代赈工作重点，明确以工代赈项目发放劳务报酬比例不低于该项目中央资金的 10%，向建档立卡贫困人口发放的劳务报酬比例应不低于该项目劳动报酬的50%。积极探索"以工代赈资产变股权、贫困户变股民"资产收益扶贫模式，促进贫困户从以工代赈"佣金"单一来源收益向"佣金、股金"等多元收益转变。二是安排国家以工代赈资金58.2亿元，在贫困地区实施了一批山水田林路综合治理、小流域治理、跨市（县）乡村断头路等示范效果和带动作用强的项目，为参与工程建设的贫困人口发放劳务报酬6.88亿元，直接提高当地贫困群众的工资性收入。三是提前下达2017年财政预算内以工代赈资金38.1亿元，推动以工代赈工程建设"早谋划、早启动、早落地、早见效"。

（国家发展和改革委员会 任鑫鑫）

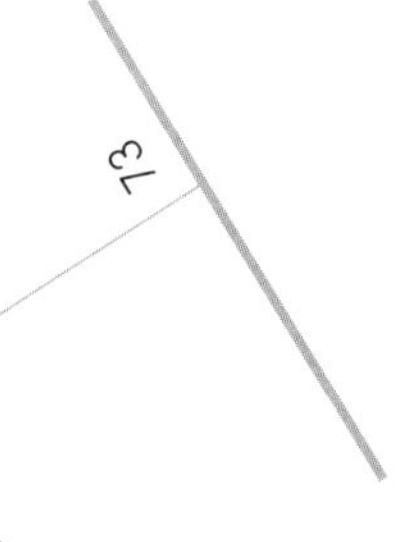

教育部扶贫开展情况

一、教育扶贫

2016年，教育部深入贯彻落实党中央、国务院决策部署和习近平总书记扶贫开发战略思想，聚焦贫困地区和贫困人口，实施了系列教育惠民、教育富民的政策措施。随着教育扶贫工作的扎实推进，教育在脱贫攻坚中的基础性、先导性和持续性作用日益突出，教育帮扶贫困个体、家庭和地区摆脱贫困的效果逐步显现，切实担负起“发展教育脱贫一批”的光荣使命。

（一）第二期学前教育行动计划。重点支持连片特困地区，少数民族地区、留守儿童集中地区解决学前教育资源短缺问题。2016年，中央财政安排地方支持学前教育发展中央专项资金149亿元，该专项分扩大资源和幼儿资助两个使用方向。

（二）农村义务教育经费保障机制资金。安排农村义务教育经费保障机制资金1099.8亿元，进一步提高农村中小学公用经费基准定额，并从2016年春季学期起，统一城乡义务教育学校生均公用经费基准定额。

（三）全面改善贫困地区义务教育薄弱学校基本办学条件。2016年，中央财政安排专项资金338亿元，用于支持农村义务教育薄弱学校改造。全国校舍建设竣工学校11.1万所，竣工面积1.41亿平方米，占5年规划建设面积的67.7%；采购课桌凳2445万套，图书3.8亿册，计算机、教学仪器设备1.48亿台件套，总价值677多亿元，占5年规划采购总金额的65.9%。工程的实施显著改善了贫困地区义务教育学校办学条件。学生自带课桌椅、睡“大通铺”、在D级危房上课现象在绝大部分地区已消除。

（四）农村义务教育学生营养改善计划。2016年，教育部调整农村义务教育学生营养改善计划地方试点奖补政策，对地方试点膳食补助标准达到每生每天4元以上的省份，提高中央财政奖补标准，由每生每天1.5元提高到2元。2016年，中央财政安排营养膳食补助资金达到189亿元，家庭经济困难寄宿生生活费补助（“一补”）资金71亿元。全国共有29个省（京、津、鲁单独开展了学生供餐项目）1590个县实施了营养改善计划。其中，699个县开展了国家试点，891个县开展了地方试点，覆盖学校13.4万所，受益学生总数达到3600多万人。全国超过1/2的县实施了营养改善计划，超过1/2的义务教育学校提供营养餐，近1/4的义务教育阶段学生享受营养膳食补助。

（五）免除普通高中建档立卡家庭经济困难学生学杂费。2016年8月，教育部会同财政部联合印发《财政部 教育部关于免除普通高中建档立卡家庭经济困难学生学杂费的意见》（财教〔2016〕292号）。从2016年秋季学期起，免除普通高中建档立卡等家庭经济困难学生（含非建档立卡的家庭经济困难残疾学生、农村低保家庭学生、农村特困救助供养学生）学杂费。2016 年，中央财政安排地方免除普通高中建档立卡家庭经济困难学生学杂费补助资金 4.4 亿元。

（六）普通高中改造计划。重点支持集中连片特困地区县、国家扶贫开发重点县以及其他贫困县的普通高中学校校舍扩建、配置图书和教学仪器设备以及体育运动场等附属设施建设。2016 年，安排中央资金 39.7 亿，着力改善普通高中办学条件。

（七）教育基础薄弱县普通高中建设项目。重点支持毛入学率相对较低的集中连片特困地区县、国家扶贫开发重点县、中西部革命老区县、民族县、边境县以及东部享受中西部政策的县改扩建高中学校。2016 年，安排中央资金 32 亿元，着力扩大普通高中教育资源。

（八）中等职业教育学生免学费、补助生活费政策。对中职所有农村学生、涉农专业学生和家庭经济困难学生免除学费，并给予每生每年 2000 元的国家助学金资助。2016 年，免学费范围扩大到全日制正式学籍一、二、三年级在校生中所有农村（含县镇）学生、城市涉农专业学生和家庭经济困难学生免除学费（艺术类相关表演专业学生除外）。国家助学金范围调整为全日制正式学籍一、二年级在校涉农专业学生和非涉农专业家庭经济困难学生。为切实减轻贫困地区中等职业学校学生家庭经济负担，根据《中国农村扶贫开发纲要（2011-2020 年）》有关精神，将六盘山区等 11 个连片特困地区和西藏、四省藏区、新疆南疆三地州中等职业学校农村学生(不含县城)全部纳入享受助学金范围。据统计，中职免学费覆盖面约占全日制一、二、三年级在校生人数的 90%，中职国家助学金约占全日制一、二年级在校生人数的 40%。2016 年，中央财政安排地方中等职业教育国家助学金和免学费补助资金分别共为 32 亿元和 106.8 亿元。

（九）农村贫困地区定向招生专项计划。自 2012 年起，教育部会同有关部门组织实施重点高校招收农村和贫困地区学生专项计划。2016 年，专项计划招生人数达到 9.1 万人，实施区域覆盖包括集中连片特困县、国贫县在内的边远、贫困、民族地区，五年累计招收学生 27.4 万人，有效激发农村和贫困地区学生学习积极性。

（十）2016 年滇西脱贫攻坚部际联系会议。2016 年 1 月，为认真贯彻落实中央扶贫开发新精神和新要求，总结交流 2015 年滇西边境片区区域发展与扶贫攻坚工作，动员部署 2016 年及“十三五”时期滇西片区联系工作，实施好《滇西边境片区区域发展与扶贫攻坚规划（2011-2020 年）》，教育部召开 2016 年滇西脱贫攻坚部际联系会议。会议听取云南省对片区联系工作的意见建议及 2016 年对中央有关部委的政策、项目支持需求，交流各部委对滇西边境片区的支持情况及打算，研究片区发展面临的重大问题，深入推进滇西边境片区区域发展与扶贫攻坚。

（十一）直属高校定点扶贫。安排 44 所科研实力强、以理工科为主的直属高校承担 44 个国家扶贫开发重点县的定点扶贫任务，发挥优势，在人才培养、产业发展、城乡规划、医疗服务等方面，为定点扶贫县提供了大力帮扶。2016 年 4 月 12 日，教育部在湖南省隆回县开展直属高校定点扶贫集中调研活动，组织参与定点扶贫的 44

所直属高校实地考察了隆回县白水洞村、富寨小学、职业中专等湖南大学特色扶贫点，并召开集中调研交流会，总结了直属高校定点扶贫工作经验，对“十三五”直属高校定点扶贫进行动员部署。2016 年 9 月 21 日，教育部举办直属高校精准扶贫精准脱贫十大典型项目集中推选活动。本次推选活动由 44 所直属高校代表从 36 所学校申报的 41 个项目中投票推选十大典型项目。根据投票结果，共投出了湖南大学、华中科技大学、中国药科大学、清华大学、上海交通大学、华中农业大学、北京大学、北京交通大学、浙江大学、复旦大学共 10 所高校的典型项目。其中，产业扶贫项目 4 项、智力扶贫项目 2 项、教育扶贫项目 1 项、健康扶贫项目 1 项、典型扶贫模式 2 项。

（十二）职业教育东西协作行动计划（2016-2020 年）。为全面贯彻落实中央扶贫开发工作会议、东西部扶贫协作座谈会精神，进一步加大职业教育东西协作工作力度，更好发挥职业教育助力脱贫攻坚的重要作用，2016 年 10 月 18 日，教育部会同国务院扶贫办联合制定印发《职业教育东西协作行动计划（2016-2020 年）》。东西部扶贫协作和对口支援，是推动区域协调发展、协同发展、共同发展的大战略，是加强区域合作、优化产业布局、拓展对内对外开放新空间的大布局，是实现先富帮后富，最终实现共同富裕目标的大举措。行动计划以东西教育协作为桥梁，以职业教育和培训为重点，以就业脱贫为导向，以职教促产业，以产业助脱贫，瞄准建档立卡贫困人口精准发力，实现西部地区贫困人口就业脱贫与东部地区劳动力缺口补充的有效对接，坚决完成“发展教育脱贫一批”重要任务。

（十三）教育脱贫攻坚“十三五”规划。2016 年 12 月，教育部会同国家发改委、民政部、财政部、人社部、国务院扶贫办联合印发《教育脱贫攻坚“十三五”规划》，规划分为总体要求、主要目标、任务举措、组织实施四个部分，提出了“一个目标、两个重点、五大教育群体、五项重点任务”，力争实现贫困地区“人人有学上、个个有技能、家家有希望、县县有帮扶”。力争到 2020 年贫困地区教育总体发展水平显著提升，建档立卡等贫困人口（含非建档立卡的农村贫困残疾人家庭、农村低保家庭、农村特困救助供养人员，下同）教育基本公共服务全覆盖，保障在校学生不会因贫失学辍学。这是国家首个教育脱贫的五年规划，也是“十三五”时期教育脱贫工作的行动纲领。

二、教育部定点扶贫

根据国务院扶贫开发领导小组的安排，教育部定点扶贫县是河北省青龙县和威县（以下简称两县）。教育部高度重视对两县定点扶贫工作，深入学习习近平总书记关于打赢脱贫攻坚和精准扶贫的系列讲话精神，认真贯彻中央扶贫开发工作会议精神和《中共中央 国务院关于打赢脱贫攻坚战的决定》等系列文件要求，以精准扶贫、精准脱贫为基本方略，以教育扶贫为重点，落实帮扶责任，采取切实措施加大对两县的帮扶力度。积极加强组织领导和统筹规划，做好干部选派和人员培养培训工作，建立定期调研和工作会商机制，开展教育精准扶贫，并积极争取有关部门和支持，加大政策和项目支持力度。

2016年，青龙县实际脱贫建档立卡贫困户9791户、25045人，实际退出贫困村6个；威县减少贫困人口5816户、13060人，115个贫困村出列，剩余贫困村66个，占全县行政村数的12.6%，为确保贫困县摘帽奠定了基础。

（一）扶贫调研。2016年，教育部朱之文副部长率队到河北省秦皇岛市青龙县调研脱贫攻坚工作，慰问了受灾群众和挂职干部，实地考察了该县第一实验小学、县职教中心和龙潭村。并召开了定点帮扶青龙县的工作座谈会，座谈会议研讨了2016-2017年教育部对青龙县定点帮扶的实施方案，以及当前需要解决的突出问题和资助项目，部署定点帮扶工作。

2016年春节，教育部组织有关司局领导到两县46名贫困教师和30名贫困农户家中进行调研慰问。

2016年，教育部到两县农村和贫困地区积极调研实施专项计划招生工作。2016年4月份在调研考察基础上，协助河北省考试院、邢台市教育局组织50多所部属高校在威县开展招生咨询活动，来自邢台、衡水和邯郸的23个贫困县的老师、学生和家长共3200余人参加了咨询。

（二）扶贫制度建设。2016年，教育部制订了《2016—2017年定点帮扶青龙县、威县工作实施方案》，提出了帮助两县建立贫困学生教育资助信息化公共服务平台，支持两县做好贫困家庭子女教育资助全覆盖工作等四个方面15条工作任务。

（三）扶贫培训。2016年，推进中央财政转移支付"国培计划"——中西项目和幼师国培项目为两县提供直接支持，为青龙县培训中小学幼儿园教师538人，校（园）长9人。为威县培训中小学幼儿园教师1500人，校（园）长8人。

（四）干部挂职扶贫。根据中央关于选派定点扶贫县挂职副县长和驻村第一书记有关文件要求，教育部从直属机关择优选派2名处级干部到青龙县、威县挂职扶贫副县长，2名年轻干部到青龙县青龙镇龙潭村、威县枣元乡魏家寨村任驻村第一书记，各选派3名机关新入职公务员，安排在两县县直机关和乡镇进行为期两年的基层锻炼。帮助两县的基层组织建设和指导脱贫攻坚工作。

（五）扶贫慰问。2016年，教育部组织有关司局领导到河北省青龙县和威县开展春节送温暖活动，走访慰问贫困教师46名和贫困农户30名，慰问金总计20万元。

（六）扶贫资金投入。2016年，教育部协调落实中央各项专项资金累计1.3647亿元，协助引进贷款4.9亿元，中国教育发展基金会为两县共筹集资金1620万元（两县各810万元），定点帮扶两县百名特困教师和39个薄弱学校。

（七）教育扶贫。2016年，教育部加大项目资金支持，改善两县基础教育办学条件。协调教育基金会对两县安排基础教育改善资金1620万元（青龙县和威县各810万元）。支持青龙县19所和威县20所中小学危旧校舍改造、校舍新建和土操场改建等工作。教育部积极协商财政部加大对河北省资金支持力度。安排两县全面改善贫困地区义务教育薄弱学校资金青龙县1345万元、威县2199万元。安排城乡义务教育经费保障资金青龙县3140万元、威县3707万元，其中包括校舍维修改造长效机制资金青龙县616万元和威县752万元。

（教育部发展规划司 霍光耀 吴延磊）

工业和信息化部扶贫开展情况

2016年是“十三五”脱贫攻坚的首战之年，工业和信息化部（以下简称“工信部”）深入贯彻中央扶贫开发工作会议和全国扶贫开发工作会议精神，全面落实习近平总书记扶贫开发战略思想，坚决履行党中央、国务院关于扶贫工作的战略部署，坚持精准扶贫、精准脱贫基本方略，按照部党组书记、部长、部扶贫领导小组组长苗圩同志提出“以关注民生为重点，以项目扶贫为手段，充分发挥工业和信息化特色”的总体要求，将扶贫工作作为重大政治责任和政治任务。深入推进河南省汝阳县、洛宁县，四川省南充市嘉陵区、南部县，山西省方山县、中阳县，广西壮族自治区金秀瑶族自治县、融水苗族自治县等8个国家扶贫开发工作重点县定点扶贫工作，积极履行牵头联系燕山－太行山片区区域发展与扶贫开发工作，实施电信普遍服务试点，加快推进宽带网络覆盖贫困村，积极推动特色产业促进精准脱贫，助力贫困地区贫困群众脱贫奔康。2016年，工信部脱贫攻坚工作取得了明显成效，定点帮扶23年的四川省南部县在“十三五”期间首批计划脱贫摘帽。

一、领导高度重视

根据工作需要，及时召开会议，贯彻落实习近平总书记关于扶贫开发重要指示批示精神，研究问题，部署工作。2016年10月，苗圩部长专门主持召开部党组第29次会议，传达学习习近平总书记“银川会议”重要讲话精神，听取扶贫工作汇报，研究贯彻落实意见；12月，苗圩部长在2017年全国工业和信息化工作会上，再次强调“加大精准扶贫精准脱贫推进力度”。2016年，工信部先后组织召开了“燕山－太行山片区部省部际联系会议、电信普遍服务试点动员暨宣贯会、建材工业补短板增效益助扶贫工作交流座谈会、全国无线电管理工作座谈会暨无线电管理援疆工作会、民族地区工业和信息化协同推进机制座谈会”，从片区扶贫、网络扶贫、产业扶贫、援疆工作和支援少数民族地区发展等方面，全方位部署推动扶贫开发工作。

与此同时，2016年，苗圩部长、辛国斌副部长以及时任部党组成员、办公厅莫玮主任先后6次赴部定点扶贫县、片区县及革命老区等重点贫困地区开展扶贫调研、宣讲慰问、督查巡查等工作。在部领导的带动下，部机关各司局、有关部属事业单位和高校等结合各自业务工作，以多种形式赴贫困地区开展专题调研、结对子、教育帮扶、扶贫济困等工作，为贫困地区区域发展和脱贫攻坚出谋划策。

二、加强政策指导

工信部围绕中央赋予的扶贫工作具体任务，坚持精准扶贫、精准脱贫的基本方略，本着因地制宜，因地施策的原则，先后会同发展改革委、财政部出台了《加快宽带网络覆盖贫困村实施方案》；制定了《工业和信息化部2016年脱贫攻坚工作计划》，统筹全系统资源，共同推进扶贫工作；与国务院扶贫办等部门联合印发《关于促进电商精准扶贫的指导意见》，共同推进电商精准扶贫工程；与发展改革委等部门联合印发《京津两市对口帮扶河北省张承环京津有关地区工作方案》，引导张承地区特色产业积极融入京津冀协同发展。

三、深入定点扶贫

2016年，工信部立足精准扶贫，进一步整合自身和社会资源、积极发挥扶贫干部作用，不断加大定点扶贫工作帮扶力度。一是实施精准扶贫项目。2016年，工信部利用定点扶贫专项资金，突出精准、集中力量解决定点贫困县贫困群众最迫切的民生需求。共确定支持四川省南充市嘉陵区、南部县，河南省洛宁县、汝阳县等4个定点县扶贫项目20项，累计安排帮扶资金800万元，带动当地其它资金1426万元。其中，帮扶了14个产业培育项目，预计能够直接带动25个建档立卡贫困村1096户3579名建档立卡贫困人口增收脱贫；6个民生工程和教育改善项目，预计可帮助至少16个建档立卡贫困村实现“两不愁、三保障”。同时，2016年，部属北京理工大学在山西省方山县桥沟村直接投入70万元，整合涉农资金600余万元，实施帮扶项目12项，预计每年可增加当地农民收入50余万元，增加村集体收入15万元。二是选派优秀挂职扶贫干部。2016年工信部系统共向8个定点扶贫县选派了8名同志挂职当地副县（区）长，5名同志任当地建档立卡贫困村第一书记。其中，根据《关于进一步完善定点扶贫工作的通知》（国开办发〔2015〕27号），2016年初，工信部部属北京航空航天大学、北京理工大学、哈尔滨工业大学、西北工业大学分别首次向山西省中阳县、方山县和广西壮族自治区金秀县、融水县派出了1名挂职干部和1名驻村第一书记。扶贫干部积极帮助定点县开展脱贫攻坚工作，如：帮助洛宁县争取各类政策资金6.2亿元；帮助汝阳县投资13亿元的金堆城钼深加工项目协调工信部产业政策支持；帮助金秀县制定了《金秀县十三五发展规划》、《金秀县十三五脱贫攻坚计划及2016年实施方案》等。三是积极实施智力帮扶。工信部部属高校利用自身教育资源优势在定点扶贫县开展了一系列智力帮扶活动。北京理工大学在方山县建立暑期学校，2016年9个专业学院、126名师生到桥沟村培训农村学生近700人次；设立“理工梦想”精准扶贫助学金，每年投入10万元资助农村贫困生；邀请专家教授赴方山县开展科普宣讲与技能培训，已举办培训3期，累计超过1000人次。哈尔滨工业大学组织26个基层工会901名教职工捐赠图书10008册，支持广西金秀县中小学的图书室建设。西北工业大学与广西融水县签署了《教育帮扶协议》，2016年对融水县1450名教师进行了培训，还组织了融水县126名干部、118名教育工作者和10名村干部和致富带头人赴陕西调研和培训。四是动员社会力量。2016年，工信部积极协调事业单位、各类企业、社会组织和个人等社会力量参与定点扶贫工作。部机关先后帮助南充市嘉陵区协调社会资金330万元，为当地7个贫困学校建立起“留守儿童之家”，搭建了网络学习平台，实现了贫困小学校教育教学与北京名校网络同步教学；联系中国福利基金会为李渡中学捐赠电脑 40 台，建成电教室 1 个；携手可口可乐•壹基金启动农村校园“净水计划”，为当地 8 所中小学免费提供净水设备和水杯，使近 4700 名师生受惠；协调争取到吉利扶贫基金项目，对嘉陵区 800 名困难家庭的中学、大学在校学生提供 5000 元 / 年的生活补贴。北京航空航天大学协调对接北京高校商超专业委员会和伙食专业委员会，建立了中阳县特色农副产品进入北京高校超市和食堂的绿色通道。北京理工大学协调晋能集团在方山县桥沟村建成 220 千瓦“农光互补”光伏发电设施，每年可增加集体收入 27.5 万元，统一分配带动当地贫困人口脱贫；引进太平保险集团山西分公司扶贫力量，为桥沟村符合条件的村民办理人身意外和家庭财产保险。

四、牵头片区扶贫

2016 年，工信部认真履行燕山 - 太行山片区牵头联系责任，充分发挥建立完善的部际、部省、部内的片区联系机制，着力解决区域性整体贫困。一是督促推动片区规划。2016 年，围绕推进《燕山 - 太行山片区区域发展与扶贫攻坚规划（2011-2020 年）》实施，工信部先后对接国家有关部省，积极推动 180 项跨行政区重大项目建设和 347 项“十三五”省级实施规划项目衔接，并协调解决燕山 - 太行山片区所在河北、山西、内蒙古三省区需要支持的有关事项。二是精准实施片区扶贫专项。2016 年，工信部利用片区扶贫专项资金，支持片区河北望都县、承德县、尚义县、张北县，山西天镇县、浑源县，内蒙古兴和县开展光伏扶贫项目，带动其他资金 2072.1 万元，预计能够直接带动当地建档立卡的 21 个贫困村 671 个贫困户 1600 余贫困人口脱贫。三是深入开展“一对一”联系。在工信部建立的部内“一对一”联系机制框架下，2016 年，部机关各司局、有关部属事业单位和高校与燕山 - 太行山片区 33 个贫困县进行了多种形式的联系交流，全年累计调研对接 800 人次。如：协调芬欧汇川公司在山西省五台县建设“芬欧汇川书屋”；选取河北省阳原县贫困家庭学生，每人每年帮扶 3500 元；协调 12.5 万元资金为河北省蔚县涌泉庄乡连寨场村安装 33 盏太阳能路灯，解决该村 192 户村民夜间照明问题；向山西省繁峙县化肥厂小学捐助资金购买文体和生活用品，并设立爱心教育基金；利用暑假组织沽源县 40 名优秀中小学教师在北戴河举行教学管理培训；为河北省尚义县安宁街小学捐赠 46 台总价值 7 万元的平板电脑。

五、推动产业扶贫

工信部坚持以多种渠道、多种方式，精准扶贫、因地施策，不断加大对贫困地区的投入力度，提高贫困地区的自我发展能力。一是引导贫困地区产业结构优化和转型升级。2016 年，工信部通过现有渠道对贫困地区符合条件的项目给予倾斜支持。通过专项建设基金支持燕山 - 太行山片区 7 个项目，总投资 73.67 亿元，其中专项资金 8.03 亿元。通过工业转型升级中药材保障能力提升工程，支持片区 10 万亩连翘野生抚育及产地加工一体化项目和京津冀惠民中药材基地建设工程示范项目，安排补助资金 1300 万元。通过高风险污染物削减行动计划，对河北超威电源有限公司清洁生产技术改造项目给予奖励 750 万元。二是支持贫困地区特色产业发展，增强“自我造血”能力。工信部充分发挥行业优势，在工业园区建设、工业绿色发展、中小企业扶持等方面对贫困地区予以支持和指导。以新型工业化产业示范基地为带动，2016 年分别授予燕山－太行山片区所在河北省 2 家、山西省 2 家、内蒙古自治区 1 家第七批国家新型工业化产业示范基地，引导产业集聚发展。授予河北省承德市第一批工业资源综合利用示范基地，促进工业绿色可持续发展。协助南充市嘉陵区吉利新能源商用车项目完成了公告变更和产品准入等工作，指导新能源汽车产业园建设。帮助汝阳县森达乳化与广西省、云南省民爆企业务实合作。指导洛宁县发展新能源汽车产业发展。积极筹划举办“首届中国（大同）黄花产业大会”，推动“中小企业示范园”在山西大同县落地。北京航空航天大学组织校内研究团队，围绕中阳县核桃分拣和硬壳碎皮项目研发生产技术和工艺。北京理工大学帮助方山县引进了校友企业恒都农业公司肉牛养殖合作项目。三是积极关注民生，改善贫困地区生产生活条件。2016 年，工信部通过部扶贫专项资金不断改善贫困地区农村基础设施和基本公共服务水平的同时，本着因地制宜原则，引导贫困劳动力转移就业，部属北京理工大学与国家人社部联合，帮助山西天镇县打造“天镇保姆”品牌，发展劳务输出脱贫。截至 2016 年底，天镇保姆已在京城闯出名声，在京津等地从事家政服务的妇女达到 3800 多名，人均年收入 3.5 万元，总收入已超过天镇县一年的公共财政预算，并得到央视《新闻联播》、《焦点访谈》等中央媒体专题报道，获得了中国十大社会治理创新奖。

六、加快信息扶贫

工信部高度重视推动贫困地区宽带建设发展，坚持网络先行，联合财政部组织实施电信普遍服务试点，引导基础电信企业加大投资力度，开展“宽带中国”示范城市创建，多管齐下，多措并举，大力推进贫困地区宽带覆盖水平和接入能力持续提升。2016 年，工信部、财政部组织实施了两批电信普遍服务试点工作，并将优先支持贫困地区、革命老区作为一项重要标准。2016 年，共支持包括集中连片特困地区、革命老区等重点区域在内的 184 个地市开展试点，部署了 10 万个行政村网络光纤到村建设和升级改造，其中包括约 3.1 万个建档立卡贫困行政村，中央财政和企业投资超过 300 亿元，一年内部署的行政村通宽带建设任务超过了“十二五”时期任务总和。继续实施“宽带中国”示范城市创建，通过示范引领带动贫困地区宽带建设发展，2016 年共支持罗霄山、大别山、武陵山、乌蒙山、秦巴山、六盘山和西藏等集中连片特困地区的 11 个地市作为示范城市。

在不断完善通信基础设施的同时，工信部大力促进信息扶贫，努力为贫困群众提供用得起、用得上、用得好的信息服务，增强贫困群众“获得感”。2016 年工信部大力支持发展电商扶贫的四川省南部县成为全省电商发展典型。2016 年 5 月，部属北京航空航天大学帮助山西省中阳县建成了“魅力吕梁、绿色中阳”扶贫公益电商平台，成为国内首个以扶贫开发为主题的国家级贫困县公益电商平台，并与中阳县签订了《电子商务产业园暨创新创业园合作协议》。2016 年 7 月，工信部支持河北省张家口市万全区举办了电子商务培训，当地龙头企业代表、天猫淘宝商家以及各行政村的电商联络人等 200 人参加。

七、动员系统力量

工信部积极动员全系统和社会力量参与扶贫工作，在 2016 年国家“扶贫日”期间，开展了一系列扶贫日主题活动。一是协调中国电信、中国移动、中国联通 3 家基础电信运营企业在扶贫日期间推送了 4.8 亿条“扶贫日”公益短信，号召全国人民“携手同行，一起投身脱贫攻坚的伟大事业”。二是组织部机关党小组、团支部“一对一”结对帮扶贫困县贫困学生 96 人，累计捐助资金 132740 元。三是协调中国扶贫基金会支持南部县第二中学开展“新长城自强班”项目，支持该校 50 名高一年级建档立卡贫困学生完成高中学业；期间，原工信部副部长、工程院院士朱高峰老领导将个人获得“光华工程奖”15 万元奖金，捐赠四川省三所贫困和特殊教育学校，帮助三所学校建档立卡贫困和残障儿童完成学业。四是号召部系统单位，组织开展了一系列针对贫困地区的调研对接活动。如西北工业大学启动了众筹帮扶活动，号召全校 3600 多名教职工捐款捐物，帮扶融水县 100 名贫困学生。北京理工大学举办山西贫困地区农特产品展销会，现场销售近 10 万元，带动网上销售近 20 万元。五是通过部网站等媒体平台宣传部扶贫工作成效经验、先进人物和先进事迹，并编印了《工业和信息化部 2016 年“扶贫日”活动专刊》。此外，2016 年工信部积极发动系统干部职工参与国家卫计委组织的“圆梦女孩”扶贫活动，获得国家卫计委授予“圆梦女孩”专项行动荣誉单位称号。

（工业和信息化部规划司 刘博）

国家民族事务委员会扶贫开展情况

为促进少数民族和民族地区的发展，在国家现有脱贫攻坚政策体系对民族地区全覆盖的同时，国家制定一系列扶持少数民族贫困地区加快发展的政策措施。国家民委结合部门工作职能，以推动民族工作领域重点特色工作为抓手，扎实稳步推进少数民族地区脱贫攻坚。2016 年，国家民委牵头编制并由国务院审批和印发实施《“十三五”促进民族地区和人口较少民族发展规划》，中央财政扶贫资金安排民族八省区 279.6 亿元，占全国总投入的 42%。东西部扶贫协作结对关系实现对 30 个自治州全覆盖，东部地区经济较发达县（市、区）与西部地区贫困县携手奔小康行动结对帮扶，覆盖了西部地区民族自治地方贫困县。

一、推动少数民族特困地区和特困群体脱贫攻坚

将少数民族特困地区和特困群体综合扶贫工程纳入《“十三五”促进民族地区和人口较少民族发展规划》重点工程。包括开展民族自治地方贫困县脱贫专项行动、边境地区戍边就近就地脱贫专项行动、特困和人口较少民族精准脱贫专项行动。会同教育部、国家语委等有关部门共同印发支持云南省开展特困民族聚居区普及国家通用语言工作，帮助少数民族群众学用普通话、普及科技知识、提高生产生活技能。会同交通部、国家开发银行赴云南开展边境和人口较少民族聚居区交通基础设施情况调研，配合交通运输部研究批复云南省特困民族聚居区和沿边地区较大人口规模自然村通硬化路建设规划，对聚居区行政村通水泥路项目建设优先安排。2016 年 8 月在西藏自治区拉萨市召开全国民委系统对口支援西藏新疆工作会议，协调东中部 21 个省市民族工作部门对口援藏援疆，支持边远少数民族地区加快脱贫步伐。召开“全国民族自治县打赢脱贫攻坚战全面建成小康社会经验交流会”“第二届全国民族自治州全面建成小康社会经验交流会”，促进自治县（旗）和自治州如期打赢脱贫攻坚战、同步实现全面小康。

二、开展督查调研

按照国务院扶贫开发领导小组统一部署和要求，会同全国总工会赴甘肃省开展贯彻落实中央扶贫开发工作会议精神宣讲调研慰问活动，会同中国保监会赴广西开展 2016 年度脱贫攻坚督查调研工作，形成有关督查调研报告。配合参加九三学社中央赴大、小凉山开展精准扶贫精准脱贫课题调研。牵头组织对《关于支持四川省凉山彝族自治州云南省怒江傈僳族自治州甘肃省临夏回族自治州加快建设小康社会进程的若干意见》贯彻落实情况督查调研，配合有关部门推动解决三州发展中的重大问题和重要事项。

三、民族自治地方开展农村贫困监测

组织开展民族自治地方农村贫困监测，为有关部门研究制定支持特困民族地区和特困群体脱贫攻坚特殊政策措施提供科学依据。

四、大力推进兴边富民行动

国家民委会同有关部门编制《兴边富民行动“十三五”规划》，2016 年国家发展改革委下达中央预算内投资兴边富民行动专项 8 亿元，推动实施边境地区就地就近脱贫专项行动，改善边民生产生活条件，促进边民脱贫致富。

五、促进人口较少民族加快发展

扶持人口较少民族发展工作取得明显成效。据国家民委监测统计，到 2015 年底，2119 个人口较少民族聚居行政村农牧民人均纯收入 6695 元，比 2010 年增长近 1 倍。人口较少民族群众精神面貌焕然一新，民族关系和谐稳固。锡伯族、俄罗斯族、裕固族、高山族、珞巴族、赫哲族、达斡尔族、京族、毛南族等已经具备了实现全面小康的基础和条件。

进入“十三五”，扶持人口较少民族发展工作围绕到 2020 年人口较少民族聚居村在实现“一达到、二退出、三保障”的基础上，基本实现“四通八达”的规划目标，整合资源，集中扶持，力争使部分人口较少民族聚居村实现率先脱贫、率先小康。2016 年国家发展改革委安排中央预算内投资 5 亿元，专项用于扶持人口较少民族发展，为实现“两个率先”创造条件。

六、保护发展少数民族特色村镇

国家民委与财政部以保护改造特色民居、发展特色产业、改善人居环境、传承特色文化、促进团结进步“五位一体”为宗旨，联合开展少数民族特色村寨保护与发展工作，安排少数民族发展资金支持特色村寨建设，目前全国有 1057 个村寨被国家民委命名挂牌为“中国少数民族特色村寨”。2016 年，国家民委配合国家发展改革委支持少数民族特色小镇建设，提升了少数民族特色村镇的品质和知名度。“中国少数民族特色村镇”品牌的影响力和辐射力持续加大，在民族地区形成了一道亮丽的风景线。

七、推动武陵山片区脱贫攻坚与区域发展

认真履行武陵山片区联系单位职责，一是加强部门沟通协调，推动重大项目落地。协调推进武陵山片区“十三五”省级实施规划项目需国家层面衔接落实工作，与 17 个部门就 12 个行业的 1072 个项目进行了对接。积极协调有关部门将安张衡、兴永郴赣、张吉怀铁路列入中长期铁路网规划（2030 年）或纳入铁路“十三五”发展规划。二是推进武陵山片区旅游协同发展。2016 年 1 月在重庆市召开武陵山片区区域发展与扶贫攻坚推进会，签订四省八方合作协议，会同国家旅游局、全国工商联、国家开

发银行印发《关于推进武陵山片区旅游减贫致富与协同发展的意见》，研究开展贫困乡村旅游精准扶贫示范建设。三是继续推动开发性金融支持片区发展，贯彻落实四省六方签订的合作协议及配套政策，截至 2016 年 11 月末，国家开发银行向武陵山片区累计发放贷款 2625 亿元，贷款余额 873 亿元，支持片区基础设施和民生领域项目建设。四是发挥部门职能作用开展民族工作领域重点特色工作。重点支持少数民族特色村寨、传统手工艺品、改善群众生产生活条件等，在片区已有包括苗、土家、瑶、侗、仡佬族等 140 个国家民委命名挂牌的中国少数民族特色村寨。支持片区创建民族团结进步示范区和开展"州县庆"活动。在渝东南开展"中华民族一家亲"文化卫生下基层和"彩虹路民族青少年艺术教育公益行"活动。五是舆论宣传和人才保障。委属文化事业单位浓墨重彩、专题报道片区推进精准扶贫精准脱贫取得的成效。委属 6 所高校开展校地合作，2016 年投入片区资金 1189.5 万元，对片区实际招生 4351 人，举办各类培训班 27 期、培训人数 2663 人次，开展专题研究形成有关调研报告、论文 142 篇。选派 78 名联络员赴片区挂职，组织举办片区中学骨干校长培训班、基层民族工作干部香港工商业研讨班等。

八、加强定点扶贫、对口支援、智力支边和干部人才培训

国家民委承担定点帮扶内蒙古巴林右旗、广西德保县，对口支援江西乐安县扶贫工作。2016 年重新成立了国家民委领导牵头的定点扶贫工作领导小组及办公室，召开国家民委定点扶贫工作领导小组全体会议，建立委领导联系扶贫点工作制度，委领导带队赴定点扶贫县旗和对口支援县开展扶贫调研慰问活动和精准扶贫调研。研究制定《2016 年国家民委定点扶贫工作计划及任务分工》《国家民委"十三五"定点扶贫工作方案及任务分工》。选派优秀干部到定点扶贫县旗和对口支援县挂职帮扶和任贫困村第一书记。组织定点扶贫县基层干部参加第 7 期精准扶贫专题研讨班、依法行政专题研讨班、香港工商业研讨班，举办全国少数民族和民族地区精准扶贫高级研修班，提高基层干部综合素质和创新能力。参与中央统战部、科技部、各民主党派中央和全国工商联联合推动贵州毕节试验区和黔西南州"星火计划、科技扶贫"试验区建设，组织贵州黔西南州特色优势农产品加工扶贫龙头企业以及民贸民品企业参加第 21 届澳门国际投资贸易展览会，并举办黔西南州旅游文化产业推介会。会同中央组织部、中央统战部选派西部地区和其他少数民族地区干部到东部发达地区以及中央和国家机关部委、国有重要骨干企业挂职锻炼，加强少数民族干部队伍建设。

（国家民委经济发展司 袁彦）

民政部扶贫开展情况

一、农村低保兜底保障工作情况

2016年，民政部按照《中共中央国务院关于打赢脱贫攻坚战的决定》(中发〔2015〕34号)、中央扶贫开发会议精神和习近平总书记系列重要讲话精神，积极推动农村低保制度与扶贫开发政策衔接，扎实做好农村低保兜底保障工作。

（一）出台政策措施。2016年4月，民政部印发《关于贯彻落实〈中共中央国务院关于打赢脱贫攻坚战的决定〉的通知》（民发〔2016〕57号），部署民政系统做好脱贫攻坚工作。2016年9月，民政部联合扶贫办等6部门报请国办转发了《关于做好农村最低生活保障制度与扶贫开发政策有效衔接的指导意见》(国办发〔2016〕70号)，从政策衔接、对象衔接、标准衔接、管理衔接等方面明确衔接目标任务，完成两项制度衔接的顶层设计。截至目前，各地都以党委、政府办公厅或脱贫攻坚（扶贫开发）领导小组名义出台了国办发〔2016〕70号配套文件。

（二）加强工作指导。民政部先后召开全国社会救助工作会议、全国社会救助部际联席会议第三次全体会议、特困人员救助供养视频会议，研究部署加强社会救助体系建设，做好农村低保兜底保障等工作。组织召开农村低保制度与扶贫开发有效衔接培训班、救急难培训班，部署各地抓好贯彻落实。会同国务院扶贫办联合下发通知，部署各地开展低保兜底保障全面排查，督促、指导各地落实低保政策。

（三）加强标准衔接。民政部通过举办培训班、组织研讨、按季度通报农村低保标准低于国家扶贫标准的县（市、区）情况等形式，督促农村低保标准低的地区提高标准。2016年，全国农村低保年人均标准达到3744元，增幅达到17.8%；截至2016年底，在国家扶贫标准从2855元提高到2952元的情况下，全国低于国家扶贫标准的县（市、区）数仍从2015年底的1521个减少为600个。

（四）加强管理衔接。民政部和扶贫办联合开展农村低保对象和建档立卡贫困人口台账比对，及时更新并交换部门数据信息，加强信息核对和动态管理，推动农村低保数据和建档立卡数据信息共享、数据衔接，动态跟踪建档立卡贫困人口低保政策兜底保障情况。

（五）加强对象衔接。民政部会同扶贫办督促、指导各地加强对象认定方面的衔接配合，对符合农村低保条件的建档立卡贫困户，按规定程序纳入低保范围，发给低保金；对符合扶贫条件的农村低保家庭，按规定程序纳入建档立卡范围，并针对不同致贫原因予以精准扶贫，做到应保尽保、应扶尽扶、保扶衔接。落实国办发〔2016〕70号文件要求，指导各地对不在建档立卡范围内的农村低保对象、特困供养人员，统筹使用扶贫开发政策。

（六）加强信息公开。指导各地在低保审核审批过程中，进一步加强民主评议，邀请基层老党员、人大代表、政协委员和村民代表等参与评议；推行农村低保对象名单居住地公示，探索开展网络公示，广泛接受社会监督。此外，各地县级民政部门还普遍设置、公开了监督电话，接受人民群众关于低保方面的政策咨询、意见建议、投诉举报等。

二、民政部定点扶贫工作情况

江西省莲花、遂川两县是民政部定点扶贫县。今年以来，民政部坚持扶贫工作与民政工作相结合，认真做好两县脱贫攻坚工作，确保两县基本民生。

（一）认真贯彻中央扶贫工作会议精神。民政部党组高度重视定点扶贫工作，多次召开会议学习传达贯彻习近平总书记、李克强总理等中央领导同志关于定点扶贫的一系列重要指示和中央扶贫开发工作会议精神，部署做好定点扶贫相关工作，特别是中央单位定点扶贫工作会议召开后，部党组专门召开会议作出安排部署，进一步明确相关司局的职责任务和工作分工。

（二）高位推动工作落实。按照部党组的安排部署，部领导身先示范、主动作为、全力推进定点扶贫工作。宫蒲光副部长召开会议，研究、部署《中共中央国务院关于打赢脱贫攻坚战的决定》涉及民政职能的工作任务，要求相关司局制定贯彻落实方案和具体措施，确保任务落实。按照部领导要求，各有关司局积极作为，根据中办、国办的分工方案安排，制定《民政部贯彻〈中共中央国务院关于打赢脱贫攻坚战的决定分工方案〉实施方案》，逐项分解任务，明确定点扶贫工作的时间表和路线图。此外，按照相关部门要求，宫蒲光副部长率领民政部、国资委两部门人员赴江西宣讲中央扶贫开发工作会议精神并赴定点扶贫县慰问调研，促进定点扶贫相关工作落实。

（三）指导开展民政业务工作。一是指导两县加强农村低保制度与扶贫开发政策衔接工作，组织定点扶贫县有关人员参加农村低保制度与扶贫开发有效衔接培训班、救急难培训班，部署和做好农村低保兜底脱贫等工作。二是指导做好社会救助与基本养老保险衔接工作，按照各项制度待遇只叠加、不扣减、不冲销并兼顾现行政策的原则，在审批或复核低保对象、特困人员时，中央确定的基本养老金不计入家庭收入，确保现有待遇水平不降低。三是指导做好农村“三留守”人员和残疾人关爱服务体系建设。指导两县认真贯彻《关于加强农村留守儿童关爱保护工作的意见》（国发〔2016〕13号），组织开展农村留守儿童摸底排查工作，同步开展留守老年人调查摸底和服务需求评估工作，针对摸排结果部署精准关爱保护措施。鼓励两县建立80周岁以上低收入老年人高龄津贴制度，建立健全经济困难的高龄、失能等老年人补贴制度。

（四）组织开展民政业务培训。面向两县举办民政干部以及社工、社区、社会组织等专业人才和儿童养护、老年护理等技能人才培训班，切实提高两县基层一线民政抓精准扶贫的能力、素质和水平。从4月开始至12月，民政部在罗霄山片区（以民政部定点扶贫县为主）开展1000名养老护理员职业技能培训及推荐就业工作，每期培训100人，共8期，培训时间为15至20天。参训人员主要是建档立卡贫困人口。培训结束后，参加职业资格等级鉴定考试，合格后颁发全国统一的养老护理员职业资格等级证书，并由民政部与相关省市推荐到养老机构就业。

（五）选派干部挂职扶贫。选派3名中青年司局级干部到片区吉安、赣州和郴州进行为期两年的挂职锻炼；选派3名处级干部到罗霄山片区的兴国县、吉安遂川县和萍乡莲花县进行为期两年的挂职锻炼，积极发挥协调联络、项目规划、重点扶持等方面作用。

三、罗霄山片区扶贫工作情况

（一）举办“大爱罗霄，情系老区，真情共筑中国梦”脱贫攻坚报告会。为深入贯彻中央扶贫工作战略部署，增强部机关党员干部对扶贫工作的责任感和使命感，10月17日，民政部在北京召开“大爱罗霄，情系老区，真情共筑中国梦”脱贫攻坚报告会，对参与脱贫攻坚尤其是做好定点扶贫和对口支援工作进行再动员、再部署。报告会上，遂川县县长肖凌秋、莲花县县长张运来分别介绍了本县扶贫攻坚工作进展情况、“十三五”脱贫攻坚规划及作为扶贫攻坚带头人的工作感受和体会。民政部民间组织服务中心的金伟分享在遂川县枚江乡枚溪村任驻村第一书记的感受和体会。他们的报告展现了革命老区面貌的深刻变化，树立了共产党员带领人民群众脱贫致富的良好形象，传递了打赢脱贫攻坚的正能量。

（二）积极引导社工和志愿者参与定点扶贫。联合中央12部门和群团组织印发了《关于加强社会工作专业岗位开发与人才激励保障的意见》（民发〔2016〕186号），联合中央8部门印发《关于支持和发展志愿服务组织的意见》（文明办〔2016〕10号），出台了《关于支持社会工作与志愿服务力量参与脱贫攻坚工作的意见（征求意见稿）》对社会工作和志愿服务参与脱贫攻坚任务提出明确要求。民政部民政青年同心社在遂川县举行“温情暖老区，惠民公益行”之“关爱留守儿童”主题活动，共筹集物资、善款和提供服务折合人民币约176万元。

（三）积极做好宣传动员活动。组织主流媒体全面宣传民政部牵头联系罗霄山片区扶贫攻坚和定点扶贫取得的重大成就，报道精准扶贫精准脱贫方面的探索和典型事迹。围绕国务院开展扶贫开发30周年相关活动，向国务院扶贫办推选金伟、李旭等一批精准扶贫精准脱贫先进典型。

（民政部社会救济司 钟一涵）

财政部支持贫困县开展统筹整合使用财政涉农资金试点情况

为贯彻落实党中央、国务院关于打赢脱贫攻坚战的决策部署，中央财政多渠道增加扶贫开发投入，为如期完成脱贫攻坚任务提供了有力保障。在各级财政扶贫投入规模不断增加的情况下，贫困地区安排使用扶贫资金时却面临着“权责不匹配”、“打酱油的钱不能买醋”等难题，一定程度上造成项目和资金安排的“碎片化”，制约了精准扶贫措施的落地。根据中央关于“加大扶贫资金整合力度，给贫困县更多扶贫资金整合使用的自主权”的决策部署，财政部牵头、会同有关部门，在充分征求各方面意见的基础上，研究提出了推动贫困县统筹整合使用财政涉农资金的思路。2016 年 4 月 12 日，国务院办公厅印发了《关于支持贫困县开展统筹整合使用财政涉农资金试点的意见》（国办发〔2016〕22 号），明确了开展整合试点的政策要求，这是首次以国务院办公厅名义印发的涉农资金整合工作文件。5 月 10 日，财政部会同国务院扶贫办在北京召开全国支持贫困县开展统筹整合使用财政涉农资金试点电视电话会议，汪洋副总理出席会议并发表重要讲话，标志着这项在中西部 22 个省（区、市，以下简称省）开展的重大改革试点正式启动。

一、整合试点意义深远

（一）中央部门“刀刃向内”的自我革命。

整合试点的基本思路是：中央和省市级部门将相关财政涉农资金的配置权、使用权完全下放到试点贫困县，由贫困县依据当地脱贫攻坚规划，区分轻重缓急确定重点扶贫项目和建设任务并安排好相关涉农资金。试点要求中央部门，不仅要把资金、项目审批权限交给试点贫困县，而且要花更大精力，加强管理和服务，实质上是有关部门“刀刃向内、自我革命”，同时也是各部门从服务扶贫大局出发，推进“放管服”改革的重要体现。

（二）实现精准扶贫、精准脱贫的重要举措。

在贫困县开展涉农资金整合，整合是手段，根本目的是为了提高脱贫攻坚的成效。要实现精准、改变资金“碎片化”的状况，就必须真正下放项目和资金权限，打破对统筹整合使用资金的各种束缚，通过科学的规划和有效的项目平台进行承接，确保资金投向最重要的方向、最关键的环节、最准确的对象。

（三）推进供给侧结构性改革的必然要求。

整合的核心是把一部分财政涉农资金的配置权彻底下放给贫困县，这有利于进一步优化涉农资金供给机制，有利于激发地方内生动力，有利于缓解财政资金沉淀和滞留，解决涉农资金使用分散、“供需错配”等问题，体现了供给侧结构性改革的要求。

二、整合试点实现良好开局

整合试点是 2016 年脱贫攻坚工作的“重头戏”，财政部会同有关部门，认真落实有关文件和会议精神，指导各地有序推进整合试点工作。22 个试点省围绕脱贫攻坚目标，把握政策机遇，创新工作机制，积极开展整合试点，取得了初步成效。2016 年，全国共有 961 个贫困县开展了整合试点，其中，片区县和重点县 792 个（占全国 832 个片区县和重点县的 95%）。纳入整合范围的各级财政涉农资金总规模超过 3200 亿元。根据贫困县涉农资金整合实施方案，计划整合各级财政资金规模约 2427 亿元，截至 2016 年 12 月 31 日，整合执行率 96.4%。

总的来看，整合试点启动以来，各级各有关部门高度重视试点工作，对试点予以了大力支持，克服了时间短、任务重、协调难度大等诸多困难，推动健全管理制度，理顺工作流程，加大政策宣传，抓好政策落地，试点工作实现了良好开局。

三、推进整合试点的主要做法和成效

（一）中央有关部门全力做好“放管服”文章。

一是建立工作协调机制。全国电视电话会议召开后，财政部牵头会同有关部门建立了支持整合试点工作协调机制，成员单位包括 13 个中央部门。审计署、林业局、农业部、水利部、扶贫办、住房城乡建设部等先后印发了本部门支持整合试点的文件，要求地方部门贯彻落实有关试点精神，支持试点工作。二是明确和细化试点具体要求。财政部、国务院扶贫办先后联合印发了《关于进一步做好贫困县涉农资金整合工作有关事项的通知》（财农〔2016〕151 号）和《关于做好 2017 年贫困县涉农资金整合试点有关工作的通知》（财农〔2017〕4 号），从加大资金保障力度、加快工作进度、加强考核评估、建立激励机制等多个方面提出具体要求。特别是再次强调增幅保障，打消贫困县“不敢整”的顾虑；明确编制实施方案、制定管理办法、建立台账管理、规范预算调整等具体要求，解决贫困县“不会整”的难题。三是建立统计分析、信息报送、考核评价、通报情况、示范带动等工作机制。为加强对试点的指导与管理，财政部会同扶贫办建立并完善了整合试点统计双月报制度，及时跟踪掌握各地整合试点进展情况；编印了 12 期工作简报和两期“问与答”，交流各地经验做法并及时答疑解惑；督促省级抓好示范带动，探索积累经验；根据 2016 年整合试点综合考核情况，对 22 个试点省份整合试点工作推进情况进行分类通报，并安排资金对部分省份进行了奖励。

（二）地方积极创新整合试点工作机制。

国办发〔2016〕22 号文件印发后，各试点省份结合自身实际，及时制定整合试点实施方案，明确试点范围、资金范围和工作流程等，紧抓贫困县统筹整合试点机遇，用活政策，以脱贫成效、摘帽销号为目标，以扶贫规划为引领，因地制宜，探索创新具有地方特色的整合工作机制。四川以“蓄水统配”、“截长补短”、“引流归口”三模式相结合，搭建了整合“资金池”。广西印发整合试点工作操作指南，明确提出整合方案编制“一上一下二上”的程序要求。甘肃建立了“共同监管、各负其责”监管机制及“责任倒追、一案双查”追责机制。重庆财政、审计、扶贫、审计驻渝特派办及财政部驻渝专员办五部门建立协同监管机制，把纳入统筹整合范围的财政涉农资金作为扶贫资金监管重点。同时，各地加大政策培训力度，通过举办整合试点专题培训班，解读政策，交流经验。利用多种形式提高宣传实效，营造共同推进整合的良好氛围。湖南采取“请上来、走下去”的办法，邀请部分贫困县到省、省到市州和部分贫困县现场讲解整合试点政策。陕西、贵州举办整合试点工作情况新闻发布会，对全省试点工作情况进行解读式发布。

支持贫困县开展统筹整合使用财政涉农资金试点，既是确保如期打赢脱贫攻坚战的关键举措，也是一项具有深远意义的财税体制改革。整合试点探索从源头整合财政涉农资金，为深入推进财政涉农资金管理体制改革，进一步优化财政支出结构，全面深化财税体制改革探索了一条新路子。从各地实践来看，整合资金的意识逐步增强，得到了基层的普遍欢迎。一是形成了扶贫资金供给的新格局。通过整合资金，将不同渠道、不同用途的财政涉农资金归集捆绑、统筹使用，解决了资金安排“碎片化”的问题，缓解了财政资金沉淀和滞留。二是激发了贫困县脱贫攻坚的新动力。允许贫困县围绕各地脱贫攻坚规划统筹安排资金，赋予了贫困县自主权限，激发了地方政府内生动力。三是开创了精准扶贫的新局面。将项目和资金权限下放，通过科学的规划和有效的项目平台进行承接，确保资金投向了最重要的方向、最关键的环节、最准确的对象。

（财政部农业司 赵凛然）

国土资源部扶贫开展情况

2016年，国土资源部贯彻落实党中央、国务院关于打赢脱贫攻坚战的决策部署，以超常规之策、举全系统之力助推脱贫攻坚。国土资源部姜大明部长多次主持召开党组会议、部长办公会专题研究扶贫工作，先后赴江西赣州、河北阜平和四川凉山、巴中调研指导工作，出席定点扶贫座谈会和乌蒙山片区部际联系会议并作重要讲话。张德霖副部长主持召开扶贫领导小组会，部署推进扶贫工作，带队赴四川宣讲中央扶贫精神、开展扶贫督查，赴江西赣州、四川凉山调研指导扶贫工作。国土资源部在编制规划、出台政策、安排项目资金、选派干部等加大支持，全力助推贫困地区脱贫攻坚。

一、国土资源部行业扶贫有新成效

国土资源部认真落实《中共中央国务院关于打赢脱贫攻坚战的决定》任务分工中的4项牵头任务、13项参与任务。印发2016年扶贫工作要点，明确责任单位，出台了贯彻落实牵头任务的工作方案，并按照要求进行督促检查。

（一）优先保障脱贫攻坚用地需要。印发《全国土地利用总体规划纲要（2006－2020年）调整方案》，明确了优先安排脱贫攻坚用地。在正常下达年度建设用地计划指标的同时，为全国592个国家扶贫开发工作重点县每县专项安排600亩用地计划指标，并要求省级国土资源部门加大对国家扶贫开发重点县用地保障力度。

（二）优先安排土地整治项目和资金。在印发的《全国土地整治“十三五”规划》中，明确“十三五”时期土地整治支持脱贫攻坚的具体要求。把贫困地区作为单独分配因素加大分配权重，支持实施土地整治重大工程建设。下达高标准基本农田建设年度补助资金和分配中央分成新增费时，重点向贫困地区倾斜，下达22个省份高标准农田新增费180.66亿元。通过开展专题培训、现场办公、编印范例读本等措施，积极指导省级国土资源管理部门以高标准基本农田建设为重点，优先安排贫困地区土地整治项目和资金。

（三）用好用足用活城乡建设用地增减挂钩政策。2月出台《关于用好用活增减挂钩政策积极支持扶贫开发及易地扶贫搬迁工作的通知》，明确了允许贫困地区增减挂钩节余指标在省域内流转的政策。5月，在四川省巴中市举办了政策解读培训班，指导各地用好用活用足政策，并定期汇总指标流转情况。截至2016年底，全国有脱贫攻坚任务的12个省份开展了增减挂钩节余指标省域内流转交易，实现收益169.83亿元，有力地支持了易地扶贫搬迁。

（四）开展国土资源管理制度改革试点。一是批复安徽省金寨县和西藏自治区曲水县宅基地制度改革试点方案，批复甘肃省陇西县集体经营性建设用地入市改革试点方案。二是2016年全国工矿废弃地复垦利用计划50万亩，向贫困地区所在的18个省份倾斜。印发了《历史遗留工矿废弃地复垦利用试点管理办法》，给予符合条件的贫困地区支持。三是开展贫困地区城镇低效用地再开发，在云南等15个省份开展了低丘缓坡荒滩等未利用地开发利用试点工作。

二、乌蒙山片区脱贫攻坚联系工作有新进展

5月14日，在四川省凉山州召开乌蒙山片区区域发展与脱贫攻坚部际联系会议，国土资源部姜大明部长和国务院扶贫办刘永富主任出席会议并讲话。16个国务院部委办局、27个片区定点扶贫部门、东西扶贫协作城市和片区3省市县政府参加会议。会前，协调20个部委局办就片区3省需要协调事项提出52项支持意见。国土资源部机关有关司局单位根据3省提出需要国土资源部支持的事项，研究提出了25项反馈意见。会上还签署了国土资源部和3省扶贫部门《建立联系工作机制合作备忘录》，进一步完善了部省联系机制。

（一）片区脱贫用地保障及时到位。对乌蒙山片区38个重点县，每县专项安排600亩建设用地计划指标。专项安排凉山州3万亩新增建设用地指标，保障彝家新寨、交通大会战等重要民生和脱贫攻坚项目落地。对片区内铁路、公路、水利等重要建设项目用地预审，开辟了绿色通道。

（二）增减挂钩政策有效落实。四川省泸州市古蔺县、叙永县以“古叙挂钩项目”指标收益为基础，发行了全国第一支易地扶贫搬迁项目收益债券20亿元；凉山州已与绵阳市、德阳市、成都市签订增减挂钩节余指标流转协议。贵州省毕节市实现增减挂钩节余指标省内流转交易，收益7.47亿元。

（三）土地整治成效明显。片区3省通过“田水路林村”土地综合整治、高标准农田建设，改善了农村生产生活条件，促进了现代特色农业发展。贵州省为就地脱贫人口每人整治一亩优质耕地，下达乌蒙山片区3.5万亩。云南省在乌蒙片区实施土地整治项目26个，建设规模23万多亩。

（四）地质调查和矿产开发助推片区脱贫。积极推进四川省川南地区页岩气勘查开发试验区建设，构建地方、企业、矿区群众利益共享机制，推进贫困地区脱贫，试验区内泸州市叙永县等5个县受益。支持片区开发利用优势矿产资源，促进资源优势转化为经济优势。国土资源部中国地质调查局在乌蒙山片区部署实施地质调查专项规划支持脱贫攻坚。通过土地质量地球化学调查成果及时转化为特色农业发展规划，支撑四川屏山县多地建成富硒农业产业基地。区域地质调查成果及时转化为服务特色旅游产业成果，支撑贵州毕节、云南盐津县等多地建成地质公园。矿产地质调查发现了31个矿（化）点。水文地质调查服务地方水资源可持续开发利用，解决了群众饮水难题。

（五）地质灾害防治能力得到提升。加大片区地质灾害综合体系建设支持力度，对片区上报符合条件的特大型地质灾害治理项目给予重点支持，积极对片区地质灾害防治和应急抢险工作进行巡查、指导。同时，在地质公园建设开发方面给予了积

极支持。贵州省依托毕节织金洞世界地质公园、遵义赤水丹霞国家地质公园，发展地质旅游，带动了周边贫困群众脱贫。

三、赣州定点扶贫工作有新突破

2016年2月，姜大明部长、张德霖副部长到赣州定点扶贫的赣县、于都、宁都、兴国4县调研脱贫攻坚，主持召开部定点扶贫工作会议，对新阶段定点扶贫作出了部署。印发了《关于进一步加强定点扶贫工作的意见》，提出了13项超常规支持举措，为赣州4县选派4名扶贫挂职干部和1名村“第一书记”。通过各级国土资源部门的共同努力，国土资源支持政策落地生根，脱贫成效明显。

（一）土地管理方面。一是通过支持赣州土地利用总体规划修编，新增建设用地规模42.98万亩，占江西省增加总量的27.45%，保障了赣州市“十三五”重点项目用地空间。二是专项安排年度新增建设用地计划，对赣州振兴发展和脱贫攻坚项目用地做到了应保尽保。三是支持增减挂钩、低丘缓坡和工矿废弃地等国土资源试点政策在赣州先行先试，拓展了用地空间，优化了用地布局。四是支持赣州灾毁园地和低质残次林地开发成耕地用于耕地占补平衡，破解了赣州耕地占补平衡难题。五是倾斜安排土地整治项目，推进田、水、路、林、村土地综合整治。批准赣州市列为首批山水田林湖生态保护与修复工程试点，首批试点资金20亿元已到位。

（二）地质调查方面。一是推进赣州6县土地质量地球化学调查全覆盖，圈定绿色富硒土地资源572万亩，为发展富硒等特色农产品提供依据。二是加大矿产地质调查，初步找到20个资源量为中型以上的工作靶区，为发展优势矿产业提供资源保障。三是开展找水打井，建设地下水示范工程40多处，地下水开发示范井100眼，有效解决20万群众安全饮水和农业灌溉用水问题。实施降氟改水工程15个，使1.3万人喝上了健康自来水。赣县夏潭村打井日出水量200吨，满足了全村2000多人安全饮水。在兴国县西霞村施工2个示范井，日出水量2700立方米，达到优质矿泉水水质，解决了当地3万人缺水问题。四是加大地灾防治，摸清地质灾害隐患1万多处，指导避灾搬迁。五是矿山地质环境恢复治理有效改善矿区生态环境，支持100多个废弃矿区恢复治理。通过地质遗迹调查和地质公园建设，帮助地方打造特色地质旅游资源，带动旅游扶贫产业发展。

（三）精准扶贫试点方面。投入扶贫工作经费120万元，继续推进赣县“一区三点”（土地整治项目区，夏潭、大岭、上丹村）精准扶贫点建设。通过实施产业扶持，激活了“一区三点”贫困户自身“造血”功能，目前“一区三点”建档立卡贫困户已脱贫近100户。种植甜叶菊的30户贫困户收入6.6万余元，户均增收1500余元；通过开展无公害蔬菜种植，上丹村20余户贫困户户均增收2000元。

四、加强政策指导和干部交流

（一）开展专题培训。一是在四川凉山的召开乌蒙山片区部际联系会议期间，开展脱贫攻坚政策解读，乌蒙山片区10个市（州）、38个县（市、区）政府和国土部门负责同志参加政策解读会。二是在巴中举办土地政策支持扶贫开发及易地扶贫搬迁培训班，就用好用活用足土地政策特别是增减挂钩政策进行了深入解读，三是面向592个贫困县开展国土资源政策助推脱贫攻坚培训，加快了国土资源扶贫政策的落实生根、开花结果。通过培训和政策解读，为各地结合实际落实国土资源脱贫攻坚政策举措提供了有力指导。

（二）积极开展干部交流。选派12名干部到乌蒙山片区挂职锻炼。选派4名干部到赣州四县挂职，1人到赣州任驻村第一书记。选派2名选调生到四川屏山县和凉山雷波县基层锻炼。扶贫挂职干部发挥专业优势，为各地结合实际落实国土资源脱贫攻坚政策举措提供了有力指导。

五、扶贫宣传有新亮点

中央主流媒体赴江西赣州、河北阜平等地开展实地采访，深入报道国土资源部扶贫政策成效。《人民日报》、《经济日报》、《半月谈》、《中国扶贫》等中央主流媒体对国土资源扶贫工作专题报道有10多篇，其中《人民日报》有8篇。国务院扶贫办《中国扶贫》杂志刊登了姜大明部长专题采访新闻稿。召开增减挂钩政策新闻发布会，中央主流媒体作了宣传报道，对增减挂钩政策支持扶贫开发及易地扶贫搬迁作了深入解读。中国国土资源报全年有大量篇幅持续宣传报道扶贫工作。在10.17全国扶贫日前，举办扶贫宣传展，全面展示了国土资源部扶贫工作情况和取得成效。

（国土资源部扶贫办公室　郑子敬）

交通运输部扶贫开展情况

2016年是“十三五”开局之年和打赢脱贫攻坚战的首战之年，交通运输部党组高度重视，全面部署，将部扶贫开发工作领导小组和农村公路建设领导小组合并，成立部扶贫开发和农村公路工作领导小组。一年来，交通运输部全面贯彻习近平总书记关于脱贫攻坚和“四好农村路”系列重要指示精神，进一步落实中央扶贫开发工作会议精神和《中共中央国务院关于打赢脱贫攻坚战的决定》的要求，坚持精准扶贫、精准脱贫，切实加大工作力度，推动交通扶贫、定点扶贫、对口支援安远县和牵头联系六盘山片区等扶贫工作再上新台阶，圆满完成2016年交通扶贫各项目标任务。

一、交通建设扶贫

2016年，交通运输部以全国“老少边穷”地区1177个县（市、区）为主战场，加快推进实施《“十三五”交通扶贫规划》，大力推进贫困地区交通基础设施建设，提升农村公路质量与安全水平，推进农村客货运输良性发展，为贫困地区与全国同步全面建成小康社会提供坚实的交通运输保障。2016年全年安排超过1300亿元车购税资金，支持“老少边穷”地区1177个县（市、区）改造建设7200公里高速公路、1.89万公里普通国省道（含在建里程）和10.4万公里通乡、通村硬化路，以及建成57个县城客运站、264个乡镇客运综合服务站，建设3.5万公里农村公路安全生命防护工程，改造2229座农村公路危桥，对2.1万公里窄路基路面公路进行加宽改造，建设6300公里旅游路、产业路、资源路，解决贫困地区65个乡镇、1.02万个建制村、5100个撤并建制村通畅问题。到2016年底，实现“老少边穷”地区98.0%的乡镇和93.3%的建制村通了沥青（水泥）路，圆满完成2016年交通扶贫各项目标任务。

二、完成政府工作报告两大目标任务

2016年政府工作报告明确交通运输部完成“新改建20万公里农村公路”“完成公路投资1.65万亿元”两项目标任务。交通运输部高度重视：一是及时下达资金计划，明确项目清单，全面推进项目实施。二是分解下达目标任务。制定印发了《关于分解落实2016年国务院政府工作报告新改建农村公路20万公里和公路投资1.65万亿元目标任务的通知》，对任务进行细化分解，与全年重点任务同时督查、统筹推进，并督促各省做好任务分解、建立台账、倒排工期、落实责任并按月上报进度资料。全年实际新改建农村公路29.9万公里、完成公路固定资产投资1.798万亿元，分别完成年度目标任务的149.5%、108%。

三、完成党中央和国务院交办的重点任务

一是贯彻落实俞正声同志关于支持“直过民族”、人口较少民族脱贫攻坚的指示要求，会同国家民委开展了专题调研，并召开部务会专题研究了有关支持政策，工作情况得到俞正声等领导同志的充分肯定。二是根据国办任务分工，牵头落实了 2016 年中央一号文件分工任务 1 项，配合落实了 5 项，并按要求及时反馈中央农办和有关牵头部委。参与起草了 2017 年中央一号文件，并将“四好农村路”相关内容纳入了文件。三是按照国务院扶贫开发领导小组的统一部署，1 月中旬会同国办赴湖北开展中央扶贫开发工作会议精神宣讲调研，10 月下旬又会同全国总工会赴西藏督查其 2016 年度脱贫攻坚工作，按时圆满完成了各项任务。

四、构建交通扶贫工作体系

一是贯彻中央扶贫开发工作会议精神和《中共中央国务院关于打赢脱贫攻坚战的决定》要求，编制印发了《“十三五”交通扶贫规划》，确定了打赢交通扶贫脱贫攻坚战的行动纲领和路线图。与 24 个省级人民政府签订了交通扶贫部省共建协议，明确了目标要求、建设规模、建设标准和部省支持政策，逐年压茬推进，确保规划落地。二是经国务院同意后，会同国家发展改革委、国务院扶贫办联合印发了《关于进一步发挥交通扶贫脱贫攻坚基础支撑作用的实施意见》，召开交通扶贫脱贫电视电话会议，合力推进交通基础设施建设扶贫“双百工程”目标。三是修订完善《中央车购税投资补助农村公路建设计划管理办法》，组织开展《农村公路建设管理办法》修订工作，组织起草《“四好农村路”督导考核办法》，加快完善农村公路制度体系，进一步提高管理精细化水平。

五、六盘山片区脱贫攻坚部省协调推进会

为深入贯彻落实习近平总书记关于脱贫攻坚的系列重要指示批示精神，进一步落实好 2016 年中央经济工作会议、中央农村工作会议和全国扶贫开发工作会议的工作部署，交通运输部于 2017 年 1 月 21 日在青海海东市组织召开了六盘山片区脱贫攻坚部省协调推进会，总结交流六盘山片区 2016 年工作，协调动员片区四省（区）和 22 个国务院部门，合力加快片区 2017 年脱贫攻坚工作。会议指出，2016 年，国务院各部（委、局、办）讲政治、顾大局，坚决贯彻落实中央决策部署，在规划编制、政策制定、项目安排等方面对片区给予了重点支持，把片区一批重大基础设施和重点民生工程纳入了行业“十三五”专项规划，积极出台支持措施，为六盘山片区区域发展和脱贫攻坚增添了强大的动力，创造了良好的条件。李小鹏部长提出，将继续发挥好片区牵头联系单位的作用，充分发挥行业优势，用心、用情、用力帮助片区抓好交通扶贫脱贫工作，为打赢片区脱贫攻坚战当好先行、做好保障，确保六盘山片区如期完成脱贫任务、与全国共同进入全面小康社会。一是进一步做好政策支持和保障；二是进一步补齐交通基础设施短板；三是进一步提升运输服务能力和公路管养水平；四是进一步强化交通人才智力帮扶；五是进一步多形式多渠道开展社会帮扶。

六、联系六盘山区、定点扶贫、对口支援

2016 年，交通运输部按照国务院的工作部署，扎实有序推进六盘山片区、定点扶贫阿坝州、对口支援安远县等专项工作。一是深入推进六盘山片区扶贫攻坚，根据国务院扶贫开发领导小组年度工作安排，配合国务院扶贫办、国家发展改革委督促片区开展脱贫攻坚工作。作为片区联系单位，不断加大交通扶贫工作力度，2016 年安排了 124.5 亿元车购税资金，约占贫困地区的近 10%，支持片区改造建设 742 公里高速公路、1939 公里普通国省道和约 3500 公里农村公路。二是做好定点扶贫四川 4 个国贫县和对口支援赣南安远县的专项工作，按照国务院扶贫开发领导小组和国办关于定点扶贫和对口支援的工作要求，结合五个县脱贫攻坚实际，制定了《交通运输部定点扶贫工作规划（2016—2020 年》和对口支援安远县 2016—2017 年工作方案，进一步明确工作要点，增强了相关工作的方向性和可操作性。三是按照中央关于挂职扶贫的新要求，优化了选派干部类别和挂职时间安排，共选派 6 人到四川定点扶贫县挂职扶贫。面向西部地区和六盘山片区开展各类教育培训扶贫工作。

七、部、行合作破解交通扶贫融资难题

为破解交通扶贫融资难题，交通运输部分别与中国农业发展银行和国家开发银行进行了多次座谈、交流，并联合开展交通扶贫调研，研究推进 PSL 贷款和开发性金融支持交通扶贫攻坚有关事宜。2016 年 2 月，交通运输部与中国农业发展银行联合印发了《关于用好抵押补充贷款资金支持农村公路建设的通知》（交规划发〔2016〕12 号）；2016 年 8 月，交通运输部与国家开发银行联合印发了《关于发挥开发性金融作用推进交通扶贫脱贫攻坚的意见》（交规划发〔2016〕158 号）。充分发挥交通运输部门的组织协调优势和两行的中长期投融资优势，积极协调争取农发行 PSL 贷款和国家开发银行优惠利率资金，极大地缓解了各地筹资压力。

八、片区部际联系

2016 年，交通运输部积极配合各集中连片特困地区牵头联系单位的工作，扎实推进各片区交通建设扶贫规划，支持各片区加快建设“外通内联、通村畅乡、班车到村、安全便捷”的交通运输网络，为片区扶贫脱贫攻坚中提供基础支撑。积极配合国务院扶贫办、民政部、工信部、水利部、住建部、国家民委、卫计委、教育部、国土部等做好罗霄山、燕山一太行山、滇桂黔石漠化、大别山、武陵山、吕梁山、滇西边境、乌蒙山等片区扶贫攻坚部际联系事宜，参加相应的片区部际联系会议，帮助解决片区交通发展问题。

九、定点扶贫

根据国务院扶贫开发领导小组统筹安排，交通运输部定点扶贫范围包括四川阿坝州壤塘、小金、黑水和甘孜州色达等四个县。2016 年，交通运输部深入贯彻中央扶贫开发工作会议和中央单位定点扶贫工作会议精神，紧紧围绕推进四县脱贫攻坚

和藏区跨越式发展，把推进定点扶贫工作作为保障和改善民生的大事来抓，派出6名挂职干部组成扶贫联络组驻地方开展工作，顺利完成定点扶贫各项工作任务。

1. 领导重视，增派干部，强化交通扶贫决策协调。交通运输部高度重视定点扶贫工作，部党组书记杨传堂、部长李小鹏就定点扶贫工作多次召开专题会议。杨传堂书记专题听取阿坝州人民政府关于扶贫工作情况汇报。戴东昌副部长于5月初赴四川省阿坝州实地调研定点扶贫工作，深入乡村与贫困群众和当地村干部面对面交流谈心，共同研究致贫原因和脱贫举措。为进一步推进定点扶贫县脱贫攻坚，交通运输部在下半年向壤塘、小金、黑水和色达四县分别增派了一名干部挂任常委、副书记，使得交通运输部驻阿坝州扶贫联络组人数增加到6人，形成了州、县、村多级对贫困县全覆盖的定点扶贫干部队伍。

2. 规划引领，立足长远，确立交通扶贫行动纲领。为进一步做好精准定点扶贫工作，交通运输部在《阿坝州交通扶贫规划纲要（2009—2020）》基础上，制定了《交通运输部定点扶贫工作规划（2016—2020年）》。扩大了交通扶贫建设内容，在资金政策上进一步加大倾斜支持力度，行业内部举措从交通定点扶贫项目扩展到整体交通运输体系，行业外部举措从捐款捐物扩展到产业扶持和能力提升。

3. 部省合力，统筹资金，保障交通扶贫工程建设。在支持交通运输总体发展的基础上，交通运输部每年特殊安排2.4亿元，协调四川省交通运输厅配套2000万元，专项用于阿坝州及色达县交通基础设施建设。2016年定点扶贫项目共安排37个，其中新建项目36个，涉及公路18条188.6公里、独立桥梁18座982延米，续建项目1个，总投资达32977.3万元。

4. 建章立制，完善管理，确保交通扶贫有章可循。交通运输部驻阿坝扶贫联络组严格执行项目建设和行业管理规定，结合实际推进项目进度信息报送，强化工程监理联系等工作。在项目前期、工程建设、交竣工环节，通过文本审查、现场检查、信息通报等方式，严把质量、安全、进度、环保、资金关，对四个定点扶贫县37个扶贫项目实现全覆盖，确保扶贫项目建成安全、耐用、和谐的民生工程。

5. 教育培训，科技支持，引导交通行业科学发展。注重“扶贫”与“扶智”相结合，通过帮助组织开展教育培训和科研课题，不断提升定点扶贫县交通行业管理水平和发展软实力。交通运输部管理干部学院于5月份在北京组织了主题为纪检监察与财务审计的第七期阿坝片区交通运输系统管理干部培训班，州、县两级交通运输部门共41人参加。配合阿坝州交通运输局在汶川组织了主题为交通规划与交通扶贫培训班，共50人参加。协调北京交通大学实施了针对阿坝州交通运输系统43名在职员工专升本的学历教育工作，今年7月已全部毕业。协助阿坝州交通运输局组织开展了阿坝州全域旅游公路网规划、全域旅游公路标识标牌规划设计2项研究，并起草了阿坝州农村物流发展思路调研报告，为阿坝州交通运输发展提供科技支撑。

6. 扶持产业，提升后劲，增强贫困地区造血能力。交通运输部扶贫联络组积极发展“交通+产业”模式，在交通建设项目协调和计划安排时，向对贫困县旅游业、农牧业、商贸业等产业发展有较大带动作用的道路倾斜。联络组组长杨华雄常委、副州长分管商务工作，先后引进了华润电力、太平洋建设等世界500强企业投资，协议投资超过200亿元；组织编制实施《阿坝州电子商务“十三五”行动计划》，推动产业扶贫深入开展。

7．吸引捐赠，扶危济困，推进社会扶贫深入开展。为帮扶贫困学生和农牧民解决生活困难，积极联系部属单位和社会力量捐款捐物近100万元。其中，中国扶贫基金会、滴滴公司分别捐赠了价值10万元的书包和文具；交通运输部职业资格中心、规划研究院分别捐赠10万元用于帮助贫困学生和交通系统艰苦职工；“滴滴出行”公司、广州港集团分别捐赠40万元和10万元用于爱心助学等。“滴滴出行”公司还与阿坝州教育基金会签署了五年共计200万元的助学捐赠协议。

8．基层联学，党建扶贫，弘扬伟大长征精神。以红军长征胜利八十周年为契机，依托阿坝州长征干部学院和“雪山草地”红色教育资源，部属单位赴阿坝州开展基层联学和教育培训活动。交通运输部党校到阿坝州实地考察长征干部学院及现场教学点的教学条件，达成了由交通运输部党校派遣干部培训班到阿坝州开展培训的意向；交通运输部规划研究院“两优”代表到阿坝州开展党支部基层联学和参加长征干部学院党性教育活动，取得了良好效果。

（交通运输部扶贫办 汪忠）

水利部扶贫开展情况

一、水利行业扶贫

2016年，水利部认真贯彻党中央、国务院关于脱贫攻坚的决策部署，动员全行业力量，进一步加大工作力度，深入推进行业扶贫、定点扶贫、片区联系、对口支援、老区建设“五位一体”水利扶贫各项工作，贫困地区水利发展改革成效显著，“十三五”水利扶贫工作取得良好开局。全年中央水利建设投资计划分解到832个贫困县的投资达502.7亿元，其中中央投资达340.3亿元。

（一）谋划顶层设计，完善政策规划体系。

为了统筹谋划做好2016年及“十三五”期间的水利扶贫工作，水利部坚持问题导向、目标导向，结合水利行业实际，加快完善水利扶贫政策体系和规划体系。一是完善政策体系。联合国务院扶贫办印发了《关于实施水利扶贫开发行动的指导意见》，联合国家开发银行印发了《关于加强金融支持水利扶贫开发工作的意见》，联合国家发展改革委、财政部印发了《关于切实做好水库移民脱贫攻坚工作的指导意见》，联合国家发展改革委印发了《农村小水电扶贫工程试点实施方案》，水利部印发了《关于做好国务院扶贫办建档立卡存在饮水问题贫困人口精准对接工作的通知》。二是完善规划体系。编制了《“十三五”全国水利扶贫专项规划》，联合广西、贵州、云南省（区）人民政府印发了《滇桂黔石漠化片区水利扶贫总体实施方案》，水利部办公厅、重庆市政府办公厅联合印发了《水利部定点扶贫工作方案》，对“十三五”各项水利扶贫工作重点、项目安排、资金投放做出具体安排。

（二）实施“六大工程”，加快水利设施建设。

针对贫困地区水利基础设施薄弱的突出问题，全面推进贫困地区重大水利工程、农村饮水安全巩固提升工程、农田水利设施建设工程、防洪抗旱减灾保障工程、水土保持和生态建设工程、农村小水电和移民扶贫等“六大工程”项目建设，贫困地区水利基础设施建设步伐加快，脱贫攻坚的水利支撑保障能力进一步提高。一是重大水利工程项目建设顺利推进。全国172项重大节水供水工程已开工106项，其中涉及贫困地区的有61项。2016年新开工重大水利工程涉及贫困地区的有贵州黄家湾水库、云南阿岗水库 、广西驮英水库及灌区等12项，工程建成后将极大改善连片特困地区水利基础条件，提高防洪抗旱、饮水供水、耕地灌溉保障水平。二是农村饮水安全巩固提升工程全面加速。2016年共落实贫困地区农村饮水安全巩固提升工程资金86亿元，其中中央补助21.86亿元，解决了1350万人的饮水安全巩固提升问题，其中涉及2.19万个贫困村125.7万个贫困户426万建档立卡贫困人口。三是农田水利设施建设工程有序实施。开工建设贫困地区 64 处灌区大型灌区续建配套与节水改造和 29 处泵站大型灌排泵站更新改造项目。落实贫困地区小型农田水利工程建设中央补助资金 72 亿元，其中“五小水利”工程补助资金 41 亿元，结合农村特色优势产业开发，实施以建档立卡贫困村为重点的“五小水利”工程配套建设，项目覆盖 489 个贫困县。四是防洪抗旱减灾保障工程力度加大。加快湖南小排吾水库、河南龙山大闸等 89 个贫困地区病险水库水闸除险加固项目建设，支持西南五省等贫困地区建设中型水库 49 座，支持中西部贫困地区新建小型水库 117 座。安排贫困地区建设抗旱应急备用井 1174 眼、引调提水工程 548 处，涉及 270 多个贫困县 1400 多个贫困村。支持 330 多个贫困县开展 500 余条中小河流治理。五是水土保持和生态建设工程效益显著。国家水土保持重点工程、国家农业综合开发水土保持、黄土高原地区中型以上病险淤地坝除险加固、坡耕地水土流失综合治理等项目安排上向贫困地区倾斜，共落实贫困地区各类水土保持项目中央投资 31.7 亿元，涉及 432 个贫困县 1831 个贫困村 21.43 万贫困户，受益贫困人口 84.84 万人。六是农村小水电和移民扶贫工程进展顺利。在陕西等 6 个省开展农村小水电扶贫工程试点，下达试点建设中央预算内投资计划 3 亿元，建设扶贫电站装机 7.43 万千瓦投资，项目建成后可使 2 万建档立卡贫困户受益。安排水库移民后期扶持资金 60 亿元用于 455 个贫困县贫困移民脱贫攻坚，33 万贫困移民实现脱贫。

（三）落实精准机制，提高扶贫的精准度。

按照精准扶贫精准脱贫的要求，不断完善工作机制，深入推进水利扶贫需求调查、项目储备、资金倾斜、统计分析、考核评价五项精准机制落实，水利扶贫精准度和实效性进一步提高。一是在需求调查方面，及时下发文件开展“十三五”期间水利需求调查，为编制《“十三五”全国水利扶贫专项规划》提供了基础。二是在项目储备方面，组织各地认真编制三年滚动管理的水利项目库，并加强前期工作，为安排项目建设奠定基础。三是在投资倾斜方面，积极协调有关部委和地方落实水利投资，优先安排贫困地区的年度投资和项目，确保贫困地区水利基础设施项目建设顺利开展。四是在统计分析方面，制定《水利扶贫统计报表制度（试行）》，完成 832 个贫困县水利扶贫统计试填报工作，为及时掌握各地水利扶贫进展提供依据。五是在考核评价方面，首次开展水利扶贫工作年度考核，充分发挥考核的“指挥棒”作用，引导各地将水利扶贫资源向贫困县倾斜。

（四）狠抓薄弱环节，加大人才技术支持。

着眼于提升贫困地区的“造血”功能，切实加大技术和智力帮扶。一是加大干部援派力度。通过援藏、援青、定点扶贫、支持地方水利建设等多种方式，向重庆、西藏、青海等地选派挂职干部 22 人（司局级 5 人，处级干部 16 人，处级以下 1 人）。继续加强滇桂黔石漠化片区水利扶贫挂职干部管理，充分发挥他们在政策、技术和管理等方面的优势。二是实施人才精准帮扶计划。编制印发实施《全国水利人才队伍建设“十三五”规划》，将加快推进贫困地区水利人才队伍建设作为重点工程之一，实施贫困地区智力精准帮扶计划、技术精准支持计划和人才精准培训计划等3项对口支援计划。举办新疆、西藏少数民族地区和云南、贵州、广西、江西、重庆等集中连片特困地区水利培训班23期，培训基层专业技术和管理人员1800余人次。协调推动玉树州政府与陕西杨凌职业技术学院签订政校订单人才培养协议书，采取“定向招生、专班教学、毕业后定向就业”的“订单式”培养模式。三是强化技术帮扶。组织流域机构、部属科研院所及时帮助解决贫困地区水利工程建设管理中存在的关键技术问题和难题，促进地方加快水利前期工作。四是加强水利技术推广应用。在新疆、甘肃、云南、重庆、贵州等贫困地区积极推进西南山区低耗精量节水灌溉技术、干旱区枣树微灌技术等水利先进实用技术的推广示范。

二、水利部定点扶贫

2016年，水利部继续承担重庆城口、巫溪、丰都、武隆4个县定点扶贫工作。为做好定点扶贫工作，针对定点扶贫县存在的突出困难和问题，水利部办公厅、重庆市人民政府办公厅联合印发了《水利部定点扶贫工作方案》，明确了以实施“八大工程”为重点的帮扶工作，组建了由62个司局和直属单位参加的4个对口帮扶工作组实行组团式帮扶，并选派11名干部挂职蹲点帮扶。4个对口帮扶小组分别成立了对口帮扶领导小组，牵头单位一把手亲自担任组长，并建立了工作联系、定期会商、信息统计和月调度等工作机制。2月18日，水利部召开定点扶贫暨对口支援工作座谈会，陈雷部长出席会议并讲话，对做好定点扶贫工作作出全面安排。

一年来，水利部坚持发挥水利行业优势与立足定点扶贫县实际相结合，瞄准建档立卡贫困户脱贫目标，创新帮扶方式，统筹资源配置，切实加大资金投入、智力支持、技术服务以及信息与政策指导，着力推进农村饮水安全巩固提升、千塘万亩特色产业支撑、小型水库水源保障、贫困户产业帮扶、贫困户转移就业技能培训、贫困学生勤工俭学帮扶、水利建设技术帮扶、专业技术人才培训等定点扶贫“八大工程”实施。据统计，全年共落实定点扶贫“八大工程”投资6.1亿元。一是完成农村饮水安全巩固提升工程447个，解决了9.96万贫困人口饮水问题。二是完成山坪塘建设799个，新增、恢复灌溉面积3.2万亩，改善灌溉面积1.24万亩，支持发展特色产业1.99万亩，受益贫困户0.4万户。三是开工建设小型水库12座，新增、改善灌溉面积15.64万亩、新增年供水量4198万立方米。四是为4县共捐赠帮扶基金415万元，帮助2202户贫困户落实产业帮扶贷款资金6000余万元；五是举办贫困户转移就业技能培训班14期，培训贫困家庭劳动力621人次，积极协调林业部门落实生态护林员2651人；六是帮助251名贫困学生勤工俭学，人均增加收入2500元；七是组织25批次、230名专业技术人员分赴4县开展技术帮扶，帮助编制规划19个；八是举办4县专业技术人才培训48期，共610人次。

经过各方面的共同努力，4县共脱贫3.2万户11.4万人，贫困人口人均可支配收入由2015年的4208元增长到5320元，增长26.4%；233个贫困村达到脱贫标准，占贫困村总数的57%；丰都、武隆两县区贫困发生率分别由2015年的5.4%和8.7%下降到0.7%和1.7%，达到贫困县退出标准。

（水利部扶贫办 靳宏强）

农业部扶贫开展情况

2016年，农业部认真贯彻落实中央脱贫攻坚决策部署，立足贫困地区发展实际，举农业行业系统之力，创新帮扶方式，拓宽帮扶领域，强力推进产业扶贫、定点扶贫、片区扶贫、特定区域对口支援等工作。

一、深入调研，明确思路

2016年，农业部党组书记、部长韩长赋，党组副书记、副部长余欣荣等领导分别带队深入江西赣州、湖北恩施、湖南湘西、贵州毕节、广西百色等贫困地区调研，宣讲中央脱贫政策，与地方干部群众共同研究产业扶贫思路，提出了编制一个好规划、选准一个好产业、打造一个好龙头、创新一个好机制、完善一个好体系"五个一"工作思路。结合农业部"百乡万户调查"活动，组织13个精准扶贫调研组赴13个省（区、市）、24个贫困县、59个贫困村开展调研，完成《农业产业精准扶贫蹲点调查报告》，得到汪洋副总理肯定性批示。会同国务院扶贫办在调研基础上，形成加快解决环京津贫困问题的报告，制定《农业部与北京市、天津市、河北省人民政府关于加快环京津贫困地区发展特色农业扶贫共同行动（2017-2019年）》，习近平总书记、李克强总理等中央领导同志做出重要批示指示。组织专家开展创新产业精准扶贫模式与政策、产业扶贫评价指标等专题研究，初步建立了产业扶贫评价指标。

二、规划引领，范例带动

坚持把顶层设计与指导作为推进扶贫开发及援疆援藏工作的重中之重。指导22个扶贫任务重的省（区、市）编制完成省、县两级产业精准扶贫规划，作为各地承接政策、整合资金、统筹项目的重要平台和依据。编制《定点扶贫地区帮扶规划（2016-2020年）》，作为农业部推进定点扶贫工作的科学依据。帮助指导编制《南疆农业发展规划》《西藏"十三五"农牧业发展规划》《西藏农畜产品加工业发展规划》等一批规划。编制《农垦扶贫开发"十三五"规划》，组织各垦区和重点贫困农场编制"十三五"扶贫开发规划。督促各地落实好产业精准扶贫规划，把产业项目与贫困乡、贫困村和贫困户精准对接，努力实现村村有特色产业、户户有增收门路。

坚持把总结推广范例作为推进产业扶贫的有效方式，发挥典型引路、以点带面作用。系统总结洛川苹果、赣南脐橙、定西马铃薯产业带动脱贫的经验做法，形成《发展特色优势产业带动精准脱贫的范例》，习近平总书记、汪洋副总理做出重要批示。为更好发挥典型引路作用，在专家调研、各地推荐、领导小组成员单位商议基础上，在全国层面初步遴选了一批产业扶贫范例，并请22个扶贫任务重的省（区、市）在本省范围内各总结10个左右产业扶贫范例。制定产业扶贫典型范例推广工作方案，会同国务院扶贫办举办全国产业扶贫（广西百色）现场会，贯彻落实中央领导重要批示精神，观摩产业扶贫现场，推广产业扶贫范例，广西、云南、贵州3省63个贫困县党政主要负责同志，22个省（区、市）农业和扶贫部门负责同志参加现场观摩。

三、创新施策，加大倾斜

坚持立足贫困地区发展特殊性，积极谋划、多方争取特殊扶持政策和投入支持，确保贫困群众得到实惠。农业部等9部门向各有关省（区、市）人民政府联合印发《贫困地区发展特色产业促进精准脱贫指导意见》，明确产业扶贫的总体思路、重点任务、政策措施、贫困户受益机制等，作为各地推进产业扶贫工作的政策依据。2016年5月23日，召开的全国产业扶贫工作电视电话会议，汪洋副总理出席会议并作重要讲话，全面部署"十三五"产业扶贫工作。推动出台农业部等7部委《支持西藏农牧业转方式调结构促增收重要举措实施方案》，印发《关于加大贫困地区项目资金倾斜支持力度促进特色产业精准扶贫的意见》、《关于支持贫困县开展统筹整合使用财政涉农资金试点工作的通知》、《关于实施大兴安岭南麓片区脱贫攻坚共同行动的通知》、《关于进一步完善大兴安岭南麓片区脱贫攻坚工作协调推进机制的通知》等文件，推动相应政策措施落实。在农村一二三产业融合、农业生产社会化服务、一村一品示范村镇创建、农民合作社示范创建、农技推广、新型职业农民培育、农机购置补贴等项目安排上，进一步向贫困地区倾斜。

2016年，农业部累计安排14个片区农业基本建设和中央财政资金250多亿元。在全国农业援藏工作座谈会期间，专门落实8000万元经费支持西藏农牧业发展。继续协调国家发展改革委员会安排1亿元资金支持南疆肉羊良种繁育体系建设。专门协调财政部专门安排1.71亿元支持内蒙古、新疆、西藏3个民族自治区草原牧区冬季饲草储备调运。在常规项目任务外，额外安排1.4亿元资金用于山西、内蒙古、江西等10个省区贫困县开展相关农业技术示范推广工作；安排1.4亿元扶贫资金用于支持黑龙江、广东垦区贫困农场改善生产生活条件。联手北京三元奶粉事业部在贫困地区开展"营养扶贫——让贫困家庭宝宝喝上国产好奶粉"活动，全年向贫困家庭赠送奶粉金额共计2.4亿元。

四、科技帮扶，绿色优先

立足农业部门技术优势，加强先进适用技术推广应用。依托现代农业产业技术体系，支持贫困地区科研单位401名专家，开展动植物育种与繁育、病虫害防控、栽培与土肥、农机装备、加工等研究。中国农科院与新疆、西藏等研究机构联合承担科技项目45项，共建试验示范基地45个。落实项目资金5.6亿元，支持贫困地区开展绿色高产高效创建、稻渔综合种养，集成示范推广旱作农业技术，支持新疆、西藏、内蒙古等地开展种植业生产全程机械化和保护性耕作技术示范推广。启动全国农业系统"专家西藏行"活动，遴选33位专家深入西藏7地市、48个县、117个乡镇、135个行政村传授农牧业实用技术。组织农业科研杰出人才和技术专家，针对湖北恩施、湖南湘西定点扶贫地区和云南、新疆、西藏以及四省藏区等地的产业发展技术难题“把脉问诊”，派出专家500人次，解决技术难题50余项。为江西赣州、湖北来凤等贫困地区配送农业科技入户直通车等设备，向贫困地区农民和基层干部赠送《农民日报》、《中国渔业报》和《农村工作通讯》150多万份，并制播新疆特色农业节目、藏区系列农业节目等。

坚持贫困地区生产发展与生态保护协调兼顾，立足资源环境承载力推进各项帮扶措施。下达退牧还草、石漠化综合治理等项目资金50.2亿元，加强贫困地区草原生态保护。配合财政部下达草原生态保护补助奖励资金187.6亿元，14个片区牧民政策性补助奖励户均增收近1500元。举办增殖放流活动453次，投入资金8820万元，放流各类秒种110亿尾，在新疆、西藏建立3个国家级水产种质资源保护区，创建180个水产健康养殖示范场。安排资金6000万元，支持重庆万州区、武隆县和河南淅川县、内乡县开展典型流域农业面源污染综合治理试点。安排资金3.58亿元，在贫困地区示范推广秸秆还田、有机肥施用、绿肥种植、测土配方施肥技术。

五、拓展营销，解决卖难

把促进农产品市场营销、延伸产业链条，作为保障贫困地区农民稳定收益和提高产业效益的重要途径。组织8家龙头企业、4个农业部直属单位以及陕西、上海、安徽、广东农业部门与西藏方面签订合作协议，签约金额达16.5亿元。支持举办廊坊农交会、长春农博会、洛川苹果节等8场展销活动，帮助贫困地区农产品扩大市场影响。针对贵州剑河县土鸡滞销卖难问题，组织电商企业开展产销对接，建立长期合作机制。组织经销商赴宁夏、湖南湘西州、新疆阿克苏、石河子等贫困地区开展对接活动，与当地上百家企业、合作社、种植大户开共达成意向协议200多份，总金额近30亿元。支持新疆农产品流通促销，在全国农业展览馆设立优质农产品展销中心，减免费用40多万元。支持举办新疆优质农产品展销周，推介新疆特色产品。制作播出贫困地区优势产业等内容的扶贫专题节目41期、共660分钟，累计播出公益广告近4000分钟。为贫困地区207家企业减免申报“三品一标”费用178万元，支持新疆和大兴安岭南麓片区创建18个绿色食品原料标准化生产基地。在第十四届中国国际农产品交易会期间举办产业扶贫专题展，组织64个贫困县、146家企业、29个农民合作社参展，举办贫困地区产品推进会13场，现场贸易额3.18亿元。

六、人才培养，增强后劲

不断加大对贫困地区人才培训的支持力度，加快提升农村劳动力科技素质、职业技能和经营能力。将农业部、中组部共同开展的农村实用人才带头人示范培训调整为主要面向贫困地区实施，培训主题聚焦产业扶贫，举办示范培训班177期，为贫困地区培训农村实用人才1.77万名。专门针对定点扶贫地区、大兴安岭南麓片区、贵州毕节、四川阿坝等贫困地区，举办5期产业发展带头人培训班，培训500名贫困村带头人。依托新型职业农民培育工程，支持 14 个片区大规模培训新型职业农民和脱贫致富带头人等，提升他们带动脱贫能力。加强西藏、新疆新型职业农民培训，全年培训 1.9 万人，在阿克苏市专门举办新疆特色农产品网络营销培训班。开展贫困地区产业发展带头人、畜牧技术推广、动物疫病预防控制、休闲农业管理、农产品质量安全监管等各类培训班 30 多次，为贫困地区培训技术人才近万人。全年农业部系统在贫困地区挂职锻炼的干部达 64 人，是历史上最多的一年。

七、定点扶贫，持之以恒

以钉钉子精神，责无旁贷扎实做好湖北恩施和湖南省湘西两区四县的定点扶贫工作。2016 年，我部在湖北省恩施州专门召开了定点扶贫工作座谈会，认真学习贯彻习近平总书记在湖南省湘西州十八洞村提出的精准扶贫的重要思想，在 30 年定点帮扶基础上，承诺再帮扶 10 年，前 5 年助力脱贫攻坚，后 5 年支持力度不减。编制印发《农业部定点扶贫地区帮扶规划（2016-2020 年）》，指导定点扶贫地区科学选择脱贫产业，完善产业链条设计，详细谋划和对接支持基本建设项目和财政项目，并提出建立利益联结机制，确保贫困人口得到实惠。派出 15 名优秀干部挂职帮扶，组织部内 16 个机关司局与定点扶贫县 16 个村开展结对帮扶。强化规划指导、资金支持、科技推广、人才培养、市场营销等措施，会同有关部门安排各类农业资金 3.03 亿元，扶持定点扶贫县茶叶、马铃薯、柑橘、猕猴桃、生猪、肉羊、肉牛等特色产业发展。

八、片区扶贫，协同推进

切实履行“片长”职责，着力推进大兴安岭南麓片区农业扶贫。发挥大兴安岭南麓片区牵头部门作用，召开片区区域发展与脱贫攻坚部际联系会议，完善协调推进机制。针对片区实际需求，会同 21 家片区部际联系会议成员单位，形成了 101 项为片区办实事清单，并明确具体责任部门。会同 33 家部际联系会议成员单位和定点扶贫单位，实施加快建设现代农业、增强二三产业拉动作用、加强基础设施建设、强化公共服务能力、促进可持续发展、推进改革创新等六大行动，落实 101 项办实事清单，为片区脱贫攻坚做出应有贡献。2016 年，片区农村居民人均可支配收入达到 8399 元，高于全部 14 个片区平均水平，比 2015 年增长 12.2%；贫困发生率 8.7%，低于全部 14 个片区平均水平 1.8 个百分点，比 2015 年减少 2.4 个百分点。

（农业部发展规划司 张正尧 曾波）

国家卫生和计划生育委员会扶贫开展情况

2016年，国家卫生和计划生育委员会（以下简称“卫生计生委”）深入贯彻党中央、国务院脱贫攻坚决策部署，将实施健康扶贫工程作为一项重要政治任务，摆上重要议事日程。围绕因病致贫因病返贫问题，全面组织实施健康扶贫工程，会同相关部门制定多项扶贫政策文件，加强扶贫机制建设，动员系统力量加大片区扶贫、定点扶贫和援疆援藏扶贫工作力度，动员社会力量助力健康扶贫工作，为农村贫困人口脱贫提供健康保障。

一、扶贫机制建设

为切实落实健康扶贫工作各项部署要求，2016年，国家卫生计生委在原有工作基础上健全了扶贫办工作机制，增加3个直属联系单位为委扶贫开发与对口支援领导小组成员单位。扶贫办下设综合协调组、督导考核组、宣传交流组和社会动员组4个工作组，各组组长选派直属和联系单位处级干部担任。

二、健康扶贫

全面组织推进。2016年6月21日，国家卫生计生委会同国务院扶贫办等中央15个有关部门联合印发了《关于实施健康扶贫工程的指导意见》。会同国务院扶贫办、中央军委后勤保障部召开全国健康扶贫工作会议全面部署工作。举办健康扶贫工程政策解读培训班，全面解读《中共中央国务院关于打赢脱贫攻坚战的决定》和《关于实施健康扶贫工程的指导意见》。会同国务院扶贫办制定印发《健康扶贫工作考核办法》，从2016年起，每年对中西部22个省份进行考核。会同国务院扶贫办对河北、山西、湖南、广西、四川、云南、甘肃、宁夏等8省区开展专项督导，督促健康扶贫各项任务落实。编撰《健康扶贫工程政策解读和案例汇编》，供各地学习交流。协调主流媒体加大健康扶贫工作宣传力度。倾斜医保政策。2016年对建档立卡贫困人口实行“两提高、两降低”倾斜政策，提高新农合门诊报销水平，政策范围内住院费用报销比例提高5个百分点以上，降低病残儿童、重度残疾人以及大病保险报销起付线，降低农村贫困人口大病费用支出。2016年贫困人口住院实际补偿比达到67.6%，比2015年提高了近12个百分点。加大商业保险制度对健康扶贫的支持力度，推动贫困地区政府为农村贫困人口购买补充商业健康保险，将贫困人口大病报销比例提高到90%以上。实行贫困人口县域内先诊疗后付费，截至2016年底，全国已有74%的贫困县实现县域内先诊疗后付费。实施精准扶贫。全面核准因病致贫情况，会同国务院扶贫办、人力资源社会保障部动员全国卫生计生系统80多万人员，集中2个多月的时间，对建档立卡贫困人口数据基础中775万因病致贫贫困户的 1996 万人，就发病率高、费用高、严重影响生产生活能力的 93 个重点病种，逐户、逐人、逐病进行调查核实，建立了管理数据库。开展大病集中专项救治，2016 年起，在贵州、四川、山西、陕西、安徽、河南、江西和宁夏等 8 省（区）启动大病集中救治行动，选择疾病负担较重、社会影响较大、疗效确切的儿童白血病、儿童心脏病等 9 种大病贫困患者进行集中救治。推进分类分批救治工作，2016 年，全国救治贫困患者 55.6 万人。提高医疗卫生服务能力。安排全国 889 家三级医院对口帮扶所有贫困县的 1149 家县医院，选派院长或副院长及至少 5 名医务人员蹲点帮扶，重点加强对贫困县近三年县外传率前 5-10 个病种的相关临床和辅助科室建设。截至 2016 年底，已有 92% 的贫困县已经与三级医院签订了帮扶协议，近万名城市三级医院医生在贫困县县医院进行蹲点帮扶，开展门诊 625 万人次，手术 11 万台次。配合国家发展改革委编制实施《全民健康保障工程建设规划》， 2016 年，已支持包含贫困地区在内的县级医院建设项目 400 个、县级妇幼保健机构建设项目 200 个、县级疾控机构建设项目 196 个。配合人力资源社会保障部出台《关于加强基层专业技术人才队伍建设的意见》，对艰苦边远地区实行特殊倾斜政策，基层事业单位招聘高层次和急需紧缺专业技术人才，可采取直接考察等方式。推进在集中连片特困地区实施全科医生特岗计划，开展住院医师规范化培训，培训学员 8637 名，较去年增长 8%。协调北京、江苏等 10 省市为新疆、西藏分别定向委托培养 110 名和 400 名住院医师。支持中西部地区和东部贫困地区招收助理全科医生 5000 人。启动院士专家医疗卫生援黔行动，推进贫困地区紧缺专业人才培养。提高公共卫生服务水平。研究起草《中国遏制与防治艾滋病“十三五”行动计划》，组织编写《全国地方病防治规划（2016-2020 年）》和《包虫病等重点寄生虫病防治规划（2016-2020 年）》，加大农村贫困地区艾滋病、重点地方病、包虫病防控力度。协调全国寄生虫病、地方病防治专家，对贫困地区防治工作进行业务指导与技术援助。在四川省甘孜州、石渠县开展包虫病防治综合试点，探索藏区包虫病适宜防控模式。协调 17 个省市援助西藏 70 个县开展包虫病流调工作。实施贫困地区妇女“两癌”免费筛查重大公共卫生项目、贫困地区儿童营养改善项目、新生儿疾病筛查项目和国家免费孕前优生健康检查项目，截至 2016 年 9 月底，贫困地区儿童营养改善项目覆盖 21 省（区、市）14 个国家集中连片特殊困难地区 341 个贫困县，受益儿童数约 423 万。贫困地区新生儿疾病筛查项目覆盖 21 省（区、市）14 个国家集中连片特殊困难地区 367 个贫困县，受益新生儿约 438 万。优先推进农村贫困人口签约服务，2016 年签约服务覆盖贫困地区 76% 的农村贫困人口。

三、片区扶贫

坚持定期召开吕梁山片区部际联系会议，协调推进片区重大项目落实。安排 8 名干部在片区 3 个市及 4 个定点县挂职。共安排山西、陕西两省中央转移支付地方卫生计生项目资金 195.2 亿元。将贫困地区卫生计生人才综合培养试点项目扩大到山西、陕西片区 4 个定点扶贫县。实施“吕梁山护工”项目，安排 102 名贫困护工在北京协和医院、中日医院、阜外医院、北医三院工作。组织全国35家三级医院对口帮扶片区33家县级医院，派驻医生团队进行蹲点帮扶。支持国家卫生计生委挂职干部牵头举办“吕梁山货”网站展销活动，推出“吕梁山货”区域公共品牌，吕梁山区17个贫困县、50余家企业网上销售产品100余种，累计交易额2200余万元。举办“红枣采摘节”“苹果采摘节”系列活动，线上销售红枣20余万斤、苹果30余万斤。组织参加吕梁山货中央单位巡展活动。

四、卫生计生援疆

召开2016年全国卫生计生系统援疆工作会议，全面部署援疆工作。印发《关于进一步做好卫生计生对口支援新疆工作的通知》（国卫财务发〔2016〕11号）。安排中央预算内投资9.5亿元用于新疆（含兵团）卫生计生服务体系基础设施建设，建设地市级医院1所，县级医院23所，乡镇卫生院83所、乡镇卫生院周转宿舍167套，社区卫生服务中心2个，儿童医疗服务机构1个，地县两级疾控机构23所、妇幼健康服务机构9所，食品安全风险监测能力建设项目5个。会同国家发展改革委、国家中医药局编制印发《全民健康保障工程建设规划》。继续会同中组部开展医疗人才“组团式”援疆工作，安排三甲医院对南疆四地州7家医院和兵团一师医院开展医疗人才“组团式”援疆工作。继续组织实施西部卫生人才培养项目，从新疆等西部地区县级医疗卫生机构选派37名业务技术骨干到中南大学湘雅医院和北京大学人民医院进修学习。安排选派23名干部和专业技术人员到新疆各级医疗卫生机构挂职锻炼，支持新疆招收住院医师780人，助理全科医生300人，选送108名住院医师派往8个支援省市接受为期3年定向委托培养。通过万名医院支援农村卫生工程项目支援新疆和兵团共计61个县，派驻医师共计305人。通过县级骨干医师培训等项目为新疆和兵团培训医务人员共计305人。在人才政策方面给予倾斜，允许新疆划定专业技术资格考试地方聘任标准，允许新疆划定护士执业资格地方合格线。在新疆92个县全部推开县级公立医院综合改革，将哈密市列为第四批城市公立医院综合改革试点城市，兵团13个师级医院全部纳入县级公立医院综合改革。形成覆盖253家医院的远程普通会诊系统和覆盖14个地级医院的远程高端清晰会诊系统，累计开展远程会诊约13万余例。建立了乌鲁木齐、克拉玛依等第三轮艾滋病综合防治城市示范区以及9个县级示范区，争取世界卫生组织任命新疆医科大学第一附属医院新疆包虫病重点实验室为世界卫生组织包虫病预防和管理合作中心。2016年，新疆全区居民健康水平稳步提高，孕产妇死亡率从43.41/10万下降到39.68/10万，婴儿死亡率从26.58‰下降到21.45‰。派出复旦大学附属中山医院和西安交通大学医学院第一附属医院2支国家医疗队赴新疆和兵团开展巡回医疗。通过中央转移支付公共卫生重大专项支持新疆开展“健康素养促进行动项目”，制作公益广告，开展健康巡讲和重大疾病防控宣传教育活动，创建健康促进县（区），开展健康素养和烟草流行监测。2016年6月，将新疆乌鲁木齐、喀什、伊犁3地（州）增设为流动人口社会融合示范点城市，促进实现城镇基本医疗卫生和计划生育服务管理常住人口全覆盖。

五、卫生计生援藏

印发《关于进一步支持西藏和四省藏区卫生计生事业发展的指导意见》（国卫财务发〔2016〕13号）。加强医疗服务体系建设。累计安排专项投资47.86亿元支持西藏及四川、云南、甘肃、青海四省共724个医疗卫生机构基础设施建设，其中，安排专项投资3.42亿元支持西藏自治区60个项目建设；安排专项投资21.25亿元支持四川省349个项目建设；安排专项投资10.9亿元支持云南省141个项目建设；安排专项投资8.48亿元支持甘肃省137个项目建设；安排专项投资3.81亿元支持青海省37个项目建设。加大投入保障妇幼健康。中央财政共向西藏及四省藏区拨付专项资金1354余万元用于免费孕前优生健康检查。为西藏及四省藏区培训管理人员和技术骨干40余人。安排转移支付资金6650万元，在西藏和四省藏区76个县实施儿童营养改善项目，累计受益儿童31.9万人。免费为西藏及四省藏区（甘肃和青海藏区未纳入）6043例农村新生儿提供PKU（ 苯丙酮尿症）和CH（先天性甲状腺功能低下）筛查，5710例农村新生儿提供新生儿听力筛查，确诊10例听力障碍患儿。投入资金3400多万元，会同中国光彩事业促进会联合主办“光彩藏区行”活动。提升疾控工作水平。安排中央补助专项经费9.4亿元支持西藏及藏区四省开展艾滋病防治工作，较2015年增加17.4%。转移支付四省藏区9377万元，用于结核病防治，转移支付10684万元用于包虫病防治项目。国家卫生计生委投入798万，委托中国疾控中心在甘孜州建立了包虫病工作站。组织17个省市援助西藏70个县开展包虫病流调，并举办三期培训班对疾控人员和B超医生进行培训。举办消除疟疾工作启动会和墨脱县消除疟疾培训班，协调广东省派专业人员6人进藏协助林芝市墨脱县（目前全国唯一的疟疾高发县）开展传染源监测、病人查治、媒介控制、疫点处置等工作。中央补助地方260万元支持西藏自治区开展精神卫生项目。协调8省市51名专业人员赴43个区县开展严重精神障碍患者筛查确诊工作。加大人才培养力度。中央财政投入2000万支持西藏自治区4家住院医师规范化培训基地建设。投入经费1827万元，支持西藏招收住院医师235人。制定下发《关于加强住院医师规范化培训援疆援藏工作的通知》（国卫科教教育便函〔2015〕167号），协调内地有关省市启动实施住院医师规范化培训援藏工作。为西藏地区定向委托培养住院医师400名，住院医师规范化培训70人，助理全科医生培训320人。全科医生转岗培训、农村订单定向医学生免费培养、全科医学师资培训380人。印发《关于落实2016年农村订单定向医学生免费培养项目计划的通知》（国卫科教教育便函〔2016〕91号），明确要求各地加大对贫困地区、民族地区倾斜支持力度。组织实施组团援藏。2015年8月以来，会同教育部先后选派143名医疗专家，组成8支“组团式”援藏医疗队进藏援助，帮助受援医院累计健全规章制度788项，治疗患者近3万人次，开展各类手术5700余台、会诊12000余人次、讨论疑难病例1700余次。完善计划生育服务和家庭发展制度。中央财政共投入资金2578万元支持西藏自治区实施农牧区“一孩、二女”困难家庭扶助制度，投入资金 2092 万元实施“特殊子女家庭特别扶助制度”，投入资金 2032 万元实施农村计划生育家庭奖励扶助制度，投入资金 1641 万元实施计划生育家庭特别扶助制度，投入资金 1008 万元实施西部地区“少生快富”工程。通过两级培训的方式，在西藏和四省藏区分片区举办了三期“新家庭计划”工作培训班。

六、定点扶贫

2016 年 1 月国家卫生计生委主要领导同志赴定点扶贫县调研并召开定点扶贫工作会议，部署“十三五”时期定点扶贫工作。派出挂职干部 8 人，积极协调资源，帮助定点县脱贫攻坚。协调山东大学第二医院与子洲县医院建立为期 5 年的对口帮扶关系，每年委派 5 名专家到县医院开展“蹲点式”帮扶。协调山大医院全面托管大宁县医院，将其建成区域性医疗中心，服务周边 7 个贫困县。召开试点工作会议，完善国家、省、市、县四级工作协调机制，指导四县落实 2016 年卫生计生人才培养计划。订单定向医学生免费培养、全科医生特设岗位计划、住院医师规范化培训等项目向 4 县倾斜，累计招聘 160 余名基层医疗卫生人员。继续开展“健康暖心项目”，安排 4 个定点扶贫县资金 800 万元用于实施健康扶贫工程，2016 年 4 县累计救助贫困大病患者 718 人，为 14551 人购买大病医疗商业补充保险，举办 28 期卫生计生人才专题讲座，培训 5500 余人次。帮助贫困户试点种植 2500 亩连翘，精准扶持贫困户增收。启动“健康暖心一幸福小药箱”项目，为山西大宁、永和，陕西清涧、子洲县各捐赠 1000 个价值 9.5 万元的小药箱。

七、社会扶贫

在国家卫生计生委扶贫办专门成立社会动员组，协调社会力量支持健康扶贫。会同国务院扶贫办、中国残联举办扶贫日减贫与发展论坛——健康扶贫论坛，启动“中国大病社会救助平台”，整合政府和社会资源，调动卫生计生行业资源和社会各界力量参与健康扶贫。继续实施“健康暖心”项目，2016 年动员社会资源 25488.75 万元，累计投入 20898.68 万元。其中 2016 年接收捐赠 16310.1 万元，全年公益支出 14810.77 万元。举行“健康暖心扶贫基金捐赠仪式”，现场募集项目资金 1.5 亿元。启动“健康暖心一幸福小药箱”项目，向新疆、陕西、山西、宁夏、江西等贫困地区免费发放幸福小药箱 10654 个。在山西临汾市大宁县、永和县，陕西省榆林市清涧县、子洲县，江西省赣州市于都县全面开展“健康暖心一大病救助计划”，投入资金 1000 万元。继续实施“健康暖心一锐珂贫困地区基层医生培训润土计划”，先后培训卫生分管副县长、卫生局局长、医院院长、儿科、妇产科、影像及检验临床医生 1000 余名，组织 49 名三级甲等医院具有十年以上临床经验的主治医师深入贫困县医疗机构开展了三个月的临床指导。继续开展“健康暖心一基层医疗装备联心助医计划”，截止 2016 年 12 月 30 日，已对 267 家医疗机构完成捐赠工作，共计捐赠医疗装备 1047 套（台），合计捐赠价值 19453.5 万元。

（国家卫生和计划生育委员会 高艳坤）

审计署扶贫审计开展情况

为深入贯彻落实中央扶贫开发工作会议精神和《中共中央国务院关于打赢脱贫攻坚战的决定》、国务院《“十三五”脱贫攻坚规划》等要求，2016年，审计署紧紧围绕精准扶贫、精准脱贫基本方略，对“十三五”时期全国审计机关开展扶贫审计工作做出部署，持续加大扶贫跟踪审计力度，着力推动扶贫政策落实和规范扶贫资金管理。

一、高度重视，围绕精准安全绩效主线，全面部署“十三五”时期扶贫审计工作

党中央、国务院高度重视扶贫审计工作。习近平总书记指出，要加强扶贫资金阳光化管理，加强审计监管，集中整治和查处扶贫领域的职务犯罪，对挤占挪用、层层截留、虚报冒领、挥霍浪费扶贫资金的，要从严惩处。李克强总理强调，要严格资金监督管理，严惩违法违规行为，抓紧健全制度安排，确保扶贫资金在阳光下运行、真正用在扶贫开发上。“十三五”规划纲要明确提出，要建立扶贫政策落实情况跟踪审计机制。《国务院关于印发“十三五”脱贫攻坚规划的通知》和中共中央办公厅、国务院办公厅《关于脱贫攻坚责任制实施办法》都明确要求，要加强对脱贫攻坚政策落实和重点资金项目的跟踪审计。

审计署深入贯彻党中央、国务院扶贫开发决策部署，认真落实脱贫攻坚责任制，坚持把推动扶贫开发、打赢脱贫攻坚战作为重大政治任务，动员全国各级审计力量，统筹谋划“十三五”时期扶贫审计监督全覆盖，建立脱贫攻坚政策落实和重点资金项目跟踪审计机制，持续加大扶贫审计监督力度。2016年5月，审计署印发《“十三五”国家审计工作发展规划》（审政研发〔2016〕55号），要求“十三五”时期对扶贫政策落实情况进行跟踪审计，重点监督检查脱贫工作责任制落实情况，精准扶贫、精准脱贫相关项目实施和资金管理使用情况等。同月，审计署办公厅印发了《关于进一步加强扶贫审计促进精准扶贫精准脱贫政策落实的意见》（审办农发〔2016〕68号），要求各级审计机关进一步加大扶贫审计力度，对本地区国家扶贫开发工作重点县（含集中连片特困地区县）进行“有重点、有步骤、有深度、有成效”的审计全覆盖。

二、持续跟踪，促进整改，落实精准扶贫、精准脱贫决策部署

2016年，审计署和地方审计机关通过专项审计、跟踪审计等方式，审计扶贫资金1100多亿元，揭示和反映了部分地方精准扶贫政策措施落实不到位、扶贫项目绩效不佳，以及扶贫资金长时间闲置或被骗取套取、侵占挪用等各类问题金额260多

亿元，查处的400多件涉嫌违纪违法问题线索已经或正在依法移送司法机关、纪检监察或有关部门调查处理。其中，审计署直接审计扶贫资金70多亿元，发现各类问题金额近20亿元，涉及70个贫困县的4000多个项目、500多个乡镇、2000多个村。

各级审计机关全年持续对精准扶贫、精准脱贫政策措施落实情况和扶贫资金安全绩效情况进行了跟踪审计，并在中央部门预算执行审计、地方财政收支审计、党政领导干部经济责任审计等项目中，将精准扶贫政策措施落实和扶贫资金管理使用情况作为重点内容之一同步部署、同步审计。扶贫审计中，审计署认真贯彻落实习近平总书记关于扶贫开发系列重要讲话精神，围绕“政策”和“资金”两个主线，突出“精准、安全、绩效”主题，着力查处骗取套取、截留挪用、贪污侵占、挥霍浪费扶贫资金，以及化公为私、优亲厚友等严重危害扶贫资金安全、损害贫困群众利益的问题，保持惩处扶贫领域违反中央八项规定精神和群众身边腐败问题的高压态势；着力揭示扶贫资金长时间闲置、重点扶贫项目推进缓慢或损失浪费等影响扶贫资金绩效和脱贫效果的问题，推动扶贫资金统筹整合使用；着力反映精准扶贫各项具体政策措施不衔接、不落地，以及脱贫攻坚中的不实不准问题、扶贫资金阳光化管理不到位等机制体制问题，推动脱贫攻坚政策措施落实，维护和保障扶贫资金安全与绩效。

通过审计，揭示了一些地方易地扶贫搬迁、教育扶贫、金融扶贫、产业扶贫等精准扶贫政策措施落实不到位，部分贫困县财政涉农资金统筹整合使用试点工作推进缓慢，一些地方精准扶贫工作推进不力、部分扶贫对象识别不够精准，部分扶贫资金长时间闲置或被骗取套取、挪用侵占，部分扶贫项目无法实现预期扶贫效果甚至形成损失浪费，以及个别单位在扶贫开发工作中借机收费牟利加重贫困对象负担等问题。还严肃查处了个别地方扶贫等部门财务管理混乱套取资金胡支滥花，扶贫工程项目招投标管理混乱，个别基层单位和人员利用管理扶贫资金项目的便利，涉嫌骗取套取、贪污侵占扶贫资金或为亲属非法牟利、失职渎职、挪用公款等问题线索，已经依法移送有关部门进一步调查处理。

审计发现的问题，在向党中央、国务院报告的同时，审计署依法向社会公告审计结果，通过公开促进审计整改。国务院扶贫办、财政部等部门和相关地方政府对扶贫审计结果高度重视，建立整改台账，明确整改时限和责任人，逐一对账销号。国务院扶贫办会同财政部修改完善了《财政专项扶贫资金管理办法》，加快推进县级扶贫开发资金项目整合管理平台建设。有关部门和单位限期整改、严肃问责，通过追缴被骗取套取或违规使用的扶贫资金、统筹盘活长期闲置资金、加快项目实施进度、加快下拨资金以及严肃问责、完善制度等方式，切实规范管理、提高绩效，推动中央精准扶贫、精准脱贫的各项政策措施落地生根。

三、坚持鼓励创新、推动改革，为推进扶贫领域供给侧结构性改革释放创新活力

增加财政资金有效供给是创新宏观调控方式的重要内容，也是用足用活积极财

政政策的关键举措。扶贫审计中，审计署始终坚持客观求实、依法审计、鼓励创新、推动改革的工作原则，以是否符合中央决定精神和重大改革方向作为审计定性判断的标准，做好“三个区分”，即将推进改革中因缺乏经验、先行先试出现的失误和错误，同明知故犯的违纪违法行为区分开来；将上级尚无限制的探索性试验中的失误和错误，同上级明令禁止后依然我行我素的违纪违法行为区分开来；将为推动发展的无意过失，同为谋取私利的违纪违法行为区分开来，实事求是地揭示、分析和反映问题。大力推动涉农财政资金统筹整合使用，积极支持鼓励有利于推进财政资金统筹使用和提高资金绩效的创新举措。针对扶贫资金投入渠道分散，“碎片化”问题比较突出的问题，审计中坚决查处以“打酱油的钱不能打醋”等为借口导致资金长期闲置的问题，促进盘活各领域“沉睡”的财政资金，统筹用于发展急需的重点领域和优先保障民生支出，增加扶贫资金有效供给。

根据审计发现的问题，审计署向党中央、国务院提出了盘活财政存量资金、加强财政资金统筹整合的具体意见和建议，推动财政资金管理改革不断深化，取得了较好成效。尤其是 2016 年 4 月国务院办公厅下发了《关于支持贫困县开展统筹整合使用财政涉农资金试点的意见》，这是扶贫资金管理使用方式上的重大改革和探索，对于优化财政涉农资金供给机制，进一步提高资金使用绩效具有重要意义。文件出台后，审计署及时部署各级审计机关进一步加大对扶贫资金统筹整合使用情况的审计力度，从试点县确定、统筹整合方案出台、规章制度修订、资金下拨进度、闲置资金盘活等多个方面，跟踪审计试点工作推进情况。坚决支持贫困县根据本地实统筹整合使用扶贫和相关涉农资金，以脱贫实效导向，推动把“零钱”变“整钱”、“死钱”变“活钱”，促进提高脱贫成效，只要扶贫资金用在了扶贫开发上、用在贫困人口脱贫上、用在了涉农生产生活基础设施和环境条件改善上，即使突破了各专项资金管理制度的使用方向、改变了原来申报时的项目和用途，一律不作为审计问题，促进各级各部门在资金统筹整合使用中积极作为、有效作为，促进中央扶贫政策落地生根。

（审计署农业审计司 李建全 冯涛）

国家林业局扶贫开展情况

2016 年，国家林业局认真贯彻中央扶贫开发工作会议精神，立足贫困地区林业资源优势，出台了一系列林业扶贫政策措施，确定了“四精准三巩固”的林业精准扶贫精准脱贫思路，即生态护林员精准到人头，退耕还林精准到农户，木本油料精准到收益，定点帮扶精准到政策；通过开展国土绿化、发展特色林果、扩大森林旅游巩固脱贫成果。

国家林业局结合林业重点工程建设，以改善贫困地区生态状况和提高贫困地区和贫困人口自我发展能力为重点，将林业政策和资金向贫困地区倾斜，2016 年共计向 832 个贫困县安排中央林业投资 418 亿元，高出“十二五”年均投资额 27 个百分点。同时，进一步加大了对滇桂黔石漠化片区等 14 个集中连片特困地区以及对口帮扶县的支持力度，切实提高脱贫攻坚的精准度和有效性，为如期全面脱贫做出应有贡献。

一、出台相关扶贫政策文件

2016 年，国家林业局认真贯彻落实中共中央国务院指示精神以及国务院扶贫办关于扶贫工作的部署，立足贫困地区林业资源优势，出台了一系列林业扶贫政策。印发《国家林业局关于加强贫困地区生态保护和产业发展促进精准扶贫精准脱贫的通知》（林规发〔2016〕78 号），对今后一个时期林业精准扶贫精准脱贫总体思路、工作重点进行了部署；印发《国家林业局办公室关于支持贫困县开展统筹整合使用财政涉农资金试点有关问题的通知》（办规字〔2016〕94 号），对涉农资金整合中林业的工作提出具体要求；印发《林业科技扶贫行动方案》（林科发〔2016〕164 号印发），对发挥林业科技优势，推动林业科技扶贫进行了总体部署。公布《服务精准扶贫国家林下经济及绿色产业示范基地名单》（办改字〔2016〕152 号），认定 225 家单位为“服务精准扶贫国家林下经济及绿色产业示范基地”。同时，国家林业局还参与《“十三五”脱贫攻坚规划》（国发〔2016〕64 号印发）编制修改上报工作，与农业部等九部门共同印发了《关于印发贫困地区发展特色产业促进精准脱贫指导意见的通知》（农计发〔2016〕59 号）。

二、开展建档立卡贫困人口生态护林员选聘工作

2016 年，国家林业局在深入调研的基础上，联合财政部、国务院扶贫办印发了《关于开展建档立卡贫困人口生态护林员选聘工作的通知》（林规发〔2016〕171 号），以集中连片困难地区为重点，以具有一定劳动能力，但又无业可扶、无力脱贫的贫困人口为对象，在中西部 21 个省（区、市）的建档立卡贫困人口中，选聘了 28.8 万名生态护林员，中央财政安排 20 亿元用于购买生态服务，精准带动 108 万人稳定

脱贫和增收，实现了生态保护与精准脱贫双赢。

三、实施新一轮退耕还林工程

2016 年，国家林业局商国家发展改革委、财政部将新增退耕还林任务 1335 万亩中的 80%重点安排到可退面积大、建档立卡贫困人口多的贵州、甘肃、云南、新疆、重庆等省(区、市)。据不完全统计，全国共安排 72.9 万贫困户退耕还林任务 414 万亩，每亩可得到中央补助资金 1500 元。

四、加强木本油料产业扶贫

木本油料产业建立精准利益联结机制。国家林业局统筹各项林业资金，并协调金融部门提供还款期长、贷款利率优惠的贷款，对油茶、核桃等种植范围广、产业链条长、产品种类多、收益期长、就业容量大，能够促进贫困地区长期稳定受益，又能维护国家粮油安全的木本油料发展给予大力支持，通过与龙头企业牵头、合作社牵头、国有林场牵头等与贫困户建档立卡贫困户精准建立利益联结机制，保障贫困人口前期通过土地流转、劳务、分红收益，后期通过盛果期收益，国家林业局对利用贷款的给予贴息。

五、多措并举巩固脱贫成果

在推进精准脱贫的同时，国家林业局通过实施大规模国土绿化行动、提升森林旅游水平、发展特色林果和林下经济巩固脱贫成果，确保脱贫成果稳得住。一是结合大规模国土绿化，加快易地扶贫搬迁迁出地生态修复，改善贫困地区生态环境，安排搬迁户劳动力参与生态保护与建设，巩固易地扶贫搬迁成果。二是进一步加强森林公园、湿地公园、自然保护区基础设施建设，大力发展森林旅游，为贫困人口兴办“森林人家”，扩大与旅游相关的种植业、养殖业和手工业发展，促进贫困人口脱贫增收。三是结合林业重点工程实施，在保证生态效益的同时，大力发展适合在贫困地区种植、市场需求旺盛的特色林果、林下经济，带动贫困人口发展林下经济增收。另外，各地在林业生态建设解决贫困人口就业方面进行了积极探索，其中，山西省组建扶贫攻坚造林合作社创造了贫困人口参与生态建设受益的新路径。

六、加强贫困地区科技培训工作

林业科技推广和技术是提升农民致富技能的关键举措。通过组织举办各类林业实用技术和管理培训班，有针对性的组织专家和科技人员下乡，积极推广林业科技实用技术，现场实地指导和帮助解决基层存在的技术问题，提高了帮扶地区干部群众的科技意识和生产水平。2016 年，国家林业局委托国际竹藤中心举办了 2 期林业扶贫专项技术培训班和 2 期竹编培训班，培训林业部门生产一线管理人员、技术人员、种植大户、林农等 295 人次。培训内容包括竹材加工利用与创新技术、竹资源丰产培育技术、竹林病虫害防治技术、竹与竹制品艺术、油茶良种抚育及高产栽培与低产林改造技术、茶油营养品质及加工质量控制技术等。

七、开展林业扶贫的系列宣传活动

2016 年，国家林业局加强了对林业扶贫工作的宣传力度。一是开展第三个扶贫日宣传活动，国家林业局分管副局长参加产业论坛并进行宣讲，在绿色时报开展整版林业扶贫宣传活动。二是按照国务院扶贫开发领导小组部署，国家林业局总工程师带队，会同人民银行有关负责人赴辽宁省开展扶贫宣讲活动。三是定期编制印发林业扶贫信息简报，扩大林业扶贫宣传力度，树立工作典型、探索先进经验、推广先进模式。四是组织挂职干部参加全国脱贫攻坚奖的评选，国家林业局派到龙胜县挂职工作的高中海同志获得 2016 年全国脱贫攻坚创新奖。

八、推进滇桂黔石漠化片区林业扶贫

2016 年，国家林业局对负责联系的滇桂黔石漠化片区林业精准扶贫力度不断加大，措施不断完善，安排中央林业资金 41.5 亿元，高出“十二五”年均投资额 9.2 个百分点，生态补偿脱贫一批、发展产业脱贫一批成效日益显现，全年精准带动 42.9 万人脱贫增收，生态保护修复和石漠化综合治理进一步加快，完成造林 562 万亩、森林抚育 313 万亩，片区森林覆盖率达到 57.6%，片区林业产业总产值达 1509 亿元。2016 年 4 月 18 日，国家林业局与水利部共同筹备召开了 2016 年滇桂黔石漠化片区区域发展与扶贫攻坚现场推进会，国家林业局局长到会讲话。在林业产业博览会上为滇桂黔石漠化片区免费提供展位 37 个。

九、加大定点帮扶力度

2016 年，国家林业局局领导多次赴贵州荔波、独山，广西罗城、龙胜 4 个定点县进行调研，并指导当地精准脱贫工作。印发了《国家林业局定点扶贫帮扶计划》（林规发〔2016〕87 号），将定点扶贫任务分解落实到相关司局、单位。组织编制了《定点县“十三五”林业扶贫规划》（林规发〔2016〕180 号），确定了今后一个时期，林业帮扶的思路和重点。加大政策扶持力度，2016 年 4 个定点县落实中央林业投资 1.9 亿元。协调国家开发银行、农业发展银行与 4 个定点县签署合作协议，落实贷款 17.83 亿元；专项安排生态护林员 6500 人。为提高帮扶能力，派出 5 名扶贫挂职干部，向 4 个定点县各赠送 50 万元林业科技书籍。经统计，4 个定点县全年共新增脱贫人口 54694 人，贫困发生率比 2015 年下降了 4—7 个百分点。

（国家林业局计划财务司 熊晓斐）

国家铁路局定点扶贫开展情况

根据国务院扶贫办、中组部、中宣部等九部门《关于进一步完善定点扶贫工作的通知》（国开办发〔2015〕27号）文件要求，国家铁路局承担定点扶贫贵州省黔东南州榕江县任务。为深入贯彻中央扶贫开发工作会议和中央单位定点扶贫工作会议精神，落实好习近平总书记关于党政军机关和企事业单位做好定点扶贫工作的重要指示，帮助榕江县加快推进脱贫攻坚工作，2016年，国家铁路局派调研组深入实地调研，积极从多个方面推动定点扶贫工作开展。

一、榕江县经济社会发展情况

榕江县行政区划属于贵州省黔东南州，属于滇贵黔石漠化地区，地处贵阳和桂林的中点。既是贵州省旅游优先发展区、红色革命老区，又是著名的蔬菜水果之乡、农业部确定的全国优质柑桔生产基地县。全县人口35万，生活在国家农村扶贫标准以下的贫困人口8.51万（截至2016年底统计）。挂职干部所在的忠诚镇乐乡中心村位于榕江县西北部，位于880省道沿线，包含乐乡、高扒、寨章三个自然村，共有精准扶贫户82户，326人，为国家级二类贫困村。

二、国家铁路局扶贫榕江开展的工作

（一）开展一线调研，出台扶贫工作方案。

2016年3月，由国家铁路局主要负责同志带队，赴榕江县调研定点扶贫工作，深入农家村舍了解当地生产生活情况，与地方党委、政府举行扶贫工作座谈，签订会议纪要、协议共5份。其中，与榕江县签订定点扶贫榕江县会议纪要、捐款协议书、捐赠设备协议书；与贵州省发改委、中铁二院集团公司签订兴永郴赣铁路预可行性研究协议、榕江通用机场规划选址意见书编制协议。结合赴榕江县调研的实际情况，制定了《国家铁路局定点扶贫贵州省榕江县工作实施方案》（国铁党发〔2016〕15号），明确组织领导机构和工作内容。

（二）加强干部力量，选好配强挂职干部。

按照《中共中央组织部、中央农村工作领导小组办公室、国务院扶贫开发领导小组办公室关于做好选派机关优秀干部到村任第一书记工作的通知》要求，国家铁路局选派运输监督管理司魏恩会同志挂职榕江县忠诚镇乐乡中心村第一书记。魏恩会同志以饱满的积极性投入到乐乡的工作之中，履行第一书记的职责，积极认真的开展走访调研贫困户工作，在实际工作中得到了乐乡中心村群众的认同与好评，被评为贵州省委2016年度优秀共产党员。

（三）多方筹措资金，开展特色农业产业扶贫。

根据2016年初到贵州榕江县实地调研的情况，参考贵州省既有经验，国家铁路局积极筹措资金作为贫困户股权，用于乐乡中心村农业产业合作社等项目的经营发展，增强当地群众依靠自身力量脱贫致富能力。从国家铁路局机关行政运行经费中捐赠82万元，按照“党社联建”模式，捆绑82户贫困户，成立农业旅游开发有限责任公司和旅游、种植养殖、农家乐合作社各1个，其中稻香鱼养殖基地农家乐、小香鸡养殖基地、肉牛养殖场已于当年正式开始投产运营，在榕江县城江景名城购买门市商铺1间，带动贫困户脱贫的同时不断壮大村级集体经济。2016年共赢利13.2万元，贫困户均分红1600元。建立了乐乡中心村电商，让“山货特产”走出大山，解决农副产业销路问题。

（四）支援物资设备，开展智力扶贫。

为支持榕江县乐乡中心村开展学校电化教育和电子商务，国家铁路局捐赠台式电脑、笔记本电脑等设备（台式电脑20台、笔记本电脑5台、相机10台、扫描仪3台、打印机3台、传真机3台、摄像机1台、投影仪1台，合计价值18.45万元），筹建村小学电教室局域网络和土特产品销售电子商务平台，电教室每周为180名学生进行2课时的电化教育课，课余用于学生与在外打工家长视频交流联系。

（五）支援榕江县基础设施建设。

1. 规划建设兴永郴赣铁路。该铁路途经黔南、湘南和赣南的石漠化、罗霄山、武陵山等集中连片特困地区，是一条连接西南至华东、华南地区的东西向辅助通道，对于落实国家宏观战略，完善区域铁路网络，促进沿线旅游资源、矿产资源开发，带动沿线地区特别是连片特困地区发展具有重要作用。目前该项目已经纳入国家中长期铁路网规划。已基本完成贵州段的资料收集，正在编制预可行性研究报告。

2. 规划建设榕江通用机场。铁路、公路、航空以及市政交通多种运输方式融合发展，是交通运输领域发展的趋势。建设通用机场对于提升榕江县交通区位优势、加快脱贫攻坚具有重要意义。已收集前期资料并开展现场踏勘。

3. 积极推进榕江公路项目建设。协调贵州省交通运输厅修建乐乡村到高扒村的村级公路项目，榕江县拟建设径路为定达村－寨章村－乐乡村－高扒村－定弄村，约20公里，已经贵州省、黔东南州批准建设，施工设计图已上报。忠诚镇向国家铁路局申请的乐乡村旅游大桥项目，已经贵州省、黔东南州批准，拟与公路一并进行施工。

（国家铁路局　邸奥杰）

全国妇联扶贫工作开展情况

全国妇联高度重视脱贫攻坚，及时学习领会习近平总书记关于脱贫攻坚的系列重要讲话精神，认真贯彻落实党中央的决策部署，结合妇联工作实际和妇女精准脱贫需求，大力实施“巾帼脱贫行动”，深入开展定点扶贫工作，让广大贫困妇女感受到党的关怀和温暖，更紧密地团结凝聚在党的周围，听党话、跟党走，在打赢脱贫攻坚战中充分发挥妇女和妇联组织的独特作用。

一、认真学习贯彻习近平总书记关于脱贫攻坚的系列重要讲话精神，明确妇联组织在助推贫困妇女精准脱贫中的工作着力点

党的十八大以来，以习近平同志为核心的党中央把脱贫攻坚纳入协调推进“四个全面”战略布局和贯彻“五个发展理念”的高度进行决策部署，专门召开中央扶贫开发工作会议，提出了一系列新理念新思想新战略，为全党全国人民众志成城打赢脱贫攻坚战指明了前进方向、提供了重要遵循。在我国现有建档立卡贫困人口中，妇女占 45.6%。妇女既是脱贫攻坚的重点对象，更是脱贫攻坚的重要力量。帮助贫困妇女脱贫，是打赢脱贫攻坚战、确保如期全面建成小康社会的内在要求，也是男女平等基本国策在扶贫开发工作中的重要体现。全国妇联党组高度重视贫困妇女脱贫攻坚工作，深入学习贯彻习近平总书记系列重要讲话精神特别是扶贫开发重要战略思想，切实把思想和行动统一到党中央的决策和部署上来，把助力党和政府打赢脱贫攻坚战作为妇联组织的重要政治任务，找准工作定位、出台政策措施，全力助推妇女精准脱贫。

1. 推动出台实施“巾帼脱贫行动”意见。中央扶贫开发工作会议后，全国妇联及时召开专题会议进行传达学习，认真研究贯彻落实习近平总书记重要讲话和党中央部署要求、在打赢脱贫攻坚战中充分发挥妇女半边天作用和妇联组织独特作用的工作思路，确定了大力实施“巾帼脱贫行动”的工作载体，提出了立志脱贫、能力脱贫、创业脱贫、巧手脱贫、互助脱贫、健康脱贫、爱心助力脱贫七项重点任务，并在妇联系统下发了《关于在脱贫攻坚战中开展“巾帼脱贫行动”的意见》。要求各级妇联组织把深入推进“巾帼脱贫行动”、精准帮扶贫困妇女脱贫作为服务大局、服务妇女的重要抓手，作为进一步深化妇联改革、保持和增强政治性先进性群众性的重要举措，帮助贫困妇女树立脱贫志向、提高致富能力、解决实际问题，协助党和政府助力贫困妇女早日脱贫，与全国人民一道奔向小康。

2. 积极争取有利于妇女脱贫的政策措施。全国妇联领导同志多次带队去集中连片特困地区开展调研，了解贫困妇女的生产生活状况、脱贫需求等，指导推进工作。在调研分析的基础上，全国妇联推动国务院扶贫办、农业部、网信办、人社部等部

门联合出台了《关于在脱贫攻坚战中大力推进小额贷款促进建档立卡贫困家庭妇女脱贫致富的通知》、《关于促进电商精准扶贫的指导意见》、《网络扶贫行动计划》、《巾帼家政服务专项培训工程实施方案》等文件，提出了一系列扶持妇女脱贫的具体政策措施。强调要把帮助贫困妇女脱贫致富作为一项重要任务纳入各地区扶贫开发总体规划，确保每年脱贫人口中妇女比例不低于40%。

3. 指导推动“巾帼脱贫行动”的深入开展。全国妇联注重加强工作研究和指导，2016年10月，在甘肃省陇南市召开了全国“巾帼脱贫行动”现场推进会，沈跃跃、宋秀岩、洪天云等同志出席会议并讲话，就深入学习贯彻习近平总书记系列重要讲话精神，深入推进“巾帼脱贫行动”进行再动员、再部署，要求各地妇联扎扎实实抓好各项工作落实，确保妇女脱贫工作取得实效。

二、聚焦贫困地区精准发力，团结带领广大妇女在打赢脱贫攻坚战中发挥作用

全国妇联贯彻落实精准扶贫、精准脱贫要求，将工作重心、项目资金向深度贫困地区、建档立卡贫困妇女倾斜。各省区市妇联按照全国妇联和当地党委政府关于脱贫攻坚的总体部署，聚焦“巾帼脱贫行动”七项重点任务，因地制宜探索帮助贫困妇女脱贫的新路径、新办法，取得了初步成效。

1. 开展宣传教育、注重立志脱贫。充分发挥妇联所属报刊特别是新媒体矩阵的作用，发挥“妇女之家”的阵地作用，编发《农村妇女脱贫攻坚知识丛书》等，多渠道宣传中央的决策部署和各地的政策举措，激发贫困妇女内生动力；培树巾帼脱贫典型，编写“巾帼脱贫行动”优秀案例，发挥典型示范引领作用，引导贫困妇女坚定改变贫困落后面貌的信心和决心；深入开展“最美家庭”“美丽庭院”建设活动，使贫困妇女不仅摆脱贫困，而且形成好习惯、好风气。据统计，2016年各地妇联共举办各类扶贫宣传活动2.5万场，发放扶贫宣传资料938.6万份，吸引370多万贫困妇女参与。

2. 加强技能培训、提高能力脱贫。全国妇联大力实施集中连片特困地区县级妇联干部轮训，目前已覆盖11个片区625个贫困县的800多名妇联干部；2016年，全国妇联先后举办面向贫困妇女和妇女骨干的手工编织、家政、电商、乡村旅游等全国性的各类示范培训班39期，直接培训3500多人。各地妇联采取灵活多样的形式，开展符合贫困妇女需求的订单式、菜单式、参与式培训。2016年各地共举办各类脱贫技能培训班1.2万期，261万人次贫困妇女和妇女骨干参加了妇联自身开展的培训或政府各类培训。

3. 用好小额贷款、助推创业脱贫。全国妇联充分发挥妇女小额担保贷款财政贴息政策、扶贫小额信贷政策以及其他针对贫困人口的特惠金融政策的叠加效应，帮助有创业意愿的贫困妇女解决资金困难。全年共发放妇女创业担保贷款502.21亿元，获贷妇女60.77万人次，中央及地方落实财政贴息资金41.47亿元，其中三分之二在中西部地区。同时，全国妇联与国务院扶贫办共同推进扶贫小额信贷工作。配

合扶贫部门发放扶贫小额信贷 408.6 亿元，扶持带动 56.8 万建档立卡贫困妇女发展生产、增收脱贫。

4. 发展妇女手工、实施巧手脱贫。各地妇联根据贫困地区、少数民族地区妇女心灵手巧的特点，突出区域和文化特色，因地制宜发展民族手工文化产业，打造了贵州“锦绣计划”、新疆“靓丽工程”、甘肃“陇原巧手”、河南“巧媳妇”、宁夏“巾帼扶贫工厂”等特色巧手脱贫工作品牌。目前，已在 832 个贫困县建立妇女手工协会 919 个，带动 39 万贫困妇女宜绣则绣、宜剪则剪、宜编则编，人均月增收近千元，实现就地就近灵活就业。

5. 注重能人引领、带动互助脱贫。全国妇联加大对贫困地区女种养大户、合作社女性领办人等巾帼致富带头人的扶持力度，2016 年将原有的“全国巾帼现代农业科技示范基地”项目调整为“全国巾帼脱贫示范基地”项目，投入项目资金 930 万元，扶持创建“全国巾帼脱贫示范基地”186 个，在贫困地区发挥基地在技能培训、技术推广、扶贫帮困等方面的示范带动作用。各地妇联在 832 个贫困县创建各类妇字号基地 4000 多个，采取“女能人 + 龙头企业 + 贫困妇女”“扶贫车间 + 贫困妇女”“合作社 + 贫困妇女”等方式，辐射带动 61 万贫困妇女发展脱贫产业。

6. 搞好“两癌”检查、推动健康脱贫。全国妇联积极配合国家卫生计生委，大力实施农村妇女“两癌”免费检查项目。2016 年，为 1000 万和 120 万农村妇女开展宫颈癌和乳腺癌免费检查。2009-2016 年，项目已累计为 6000 多万和 1000 多万农村妇女进行了宫颈癌、乳腺癌免费检查。同时，在财政部中央彩票公益金的支持下，深入实施“农村贫困母亲两癌救助”项目，全国妇联积极争取“十三五”期间共安排 15 亿元，计划按照人均 1 万元的标准救助 15 万名患病贫困妇女，力争对申报救助的建档立卡贫困妇女实施救助全覆盖。2016 年落实中央彩票公益金 3 亿元，救助贫困患病妇女 3 万人，其中约 53% 的资金用于救助建档立卡贫困患病妇女，共救助 15863 人。2011-2016 年，中央彩票公益金已投入 7 亿元，加上全国妇联筹集的社会资金，已累计救助 72169 名贫困患病妇女。各地妇联积极推动将贫困地区妇女“两癌”免费检查列入各级政府实事，目前已覆盖近 2/3 的贫困县。

7. 凝聚社会力量，为贫困妇女儿童献爱心。全国妇联争取和筹集资金、物资 9 亿多元，大力实施“母亲水窖”“母亲健康快车”“母亲邮包”“春蕾计划”“儿童快乐家园”“儿童营养改善”等公益项目，惠及数百万贫困妇女儿童。各地妇联积极推进东西部妇联扶贫协作，开展女企业家、妇联干部和贫困村、贫困妇女结对帮扶，聚合各方力量助力贫困妇女精准脱贫。

三、充分发挥优势，用心用情用力做好定点扶贫工作

全国妇联党组高度重视定点扶贫工作，提出“举全会之力、助两县脱贫”的工作思路，成立了全国妇联定点扶贫领导小组，由党组书记任组长。2016 年全国妇联选派 5 名干部赴两县开展帮扶，在漳县、西和县共投入资金 210 万元，举办妇女骨干培训 9 期，712 名贫困妇女和基层妇女干部参加培训，其中建档立卡贫困妇女 467 人；

建立全国妇联定点帮扶脱贫示范基地 16 个，直接带动 315 名建档立卡贫困妇女发展生产增加收入。一是召开全国妇联定点扶贫工作会议。宋秀岩同志主持会议并就贯彻落实中央单位定点扶贫工作会议精神，进一步做好全国妇联定点扶贫工作作重要讲话，崔郁同志对举全会之力做好定点帮扶工作作了具体部署。二是研究制定全国妇联帮扶措施。派出调研组分赴甘肃漳县、西和县深入开展工作调研。在了解当地扶贫工作思路与措施、存在困难和问题，摸清建档立卡贫困户致贫原因、帮扶需求基础上，列出帮扶清单，提出定点帮扶工作措施。三是选派挂职干部。从会内选派 5 名挂职干部分赴漳县、西和县开展帮扶工作，召开定点扶贫挂职干部工作会，全国妇联副主席、书记处书记崔郁同志到会并对挂职干部履职尽责提出具体要求；制定下发“全国妇联定点扶贫挂职干部管理办法（试行）”，为加强定点扶贫挂职干部管理工作建立了制度保障。四是组织企业家赴两县开展帮扶。组织 3 批 10 名企业家，赴漳县、西和县开展精准帮扶对接，就牡丹技术培训与产业发展、马铃薯深加工、蔬菜种植、县乡医疗卫生设备捐赠、乞巧文化节策划、家政培训等方面达成合作意向。

下一步，全国妇联将深入学习贯彻习近平总书记扶贫开发重要战略思想，以实际行动贯彻落实好党中央、国务院关于打赢脱贫攻坚战的决策部署，以集中连片特困地区和深度贫困地区贫困妇女为重点，深入实施“巾帼脱贫行动”，在脱贫攻坚中充分发挥妇联组织和妇女的独特作用，帮助更多的建档立卡贫困妇女早日脱贫，为打赢脱贫攻坚战贡献巾帼力量。

（全国妇联妇女发展部 符鸽）

铁路总公司扶贫开展情况

2016年，中国铁路总公司认真贯彻党中央、国务院关于扶贫开发工作的决策部署，全面落实精准扶贫精准脱贫方略，加强建设扶贫和运输扶贫，推进片区联系和定点扶贫工作，充分发挥国家铁路的行业优势，全面助推贫困地区区域发展与脱贫攻坚。

一、铁路建设扶贫稳步推进

加大贫困地区国家铁路的建设力度，大力推进呼张、大张、京沈、成贵、银西、郑万、郑阜、合安高铁，库格、敦格、拉林、丽香、大瑞、成都一川主寺、青藏线格拉段改造、渝黔新双线、渝怀复线、阳安复线等重大工程。开通运营沪昆高铁贵阳一昆明段、云桂铁路百色一昆明段、渝万高铁，武孝城际、巴达、兰渝铁路兰州一夏官营段、岷县一广元段、织纳铁路等重大项目，在中西部及集中连片贫困地区累计完成基建投资4435亿元，新线投产2954公里，其中高铁1694公里。突出抓好交通扶贫骨干通道工程建设，银川一西安、张家口一大同、郑州一阜阳高铁和渝怀二线梅江一怀化段增二线、隆黄铁路叙永一毕节段、大理一临沧、青藏铁路格拉扩能等在建项目全面推进，贵南高铁和兴国一泉州、浦梅铁路建宁一冠豸山段、张家界一吉首一怀化等项目开工建设，重庆一昆明、贵阳（盘县）一兴义、西宁一成都（黄胜关）铁路项目可研工作和和田一若羌铁路研究论证工作深入开展。交通扶贫骨干通道工程12项在建及新开工项目，累计完成投资285亿元。

二、铁路运输扶贫不断加强

坚持国家铁路公益性运输优先原则，在农民工客流较为集中的四川、河南、湖北、安徽等省区的农民工客流长期饱满的方向增开旅客列车。开通高铁时，安排既有线保留大量普速列车。在西南地区未通达铁路的县区，与地方政府对接，在广西、贵州等省区的23个县市确定高铁“无轨站”的建设意向，与其中的横县、博白、容县、北流、陆川等5县签署合作协议，分别接驳南宁东、玉林、梧州南等高铁站，高铁“无轨站”拓展到6个。在西南、西北、东北等偏远地区，开行81对站站停、票价低的“慢火车”。全年公益性亏损8.4亿元，累计发送旅客2752万人。春运期间，实行客车“零备用”，每日开行单方向临客687对，占总开行列数近五分之一，最大限度满足农民工出行需要。根据地方经济发展需求，与地方政府共同确定重点物资范围，优先安排运力，优先保障重点物资运输。对新疆棉花、东北粮食、西北农副产品等季节性强的重点物资，提前制定预案，及时调配运力，集中突击抢运。贫困地区所在21个省市区国铁货物发送量达到204330万吨，货物到达量188101万吨。在旅游资源丰富的贫困地区车站增开旅客列车、增加客车停车、改善服务设施，设立游客接驳换乘服务中心，将铁路旅客引入铁路线路未通达地区，进一步改善贫困地区旅游开发运力保障水平。相继举办“中国铁路旅游•绚丽甘肃、亮丽内蒙古、大美新疆、祖国正北方—祖国正南方”和“千年帝都•老家河南”等系列主题推介，组织相关铁路旅游企业与贫困地区旅游发展委员会签订战略合作协议，共同开发“红色旅游”、“探险旅游”、“田园旅游”等精准扶贫项目，联合开行的旅游专列形成了规模效应。全年共开行入疆旅游专列156列、入甘旅游专列120列、入蒙旅游专列116列等，全面助推贫困地区经济发展。

三、片区脱贫攻坚成效明显

发挥国家铁路的行业优势，积极参与秦巴山区联系工作，组织郑州、武汉、西安、成都、兰州5个铁路局主动落实各项扶贫任务。推进秦巴山片区内西安—成都、郑州—万州、武汉—十堰高铁、兰渝、蒙华铁路、阳安复线等重大工程建设，片区所涉及的河南、湖北、重庆等6省市共完成铁路建设投资1544亿元，新建线路1161公里，其中高铁575公里。开通兰渝线广元至岷县段，开行旅客列车，结束岷县、陇南地区不通火车的历史。继续在片区车站增开旅客列车，优化停站和运行时刻，为秦巴山片区群众出行提供便利条件。持续加大运力倾斜力度，秦巴山片区铁路货物发送量达到7905万吨，同比增加767万吨、增长10.7%；货物接卸量12326万吨，同比增加900万吨、增长7.9%。

四、定点扶贫任务全面完成

继续做好河南省洛阳市栾川县、陕西省汉中市勉县、宁夏自治区固原市原州区、新疆维吾尔自治区和田地区和田县的结对帮扶工作，共选派4名干部到4个县（区）挂职，选派1名干部到栾川县潭头乡大王庙村任第一书记。投入1030万元实施25个帮扶项目，涉及生态移民村建设、农村特色产业开发、教育扶贫等领域，帮扶建档立卡户3579人脱贫。围绕发展特色产业项目，投入110万元，资助栾川县83户建档立卡户改造农家宾馆、参与香菇种植和羊养殖3个项目；投入100万元，援建勉县阜川镇晏河村墩青坪（茶区）茶叶产业扶贫项目；投入270万元，资助原州区寨科乡蔡川村168户配套投放基础母牛168头，为108户配套新建养殖圈棚108栋；为中河乡小沟村48户配套补充獭兔种兔2400只、购置兔笼9600个，为80户配套投放基础母牛240头，建设养殖园区1个，新建围栏1200米；投入334万元，资助和田县色格孜库勒村和苏盖提波斯坦村114户修建葡萄架7000米，资助414户改造棚圈81座，搭建葡萄架296个，扶持养羊1380只，养土鸡11040只，资助528户发展庭院经济，点对点精准帮扶贫困群众脱贫增收。

五、教育扶贫持续深化

结合贫困地区教育实际需求，投入30万元资助宁夏固原市原州区100名贫困大学生、投入10万元资助新疆和田地区和田县50名贫困大学生上学，投入12万元资助和田县达奎村小学改善教学环境。铁路青少年发展捐助中心携手中国青少年发展基金会开展网络认捐活动，筹集10万元资助陕西勉县120名贫困小学及初中生。全国铁道团委联合铁路青少年发展捐助中心面向社会筹集50万元，向100名湖北麻城市贫困学子每人发放助学金5000元，举办心理辅导和参观高铁等活动。在铁路总公司机关开展扶贫日公益募捐活动，募捐衣物3500余件、书包等学习用品7箱，捐赠青海玉树称多县和25所铁路援建的希望小学。在全国124个铁路车站同步开展“希望工程一快乐阅读”项目募捐活动，为四川平昌县、青海湟源县、陕西西安市临潼区和勉县、新疆和田县当地小学捐建5间希望工程图书室。

六、铁路扶贫组织领导进一步加强

铁路总公司印发《关于做好新时期铁路扶贫开发工作的意见》《总公司“十三五”定点扶贫规划》，明确“十三五”期间铁路扶贫开发工作的指导思想、基本原则、目标任务、保障措施。调整总公司、所属单位扶贫开发领导小组，各铁路局成立扶贫开发领导小组，主要领导担任组长，建立起覆盖铁路总公司机关和全国18个铁路局的扶贫工作组织架构。发挥国家铁路点多线长、连接城乡、人员流动、受众广泛等优势，开展“人民铁道、新媒体、铁路站车”等扶贫宣传活动，依托每日在全国铁路车站、旅客列车发行的《人民铁道》报，宣传中央脱贫攻坚决策部署和铁路扶贫工作重点任务，宣传铁路扶贫的生动实践和先进典型。在全国铁路车站、旅客列车的宣传屏、广告栏等平台上，播放扶贫公益宣传视频、专题公益广告及相关节目。利用全国铁路微博、微信、客户端、门户网站“两微一端一网”新媒体平台共60余个账号，发布以扶贫脱贫为主题的图文消息，营造良好的扶贫氛围，推动铁路扶贫开发工作不断深化。

（铁路总公司办公厅 郭新杰）

中国农业银行扶贫开展情况

2016年，农业银行坚决贯彻中央扶贫开发工作会议和习近平总书记系列重要讲话精神，切实加大各项工作力度，金融扶贫形成良好局面，取得显著成效。

一、金融扶贫工作取得积极进展

（一）贫困地区贷款投放持续增加。

2016年，农业银行在832个国家扶贫重点县累计投放贷款3351亿元，贷款余额达到7044亿元，比年初增加920亿元，增幅比同期全行贷款高5.4个百分点，达到增幅高于全行的预期目标，重点支持了一批助减贫、惠民生、促增长的重大工程、骨干企业和扶贫项目。

（二）精准帮扶力度显著加大。

根据人民银行统计标准，2016年，农业银行投放精准扶贫贷款1041亿元，至年末精准扶贫贷款余额2034亿元，比年初增加424亿元，增幅达26.4%；累计服务带动了560万建档立卡人口，较上年增加106万人，完成了每年带动100万以上贫困人口增收或脱贫的目标。其中，建档立卡贫困户贷款余额163亿元，直接支持了107万建档立卡人口生产增收。

（三）商业金融扶贫模式不断创新。

截至2016年末，“政策性担保公司或风险补偿金+农行+（贫困）农户”的政府增信模式已推广到27家一级分行、973家支行，累放贷款807亿元、余额349亿元，累计支持了154万农户。内蒙古分行与包头等13个地市政府合作，设立了专项服务农村基础设施建设的“美丽乡村产业基金”，到2016年末，已投资212亿元，将惠及全区1000余万农牧户。

（四）特色扶贫产品日益丰富。

经初步统计，截至2016年末，农业银行在832个国家扶贫重点县，创新区域性特色产品76个，其中仅在2016年创新针对建档立卡贫困户的精准扶贫贷款产品17个。甘肃、新疆、宁夏、湖北、河北等分行创新推出了为建档立卡人口量身打造的“精准扶贫贷”。湖南、安徽、河北、山西等分行创新推出了“光伏扶贫贷”。贵州、湖南等分行创新推出了“易地扶贫搬迁贷”。安徽、江西、湖南、贵州、云南、甘肃等地创新了林果贷、甜蜜贷、油茶贷、茶农贷等特色产业信贷产品。

（五）普惠金融服务持续提升。

截至2016年末，在832个国家扶贫重点县发放惠农卡6122万张，布放电子机具20.6万台，设立惠农服务点14.6万个，对行政村覆盖率达72%。在惠农服务点陆续上线了跨行取款、跨行转账等新功能，并积极代理新农合、新农保、涉农财政补贴项目、农村公共事业代收费项目等，为贫困农户提供了便捷的小额存取、转账、结算等基础金融服务。

（六）定点扶贫工作成效显著。

2016年在武强、饶阳、黄平、秀山4个定点扶贫县投放贷款26亿元，到2016年末，贷款余额44亿元，比年初增长35%，支持带动3万建档立卡人口，重点支持了畜牧业、蔬菜种植业等特色农业，旧州古城、洪安边城等旅游景区建设，秀松高速等基础设施项目以及县人民医院建设等民生项目。农业银行总行向4个定点扶贫县划拨扶贫捐赠资金690万元，支持武强县建设25个新兴节能果蔬大棚，饶阳县光伏扶贫项目，秀山县4个贫困村基础设施建设项目以及黄平县7个贫困村扶贫项目等。

二、主要工作措施

（一）建立健全组织推进机制。

在农业银行总行成立以董事长任组长的农业银行金融扶贫工作领导小组和农业银行总行定点扶贫工作领导小组，统筹推进金融扶贫各项工作，并挂牌设立扶贫开发金融部。农业银行相关分、支行比照总行成立金融扶贫工作推进小组，组建专门扶贫机构或团队。建立了领导干部挂点指导贫困地区县支行制度，并将挂点效果纳入领导干部考核。

（二）出台全行金融扶贫规划。

根据总行党委要求，年初印发了《关于做好“十三五”期间金融扶贫工作的意见》，明确未来五年全行金融扶贫的基本原则、目标任务、重点工作和资源保障，确保到2020年对832个扶贫开发重点县累计投放贷款2万亿元，贷款余额超过1万亿元，贷款增速持续高于全行，5年累计带动不少于500万贫困人口增收脱贫。

（三）逐县制定金融服务方案。

2016年1季度，根据贫困县域资源禀赋、产业特点和脱贫攻坚规划，逐县制定金融服务方案，做到“五个明确”：明确带动帮扶贫困户的目标，明确产业精准扶贫的支持重点，明确具体工作措施，明确资源保障和激励政策，明确责任部门和责任人。农业银行总行先后两次抽检，对于方案制定不符合要求的支行，责令其限期修改。

（四）积极开展多方协同扶贫。

积极加强与各级扶贫、发改、财政、人行、银监等政府职能部门合作，创新开展政府增信扶贫、政府购买服务项目扶贫、光伏扶贫、产业基金扶贫等行动，印发了《关于支持贵州省脱贫攻坚的意见》，与统战部光彩事业、工商联“万企帮万村”行动等展开了广泛合作。

（五）大力推进产品政策创新。

在贫困地区设立了15个“三农”产品创新基地，向一级分行转授贫困地区特色农业信贷产品创新权。适度放宽建档立卡贫困人口准入标准。鼓励各一级分行针对贫困地区资源禀赋、产业特点和脱贫攻坚形势，探索商业可持续的金融服务模式，制定更加精细的差异化信贷政策。

（六）切实加大各项资源投入。

2016年针对832个国家扶贫重点县机构，单列专项信贷计划723亿元，额外配置1亿元业务费用和1亿元战略工资。优先安排100个自助银行新建指标，在用工计划、招聘政策、培训资源等方面实施了定向倾斜。明确了建档立卡贫困户贷款的减值准备由农业银行总行承担，并执行差异化的经济资本系数。对贫困地区产品创新执行了差异化政策，为重点扶贫项目开辟了绿色审批通道。

（七）实施金融扶贫专项考核。

制定印发了2016年《金融扶贫专项评价方案》，将支持建档立卡人口、精准扶贫贷款增长、普惠金融服务覆盖率等指标纳入考核体系，专项评价县支行金融精准扶贫工作情况。将832个国家扶贫重点县的各项贷款投放情况纳入所在一级分行“三农”金融事业部考核。

（八）全力做好定点扶贫工作。

2016年初召开了农业银行定点扶贫工作对接会，印发了《定点扶贫工作支持政策》，落实了11项特惠政策。三农业务总监、三农板块部门负责人结对帮扶4个定点县支行，行领导、三农总监及相关部门负责人先后18人次赴定点县开展调研，协调解决有关工作问题。稳步推进向定点扶贫县派副县长、派副行长和派贫困村第一书记的“三派”制度，第二批共9人已于2016年下半年全部到位。对于定点扶贫县重点建设项目，实施信贷预审查，条件成熟的项目加快贷款审批进程。

三、金融扶贫典型案例

（一）建档立卡贫困户生产经营贷款产品。

农业银行在河北、甘肃、新疆、四川等地，与当地政府开展扶贫合作。政府通过专业化担保公司和风险补偿基金等方式，为贫困农户进行增信，农业银行按照担保公司资本金或风险补偿资金的一定比例（一般为8-10倍）为贫困农户发放贷款。贷款发放前后，政府协助农行开展客户筛选、贷款管理、用信收回等工作。例如，2015年，农业银行与甘肃省政府合作，在甘南和陇南两市州创新了“金穗惠农精准扶贫贷款”专属产品，面向建档立卡贫困户，每户贷款额度1-5万元，期限1-3年，免抵押、免担保，财政全程全额贴息。在风险控制上，由政府、银行按7:3比例出资，按贷款总额的3%建立风险补偿基金，对贷款损失予以补偿。截至2016年末，农业银行已发放贷款65亿元，支持13.5万建档立卡贫困户。

（二）产业主体带动模式。

农业银行精准选择、大力支持扶贫带动能力强的产业和项目，执行优惠信贷条件，增强贫困户与产业发展主体间的利益联结机制，通过支持龙头企业引领一批、支持专业合作社带动一批、支持规模农户帮扶一批、支持特色农业辐射一批、支持旅游资源开发脱贫一批等方式，让贫困农户得到创业、就业、产业合作等增收机会。例如，在沂蒙山区，六和集团与从事养殖的贫困户建立订单合作关系，同时向农业银行推荐有贷款需求的订单养殖贫困户，通过农业银行发放小额贷款、六和集团提供担保的方式，支持近3000户贫困农户发展养殖业。贷款资金发放、养殖户资金结算以及到期贷款偿还均通过银行专户进行，确保资金封闭运行；在湖北蕲春县，医药产业是该县的主导产业，农业银行创新了“政府+银行+医药龙头公司+规模农户+贫困农户”的五位一体扶贫模式。政府和医药龙头公司分别提供70%、30%的贷款风险担保；农业银行向规模农户提供单户10万元-50万元的贷款；规模农户每贷款15万元，须至少带动2户贫困户增收脱贫，并由县扶贫办审核通过后推荐给农行。

（三）光伏扶贫贷款产品。

农业银行在山西、河北、湖南、安徽等地，创新支持当地光伏扶贫工程。例如，河北分行在武强等贫困县创新光伏扶贫贷。政府与光伏企业签订20年合作合同，按照每户建档立卡贫困户5000瓦的标准，在屋顶等地方建设户用发电站，并负责日常维护。每户发电站建设成本为4万元（8元/瓦），其中政府补助1.2万元，农行为政府增信的每户建档立卡户发放5年期贷款1.5万元，企业出资1.3万元。银行为每名建档立卡户办理惠农卡，由村委会或乡政府统一保管。电费打入惠农卡后，村委会每年给建档立卡户3000元，3000元归还银行贷款（5年还清，政府贴息），剩余款项为企业收入及维护费用。贷款还清后，依旧每年给建档立卡户3000元，其余归光伏企业。

（四）特定融资主体带动模式。

农业银行与符合承贷条件的特定融资主体合作，由特定融资主体统一承贷、统一还款，资金按扶贫项目分散使用。这种模式的特点可概括为：“统贷统还、贷用分离、项目受益到户”。例如，贵州省财政厅注资30亿元成立贵民公司，由该公司向农业银行统一贷款，资金用于全省所有县市的“六小”（即小康路、小康水、小康电、小康讯、小康房、小康寨）美丽乡村建设；各市县财政书面向贵民公司承诺还款并全部纳入政府债务系统；贷款到期由贵民公司统一向农业银行归还贷款。该项目覆盖全省 100 个市（州）县，将建成小康路建设 1.37 万公里，小康水建设项目 4134 个、小康房建设 4.34 万户、小康寨建设 4.09 万个，惠及 1148 万人。

（中国农业银行 何源源 王瑜洁）

地 区 篇

河北农村减贫情况

2016 年，河北省委省政府认真贯彻习近平总书记扶贫开发战略思想和中央脱贫攻坚决策部署，坚持精准扶贫、精准脱贫基本方略，以燕山一太行山集中连片特困地区、黑龙港流域集中连片特困地区、环首都扶贫攻坚示范区为主战场，以增加贫困群众收入为核心，以培育发展富民产业为主攻方向，以改革开放为动力，不断完善创新体制机制，贫困地区①脱贫产业布局进一步优化，基础设施和公共服务水平进一步提升，贫困群众脱贫致富奔小康的内生动力进一步增强，为打赢“十三五”脱贫攻坚战奠定了坚实基础。2016 年全省农村居民人均可支配收入 11919 元，比上年增长 7.9%。其中，贫困地区农民人均可支配收入 8382 元，增长 10.6%。全省农村贫困人口减少 53 万人，其中，贫困地区农村减贫 50 万人。

一、扶贫成效显著

（一）贫困地区农民收入增速高于全省平均水平。

2016 年，贫困地区农民人均可支配收入增长 10.6%，与同期全省农民人均可支配收入增长 7.9% 相比，高 2.7 个百分点。贫困地区人均收入与全省平均水平的差距进一步缩小，人均可支配收入之比由上年的 0.685：1（以全省平均水平为 1）转变为 0.703：1。

（二）贫困地区减贫幅度高于全省平均水平。

2016 年，全省农村贫困人口 188 万人，减少 53 万人，减贫幅度为 22.1%。其中，

①河北省贫困地区包括国家扶贫开发工作重点县和燕山－太行山连片特困地区。其中扶贫开发工作重点县 39 个，连片特困地区县 22 个，16 个县相重合。

贫困地区贫困人口 147 万人，减少 50 万人，减贫幅度为 25.3%，贫困地区减贫幅度高于全省减贫幅度 3.2 个百分点。

表 1　2013 年以来河北农村贫困人口规模及减贫情况

单位：万人

年　份	全省农村		贫困地区农村	
	贫困人口	减贫人口	贫困人口	减贫人口
2013	366	71	304	50
2014	320	46	265	39
2015	241	79	197	68
2016	188	53	147	50

（三）贫困发生率降至 3.3%。

2012-2016 年，河北农村贫困发生率由 7.8% 下降为 3.3%，下降 4.5 个百分点。其中，2016 年较上年下降 1 个百分点。

图 1　2012-2016 年贫困发生率下降情况

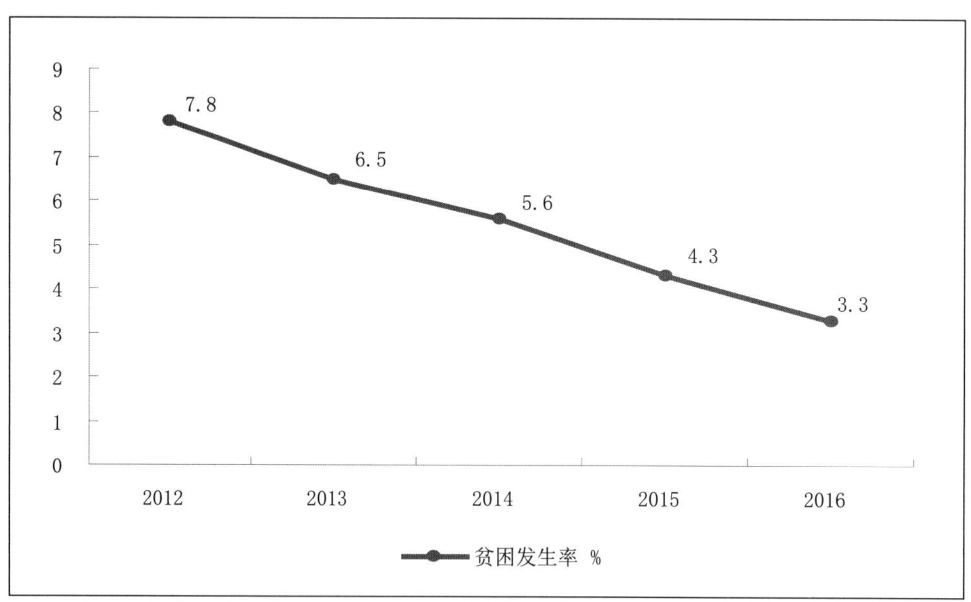

二、贫困地区农村居民收入稳步增长

2016 年，河北加大扶贫资金投入与管理，将产业扶贫作为脱贫攻坚的主攻方向，大力发展富民产业，带动贫困群众增收致富，贫困地区农民人均可支配收入 8382 元，增长 10.6%，增长速度高于全国贫困地区农村 0.2 个百分点。

（一）工资性收入和转移性收入较快增长。

2016 年，河北大力推广“企业 + 合作社 + 基地 + 农户”的龙头引领发展模式，引导家庭手工业由自发生产转向组织化、产业化、规模化发展，发展家庭手工业专业村 160 个，从业人口 2 万人。实现农村低保线与扶贫线“两线合一”、动态管理，最低补差标准提高到 150 元 / 月。这些举措拉动贫困地区农民家庭工资性收入和转移净收入较快增长。其中，人均工资性收入 4190 元，比上年增长 13.4%；人均转移净收入 1578 元，比上年增长 12.2%。

（二）经营净收入稳步增长。

2016 年，受农牧业市场低迷特别是玉米价格大幅下跌影响，经营净收入增长难度加大。为确保贫困地区农民家庭经营净收入增长，河北大力发展设施蔬菜、食用菌、优质林果、中药材和畜牧养殖等产业，实施“景区带村、能人带户”旅游扶贫。截至 2016 年底，所有贫困县新增设施蔬菜 40 万亩、食用菌 3 万亩、林果 80 万亩、中药材 10 万亩，建设旅游扶贫专业村 440 个，推动贫困地区农民家庭人均经营净收入达到 2503 元，比上年增长 5.5%。

（三）财产性收入稳定增长。

2016 年，河北探索创新两大机制。一是股份合作机制。通过支持贫困村组建法人合作社和股份合作体，将项目和资金到户转为资本和权益到户。通过推动资源变资本、资金变股金、农民变股东、自然人农业变法人农业“四变”，使贫困户成为可以从企业拿租金、股金和薪金的“三金”农民。二是资产收益扶贫机制，让贫困群众分享资产折股、资源开发等收益。两大机制有力地促进了贫困地区农民家庭财产性收入的稳定增长。全年人均财产性收入 110 元，增长 7.7%。

三、贫困地区农村居民生活不断提高

河北实施精准扶贫以来，不但在增加农民收入上狠下功夫，同时也为实现“两不愁、三保障”提供了强有力的支撑。2016 年，贫困地区农民人均消费性支出 7171 元，比上年增长 6.4%。

（一）“两不愁”不断提高。

2016 年，贫困地区农民人均用于”吃”，即食品烟酒消费支出达 2453 元，较上年增加 271 元，增长 12.4%，位于消费性支出首位，对消费的贡献率为 62.4%；“穿”，即衣着消费支出 487 元，较上年增加 15 元，增长 3.1%。

表 2　河北贫困地区农村居民食品衣着消费情况

指　标	2016 年（元 / 人）	2015 年（元 / 人）	增加（元 / 人）	增速（%）
食品烟酒	2453	2182	271	12.4
衣着	487	472	15	3.1

（二）“三保障”逐步夯实。

2016 年，河北农村危房改造 12.5 万户，新建每户补助 2.3 万元，修缮加固每户补助 0.8 万元。贫困地区农村居民人均居住消费支出由上年的 1477 元增长为 1518 元，增长 2.8%。

2016 年，河北印发了《关于推进教育脱贫行动的实施方案》，将“三免一助”资助范围扩大到省内公办普通高中、中职学校和普通高校建档立卡贫困家庭学生，惠及贫困学生 4.56 万人，生均获得资助 4217 元。资助范围的增大，拉动教育文化娱乐消费支出由上年的 643 元增长为 688 元，增长 7.1%。

2016 年，河北强化落实《关于提高贫困人口医疗保障救助水平解决因病致贫返贫问题的实施方案（试行）》，提升医疗保障救助水平，减轻贫困患者医疗负担 50% 左右。人均医疗保健支出 651 元，较上年减少 118 元。

图 2 2013-2016 年居住、教育、医疗消费支出对比图

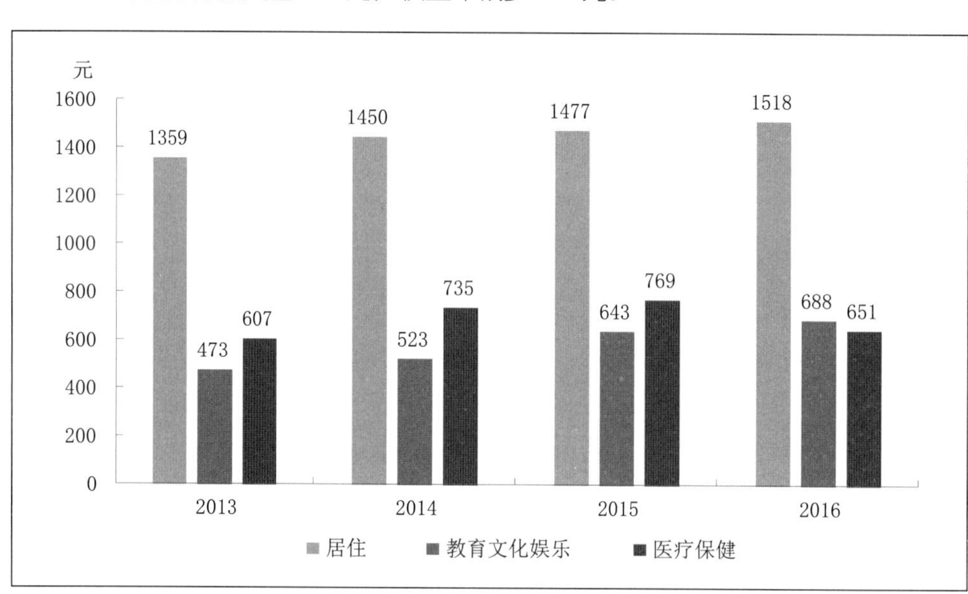

（三）居住条件进一步改善。

2016 年，贫困地区农村居住竹草土坯房的农户比重下降为 3.6%，使用管道供水的农户比重提高为 66.9%，使用经过净化处理自来水的农户比重增长为 41.9%，饮水无困难的农户比重提高为 97.1%，独用厕所的农户比重上升为 98.5%，炊用柴草的农户比重下降为 40.7%。

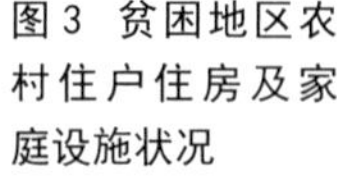
图 3 贫困地区农村住户住房及家庭设施状况

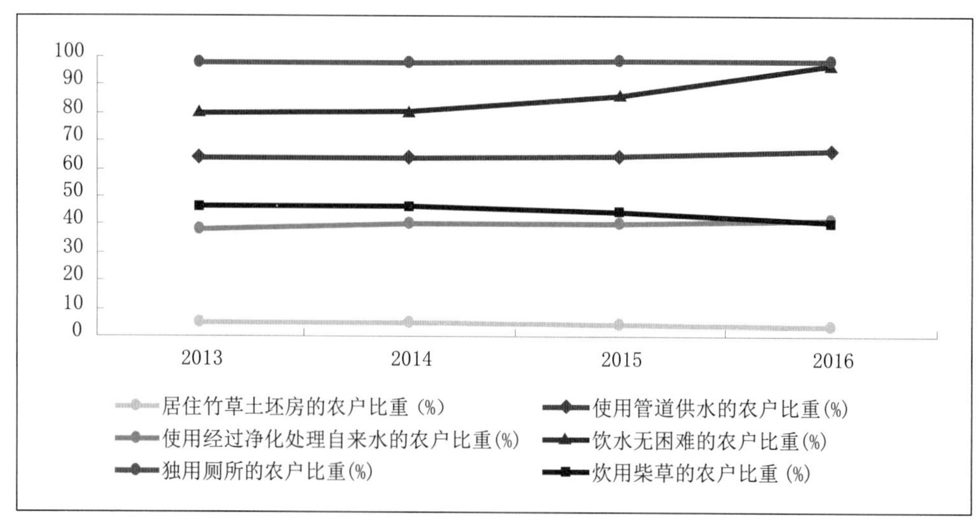

（四）生活质量进一步提高。

随着农村居民生活水平的不断提高，家庭耐用消费品拥有量也不断增加。截止2016年底，贫困地区农户主要耐用消费品拥有量较上年相比均有所增加。汽车拥有量由每百户10.5辆增加为12.9辆；洗衣机由每百户83.3台增加为85.1台；电冰箱由每百户72.5台增加为77.3台；移动电话由每百户182部增加为190.3部；计算机由每百户18台增加为18.8台。

四、贫困地区整体面貌不断提升

（一）基础设施进一步提升。

2016年，河北利用中央以工代赈资金2.44亿元，实施项目148个，覆盖了燕山一太行山集中连片特困地区片区县和国家扶贫开发工作重点县（区），完成基本农田建设6.3万亩，小型农田水利工程新增灌溉面积10.6万亩、修建乡村道路530公里、独立桥涵590延米，小流域治理3.7平方公里、片区综合开发4780亩等。截至2016年底，河北贫困地区所在自然村进村主干道路硬化的农户比重达到97.7%；所在自然村通公路的农户比重达到99.5%；所在自然村通电话的农户比重达到99.8%；所在自然村通宽带的农户比重达到93.4%；所在自然村能便利乘坐公共汽车的农户比重达到83.9%。

（二）公共服务水平不断提高。

2016年，河北在100个片区、4706个重点创建村全面实施美丽乡村文化建设专项行动，开展环境整治、美化农村环境，有力地促进了贫困地区公共服务水平的提高。截至 2016年底，贫困地区所在自然村能集中处理垃圾的农户比重达到55.4%；所在自然村有卫生站的农户比重达到98.4%；所在自然村上幼儿园便利的农户比重达到86.4%；所在自然村上小学便利的农户比重达到85.1%。

河北贫困地区分布较广，贫困程度较深，脱贫难度较大。2017年省委省政府在布局整体脱贫攻坚战中，又将张承坝上地区和深山区的10个深度贫困县（坝上地区的康保、沽源、尚义、张北、丰宁、围场和深山区的阳原、阜平、涞源、隆化）、206个深度贫困村作为全省脱贫攻坚重点区域，整合资源力量，从政策落地的堵点、工作推动的难点、基层反映强烈的痛点入手，创新观念、创新机制、创新举措，积极探索深度贫困地区脱贫攻坚的新路子，确保深度贫困地区如期实现脱贫攻坚任务目标。

（国家统计局河北调查总队 张炳彦 戴江学 水宁）

山西农村减贫情况

2016年是脱贫攻坚首战之年，山西省委省政府认真贯彻落实习近平总书记扶贫开发重要战略思想，按照精准扶贫、精准脱贫的方略，把脱贫攻坚作为第一民生，摆在全省工作突出位置，贫困地区坚持以脱贫攻坚统揽经济社会发展全局，光伏扶贫、产业扶贫、金融扶贫有序开展；特色农业扶贫、生态建设扶贫、培训就业扶贫等扶贫重点工程持续深入，脱贫攻坚工作取得积极成效。一年来，全省36万贫困人口实现脱贫，贫困发生率下降1.5个百分点，贫困地区农民人均可支配收入增长9.0%，生活水平不断改善。

一、农村贫困人口持续下降

按现行国家农村贫困标准（每人每年2300元，2010年不变价）2016年全省农村贫困人口186万人，比2015减少36万人，下降16.2%。贫困发生率由2015年的9.2%下降到2016年的7.7%，下降1.5个百分点。

（一）中部六省贫困发生率均呈下降，山西下降幅度靠前。2016年，中部地区农村贫困人口发生率全面下降，山西贫困人口发生率下降幅度靠前。2016年，中部六省农村贫困人口发生率下降幅度为：山西下降1.5个百分点；湖南下降1.6个百分点；湖北下降1.0个百分点；安徽下降1.4个百分点；江西下降1.5个百分点；河南下降1.2个百分点。山西分别比湖南慢0.1个百分点；比湖北快0.5个百分点；比安徽快0.1个百分点；与江西下降幅度持平；比河南快0.3个百分点，下降幅度靠前。

（二）周边四省贫困发生率也均呈全面下降，山西下降幅度居中。从山西周边四省农村人口贫困发生率下降幅度看，2016年，山西与周边四省农村贫困人口发生率下降幅度为：山西下降1.5个百分点；河南下降1.2个百分点；河北下降1.0个百分点；内蒙古下降1.7个百分点；陕西下降2.3个百分点。山西下降速度分别比河南快0.3个百分点；比河北快0.5个百分点；但比内蒙古慢0.2个百分点；比陕西慢0.8个百分点，山西下降幅度居中。

二、贫困地区农民收入增速高于全省农村平均水平

贫困监测调查显示，2016年，山西省贫困地区农村居民人均可支配收入6623元，比上年增加545元，增长9.0%，增速比全省农村居民人均可支配收入高2.4个百分点。工资性收入、家庭经营净收入、转移净收入成为贫困地区农民收入增长的主要动力。虽然贫困地区农民收入增幅高于全省，但因贫困地区自然条件差，基础设施和生产技术条件落后，绝对值与全省农村居民平均水平相比仍有较大差距。2016年，全省农村居民人均可支配收入为10082元，较贫困地区农村居民高3459元，贫困地区农

民收入仅相当于全省农村居民人均可支配收入的 65.7%，比上年提高 1.4 个百分点。

（一）工资性收入平稳增长。2016 年，山西贫困地区农村居民人均工资性收入 2812 元，比上年增加 149 元，增长 5.6%，增速与全省农村居民人均工资性收入水平基本持平，对贫困地区农村居民人均可支配收入增长的贡献率为 27%，拉动可支配收入上涨 2.4 个百分点。工资性收入增长的原因：一是投资增速持续稳健，为保障和拉动居民就业奠定了基础。二是煤焦钢等主要工业品价格企稳回升，进一步促进了山西经济恢复性回暖，为山西贫困地区农民就业提供了更多的工作岗位。三是农民工工资水平不断提高。2016 年政府对农民工权益的政策保障力度不断加大，治理欠薪等措施取得成效，维护了农民工的合法利益，保证了农民工工资的及时发放，促进了农民工工资的明显增加。2016 年全省贫困地区农民人均按月发放工资为 933 元，比上年增加 192 元，增长 25.8%。

（二）经营净收入稳步增长。2016 年，山西贫困地区农村居民人均经营净收入 2117 元，比上年同期增加 114 元，增长 5.7%，增速比全省农村平均水平高 1.7 个百分点，对贫困地区农村居民人均可支配收入增长的贡献率为 21%，拉动可支配收入上涨 1.9 个百分点。分产业看：一产、三产均呈增长，第一产业人均经营净收入为 1724 元，增加 88 元，增长 5.4%；第三产业人均经营净收入为 363 元，增加 32 元，增长 9.7%。山西贫困地区经营净收入增长原因：一是强农惠农政策力度继续加大，促进农业现代化发展，特别是大力发展具有山西特色的杂粮、干鲜果、设施蔬菜、草牧业、中药材等产业，推进农业产业化经营。二是种植结构调整，农业效益提高。2016 年山西马铃薯种植面积为 274.2 万亩，同比增长 9.4%。据农产品生产价格调查，2016 年薯类价格同比上涨 17.8%，薯类农产品价格好于上年，在一定程度上拉动了农村居民家庭经营收入的增加。三是特色产业扶贫扎实推进。据山西省扶贫办资料，杂粮、中药材、干鲜果等七大特色农业带动 33 万贫困群众增收；光伏扶贫建设村级电站 783 座，地面集中电站 10 座，共 198.96MW，惠及 1800 个贫困村、5.7 万贫困户；旅游扶贫在 132 个村试点示范，带动 2830 户就业增收；电商扶贫发展迅猛，本土电商乐村淘、农芯乐等覆盖 3836 个贫困村，带动 3.5 万贫困人口综合增收。四是山西贫困地区多处边远山区，农民家庭净收入多以农业生产为主，2016 年山西粮食总产量为 1318.5 万吨，同比增产 4.7%。山西农业的连年丰收，使贫困地区农民可供出售的农产品数量较为充裕，有效保障了农民家庭经营收入的增长，但农产品价格持续低位运行也对贫困地区农民收入造成较大影响。

（三）财产净收入小幅增长。山西贫困地区农村居民人均财产净收入为 80 元，比上年增加 4 元，增长 4.8%，增速低于全省农村平均水平 0.3 个百分点，对贫困地区农村居民可支配收入增长的贡献率为 1%，拉动可支配收入上涨 0.1 个百分点。

（四）转移净收入快速增长。山西贫困地区农村居民人均转移净收入为 1614 元，比上年增加 278 元，增长 20.8%，增速较全省农村平均水平高 7.6 个百分点，对贫困地区农村居民可支配收入增长的贡献率为 51%，拉动可支配收入上涨 4.6 个百分点，转移净收入占可支配收入的比重为 24.4%，比上年提高 2.4 个百分点。

转移净收入快速增长主要原因：一是为推进农业供给侧改革，加快转变农业发展方式，创新财政农业投入机制，确保农业稳定发展和农民持续增收，山西在现行各项强农惠农富农政策的基础上，2016 年新实施十项强农惠农富农政策，新增补贴资金 63.9 亿元。二是山西提前启动实施 2017 年度新一轮退耕还林还草建设任务，贫困县实施退耕还林每亩可获补贴 2300 元，生态保护扶贫带动了 7.53 万退耕还林贫困户户均增收 3400 元。三是农村社保状况继续改善。2016 年山西提高了城乡低保标准，每人每月增加 20 元；提高了残疾人补助标准，由原来每人每月 40 元提高到 50 元；提高了医保财政补助标准，由人均 380 元提高到 420 元，人均增加了 40 元；大病医保全面实施，农村居民大病医疗报销收入进一步增加。四是加大政策性补贴，农民稳步增收。开展政策性马铃薯保险保费补贴和开展特色农业保险的市县实施奖补。对购置电动农业机械的农户和经营组织实施奖补，为配合国家玉米收储制度改革，山西 2016 年下达玉米大县奖励资金 2.98 亿元，用于弥补由于玉米价格变化对种粮农民收入的影响。五是外出务工人员增多，寄带回收入增加。据农民工监测调查资料显示，2016 年，山西外出农民工同比增加 11.7 万人，外出从业人均全年寄回带回收入同比增长 10.3%。

三、贫困地区农民消费层次进一步提升

2016 年，山西贫困地区居民人均消费支出为 5841 元，比上年增加 386 元，增长 7.1%。其中，吃穿用基础性消费人均为 2773 元，占消费支出比重为 47.5%，同比下降 2.1 个百分点，居住、交通通讯、教育文化娱乐、医疗支出提升速度较快，贫困地区农村居民消费结构进一步优化，消费层次进一步提升。

（一）教育文化娱乐消费较快提升。

2016 年，山西贫困地区农村居民人均教育文化娱乐支出 646 元，比上年增加 106 元，增长 19.7%。其中，教育支出 558 元，比上年增加 122 元，增长 27.5%。其中，小学、初中和高中人均消费 297 元，比上年增加 41 元，增长 15.8%，大专以上及成人教育人均支出 233 元，比上年增加 92 元，增长 65%。素质教育支出增加的主要因素：一是中小学素质教育改革以来，使课后作业负担减轻，家长为让孩子全面发展，在兴趣班、特长班方面主动投入更多的教育费用；二是大专以上及成人教育在就业能力和就业需求的培训方面投入加大。

（二）居住消费较大增加。

2016 年，山西贫困地区农村居民在城里上学和打工租赁房屋及自身消费的费用增加，人均居住支出 1240 元，比上年增长 12.8%。其中人均租赁房房租 28 元，比上年增加 9 元，增长 44.1%；人均水电燃料及其他费用 460 元，比上年增加 66 元，增长 16.7%；住房维修及管理支出 141 元，比上年增加 10 元，增长 7.6%。

（三）交通通信消费持续增加。

2016 年，山西贫困地区居民人均交通通信消费 566 元，比上年增加 42 元，增长 8.1%。其中，通讯工具支出 68 元，比上年增加 18 元，通讯服务支出 238 元，比上年增加 29 元，增长 14.1%。通信费用增加则主要体现在；一是通讯工具的普及；二是智能手机以及其配套的各类电子产品层出不穷，刺激居民相关消费提升。

（四）居民医疗保健不断增加。

随着医保政策的完善和补贴标准的提高，贫困地区农村居民医疗保健意识逐步增强，拉动医疗保健服务支出增加 2016 年，山西贫困地区居民人均医疗保健支出 617 元，比上年增加 27 元，增长 4.6%。其中，医疗器具及药品支出为 250 元，比上年增加 26 元，增长 11.7%；医疗服务支出 367 元，增长 0.2%。

（五）家庭基础消费需求平稳。

2016 年，山西贫困地区居民吃穿用支出为 2773 元，比上年增加 70 元，增长 2.6%，其中，人均食品烟酒支出 2105 元，增比上年长 7.6%；衣着、生活用品及服务和其他用品服务的消费分别比上年下降 7.5%、7.7% 和 31.5%。

四、贫困地区农村基础设施建设取得新进展

2016 年，山西省进一步加大实施贫困地区农村基础设施和公共服务建设，改善贫困地区农村生产生活条件，加快推进电网改造、网络覆盖、交通和水利等基础设施建设，稳步带动了贫困地区产业发展，为实现山西贫困地区全面脱贫打下较好基础。

一是电网改造项目实施进一步加快。2016 年，省委省政府高度重视实施贫困村电网升级改造项目，保障贫困村、贫困户生产生活需求，特别是及时解决生态扶贫搬迁集中安置点、乡村旅游示范点和特色院落生产生活用电需求。贫困监测调查显示 :2016 年，山西通电的自然村比重为 99.8%，比上年提高 1.5%，使用照明电的农户比重为 99.2%。

二是信息网络覆盖进一步加快。2016 年，进一步加快推进了贫困地区互联网进村入户计划，为贫困村接通符合国家标准的互联网，积极推进贫困地区居民以及电商农户上网覆盖面。2016 年，山西通电话的自然村比重为 94.6%，比上年提高 4.8%；通有线电视信号的自然村比重为 80.0%，比上年提高 6.1%；通宽带的自然村比重为 74.9%，比上年提高 5.9%；使用互联网的农户比重为 31.8%，比上年提高 2.4%。

三是交通、公路建设进一步加快。2016 年，山西继续加大对贫困地区道路硬化、公路新建和维修力度，实现运输道路和客运班车通畅。2016 年，山西主干道路面经过硬化处理的自然村比重为 93.6%，比上年提高 2.6%，通客运班车的自然村比重为 73.9%，比上年提高 2.7%。

四是水利基础建设进一步加快。进一步加快实施山西贫困村饮水安全项目，提高饮用水水质。2016 年，山西贫困地区饮水无困难的农户比重为 78.7%，比上年提高 4.8%；饮用水经过集中净化处理的自然村比重为 41.4%，比上年提高 6.1%；使用管道供水的农户比重为 68.7%，比上年提高 2.0%；使用经过净化处理自来水的农户

比重 31.3%，比上年提高 3.1%。

五、贫困地区农民生活水平仍需继续提高

2016 年，尽管山西贫困地区经济保持了良好的发展态势，贫困地区农民增长快于全省农民，消费水平也有了较快提升，但与全省农民平均水平相比仍有较大差距。

（一）贫困地区农民生活水平与全省相比仍有差距。

贫困监测调查显示，2016 年，贫困地区农民人均生活消费支出比全省农村平均水平低 2188 元，相当于全省平均水平的 72.7%。比全国贫困地区农民消费水平低 1490 元，生活水平仍然较低。贫困地区农村居民 “吃穿用”消费支出为 2273 元，增长 7.5%，比全省农村居民少 926 元，增速低 1.7 个百分点；居住消费支出 1240 元，比全省农村居民少 558 元，增速低 4.2 个百分点；交通通讯支出为 566 元，比全省农村居民少 396 元，增速低 8.3 个百分点；虽然教育文化娱乐和医疗保健支出的增速分别高于全省 8.4 和 7.7 个百分点，但其绝对值分别比比全省农村居民少 486 元和 177 元。

（二）贫困地区农村居民就业竞争力脆弱。

从贫困地区农村劳动力整体素质看，贫困地区农村劳动力普遍存在就业技术和能力较低，文化程度相对不高，导致掌握和接收新信息、新技术的能力，参与就业竞争的能力相对脆弱，大部分贫困地区农民外出从业选择的是劳动密集型工作，劳动强度大，工资水平低。2016 年贫困地区农民工资性收入为 2812 元，比全省农民工资平均水平低 2392 元，相当于全省农民工资平均水平的 54%，而贫困地区农村居民中高中以上文化程度仅占 6%。

（三）贫困地区农民增收后劲不足。

一是生产结构相对单一。山西贫困地区多处于偏远山区，农民的收入来源主要依靠第一产业，第二、第三产业的收入相对较少。贫困地区农民收入中，来源于第一产业的经营净收入占家庭经营净收入的 81.3%。二是非农产业发展缓慢。从贫困地区非农产业规模和现状看，数量少，规模小，大多主要是小作坊、小规模、家庭式的商业、餐饮和交通运输业，市场竞争力低，增收能力有限。三是绿色、特色农产品开发不足，品牌意识差，特别是有些特色产品尚未得到充分开发，带动产业增收乏力。四是自然条件脆弱和耕作条件落后，面积小，产量低，增产潜力有限，未能形成规模生产和品牌效益。

六、进一步加快贫困地区农民脱贫的几点建议

（一）加大扶贫综合力度，增强扶贫开发合力。进一步加大各项扶贫开发工作力度，全力推进精准扶贫工作开展。按照山西贫困地区区域特点，精准分类，因地制宜，联合驱动，抱团取暖，以产业划分为基础，以特色开发为重点，以打造品牌

为突破，以适度规模为发展，注重发挥扶贫资金效益。积极开展扶贫协作，加大各部门、各行业对贫困地区扶贫力度、资金融合和项目对接，形成扶贫合力，精准发力，靶向“治疗”。同时加快贫困地区基础设施建设，促进贫困地区的旅游扶贫、电商扶贫、光伏扶贫的健康发展。

（二）培育特色产业带动能力，提高经济增长亮点。一是进一步加大产业扶贫力度，推进农村产业融合发展，把传统分散的农业生产转变为规模化、集约化、标准化的现代农业，关键是将新技术、新业态和新模式引入农业，用现代理念引领农业，用现代技术改造农业，抓龙头、抓特色、抓培训、抓品牌，把特色产业做成优势产业，提高产业竞争力。二是加强协作，把新型经营主体、龙头企业和贫困群众联结起来，总结推广各类资产收益扶贫模式，开辟贫困群众脱贫增收新渠道，加快提升农业产业化水平，把特色产业做成脱贫产业，加强农业科技研发和推广。三是积极推进贫困地区农村产业融合发展，把传统分散的农业生产转变为规模化、集约化、标准化的现代农业，特别是将新技术、新业态和新模式引入农业，用现代理念引领农业，用现代技术改造农业，提高农业竞争力。

（三）大力发展二、三产业，拓宽农民增收渠道。一是创新融资方式，加快发展山西贫困地区的民营经济，使民营企业成为贫困地区农村劳动力转移的重要载体。二是加快“互联网+”现代农业的发展，支持和鼓励贫困地区农村电子商务发展，建立贫困地区农村新的经济增长点，使贫困地区农产品创品牌，畅渠道，促进贫困地区农民增收来源。三是挖掘悠久历史资源，通过因地制宜、科学规划，开发各种特色的旅游业、服务业，拓宽农民收入渠道。四是引导贫困地区农村二三产业向交通条件好、信息来源广的地方集中，形成集约规模化发展，培育农产品加工、商贸物流等专业特色小城镇。强化产业支撑，稳定吸纳农业转移人口。

（四）加大精准培训力度，推动贫困地区劳动力转移。加强对山西贫困地区农民农业科技知识方面的培训，提升农民素质，全力推进特色产业发展，特色产业扶贫。一是在培训对象上找精准，在培训对象上要因人因地因条件分层分类进行技术培训，特别是加强对贫困地区农民科技文化素质的培训，提高贫困地区人口在就业能力和职业技能，重点要增强贫困户自我生存和发展能力。二是在培训内容上找精准，要找短板、找出路、找优势、找特点进行培训，要拓展贫困地区农民就业渠道，增加就业机会，积极建立针对贫困地区的劳动力市场，增加就业机遇。三是在培训效果上找精准，在培训效果上要做实、做好、做出效果，订单培训、定岗培训、互联网+培训等模式，“两后生”免费职业培训、春潮行动、技能脱贫千校行动、返乡农民工创业培训，不断拓宽培训渠道，提高培训效果。四是在培训时间上找精准，在培训时间上要抽农闲和休闲时间，使农民坐得住，听得进、学得好，对毕业后未能升学和工作的贫困生抓紧就业技能培训，既能减轻社会负担，还能提升就业机会，减贫脱困。

（国家统计局山西调查总队 吴世明 杨力军）

内蒙古农村减贫情况

近年来，内蒙古扶贫开发投入力度进一步加大，“三到村三到户”精准扶贫、“十个全覆盖”、金融扶贫、“五个一批”等扶贫项目成效显著，国家重点贫困旗县农牧民收入持续增长，贫困人口大幅度减少，贫困发生率不断下降。

一、内蒙古农村牧区贫困程度、规模及分布

（一）贫困人口规模。

按照现行国家农村贫困标准每人每年 2300 元（2010 年价格水平），2016 年，内蒙古农村贫困发生率为 3.9%，贫困人口为 53 万人；国贫旗县农村牧区贫困发生率为 6.6%，贫困人口为 46 万。

（二）贫困旗县分布。

内蒙古 103 个旗县（区）中，有 31 个旗县被确定为国家扶贫开发工作重点旗县。在此基础上，自治区根据自身情况，又确定 26 个旗县为自治区扶贫开发工作重点旗县（简称区贫旗县）。

全区 31 个国贫旗县分布在 7 个盟市。其中呼和浩特市 1 个，呼伦贝尔市 2 个，兴安盟 5 个，通辽市 4 个，赤峰市 8 个，锡林郭勒盟 2 个，乌兰察布市 8 个。26 个区贫旗县分布在 11 个盟市。其中呼和浩特市 1 个，包头市 1 个，呼伦贝尔市 4 个，兴安盟 1 个，通辽市 2 个，赤峰市 2 个，锡林郭勒盟 5 个，乌兰察布市 2 个，鄂尔多斯市 1 个，巴彦淖尔市 5 个，阿拉善盟 2 个。

内蒙古地区集中连片特困区有 8 个旗县，其中燕山-太行山片区为化德县、商都县、兴和县；大兴安岭南麓片区为阿尔山市、科尔沁右翼前旗、科尔沁右翼中旗、扎赉特旗、突泉县，这 8 个旗县既属连片特困区，又是国家贫困重点旗县。

二、内蒙古国贫旗县扶贫成效

2016 年，内蒙古扶贫开发投入力度进一步加大，国家重点贫困旗县农牧民收入持续增长，生活消费水平不断提升，贫困发生率下降，贫困人口大幅减少。

（一）贫困人口大幅下降，贫困程度趋缓。

按照国家贫困标准（2010 年不变价人均纯收入 2300 元），2016 年，内蒙古农村牧区贫困人口由 76 万减少至 53 万人，贫困发生率由 5.6% 下降至 3.9%，下降 1.7 个百分点；国贫旗县农村牧区贫困人口由 66 万减少至 46 万，贫困发生率由 9.3% 下降至 6.6%，下降 2.7 个百分点。

（二）国贫旗县农牧民收入稳步增长。

2016 年内蒙古农村牧区居民全年人均可支配收入为 11609 元，比上年增加 833 元，增长 7.7%，扣除物价上涨因素，实际增长 6.5%；国贫旗县农牧民人均可支配收入 9005 元，比上年增加 804 元，增长 9.8%，扣除物价上涨因素，实际增长 8.6%。

收入增幅快于全国和全区平均水平。2016 年，国贫旗县农牧民人均可支配收入增长 9.8%，高于全区农牧民平均增幅 2.1 个百分点，比上年同期提高 1.5 个百分点；从收入水平来看，比全国贫困地区农村平均水平高 553 元。

表 1　2016 年内蒙古农村牧区居民人均可支配收入比较

指　标	全区农牧户			国贫旗县农牧户		
	金额（元）	增长率（%）	占比（%）	金额（元）	增长率（%）	占比（%）
人均可支配收入	11609	7.7	100	9005	9.8	100
一、工资性收入	2449	8.9	21.1	1679	14.6	18.6
二、家庭经营净收入	6216	0.5	53.5	4859	-0.4	54.0
1. 第一产业经营净收入	5477	-0.4	88.1	4478	-1.1	92.2
# 农业收入	3469	-3.6	63.3	3198	-6.6	71.4
牧业收入	1930	5.3	35.2	1144	17.0	25.5
2. 第二、三产业经营净收入	739	7.7	11.9	381	8.2	7.8
三、财产净收入	453	6.4	3.9	224	8.7	2.5
四、转移净收入	2492	30.1	21.5	2243	36.0	24.9

外出打工已成为农牧民增收的重要途径。2016 年，内蒙古国贫旗县经济的快速发展，城镇化水平的提高，扶贫工作力度和资金投入的加大，都为农牧民提供了转移就业渠道，拓宽了收入来源。国贫旗县农牧民人均工资性收入为 1679 元，同比增长 14.6%。

经营净收入仍占据主导地位。在中央及内蒙古一系列惠农惠牧政策的推动下，国贫旗县农牧业生产能力和现代化水平进一步提高。2016 年，国贫旗县农牧民人均经营净收入为 4859 元，占可支配收入的比重达 54.0%，仍是国贫旗县农牧民收入的主要来源。

转移净收入增幅位居首位。内蒙古进一步加大扶贫资金投入力度，增加了畜牧业良种补贴、玉米生产者补贴，提高了购置牧业机具补贴、草原生态补贴、退耕还林还草补贴、粮食直补、购置农牧业机具补贴等各类补贴并发放到位，不断提升社会救助各项保障标准，使国贫旗县农牧民转移净收入大幅度增长。2016 年人均转移性收入为 2243 元，增长 36.0%，比上年提高 11.4 个百分点，占可支配收入的比重 24.9%，对可支配收入增长的贡献率为 73.8%，拉动可支配收入增长 7.2 个百分点，转移净收入成为农牧民增收的一大亮点，也是农牧民增收的最强动力。

财产净收入稳步增长。内蒙古对土地流转采取租赁经营、龙头企业或种植大户承包、合作经营、反租倒包、土地托管等模式，推进土地流转，带动了农牧民财产性收入的稳定增长。国贫旗县农牧民人均财产性收入为 224 元，增长 8.9%，占可支配收入的比重达 2.5%。

（三）贫困旗县农牧民生活消费水平稳步增长。

随着内蒙古农牧民人均可支配收入的稳步增加，人均消费支出也呈现出稳定增长态势。2016 年，国贫旗县农牧民人均生活消费支出 8377 元，同比增长 6.2%。恩格尔系数为 31.2，消费八大类呈现“五增一平二减”格局，用于衣食住等基础性生存消费占生活消费比重为 55.1%，比上年提高 1.3 个百分点；用于医疗保健、交通通信、教育文化娱乐等发展性消费所占比重为 39.8%；各类用品及服务类消费所占比重为 5.5%。

表 2　2016 年内蒙古农村牧区居民人均生活费支出比较

指　标	全区农牧户			贫困旗县农牧户		
	金额（元）	增长率（%）	占比（%）	金额（元）	增长率（%）	占比（%）
生活消费支出	11462	7.8	-	8377	6.2	-
1. 食品烟酒	3363	7.7	29.3	2611	9.0	31.2
2. 衣着	814	6.4	7.1	503	0.7	6.0
3. 居住	1996	9.8	17.4	1498	11.4	17.9
4. 生活用品及服务	507	6.7	4.4	340	-2.7	4.1
5. 交通通信	1709	8.7	14.9	1264	4.0	15.1
6. 教育文化娱乐	1553	6.5	13.5	1132	4.2	13.5
7. 医疗保健	1188	6.3	10.4	912	8.7	10.9
8. 其他用品和服务	252	7.2	2.2	118	-25.4	1.4

与全区平均水平相比，国贫旗县农牧民人均生活消费增速虽然低 1.6 个百分点，但国贫旗县农牧民生活消费支出增长势头依然强劲。一方面说明贫困旗县农牧民生活消费空间增大，另一方面也说明随着扶贫政策的落实，收入水平的增长，贫困旗县农牧民生活消费能力得到进一步提升。

（四）居住条件进一步得到改善。

住房面积增加，且更加坚固耐用，质量显著提升。2016 年，国贫旗县农牧民户均住房面积 80.4 平方米，比上年增长 2.6%，其中，居住钢筋混凝土和砖木结构的农户比重为 80.4%。

用水条件和环境卫生得到改善，生活品质提高。2016 年，国贫旗 94.9% 的农牧户不存在饮用水困难，83.5% 的农牧户使用安全饮用水；2.6% 的农牧户使用水冲式厕所；住宅外道路为水泥或柏油路面的农牧户为 37.1%。

耐用消费品拥有量迅速提高。2016 年，国贫旗县农牧民百户汽车拥有量为 17.4 辆，同比增长 13.8%；百户助力车拥有 28 辆，增长 23.7%；百户洗衣机拥有量 86.3 台，增长 3.8%；百户电冰箱（柜）拥有量 88.6 台，增长 5.4%；百户热水器拥有量 14.5 台，增长 32.1%；百户排油烟机拥有量 9.3 台，增长 9.4%；百户移动电话拥有量 212.9 部，增长 6.3%；百户计算机拥有量 20.3 台，增长 1.9%。

表 3　农牧户平均每百户主要耐用消费品拥有量

指　标	全区农牧户		国贫旗县农牧户	
	数值	增长（%）	数值	增长（%）
1. 汽车（辆）	27.3	18.2	17.4	13.8
2. 冰箱、冰柜（台）	97.1	8.4	88.6	5.4
3. 彩色电视机（台）	105.8	1.1	104.8	0.9
4. 助力车（辆）	38.9	22.5	28	23.7
5. 摩托车（辆）	73.0	-3.0	72.6	-2.2
6. 固定电话、移动电话（部）	242.6	2.5	226.5	1.7
7. 计算机（台）	22.9	9.9	20.3	1.9

（五）基础设施、公共服务和社会保障水平大幅度提升。

生活性基础设施持续改善。国贫旗县农村牧区通电话的自然村比重为 94.4%；通有线电视信号的自然村比重为 97.3%；通宽带的自然村比重为 60.4%；被通信信号覆盖的自然村比重为 98.8%；通客运班车的自然村比重为 75.6%；通公路的自然村比重为 91.0%；主干道路经过硬化处理的自然村比重为 83.5%；饮用水经过集中净化处理的自然村比重为 45.6%。

公共服务的便利程度大大提高。国贫旗县农村牧区有文化活动室的行政村比重为 94.3 %；有卫生室的行政村的比重为 94.3 %；拥有合法行医证医生的行政村比重为 96.1%；上幼儿园或学前班便利的行政村比重为 67.5%；上小学便利的行政村比重为 68.4%。

（六）教育扶贫覆盖率提高。

家庭教育负担明显下降，社会教育救助显著增加。近年来，随着农村牧区义务教育阶段免费政策得到很好的贯彻落实，贫困地区的学龄儿童在校率稳步提高，农牧户家庭教育负担明显下降，社会教育救助显著增加，因困失学儿童数量不断下降。2016 年内蒙古国贫旗县农村牧区 7-15 岁在校儿童比重为 98.4%；上学不便利的占 31.6%，比上年下降 9.5 个百分点，均比上年有所改善。

劳动力文化程度稳步提高。内蒙古国贫旗县农村牧区劳动力文化程度与全区平均水平相比，虽然存在一定差距，但随着对农村牧区教育重视的提高和经费投入的增加，劳动力的文化水平也在稳步提高。2016 年，贫困地区劳动力大专及以上学历的占 3.4 %，高中占 9.0% ，初中占 52.8% ，小学占 30.8%，不识字或识字不多占 4.1%。与上年相比，小学、初中和大学专科的占比分别上升了 0.4、0.1 和 0.4 个百分点。

农牧民接受专业培训意愿强烈。内蒙古贫困农牧户劳动力主要依靠政府和企业组织参加培训，参加培训的意愿比较强烈。2016 年内蒙古贫困地区劳动力接受专业培训人数占 18.7%。其中，接受农业技术培训的人数比例为 15.7 %；接受非农业技术培训的人数比例为 9.5%。

三、内蒙古致贫原因、扶贫政策及措施

（一）贫困原因。

1. 地域偏僻，自然环境恶劣。由于自然、地理、资源、文化和历史等多种因素制约，绝大多数农村牧区贫困居民生活在自然条件恶劣、基础设施落后、农业资源匮乏、交通不便、获取公共服务相对较难地区，自身缺乏“造血”功能，有的需要长期救助才能维持生活。2016 年，内蒙古 31 个国贫旗县地处山区、半山区的比例高达 70.4%，比全区农牧区平均水平高出 13.1 个百分点。加之经济基础薄弱，有相当数量的农牧民出现环境恶劣致贫、自然灾害致贫、素质低下致贫、因病返贫、因残返贫、因学返贫的恶性循环现象。

2. 土地经营面积少，土质条件差。国贫旗县农牧民实际经营土地面积较少，土壤条件较差。2016 年国贫旗县人均经营土地面积 31.6 亩，其中耕地 14.0 亩（有效灌溉面积 5.0 亩），大大低于全区农村牧区人均经营土地面积 151.7 亩，其中耕地 11.9 亩（有效灌溉面积 5.2 亩）的平均水平。

3. 产业结构单一，收入来源少。贫困旗县农牧民收入基本来源于家庭经营性收入，而在家庭经营性收入中又主要以从事第一产业的收入为主。2016 年内蒙古国贫旗县人均可支配收入中，54.0% 来自于家庭经营性收入，而经营性收入中来自第一产业的收入比重高达 92.2%。农牧业收入是贫困旗县农牧民收入的重要来源，遇到自然灾害很容易使收入水平大幅度降低，甚至入不敷出。

4. 劳动力文化程度低，技能差。贫困旗县农牧民人力资本积累比较薄弱，劳动力文化程度较低。2016 年内蒙古国贫旗县劳动力中小学及以下文化程度比重达 87.6%，比全区农牧民平均水平高 11.1 个百分点。文化程度偏低使贫困旗县农村牧区劳动力转移培训比较困难，思想保守陈旧，对新生事物的接受能力差。

5. 家庭结构老化，老年人比重大。随着城镇化步伐的加快，年轻人走出农村牧区的人数越来越多，尤其是贫困旗县的农牧区居民老龄化情况非常严重。2016 年内蒙古国贫旗县农牧区居民家庭成员中 60 岁以上老年人占比达 14.6%，比全区农牧民平均水平高 1.2 个百分点。

（二）扶贫政策及措施。

近年来，内蒙古党委、政府认真贯彻落实党中央、国务院的决策部署，把扶贫开发作为全区头号民生工程，作为实现富民强区的战略举措。目前，自治区党委、

政府正加强领导，加大投入，完善政策，强化措施，举全区之力进行新一轮扶贫开发攻坚战。

自治区出台了《贯彻落实〈中国农村扶贫开发纲要（2011-2020年）〉实施意见》和《内蒙古自治区扶贫攻坚实施方案（2016-2017年）》，全面安排部署新阶段内蒙古扶贫开发的目标任务，全力推动扶贫开发政策和项目落实。同时自治区人民政府与国务院扶贫办签署了《关于加快推进内蒙古扶贫开发进程的合作协议》，加大国家对内蒙古扶贫开发的支持力度，制定下发了各盟市增收减贫计划，各盟市都制定了新一轮扶贫攻坚规划和年度扶贫开发工作实施方案，围绕 “发展、增收、就业”这个主题，重点实施特困地区连片开发、整村推进和扶贫移民“三大工程”，推进产业化扶贫、劳动力转移培训扶贫、互助资金扶贫、革命老区和民族自治旗扶贫、行业和社会扶贫和保障救助扶贫“六项措施”，取得了明显的成效。2016年内蒙古扶贫投入突破400亿元，其中各级财政扶贫资金投入比2015年增长33%。各盟市、旗县进一步加大地方资金投入和涉农涉牧资金整合力度，组织实施了961个扶贫项目，覆盖1264个贫困嘎查村，扶持贫困户21.1万户、72.4万人。

进一步完善了扶贫责任体系，自治区、盟市、旗县全部成立了党委主要领导同志挂帅的领导小组，层层签订责任书，按照中央要求，实行攻坚期内不脱贫旗县党政正职不调离、驻村工作队不撤离、帮扶单位帮扶责任不脱钩的政策，逐级压实脱贫责任，全区各级各部门抓扶贫、社会各界参与扶贫以及贫困人口争取脱贫的主动性、积极性明显提升。

提出金融扶贫理念。把金融扶贫作为增加投入的重要举措，加强同金融、保险、担保机构的合作，建立健全脱贫攻坚小额贷款担保体系，解决好贫困户贷款难、贷款贵的问题；设立贫困旗县农牧业产业发展基金，引导和撬动金融及社会资本更多投向产业扶贫开发。2016年，通过金融扶贫富民工程、中和农信小额扶贫贷款项目和贫困村互助资金项目，共调动各类金融扶贫资金82亿元。

扎实推进产业扶贫、易地扶贫搬迁、健康扶贫、教育扶贫等政策措施，按照“五个一批”要求（发展生产、易地搬迁、生态补偿、发展教育、政策保障兜底），因村因户因人施策，做到精准帮扶。把握供给侧结构性改革，创新产业扶贫方式，找准产业项目与贫困户增收的结合点，帮扶贫困户有效脱贫；拓宽扶贫搬迁资金筹措渠道，科学合理的确定安置地点，采取灵活多样的搬迁安置方式，坚持哪里有适合发展的产业、有稳定的就业条件就往哪搬；开展健康扶贫工程，提高贫困人口新农合门诊报销水平，提高政策范围内报销比例，加快贫困地区县、乡、村三级医疗卫生服务网络标准化建设，减小了国贫旗县农牧民看病压力，使更多农牧民看的起病；建立从学前教育到高等教育的学生资助政策体系，改善贫困旗县办学条件，加大对贫困家庭学生的帮扶力度，加强职业教育，使每个贫困家庭的劳动力有技能、能就业，实现“培训一人、就业一人、脱贫一户”。

（国家统计局内蒙古调查总队 张永林）

吉林农村减贫情况

党的“十八大”以来，在党中央国务院和吉林省委省政府的领导下，全省各级各部门协同努力，全社会广泛参与，吉林省扶贫开发工作取得显著成效。根据十八大以来历年全省居民收支调查和农村贫困监测调查数据资料显示，脱贫攻坚呈现出如下特点：全省现行贫困标准下（年人均 2300 元，2010 年不变价格）农村贫困人口数量大幅减少，贫困发生率显著下降；省内贫困地区农村居民收入及消费水平稳步提高，收支增速均高于全省农村平均水平；农户家庭生活条件不断改善；农村基础设施建设和公共服务水平持续提升；整体扶贫开发工作取得巨大成绩。

一、十八大以来吉林省扶贫开发成绩斐然

（一）贫困人口总量明显减少，贫困发生率显著下降。

据全省居民收支调查和农村贫困监测调查数据显示，按照现行农村贫困标准（年人均 2300 元，2010 年不变价格），2016 年全省农村贫困人口总量为 57 万人，比 2012 年的 103 万人累计减少贫困人口 46 万人，年均减贫 11.5 万人，降幅为 44.7%，贫困发生率由 2012 年的 7.0% 下降至 2016 年的 3.8%，总计下降了 3.2 个百分点。全省贫困地区（八个国定扶贫重点县）农村贫困人口降至 10 万人，比 2012 年减少 6 万人，下降幅度为 37.5%，贫困发生率由 2012 年的 14.6% 下降至 2016 年的 9.0%，总计下降 5.6 个百分点。

表 1　2012-2016 年吉林省贫困人口总量及发生率

年　份	贫困标准（元）	全省农村		国定贫困县农村	
		贫困人口（万人）	发生率（%）	贫困人口（万人）	发生率（%）
2012	2625	103	7.0	16	14.6
2013	2736	89	5.9	15	13.6
2014	2800	81	5.4	14	12.9
2015	2855	69	4.6	12	10.8
2016	2952	57	3.8	10	9.0

（二）贫困地区人均可支配收入逐年增长，增速高于全省农村平均水平。

十八大以来的这五年，是全省贫困地区农民收入快速增长的五年。根据贫困监测调查数据显示，全省贫困地区农村居民人均可支配收入从 2012 年的 4845 元增加至 2016 年的 7669 元，是 2012 年时的 1.58 倍，年均增速为 12.2%，同期，全省农村

居民人均可支配收入从2012年的8741元增加至2016年的12123元，是2012年的1.39倍，年均增幅为8.5%，贫困地区农民人均可支配收入高于全省农村居民人均可支配收入3.7个百分点。与全省平均水平的差距不断缩小。2016年，全省贫困地区农村居民人均可支配收入达到全省平均水平的63.3%，比2012年提高了7.9个百分点。

表2 2012-2016年吉林全省及贫困地区农村居民人均可支配收入及增速

年份	贫困地区农村（元）	增速（%）	全省农村（元）	增速（%）
2012	4845	-	8741	-
2013	5798	19.7	9781	11.9
2014	6414	10.6	10780	10.2
2015	7045	9.8	11326	5.1
2016	7669	8.9	12123	7.0

在收入绝对额增加的同时，从贫困地区农村居民收入构成上看，持续增收的能力增强。2016年，贫困地区农村居民工资性收入1412元，占可支配收入比重为18.4%，与2012年相比，年均增长10.0%；人均家庭经营净收入4734元，占比为61.7%，与2012年相比，年均增长12.5%，这两项是农民收入来源的最主要拉动力。家庭经营净收入的增长主要来自第一产业，作为农业大省，全省特别是省内贫困地区对于农业的依存度更高，十八大期间，粮食总体上连年丰收，这个时期，国家实施粮价保护政策，粮食价格较高，农民收益明显，因此，以农业为主的家庭经营收入对可支配收入的贡献率也比较大。这一时期，人均财产净收入从2012年的人均266元增长至2016年的357元，年均增长7.6%，转移净收入由2012年的人均659元提升至2016年的1166元，年均增长15.3%。

表3 2016和2012年吉林省贫困地区农村居民人均可支配收入构成对照表

指标	2016年		2012年		年均增速（%）
	绝对值（元）	构成（%）	绝对值（元）	构成（%）	
人均可支配收入	7669	100	4845	100	12.2
工资性收入	1412	18.4	964	19.9	10.0
经营净收入	4734	61.7	2955	61.0	12.5
财产净收入	357	4.7	266	5.5	7.6
转移净收入	1166	15.2	659	13.6	15.3

（三）贫困地区农村居民生活消费增长较快，收入动能释放明显。

随着收入的增加，贫困地区农村居民的消费水平也相应提升。从2012年的人均4442元增长至2016年7272元，累计增加2830元，年均增速13.1%，同期，全省农村居民人均消费支出从 2012 年的 6327 元增长到 2016 年的 9521 元，年均增速为 10.8%，贫困地区增速高于全省平均水平 2.3 个百分点。

表 4　2012-2016 年吉林省及贫困地区农村居民生活消费支出及增速

年　份	贫困地区（元）	增速（%）	全省（元）	增速（%）
2012	4442	-	6327	-
2013	5344	20.3	7523	18.9
2014	5948	11.3	8140	8.2
2015	6607	11.1	8783	7.9
2016	7272	10.1	9521	8.4

与此同时，贫困地区农村居民消费结构也在悄然发生变化，食品、衣着等基本生存消费需求支出显著下降，恩格尔系数（食品支出比重）从 2012 年的 42.7% 下降至 2016 年的 36.1%，累计下降了 6.6 个百分点。与之对应的是，用于居住类、交通通讯类、文化教育娱乐类等发展享受型消费支出比重逐渐上升，生活品质不断提升。

表 5　2016 和 2012 年吉林省贫困地区农村居民生活消费情况构成表

指　标	2016 年		2012 年	
	绝对额（元）	构成（%）	绝对额（元）	构成（%）
人均消费支出	7272	100	4442	100
1. 食品	2628	36.1	1895	42.7
2. 衣着	520	7.2	307	6.9
3. 居住	1360	18.7	511	11.5
4. 家庭设备及用品	300	4.1	144	3.2
5. 交通和通信	638	8.8	482	10.9
6. 文化教育娱乐	744	10.2	348	7.8
7. 医疗保健	929	12.8	620	14.0
8. 其他商品和服务	153	2.1	134	3.0

（四）贫困地区农民住房及家用设施条件进一步改善。

十八大以来，扶贫攻坚惠及民生，贫困地区农民生活条件改善最为显著。据调查显示，2016 年贫困地区农村居民人均住房建筑面积达到 28.9 平方米，与 2012 年的 22.4 平方米相比增加 6.5 平方米。使用管道供水、净化处理自来水、饮水无困难、独用厕所农户比重分别为 85.4%、71.1%、94.0%、99.5%，与 2014 年相比，分别提升了 8.0、9.5、5.2、0.7 个百分点。而居住竹草土坯房、炊用柴草农户比重分别为 12.2%、81.7%，分别比 2014 年下降了 4.6、4.7 个百分点。

表 6　吉林省贫困地区农村居民住房及家用设施情况

指　标	单位	2016 年	2015 年	2014 年
居住竹草土坯房农户比重	%	12.2	12.9	16.8
使用管道供水农户比重	%	85.4	80.0	77.4
使用净化处理自来水农户比重	%	71.1	65.0	61.6
饮水无困难农户比重	%	94.0	91.2	88.8
独立用农户厕所农户比重	%	99.5	98.9	98.8
炊用柴草农户比重	%	81.7	83.2	86.4

贫困地区农户生活条件改善的另一个表现是家庭耐用消费品拥有量增加。根据调查数据，2016 年末全省贫困地区每百户家庭拥有家用汽车 11.7 辆、洗衣机 87.6 台、电冰箱 83.5 台、移动电话 178.7 部、计算机 27.7 台，分别比 2014 年增加了 3.6 辆、12.4 台、12.7 台、30.7 部和 11.3 台。

表 7　吉林省贫困地区农村居民每百户耐用消费品拥有量情况表

指　标	单位	2016 年	2015 年	2014 年
小汽车	辆	11.7	9.4	8.1
洗衣机	台	87.6	80.7	75.2
电冰箱	台	83.5	76.9	70.8
移动电话	部	178.7	164.7	148.0
计算机	台	27.7	24.9	16.4

（五）农村基础设施不断完善，公共服务水平提高

十八大以来，全省贫困地区农村基础设施和公共服务水平取得了长足发展。据贫困监测调查数据显示，2016 年，全省 8 个国家级扶贫重点县，通公路、通电、电话、有线电视、宽带自然村的比重基本达到了 100%，涉及公共服务的主要指标与 2012 年相比也都有所提升；有文化活动室的村、有卫生站的村、有合格村医和卫生员的村比重分别是 100%、78.1%、84.6%，分别比 2012 年提升了 49.6、5.2 和 3.3 个百分点。

表 8　吉林省贫困地区基础设施状况及公共服务情况

指　标	单位	2016 年	2012 年	增量
通宽带自然村比重	%	100	86.9	13.1
有文化活动室的村比重	%	100	50.4	49.6
有卫生站（室）的村比重	%	78.1	72.9	5.2
有合格村医卫生员的村比重	%	84.6	81.3	3.3

二、精准扶贫多措并举，工作开展有声有色

围绕精准扶贫、精准脱贫工作的深入推进，全省范围内重点开展了以下工作：

（一）高位推动，全面加强组织领导。

省委、省政府多次组织召开全省脱贫攻坚领导小组全体会议，集中研究脱贫攻坚工作。省委、省政府领导率先垂范，深入贫困地区，细化工作举措。省委书记巴音朝鲁先后四次深入基层市县，就脱贫攻坚工作深入调研，明确要求要严把贫困人口退出关，把“实”字贯穿于脱贫攻坚工作的始终，严防“数字脱贫”、群众“假脱贫”、“被脱贫”。省长刘国中在调研中强调要完善义务教育、医疗等基本制度，搞好产业培训和就业指导，确保按时完成脱贫攻坚任务。强化监督巡查，充分发挥考核的指挥棒作用，在全省抽取了7个县（市、区）开展了贫困人口的精准识别、扶贫资金使用、驻村帮扶情况巡查。访谈基层扶贫干部21人、实地踏查14个乡镇、28个贫困村，入户84户贫困户和56户脱贫户，查阅有关资料150余件。

（二）突出目标任务，层层落实责任。

省扶贫办会同省直43个牵头部门（单位）制定脱贫攻坚重点任务清单，梳理了103项重点工作任务，97个建设项目，都确立了牵头部门、配合部门和完成时限。每个项目都落实了资金。其中，省水利厅投入资金35.83亿元，推进7大类91项工程建设，省住建厅开展进行了农村危房改造4.8万户，优先保障建档立卡贫困户的危房改造。

（三）突出精准管理，建立全程动态调整机制。

全省下派驻村干部10829人，其中，贫困村2978人，非贫困村7851人，所有贫困户都落实了帮扶责任人。严把贫困退出关，坚决杜绝虚假脱贫和数字脱贫，全年，清退了达标质量不高的贫困人口29449人。

（四）加强资金保障，解决脱贫制约瓶颈。

加大资金投放力度，全年下拨中央财政资金94535万元，省级财政资金72350万元，市县两级资金12.8亿元，共计整合资金16.2亿元。加大金融扶贫力度，金融部门针对不同地域、不同贫困户的特点，开发了“金穗增信贷”、“惠农易贷”、“助保贷”、“吉牧贷”等12项精准扶贫的特色产品，全年累计发放支农再贷款33.87亿元、扶贫再贷款13.8亿元

（五）突出因地制宜，着力抓好特色产业发展。

积极在产业扶贫上谋创新、求突破，结合农业结构调整、农村改革和生态建设，因人因户因村实施产业脱贫。共计安排各类脱贫项目5074个，其中，产业项目3596个。产业项目中，包括种植项目920个、养殖项目520个、加工项目132个、旅游扶贫项目121个、光伏扶贫项目631个、电商扶贫项目1272个。

因地制宜的发展了特色林果、庭院经济、中药材、蔬菜、杂粮，特色养殖及农畜产品加工等产业。积极推广电商产业，建成县域电子商务服务中心 6 个，村级服务站 600 多个，培训了 1.4 万人，新增网点 600 个。积极推进乡村旅游产业，全省有 302 个村推动了乡村旅游扶贫产业，共计带动建档立卡贫困户 19806 户，贫困人口 37534 人。持续开展创业就业扶贫，强化对贫困劳动力的职业技能培训，对有培训需求的贫困劳动力实现职业技能培训全覆盖。全省建立了省级农民工返乡创业基地 12 个，贫困劳动力实现就业 7.23 万人。

三、当前贫困人口的致贫因素分析

十八大以来，全省扶贫开发工作取得显著成效，要确保全省 57 万农村贫困人口如期实现脱贫，是吉林省委、省政府对国家和全省人民作出的庄严承诺，既是重要的民生任务，也是重要的政治任务。就当前全省的扶贫工作而言，剩余的贫困人口分布区域相对集中，贫困程度深，脱贫难度大，到了要下决心啃硬骨头的阶段。从监测调查资料看，全省农村现有贫困人口的致贫因素，大致分为以下几个方面：

（一）文化教育程度低。

据 2016 年抽样调查资料显示，全省贫困地区（八个国家扶贫重点县）农户中，初中及以下文化程度占全部的 94.0%。拥有高中及以上文化程度占比仅为 6.0%。总体上文化水平偏低、受教育程度有限影响着脱贫步伐的加速。

（二）产业结构单一。

调查资料显示，在有生产经营能力的农户中，单一从事农业的生产经营户有占比 95.7%；农业与非农产业的兼营户仅占 4.3%。产业结构单一和农业生产经营效益下行也是减缓农村脱贫步伐的重要原因之一。

（三）家庭人口多，三代同堂比例高，负担重。

从贫困监测调查收入五等份分组数据看，低收入和中低收入户一个共同的显著特点是家庭人口规模较大，四人户、五人户、六人比例及三代户的比例明显高于其它高收入组。家庭人口较多，老人多、无劳动能力户数量较多，家庭负担重。

（四）家庭刚性支出大。

据调查资料显示，2016 年低收入农户人均用于教育和医疗的支出为 1124 元和 546 元，共占低收入户人均年收入的 77.5%（2016 年低收入户年人均可支配收入 2156 元），在收入偏少的前提下，“因病致贫”、“因学致贫”是贫困群体面临的严峻的问题。

四、精准脱贫，深入推进，大有可为

国家提出到 2020 年全面如期完成脱贫任务的目标，时不我待。当前，全省上下都在认真贯彻“精准扶贫”、“精准脱贫”的实施方略，脱贫工作也到了攻坚克难，打响最后战役的阶段，针对前文分析的致贫因素，就精准而言，建议着重从以下几个方面入手。必须项目要准，有较强的针对性；必须注重知识、技能的培养，有较强的可操作性；必须保障兜底，有实实在在的普惠性。

（一）大力推进产业发展，广开增收渠道。

对于有劳动能力的贫困人口，要通过谋划产业发展增强其自身“造血”机能带动脱贫，这是实施精准扶贫、精准脱贫的最主要手段。从全省居民收支调查和贫困监测调查的基本情况看，农户产业结构单一、小农经济生产方式为主是制约脱贫的原因。对此，一方面应加速农业产业化步伐，针对不同区域特点因地制宜发展“特色农业”。例如，西部地区县（市）依托草场发展特色养殖业，东部山区县（市）依托山区林业资源发展林下种、养业等；另一方面，发展农村非农产业带动农户脱贫。例如，依托旅游资源，东部延边地区朝鲜族的特色民俗游，西部白城地区“鹤乡”生态游，都会成为发展非农产业的有益实践。

（二）提升贫困人口知识技能水平，适应就业创业需要。

随着民生政策的完善和落实，农村的教育环境和教育条件都有了极大改善，农村家庭基础教育阶段的负担得到很大缓解。现阶段，针对农村贫困人口素质提升，宣传引导显得十分重要。借助舆论宣传提高农民尤其是贫困农民利用知识、技能改变生活现状思想意识，克服保守、懒惰以及知识无用的旧有思想，鼓励其发挥主观能动性，自觉投身到知识、技能的学习中。

此外，要创造条件、开拓渠道，为广大农村贫困人口提供更多的就业、创业的机会。如开辟更多的就业岗位促成农村劳动力向非农产业转移；利用电商平台进行特色产品营销，催生新的商机，推动掌握信息技术的农村贫困人口通过自主创业实现脱贫致富。

（三）强化社会保障力度，为特殊人群编织“安全网”。

“社会保障兜底一批”，是推进精准扶贫的 “最后底线”。据贫困监测调查数据显示，全省纳入监测调查户中，有11.2%户没有生产经营能力，亟需社会保障来支撑。要不断完善拓宽农村的“低保”、“五保”、“养老保险”、“医疗保险”等各类社保制度覆盖面，编织社会保障的“安全网”，针对失去劳动能力和缺少就业技能而无法从事生产经营活动的特殊人群的开展有针对性的帮扶，以制度保障为特殊人群“兜底”，促成贫困人口全面脱贫目标的实现。

（国家统计局吉林调查总队 靳月）

黑龙江农村减贫情况

2016年，黑龙江省认真贯彻落实习近平总书记对黑龙江扶贫工作提出的“以精准扶贫为抓手，打赢脱贫攻坚战”重要指示精神，按照“六个精准，五个一批”目标要求，持续加大扶贫攻坚力度，扎实推进“五大脱贫”攻坚行动，有效推动了贫困地区经济社会健康发展，带动农民持续增收，生活质量不断改善，全省精准扶贫、精准脱贫工作取得了显著成效。

一、2016年黑龙江农村贫困地区减贫状况

（一）黑龙江农村贫困人口减少17万。

按每人每年2300元（2010年不变价）的国家农村贫困标准测算，2016年黑龙江农村贫困人口为69万人，比上年减少17万人，减少19.8%；贫困发生率为3.7%，同比下降0.9个百分点。

（二）贫困地区农村贫困人口下降幅度快于全省农村平均水平。

2016年黑龙江省贫困地区农村贫困人口53万人，占全省农村贫困人口的76.8%；贫困地区农村贫困人口比上年减少15万人，占全省减贫总规模的88.2%；贫困地区农村贫困人口同比下降21.4%，比全省农村平均水平快1.6个百分点。

（三）十八大以来全省农村减贫状况。

十八大以来，黑龙江扶贫攻坚力度持续加大，全省农村贫困人口4年间年均减少15.3万人。贫困发生率也呈现逐年下降走势，2016年比2012年下降了3.2个百分点。

表1　十八大以来黑龙江农村贫困人口情况

年　份	贫困人口		贫困发生率	
	数量（万人）	下降（万人）	水平（%）	下降（百分点）
2012	130	-	6.9	-
2013	111	19	5.9	1.0
2014	97	14	5.1	0.8
2015	86	11	4.6	0.5
2016	69	17	3.7	0.9

二、贫困地区农民收入稳步增长

2016年黑龙江农村居民可支配收入11832元，同比增长6.6%，贫困地区农民人

均可支配收入为7828元，同比增长9.1%，比全省农村平均水平高2.5个百分点。其中，国家扶贫开发工作重点县农民人均可支配收入为6767元，同比增长12.6%，增速快于全省农村平均水平6.0个百分点；集中连片特困地区农村居民人均可支配收入为8300元，同比增长7.4%，快于全省农村平均水平0.8个百分点。黑龙江省贫困地区农村居民人均可支配收入总体呈现较快增长态势，主要有以下特点：

表2　2016年黑龙江贫困地区农村居民人均可支配收入及构成

指　标	绝对值（元）	增幅（%）	占比（%）	增收贡献率（%）
可支配收入	7828	9.1	—	-
一、工资性收入	773	9.1	9.9	9.9
二、经营净收入	4810	-6.5	61.4	-51.5
三、财产净收入	407	10.0	5.3	5.6
四、转移净收入	1839	93.8	23.4	136

（一）工资性收入稳定增长，但占收入比重偏低。

受地理位置、种植习惯、经济发展水平及农民思想观念综合影响，黑龙江农民工资性收入占收入比重相对较小，这一特征在贫困地区表现的更为明显。2016年黑龙江贫困地区农村居民人均工资性收入为773元，仅占人均可支配收入的9.9%。从农民收入增速看，总体呈现平稳增长态势。2016年，黑龙江贫困地区农民工资性收入同比增长9.1%，对收入增长的贡献率为9.9%。黑龙江由于经济发展水平落后于南方发达省份，农民工群体在人数上增幅趋势较缓，但随着近几年老工业基地建设力度不断加大，同时，黑龙江省狠抓精准扶贫的落实，贫困地区基础设施建设投入大幅增加，危房改造、交通设施、农田水利基本建设等工程全面推开，贫困地区农村居民本地就业和务工机会增多，务工人数增加，拉动人均工资性收入稳步增长。

（二）粮食产量、价格下滑，经营净收入降幅明显。

2016年黑龙江贫困地区农村居民人均经营净收入为4810元，同比下降6.5%。农业经营净收入下降主要原因是大部分地区玉米减产、价格下降。调查数据显示，2016年黑龙江玉米价格同比降幅达33.4%，价格持续走低，玉米亩均效益同比下降74.6%，玉米产量下降、价格下跌直接制约了农民收入增长。

（三）转移净收入快速增长，成为农民增收的重要支撑。

2016年黑龙江贫困地区农村居民人均转移净收入1839元，同比增长93.8%，对收入增长的贡献率高达136%。转移净收入快速增长的主要原因有三个方面：一是政府进一步加大对贫困地区农村居民，特别是贫困户的帮扶和救助力度，实施政策保障兜底，提高农村养老金、低保、困难补助和新农合医疗报销标准，稳步增加贫困弱势群体收入。2016年，黑龙江贫困地区农村居民人均养老金或离退休金收入237元，同比增长39.7%；人均社会救济和补助收入63元，增长同比64.4%；人均报销医疗费收入 96 元，同比增长 58.1%。二是引导劳务输出脱贫，外出务工人员寄回带回收入稳步增长。2016 年黑龙江贫困地区农村居民人均从业人员寄带回收入 173 元，同比增长 27.2%。三是玉米价格补贴、大豆目标价格补贴和粮改豆等惠农补贴支撑农村居民转移性收入稳步增长。2016 年黑龙江贫困地区人均政策性惠农补贴收入 1346 元，同比增长 113.9%。

从农民收入绝对值比较看，黑龙江贫困地区农民收入比全省平均水平低 4000 元左右，差距依然不小，但贫困地区农民收入增速连续多年明显快于全省平均水平，随着扶贫攻坚力度的持续加大，贫困地区农民增收集聚后发优势，空间较大，动力强劲。

三、贫困地区农民生活消费水平逐步提高

近年来，黑龙江省扶贫攻坚力度持续加大，贫困地区经济社会建设取得了长足发展，农民收入连续多年保持快速增长，居民生活水平也不断提高。2016 年黑龙江贫困地区农村居民人均生活消费支出 6471 元，同比增长 9.1%。

（一）吃穿住用基本消费占生活消费比重仍然较大。

2016 年，黑龙江贫困地区农民家庭的吃穿用住消费占全部生活消费支出的比重达到 64.6%，基本生活消费仍居主导地位。其中，食品烟酒消费支出为 1992 元，同比增长 9.3%；衣着、居住、生活用品及服务支出分别为 478 元、1390 元、319 元，同比分别增长 3.8%、2.4%、11.7%。

表 3　2016 年黑龙江贫困地区农村常住村民消费支出情况

指　标	2016 年（元）	增长（%）	占比（%）	增长贡献率（%）
消费支出	6471	9.1	——	——
一、食品烟酒	1992	9.3	30.8	31.2
二、衣着	478	3.8	7.4	3.2
三、居住	1390	2.4	21.5	6.1
四、生活用品及服务	319	11.7	4.9	6.2
五、交通通信	792	18.5	12.2	22.8
六、教育文化娱乐	676	9.0	10.5	10.3
七、医疗保健	729	21.5	11.3	23.8
八、其他用品和服务	95	-17.1	1.5	-3.6

（二）发展型和享受型消费支出增长较快。

近年来，黑龙江不断加大对贫困地区在基础设施、教育、医疗卫生等方面的投入力度，贫困地区道路交通、通讯、教育医疗设施的改善带动农村居民在满足基本的吃穿住消费基础上，积极拓宽消费领域，转变消费方式，改善生活状况、提高生活品质的发展型和享受型消费支出不断增加，生活品质得到提高。2016 年，黑龙江

贫困地区农村居民人均交通通信、教育文化娱乐、医疗保健支出分别为792元、676元、729元，同比分别增长18.5%、9%、21.5%。

（三）贫困地区农村居民生活水平与全省水平比较差距较大。

2016年，黑龙江贫困地区人均食品烟酒消费支出为1992元，相当于全省平均水平的76.4%。其中，恩格尔系数为30.8%，高于全省平均水平3.1个百分点。说明受收入水平较低影响，贫困地区农民家庭在最基本的食品消费支出方面与全省平均水平比还存在一定差距，生活质量仍相对较低。

四、扶贫投入力度逐年加大，贫困地区农民居住条件和生活环境持续改善

近年来，黑龙江省通过多种渠道，不断加大对贫困地区的投入力度，产业项目相继落地，扶贫资金陆续注入，扶持政策逐个落实，贫困地区经济发展活力与日俱增。2016年，全省投入产业扶贫资金26.8亿元，带动18.3万贫困人口。落实政策促进脱贫，28个贫困县累计投入资金68.8亿元，下拨财政专项扶贫资金7亿元，比上年增长218%，发放扶贫贷款19.4亿元，为20个贫困县投保农业巨灾保险。推进基础设施建设和社会事业发展脱贫，贫困村的道路建设、危房改造、安全饮水、卫生服务、文化场所等都得到极大改善，农村居民居住环境不断优化，生活质量显著提升。

从生活居住条件看：2016年，黑龙江贫困地区农户使用管道供水比重和使用自来水比重稳定上升，居住竹草土坯房、炊用柴草的农户比重有所下降。

表4　2016年黑龙江贫困地区农村住户住房及家庭设施状况

单位：%

指　标	贫困地区	比上年增减百分点
居住竹草土坯房的农户比重	14.7	-3.2
使用管道供水的农户比重	50.8	7.8
使用经过净化处理自来水的农户比重	35.4	6.8

从家庭耐用消费品拥有量情况看：2016年，黑龙江贫困地区每百户汽车拥有量为7.2辆，同比增长33.3%；百户洗衣机拥有量为88台，同比增长2.9%；百户电冰箱拥有量78台，同比增长4.6%；百户移动电话拥有量188部，同比增长8.8%；百户计算机拥有量17.8台，同比增长53.4%。

五、脱贫工作中存在的难点和问题

一是贫困村自我发展能力弱。贫困地区基础设施欠账较大，公共服务能力有限，农田水利设施薄弱，抵御自然灾害能力弱，严重制约了区域经济发展和农民增产增收，影响脱贫攻坚进程。例如绥化市308个贫困村中，村集体经济有积累的只有56个，仅占贫困村总数的18%，其余252个村都资不抵债，基础设施薄弱，实现自我发展、

自我脱贫的能力弱。

二是粮食价格下滑短期内对农民脱贫造成不利影响。黑龙江是农业大省，种植业收入一般占农民收入的 60-70% 左右。从近两年情况看，粮食收储制度改革带来的粮食价格回落给脱贫工作带来一定影响，甚至有一些种地农民由于承包面积大，成本高，因为粮食价格下滑而返贫。同时，粮价低、卖粮难导致农民专业合作社带动脱贫能力减弱，直接影响到脱贫攻坚进程。

三是农村人口外流、减员趋势严峻。特别是农村青壮年劳动力外流，农村当地劳动力和人才匮乏，导致一些扶贫开发项目在农村实施难度较大，据统计，2016 年黑龙江农村人口 1864 万人，比 2012 年减少 20 万人。

四是因病致贫的农户脱贫难度大，需长期关注，持续跟踪扶持。

五是一些贫困户依赖心理较重，自己不主动找脱贫门路，有等靠要思想。

六、政策建议

精准扶贫、精准脱贫工作是一项庞大的系统工程，必须坚持因地制宜、循序渐进原则，按照政府主导，群众参与的工作思路，综合采取配套措施开展立体式扶贫攻坚。

一要进一步强化领导，落实包保责任，切实把扶贫解困当作一项中心任务逐级分解，跟踪考核，确保扶贫工作取得实效。各级领导干部要强化责任意识，做到真扶贫，扶真贫，不搞形式主义，不搞数字游戏，坚决杜绝“口头脱贫”和“数字脱贫”。

二要加大对扶贫工作的投入力度，重点解决好因病致贫等缺乏自我发展能力的特殊困难群体兜底保障工作。同时，要采取积极有效措施，努力破解扶贫项目资金地方匹配困难等政策体制性障碍，有效解决地方政府由于投入不足扶贫乏力的问题。通过改变投入方式，加大投入力度壮大村集体经济、改善农村基础设施，夯实农民脱贫致富基础。

三要针对各地实际制定并逐步完善扶贫规划，根据各村实际，精准定位扶贫重点，科学采取扶贫措施。面对粮价下跌的不利形势，要认真研究市场，科学调整种植结构，确保合作组织和入社贫困户稳定增收，避免因农业收入下降而再次返贫的现象发生。面对农村精壮劳动力少、人才匮乏的实际，要大力发展地方经济，落实优惠政策吸引在外人才返乡创业，鼓励引导外出务工人员返乡参与产业脱贫项目建设，集聚人力，鼓舞士气，加快脱贫攻坚进程。

四要在确保贫困家庭子女接受良好教育、阻断贫困代际传递的基础上，充分发挥职业教育和职业技能培训作用，提升贫困劳动力素质和技能，提高自我脱贫能力。同时，通过宣传教育，引导贫困群众树立战胜困难、摆脱困境的信心。充分发挥贫困群众脱贫的主体作用，克服“等靠要”思想，强化自力更生、自我发展意识，变“要我脱贫”为“我要脱贫”。

（国家统计局黑龙江调查总队 金刚 常洪水 王楠）

安徽农村减贫情况

2016年，安徽省各级党委、政府高度重视，不断加大扶贫开发工作力度，从产业精准、项目精准、受益精准、效益精准和绿色发展五个方面着力促进贫困地区农民收入增长和全省贫困地区农村经济平稳发展。2016年安徽省贫困人口大幅度减少，收入和消费水平稳步提高，“十三五”脱贫攻坚取得了良好开局。

一、政策支持力度大

从2015年底开始，安徽省陆续出台了一系列扶贫政策，建立了脱贫攻坚的政策体系。

在产业脱贫方面，发展特色种养业贫困村1073个，建成村、户光伏电站72808个，启动省级乡村旅游扶贫重点村建设。

在就业脱贫方面，通过采取建立就业创业精准脱贫台账、建立培训基地、企业对接、开展免费劳务信息服务等精准手段，帮扶30万以上贫困劳动力实现就业。

在社会扶贫方面，实施“千企帮千村”精准扶贫行动，全省参加精准扶贫行动的企业2055个，实施项目2379个，累计投资6.29亿元，帮扶贫困村1581个。

启动易地扶贫搬迁，完成2.8万贫困人口搬迁任务。完成贫困户危房改造10.6万户。

在智力扶贫方面，贫困地区农村学生通过专项计划进入重点高校6561人、增长16.7%，对4.6万贫困家庭普通高中生免除学杂费。

在健康脱贫方面，制定“两降四提一兜底”政策，在基本医疗保险的基础上率先设定贫困人口医疗费用“351”、“180”兜底保障线，将89种重大疾病和慢性病纳入保障范围。

二、农民收入增长快

国家统计局安徽调查总队对全省20个国定贫困县监测调查结果显示，2016年安徽贫困地区农村居民人均可支配收入为9890元，同比增长10.5%。

2016年安徽省农村居民可支配收入为11720元，比贫困地区高1830元；同比增长8.3%，比贫困地区增速低2.2个百分点。

（一）工资性收入稳步增长。

2016年以来，各地政府对农村出现的农民合作社、家庭作坊式企业等一些新型经营主体给予鼓励和支持，以创业带动就业，让贫困地区农民在家门口就能就业，提高收入；另一方面，启动了省级乡村旅游扶贫重点村建设，帮扶当地的贫困劳动力实现就业。2016 年安徽省贫困地区农村居民人均工资性收入 3148 元，同比增长 9.7%。工资性收入在可支配收入总体中所占比重较高，为 31.8%，是一个稳定的收入增长点。

（二）经营净收入增长略慢。

近年来，安徽省农业现代化发展不断加快，农民不断自主创新经营模式，各级政府重视产业扶贫项目，有效地推进了相关产业的发展。2016 年安徽省贫困地区农村居民人均经营净收入 3662 元，比上年增长 6.7%，低于可支配收入增长率 3.8 个百分点，全年粮价低位运行是增幅不高的重要原因。从产业类型看，第一产业经营净收入占比最高，达到了 75.7%，说明在安徽省贫困地区的农村，农业、林业、牧业、渔业仍是居民收入最重要的来源，其增速为 6.9%；第二产业经营净收入增长 2.4%；第三产业经营净收入增长 7.0%。

（三）转移净收入增长最快。

2016 年安徽省贫困地区农村居民人均转移净收入 2978 元，比上年增长了 16.9%，高于可支配收入增长率 6.4 个百分点。2016 年以来随着安徽省各级政府对贫困地区扶贫力度的加大以及各项社会保障制度、社会救助体系的不断完善，贫困地区农村居民的各项转移性收入都快速增长，其中赡养收入、养老金或离退休金、社会救济和补助和政策性生活补贴增长最快，比上年同期分别增长 36.5%、27.7%、26.9% 和 21.7%。

（四）财产性收入小幅降低。

2016 年安徽省贫困地区农村居民人均财产净收入 102 元，同比降低 1.0%。其中，除了房屋出租收入和红利收入这两项分别增长 340.4% 和 159.5% 之外，其他各项如利息净收入、转让承包土地经营权租金净收入等都比去年同期降低。财产净收入不但同比下降，而且占比低，仅占可支配收入的 1.0%。

（五）耐用消费品数量增加。

2016 年安徽省贫困地区农村居民每百户拥有汽车 9.3 辆，同比增加了 38.8%；每百户拥有洗衣机 77.3 台，同比增加了 9.9%；每百户拥有电冰箱 89.3 台，同比增加 9.2%；每百户拥有移动电话 205.5 部，同比增加 10.9%；每百户拥有计算机 13.3 台，同比增加 23.1%。家庭“大件儿”的增加进一步改善了消费结构，提高了贫困地区农户的生活水平。

（六）增长贡献率分析。

表 1　安徽省贫困地区农民人均可支配收入情况

指　标	2016 年（元）	2015 年（元）	增幅（%）	增长贡献率（%）
人均可支配收入	9890	8952	10.5	100
一、工资性收入	3148	2869	9.7	29.8
二、经营净收入	3662	3434	6.7	24.3
三、财产净收入	102	103	-1.0	-0.1
四、转移净收入	2978	2546	16.9	46.0

由上表可以看出，在人均可支配收入的四个大项中，转移净收入的增长贡献率最高，达到了 46.0%；工资性收入和经营净收入紧随其后，贡献率分别为 29.8% 和 24.3%；财产净收入比去年减少，贡献率为 -0.1%。

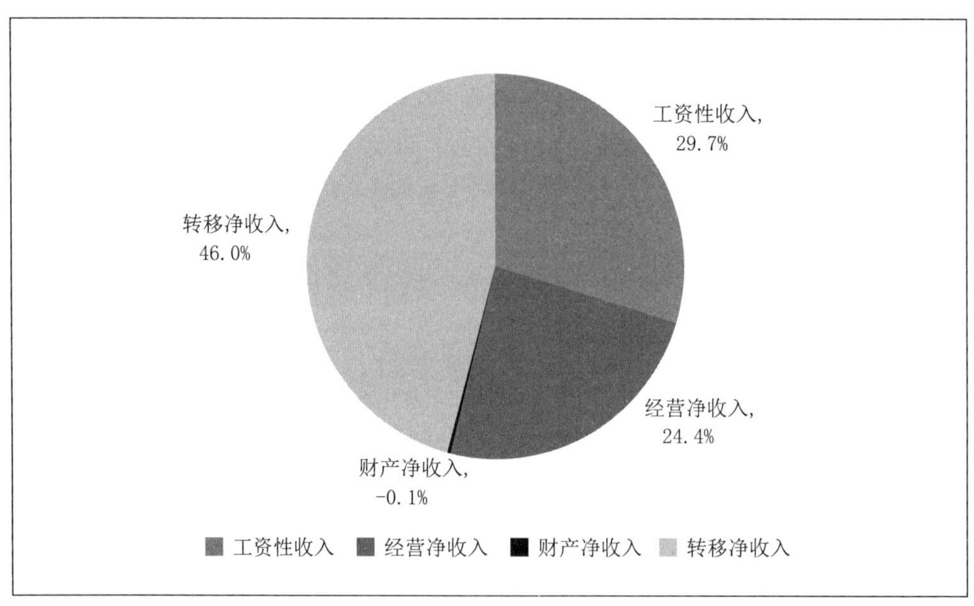

图 1　2016 年安徽省贫困地区农村居民人均可支配收入各项收入增长贡献率

三、村容村貌改善多

（一）居住条件改善。

2016 年以来安徽贫困地区农户居住条件与 2015 年相比各方面继续有所改善，脱贫攻坚给农户带来了实实在在的好处。一是使用管道水的农户比重为 52.2%，同比上升了 10.8 个百分点；二是使用互联网的农户比重为 32.7%，同比上升了 12.5 个百分点；三是炊用清洁能源的农户比重为 32.5，同比上升了 6.4 个百分点；四是无卫生厕所农户比重降为 76.4%，同比下降 5.1 个百分点；五是饮水困难的农户比重降到 5.4%，同比下降 0.4 个百分点；六是无电视机的农户比重为 2.8%，同比下降 0.1 个百分点；七是无电话（含手机）的农户比重为 1.6%，同比下降 0.7 个百分点。

（二）基础设施状况改善。

2016 年安徽贫困地区农村居住条件与上年相比在 7 个方面有所改善。一是通电的自然村比重为 99.5%，比上年高了 0.1 个百分点；二是通有线电视信号的自然村比重为 93.2%，比上年高了 0.2 个百分点；三是通宽带的自然村比重为 88.8%，比上年高了 3.1 个百分点；四是主干道路面经过硬化处理的自然村比重为 86.2%，比上年高了 6.1 个百分点；五是通客运班车的自然村比重为 40.6%，比上年高了 2.8 个百分点；六是饮用水经过集中净化处理的自然村比重为 66.2%，比上年高了 10.4 个百分点；七是拥有畜禽集中饲养区的自然村比重为 34.6%，比上年高了 4.7 个百分点。

（三）贫困户积极参与扶贫开发项目。

2016 年贫困地区有 18.3% 的家庭参与了村级扶贫项目选定；有 18% 的家庭参与了扶贫项目户的确定；有 5.7% 的家庭认领了扶贫项目。

在具体扶贫项目上，种植业和养殖业项目的参与度最高，在总参与户数里的占比分别为 27.7% 和 25.9%。

从扶贫资金的投向上看，村村通公路、农网完善及电力设施建设、农村危房改造这三个方向上投资最多，占扶贫资金的比例分别为 28.8%、10.1% 和 8.5%。

四、脱贫攻坚成效显

由于一年以来各项政策措施的效果逐渐显现，2016 年的扶贫成绩单明显超过往年。截止 2016 年底，全省贫困人口 237 万人，比上年减少 72 万人，贫困人口下降幅度为 23.3%，比上年高了 6.6 个百分点；贫困发生率为 4.4%，比上年下降 1.4 个百分点。

表 2　安徽省农村减贫情况

指　标	2016 年	2015 年	2014 年	2013 年
全省农村贫困人口（万人）	237	309	371	440
贫困发生率（%）	4.4	5.8	6.9	8.2
减少数（万人）	72	62	69	62
减贫率（%）	23.3	16.7	15.7	11.4

图 2　近年减贫幅度趋势

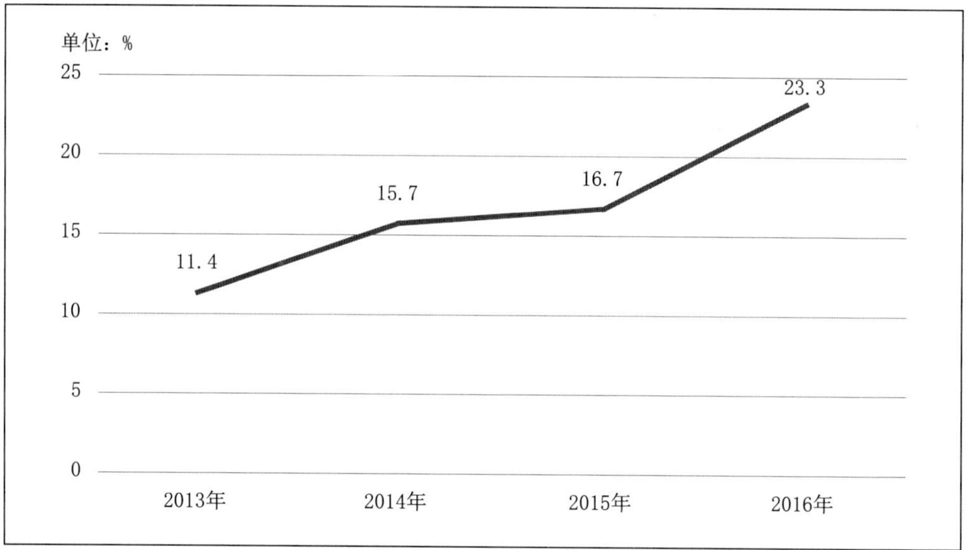

由表2和图2可以看出，近年来安徽省减贫幅度呈加速的趋势，贫困人口稳定减少。特别是2016年，由于各项扶贫政策效果显现，减贫幅度提速明显。

在贫困地区，农村贫困人口155万人，比上年减少54万人；贫困发生率为7.9%，比上年下降2.8个百分点。贫困人口下降幅度为25.7%，减贫速度比全省平均水平高2.4个百分点。

（国家统计局安徽调查总队　郝黎）

江西农村减贫情况

2016年，江西省委省政府坚持把经济建设作为改善民生的出发点和落脚点，努力落实各项民生政策，大力实施民生工程，不断保障和改善民生，农村居民收入实现较快增长，贫困地区（集中连片特困地区和国家扶贫开发工作重点县共24个县）农村居民收入和生活发生明显变化。

一、国民经济实现稳定发展

1. 地区经济总量增长较快。2016年全省国民生产总值为18364亿元，比上年增加1641亿元，增长9.8%，全省经济稳步增长带动贫困地区居民增收。

2. 地区财政增长有力。2016年，江西省财政收入为3143亿元，比上年增长4.0%，贫困地区财政投入得到稳定保障。

二、全省及贫困地区农村居民收入较快增长

据国家统计局江西调查总队居民收支及农村贫困监测调查显示，2016年江西省农村居民人均可支配收入为12138元，比上年增加999元，增长9.0%，扣除价格因素，实际增长6.9%；贫困地区农村居民人均可支配收入8643元，比上年增加883元，增长11.4%，扣除价格因素，实际增长9.2%。全省农村地区农村居民收入增长较好，名义增速高于全国农村居民0.8个百分点，得益于精准扶贫、连片扶贫开发，贫困地区农民收入得到有效提高，名义增速高于全国农村3.2个百分点，高于全省农村2.4个百分点。

1. 工资性收入对农民增收贡献最大。2016年，贫困地区农民人均工资性收入3638元，比上年增加474元，增长15.0%，占贫困地区农村居民人均可支配收入的42.1%，对农民增收的贡献率为53.7%。

2. 家庭经营收入保持稳定增长。2016年，贫困地区农民人均家庭经营净收入3342元，比上年增加233元，增长7.5%，占农民全部人均可支配收入的38.7%，对增收的贡献率为26.4%。其中人均第一产业净收入2399元，比上年增长4.7%；人均二、三产家庭经营净收入分别为234元和708元，分别增加41元和85元，二、三产业分别增长20.9%、13.7%，二三产业增长稳定有力。

3. 财产性和转移性收入保持稳定。2016年，贫困地区农民人均转移性净收入1563元，比上年增加190元，增长13.9%；人均财产性净收入100元，比上年略有下降。

图 1　江西贫困地区农村居民分项收入对比

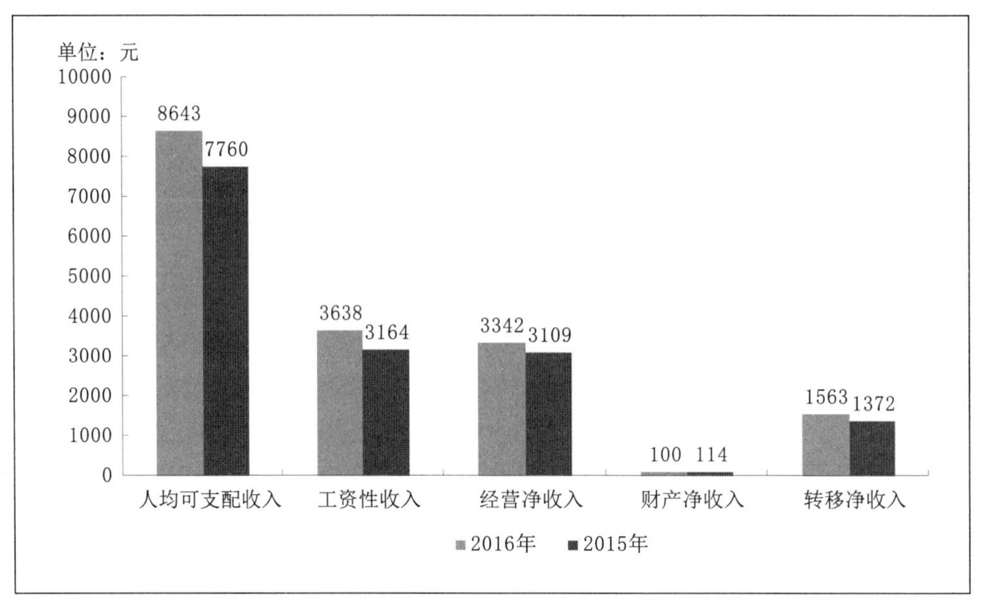

三、贫困地区农村居民生活水平显著改善

（一）贫困地区农村居民物质生活消费水平持续提高。

2016 年，贫困地区农村居民人均生活消费支出为 7330 元，比上年增长 8.4%，扣除价格因素，实际增长 6.3%。人均食品消费支出为 2712 元，比上年增长 5.1%。而恩格尔系数则从上年的 38.2% 下降为 2016 年的 37.0%，下降了 1.2 个百分点。人均衣着消费支出为 354 元，比上年增加 29 元，增长 9.0%。人均居住消费支出为 1932 元，比上年增加 245 元，增长 14.5%。人均生活用品及服务消费支出为 473 元，增加 26 元，增长 5.8%。人均交通和通讯消费支出为 613 元，比上年增加 62 元，增长 11.3%。

（二）贫困地区农村居民精神生活进一步改观。

贫困地区农村居民在物质生活得到改善的同时，对精神生活有更进一步的要求，2016 年人均教育文化娱乐消费支出为 637 元，比上年增加 52 元，增长 8.9%。其中人均教育消费支出为 468 元，比上年增加 50 元，增长 11.4%；人均文化娱乐消费支出为 151 元，比上年增加 2 元；贫困地区对于卫生健康的要求也进一步提高，人均医疗保健消费支出为 468 元，比上年增加 26 元，增长 6.0%。

表 1　2016 年江西贫困地区农村居民生活消费支出及构成

指　标	贫困地区农村居民		全省农村居民	
	绝对值（元）	增幅（%）	绝对值（元）	增幅（%）
人均生活消费支出	7330	8.4	9128	7.6
1. 食品烟酒	2712	5.1	3222	4.9
2. 衣着	354	9.0	454	5.0
3. 居住	1932	14.5	2320	14.5
4. 生活用品及服务	473	5.8	520	5.7
5. 交通通信	613	11.3	894	3.3
6. 教育文化娱乐	637	8.9	922	4.5
7. 医疗保健	468	6.0	650	14.1
8. 其他用品和服务	143	-3.3	148	1.2

（三）贫困地区居民环境持续改善。

贫困地区农村建设得到进一步发展，居住、卫生、用水、用电情况得到极大改善。

1. 居住环境持续改善。得益于危房、土坯房改造项目的大力实施，贫困地区居民住房类型得到极大改善，据农村贫困调查显示，2016 年居住混凝土和砖混材料结构住房的住户比例达到 79.2%，比上年增加 4.2 个百分点；居住砖木结构住房的比例为 18.4%，比上年下降 3.2 个百分点；居住竹草土坯结构的占调查户比例为 1.9%，比上年下降 1 个百分点；还有不便分类的其它类型住户，占调查户比例为 0.5%。

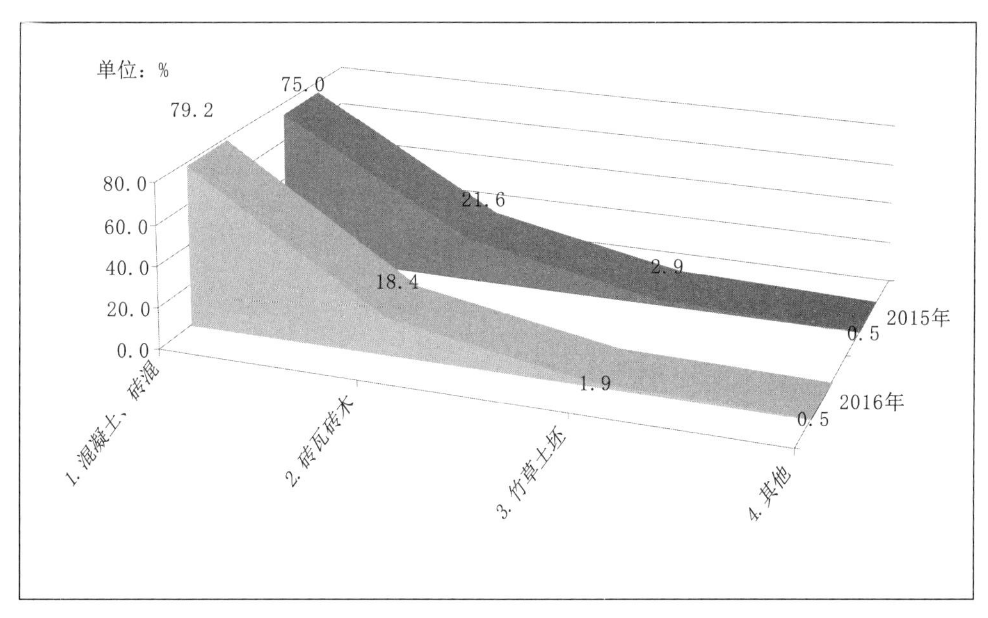

图 2　江西贫困地区农村居民住房结构示意图

2. 卫生情况进一步加强。2016 年，贫困地区农村居民使用水冲式厕所的户数占调查户比重为 60.0%，比上年增加 5.4 个百分点；使用卫生旱厕的比例为 9.8%，比上年降低0.4个百分点；仍然使用普通旱厕的占调查户比重为27.9%，比上年下降4.2个百分点；没有厕所的居民户占调查户2.3%，比上年下降0.8个百分点。贫困地区调查户统一供热水洗澡的比例为1.5%，比上年上升0.1个百分点；家庭自装热水器的住户占调查户比例上升到49.1%，比上年上升10.8个百分点；没有良好洗澡设施的占49.5%，比上年下降10.9个百分点。

表2　江西贫困地区农村居民家庭卫生情况

单位：%

卫生情况	分类	2016年	2015年	增减百分点
住户厕所类型	1. 水冲式厕所	60.0	54.6	5.4
	2. 卫生旱厕	9.8	10.2	-0.4
	3. 普通旱厕	27.9	32.1	-4.2
	4. 无厕所	2.3	3.1	-0.8
住户洗澡设施情况	1. 统一供热水	1.4	1.3	0.1
	2. 家庭自装热水器	49.1	38.3	10.8
	3. 无良好洗澡设施	49.5	60.4	-10.9

3. 用水、能源使用状况得到改善。2016年，贫困地区农村居民饮水来源为使用自来水的住户占调查户比重达到29.3%，比上年增加6个百分点；使用受保护井水、泉水等安全饮用水住户的比例达到39.2%，比上年减少4.7个百分点；仍然使用不受保护的井水和泉水取水的住户占调查户比例下降到27.3%，比上年下降0.4个百分点；取用江河湖泊水的住户只占调查户0.5%，比上年下降0.5个百分点；使用桶装水的农村住户占0.3%，与上年持平；使用其他不便分类的饮水来源的占3.5%，比上年减少0.4个百分点。据贫困监测调查显示，到2016年年底为止，已经没有依靠雨水做饮用水的调查户存在，贫困地区的饮用水安全得到进一步加强。

图3　江西贫困地区饮用水来源结构示意图

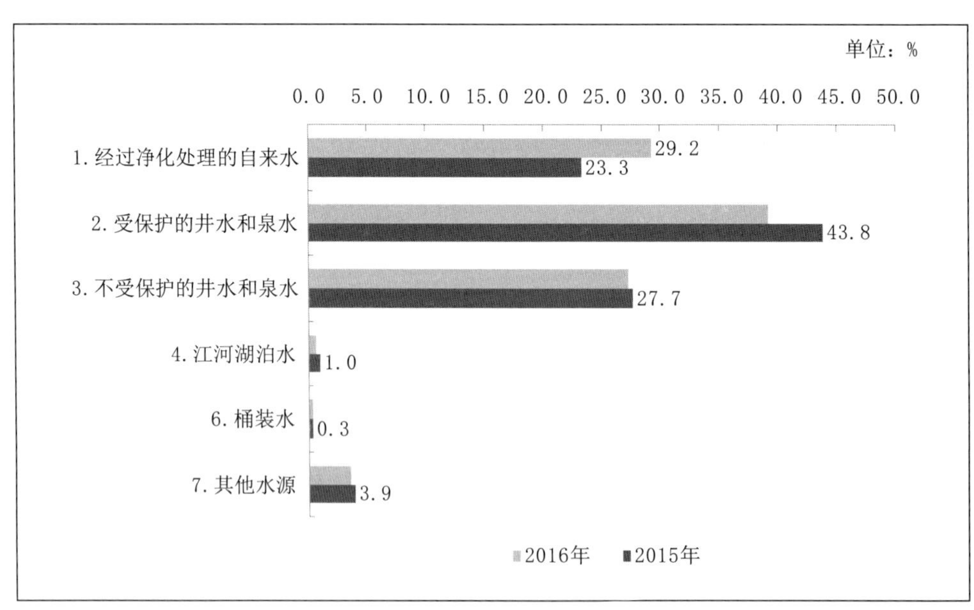

在能源使用情况上，2016年使用柴草作为炊用能源的调查户占60.2%，比上年

降低 3.2 个百分点；使用煤炭的比例为 11.3%，比上年下降 0.2 个百分点；使用罐装液化石油气作为主要能源的占调查户比例为 20.8%，比上年增长 2.7 个百分点；使用电作为主要能源的占 5.7%，比上年增加 0.8 个百分点；使用沼气的住户占调查户比例为 0.3%；使用其它能源的住户占 1.6%。

表 3　江西省贫困地区炊用能源使用情况分布表

单位：%

主要炊用能源	2016 年	2015 年	增减百分点
1. 柴草	60.2	63.4	-3.2
2. 煤炭	11.3	11.1	0.2
3. 罐装液化石油气	20.8	18.1	2.7
4. 管道液化气、天然气	0.2	0.2	0.0
5. 电	5.7	4.9	0.8
6. 沼气	0.3	0.5	-0.2
7. 其他	1.6	1.8	-0.2

4. 贫困地区居民家庭耐用品拥有量不断增加。

2016 年江西省贫困地区每百户居民家庭耐用品拥有量进一步增加，贫困地区人民生活得到极大提升。汽车每百户拥有量达到 9.1 辆，比上年增加 1.8 辆；摩托车每百户拥有量为 88.1 辆，比上年增加 0.5 辆；助力车每百户拥有量为 37.4 辆，比上年增加 6.7 辆；洗衣机每百户拥有量为 41.9 台，比上年增加 7.3 台；电冰箱每百户拥有量为 77.0 台，比上年增加 5.4 台；彩色电视机每百户拥有量 120.2 台，比上年上升 3.7 台；空调每百户拥有量 21.4 台，比上年上升 6.3 台；热水器每百户拥有量达到 52.8 台，比上年增加 10.8 台；移动电话拥有量继续上涨增长，每百户拥有量达到 226.1 部，比上年增加 8.6 部；计算机每百户拥有量达到 14.5 台，比上年增加 0.4 台。

表 4　江西省贫困地区每百户农民家庭拥有耐用消费品情况

指　标	单位	2016 年	2015 年	增加
1. 家用汽车	辆	9.1	7.3	1.8
2. 摩托车	辆	88.1	87.6	0.5
3. 助力车	辆	37.4	30.7	6.7
4. 洗衣机	台	41.9	34.6	7.3
5. 电冰箱（柜）	台	77.0	71.6	5.4
6. 彩色电视机	台	120.2	116.5	3.7
7. 空调	台	21.4	15.0	6.3
8. 热水器	台	52.8	42.0	10.8
9. 移动电话	部	226.1	217.5	8.6
10. 计算机	台	14.5	14.1	0.4

四、贫困地区发展情况良好

（一）贫困地区适龄少年儿童入学率不断提高。

贫困地区 2016 年 7—12 岁人口入学率达到 97.8%，其中女性儿童入学率为 97.3%，男性儿童入学率为 98.2%；13—15 岁人口就学率为 93.0%，其中女性儿童就学率为 92.3%，男性儿童就学率达到 93.5%；16—18 岁人口就学率为 92.2%，其中女性儿童就学率为 91.5%，男性儿童就学率为 92.9%。数据显示，适龄儿童入学率接近百分之百，对比上年各年龄阶段入学率也略有上升，男性、女性入学率相差无几，基本消除女性儿童基础教育受歧视现象，但随着年龄增长在校就学率略有下降，女性学生提前结束学业的比例比男性高。另据问卷调查显示，义务阶段辍学的学生多因孩子本人不想上学而造成。

表 5　江西省贫困地区少年、儿童入学率

单位：%

指　标	2016 年少年、儿童在校情况			2015 年少年、儿童在校情况		
	合计	#男性	#女性	合计	#男性	#女性
3-6 岁就读幼儿园比例	50.7	48.3	54.0	52.2	53.3	50.7
7-12 岁在校比例	97.8	98.2	97.3	97.7	97.2	98.3
13-15 岁在校比例	93.0	93.5	92.3	91.1	93.1	88.8

（二）贫困地区农村基础建设不断加强。

随着扶贫项目的实施，贫困地区农村基础设施不断改善，在贫困监测的 2334 个自然村中，到 2016 年末已基本全部通电、通电话，通公路、主干道路经过硬化处理、通客运班车、通宽带的自然村比重分别达到 92.0%、84.0%、52.1% 以及 76.7%，分别比上年增加 1.0、4.9、2.9 和 6.2 个百分点，被通信信号覆盖的自然村的比重达到 95.5%，提高 4.4 个百分点，实现卫生厕所全覆盖的自然村比率也有极大提高，达到 36.5%，比上年增加 5.2 个百分点。贫困地区农村生产、生活的基础条件有较大改善（见图 4）。

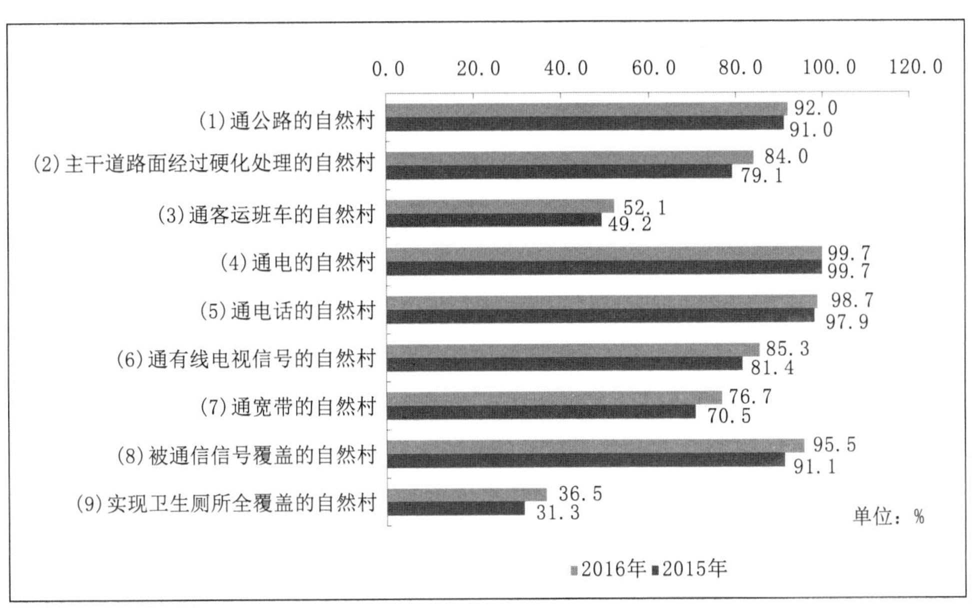

图4　江西省贫困地区自然村基础设施通达率

五、存在的问题

尽管江西贫困地区经济社会发展保持了良好发展态势，但与全国及全省农村平均水平相比差距仍然很大。

（一）江西贫困地区农民收入与全国平均相比还有较大差距。

江西农民人均可支配收入与全国同期水平大致同步增长，到2016年，江西农民人均收入相当于全国平均水平的97.5%，发展的步伐与全国基本相近。同时，江西贫困地区农村居民人均可支配收入增长速度与全国农村居民和全省农村居民同期增速相比略高，说明扶贫开发县的农民收入水平在发展速度上，快于全国农民平均水平和全省平均水平，扶贫攻坚取得了一定成效。江西省贫困地区农村居民可支配收入虽然高于全国贫困地区水平，但与全省农村居民或全国农村居民相比还是较低，如何加快提高贫困农民收入水平成为反贫困的关键。

表6　农村居民及贫困地区农村居民历年收入数据

指　标	2013年		2014年		2015年		2016年	
	绝对数（元）	增幅（%）	绝对数（元）	增幅（%）	绝对数（元）	增幅（%）	绝对数（元）	增幅（%）
全国农民人均可支配收入	9430	12.4	10489	11.2	11422	8.9	12363	8.2
江西农民人均可支配收入	9090	12.2	10117	11.3	11139	10.1	12138	9.0
全国贫困地区农民人均可支配收入	6079	16.6	6852	12.7	7653	11.7	8452	10.4
江西贫困地区农民人均可支配收入	6053	18.9	6830	12.8	7759	13.6	8643	11.4

（二）贫困形势仍然严峻。

江西省有 21 个国家级重点扶贫工作县，17 个罗霄山连片地区特困县，其中 14 个重合，构成 24 个国家级贫困县。全省贫困发生率下降幅度高于全国，而贫困地区贫困发生率也呈现连年下降趋势，但和全省平均水平、全国平均水平相比仍然较高，从重点扶贫县占全省贫困人口比例变化趋势可以看出，江西贫困地区贫困人口脱贫速度与江西全省平均水平相比偏慢。江西省 54% 的地区属于丘陵地带，而贫困地区大都分布于丘陵地带，贫困人口相对集中，全省贫困人口尚余 155 万人，贫困地区贫困人口还有 103 万人，脱贫任务重，脱贫压力大。

表 7　江西与全国农村贫困人口历年发生率

指　标	2013 年	2014 年	2015 年	2016 年
全国农村贫困人口（万人）	8249	7017	5575	4335
全国农村贫困发生率（%）	8.5	7.2	5.7	4.5
江西农村贫困人口（万人）	328	276	208	155
江西农村贫困发生率（%）	9.2	7.7	5.8	4.3
江西贫困地区农村贫困人口（万人）	215	176	141	103
江西贫困地区农村贫困发生率（%）	18.1	14.9	11.6	8.5
江西省贫困人口占全国贫困人口比例(%)	4.0	3.9	3.7	3.6
江西贫困地区占全省贫困人口比例（%）	65.5	63.8	67.8	66.5

注：数据来源于国家贫困监测调查资料

（三）贫困地区劳动力素质偏低，竞争力较弱。

江西省贫困地区农村劳动力素质还急需提高，贫困地区劳动力平均受教育年限仅为 7.9 年，劳动力文化程度相对较低，缺乏就业技能与掌握农业新技术的能力，经济意识不强。其中，男性劳动力平均受教育年限为 8.6 年，女性劳动力平均受教育年限为 7.1 年。贫困地区劳动力文盲比例达到 6.5%，小学初中文化程度的比例高达 80.2%，高中教育程度的比例为 9.8%，大专及以上受教育程度者仅有 3.5%。其中，女性劳动力文盲率偏高，达到 10.4%；女性劳动力受高等教育人数较少，小学初中文化程度的比例高达 81%，高中及以上文化程度比例仅为 8.5%。

表 8　2016 年江西贫困地区劳动力受教育程度构成情况

单位：%

受教育程度	贫困地区农村劳动力	其中：	
		女性劳动力	男性劳动力
1. 不识字或识字不多	6.5	10.5	2.6
2. 小学	33.1	41.2	25.3
3. 初中	47.1	39.9	54.2
4. 高中	9.8	5.6	13.8
5. 大专及以上	3.5	2.8	4.1

（四）贫困地区收入结构僵化，增收后劲不足。

家庭经营净收入是贫困地区农村居民收入重要组成部分，2013 年占可支配收入比重达到 42%，一直到 2016 年的 38.7%，总体占比呈下降趋势。其中一产更是农村贫困地区家庭经营重要组成部分，二、三产收入虽然近年来有所上升，但是占人均可支配收入比重一直相当低，江西省贫困地区农村居民基本上还是靠农业为主要生活收入来源。另外，工资性收入也是贫困地区农村居民人均可支配收入重要来源，2013 年占可支配收入比重为 38.2%，随着国家工资水平的提高，2016 年工资性收入占比达到 42.1%。从历年数据看，财产性收入与转移性收入占人均可支配收入比重都相当低，农民收入结构还比较单一，此结论亦与入户精准扶贫考核调查（见图 5）的相一致，在 120 户受访户中，有 33.3% 的贫困户主要收入来自于种植业，38.3% 的贫困户主要收入是外出务工收入。江西人口众多，人均耕地不足，所以仅靠微薄的农业收入实现脱贫是不可能的。政府在进一步加强耕地保障与开垦，提高农业产量，加大农业产业化的同时，应鼓励更多农民通过劳动力转移参与到二、三产业，特别是本地的经济发展中，以获得更多工资性收入并促进当地经济发展，这样才有可能促进良性经济循环。

表 9　江西省贫困地区人均可支配收入结构构成

单位：元

指　标	2013 年	2014 年	2015 年	2016 年
人均可支配收入	6053	6830	7760	8643
1. 工资性收入	2314	2758	3164	3638
2. 经营净收入	2556	2817	3110	3342
第一产业经营净收入	1823	2141	2292	2399
第二产业经营净收入	249	180	194	234
第三产业经营净收入	483	497	624	708
3. 财产净收入	57	96	114	100
4. 转移净收入	1126	1158	1372	1563
#家庭外出从业人员寄回带回收入	794	736	890	993

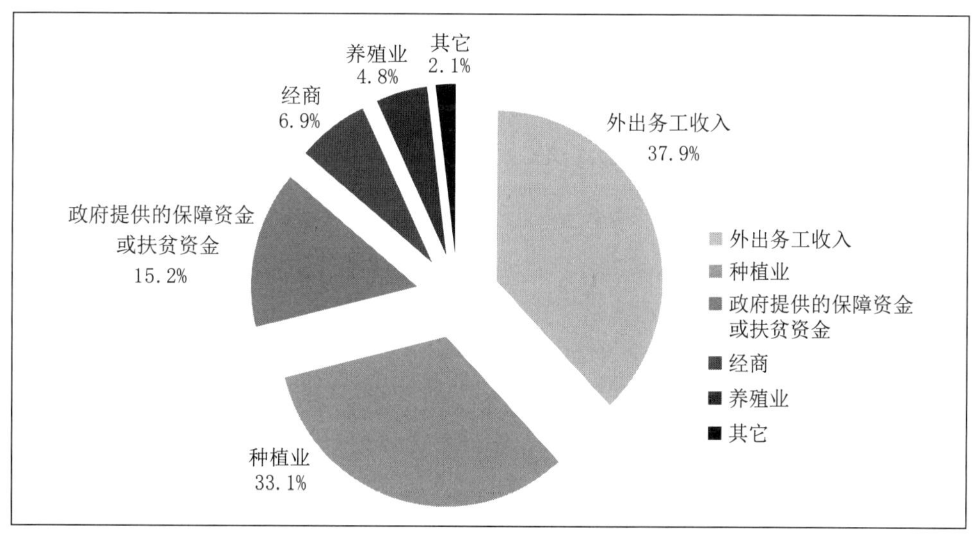

图 5　受访贫困户主要收入来源占比

六、促进贫困地区农民脱贫致富的几点建议

（一）加强扶贫项目的评估与针对性，使扶贫项目可持续发展。扶贫项目的实施要把做大做强村实体经济作为扶贫攻坚工作的核心，以拓宽市场销售渠道为导向，而不是立足于短期目标考核。扶贫项目的实施需要以人为本，以贫困地区农村居民的实际需求为导向，杜绝盲目上项目、跟风上项目、批量上项目，防止片面追求政绩的突击式扶贫项目建设，加强扶贫项目的针对性、有效性。加强扶贫项目的跟踪评估，注重对贫困村、贫困户的远期影响与可持续性发展，以政府政策带动项目的市场发展，促进贫困地区经济良性发展。

（二）加强建设扶贫对象动态进入、退出机制。进一步加强扶贫对象精准评估，落实国家扶贫信息网络系统的建设，切忌脱离实际以档案评估取代扶贫对象动态退出、进入机制，确保实事求是、脚踏实地地对每一户扶贫对象展开踏实有效的第三方评估、公示制度，防止为达到减贫任务盲目脱贫、随意脱贫的现象发生，加强外部监管，建立常态化、多元化的监督检查机制，让扶贫对象成为维护自己权益、监督资金使用和项目建设的重要力量。

（三）加大精准扶贫力度。一是加大贫困村教育发展力度。进一步提高贫困村义务教育教学普及率，加强乡村教师队伍培训与建设，提高乡村义务教育质量，减少辍学和弃学的情况发生。落实好现有国家济困助学政策，确保贫困生资助政策和义务教育阶段“两免一补”政策的贯彻落实，引导社会捐资帮扶贫困生，降低因学返贫率。二是加大就业精准扶贫力度。人力资本存量低阻碍了先进农业种植技术的推广，人力资本的匮乏还限制了高效率的农业模式，需要进一步加强农业技术指导与培训，增强村民的农业生产技术水平，办业余培训班，推广先进的农业种植技术。针对贫困地区土壤环境、生态状况，引进新的种植品种，拓宽贫困地区农民的经济种植作物品种。有针对性地开展贫困家庭劳动力创业就业培训，提升培训的针对性和适用性，加强对贫困地区外出务工人员的职业技能培训，使得其有一技之长，推动政策优惠，留住劳动力，发展当地经济。加强对农村贫困地区的教育投入，加大农业技术科技人才的培养，有效推动长效脱贫机制。创立部分公益性岗位，用于对农村公路养护、公共公益设施保洁、农村治安巡逻等，为农村非完全劳动能力的低保人口、扶贫对象就业提供有效保障。

（四）通过政策倾斜，鼓励创业扶贫。凡通过创业带领贫困户家庭成员就业的，经部门审核后，给予适当的政策优惠和经济奖补。推进政府扶贫精度。持续加大社会化扶贫开发力度，组织动员全社会力量共同参与扶贫开发，使扶贫项目、项目资金细化到村，集中抓好贫困地区的生产生活条件改善。开展结合各地特色农业的种植基地建设，优化贫困地区的产业结构，实现农村居民家门口就业。建设生态农业试点，创新社会经济主体参与扶贫开发激励机制，使扶贫成果进一步普惠贫困农民，从而实现精准扶贫。

（五）加强扶贫政策宣传，促进社会资源平等共享。强化各级政府服务职能，促进公共事务的运作，使扶贫措施、财政措施公开化、透明化、法制化，加强扶贫

政策宣传，防止“两证一册”等文档建设流于表面，做好对贫困户的政策宣传与落实，解决政策落实最后一步中存在的各种问题。在乡、镇、村多层面上要求干部把国家扶贫政策吃透、吃准，在掌握最新扶贫政策的基础上进行全面宣传，主动向扶贫对象落实扶贫政策，杜绝特权、特例、特办现象，让社会各阶层共同享有政府公共服务，杜绝潜规则、不公平竞争，让社会各阶层享有平等的发展机会。

（六）加强实施精神扶贫。要打赢扶贫攻坚战，需要物质扶贫与精神扶贫相结合，将“授之以鱼”与“授之以渔”相结合，大力弘扬社会主义核心价值观，促进精神文明建设，凝聚社会正能量，加强精神文化生活建设，推进贫困群众精神扶贫，采取“文化教育、道德引领、精神激励”多管齐下的方式让基层群众自觉从思想和行为上脱贫，从精神层面上杜绝“等靠要”、“以贫困为荣”等惰性思想。进一步加强农村道德文明建设，推动移风易俗，利用农闲时节开展村一级的文化活动，引导鼓励群众自发组织参与积极向上的文娱活动，对吃喝赌博、铺张浪费、大操大办等不良风气制定村规民约进行约束与管理，使贫困地区农村居民思想从“要我脱贫”转变为“我要脱贫”，从主观层面上形成脱贫的内生动力，从而实现居民自我脱贫能力的可持续性发展。

（七）进一步推进社会保障制度建设，加大分类精准扶贫力度。对于没有劳动能力的农村贫困户，应纳入当地低保、五保范围；对于有劳动能力的扶贫开发户，部分是因为人口多劳力少造成的，部分是缺乏文化技术、致富技能造成的，部分是缺乏生产资料造成的，还有的是思想观念落后或好吃懒做造成的，应针对不同情况采取不同的扶持方式。当前贫困地区社会保障并不是很完善，虽然新型合作医疗起到了一定的作用，但是并没有彻底解决贫困农民的看病难问题。有必要进一步加强农村基本公共服务，改善农村居民的卫生、医疗条件，加强新农合作用的政策讲解和宣传，使得村民了解新农合的重大作用，有病及时就诊。继续加大对农村养老保障、公共服务设施建设等方面的投入和支持，将发展成果更多的惠及到农民身上。

（国家统计局江西调查总队 肖曦）

河南农村减贫情况

2016 年，河南各级、各部门进一步加大扶贫开发工作力度，积极推进精准扶贫工作的全面开展，狠抓扶贫政策落实，充分发挥专项扶贫、行业扶贫、社会扶贫的大扶贫作用，加快农业农村经济结构调整和劳务经济发展步伐，有效促进了贫困地区农村居民收入的增长和生活质量的提高。

一、河南贫困人口不断减少

2016 年，河南农村贫困人口进一步减少，贫困发生率明显下降。2016 年河南农村贫困人口 371 万人，同比减少 91 万人；贫困发生率 4.6%，同比下降 1.2 个百分点。贫困地区农村贫困人口 221 万，同比减少 66 万人；贫困发生率 7.3 个百分点，同比下降 2.2 个百分点。

表 1　河南农村贫困人口变化情况

指　　标	2012 年	2013 年	2014 年	2015 年	2016 年
贫困人口（万人）	764	639	565	462	371
贫困发生率（%）	9.4	7.9	7.0	5.8	4.6

二、河南贫困地区农村居民收入增长明显

2016 年河南全省农村居民人均可支配收入 11697 元，同比增长 7.8%，扣除价格因素实际增长 5.7%。贫困地区农村居民人均可支配收入 9735 元，与上年同期相比增加 870 元，增长 9.8%，扣除价格因素实际增长 7.7%，比全省农村平均水平高 2.0 个百分点。

图 1　河南贫困地区农民收入增幅变化情况

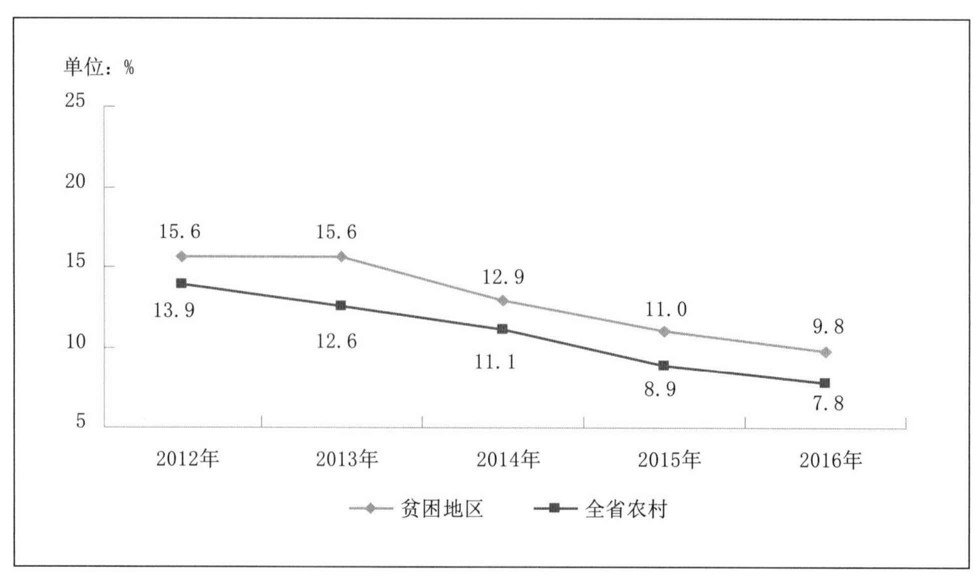

（一）工资性收入明显增长。

2016 年，河南贫困地区农村居民人均工资性收入 2703 元，同比增加 367 元，增长 15.7%。工资性收入占贫困地区农村居民可支配收入的比重为 27.8%，比上年提高 1.4 个百分点，对收入增长的贡献率为 42.1%，拉动贫困地区农村居民人均可支配收入增长 4.1 个百分点。一是各地持续加大招商引资力度，大力推进集聚区建设和承接产业转移项目，着力优化企业发展环境，使农村居民在本地务工机会明显增多。二是随着贫困地区产业扶贫力度的不断加大以及各项促进就业政策的实施，贫困地区农村剩余劳动力务工人数持续增加，加之工资水平的逐步提高，由此带动了贫困地区农村居民务工收入的大幅增加。同时政府不断制定政策确保农村居民工群体的权益，这也保证了外出农村居民工工资的及时发放。

（二）家庭经营净收入平稳增长。

2016 年贫困地区农村居民人均家庭经营净收入 4080 元，同比增加 175 元，增长 4.5%，对收入增长的贡献率为 20.1%。其中：第一产业人均经营净收入 3084 元，增长 2.2%；第二产业 268 元，增长 5.7%；第三产业 728 元，增长 15.0%。河南贫困地区农村居民家庭经营仍以一产为主，但由于农产品价格低位运行，一产收入增幅有限。贫困地区二三产业稳步发展，在家庭经营净收入中所占比重较上年提高 1.7 个百分点。

（三）财产性和转移性净收入明显增长。

随着河南扶贫开发工作的不断深入，对贫困地区政策扶持力度也在不断加大，产业扶贫、整村推进、精准扶贫等扶贫政策成效的逐步显现，以及农村各项政策性补贴、社会保障等惠农政策的不断实施，贫困地区农村居民从中得到更多实惠。2016 年，河南贫困地区农村居民人均财产性净收入 77 元，同比增加 13 元，增长 21.1%，转移性净收入 2875 元，同比增加 315 元，增长 12.3%。

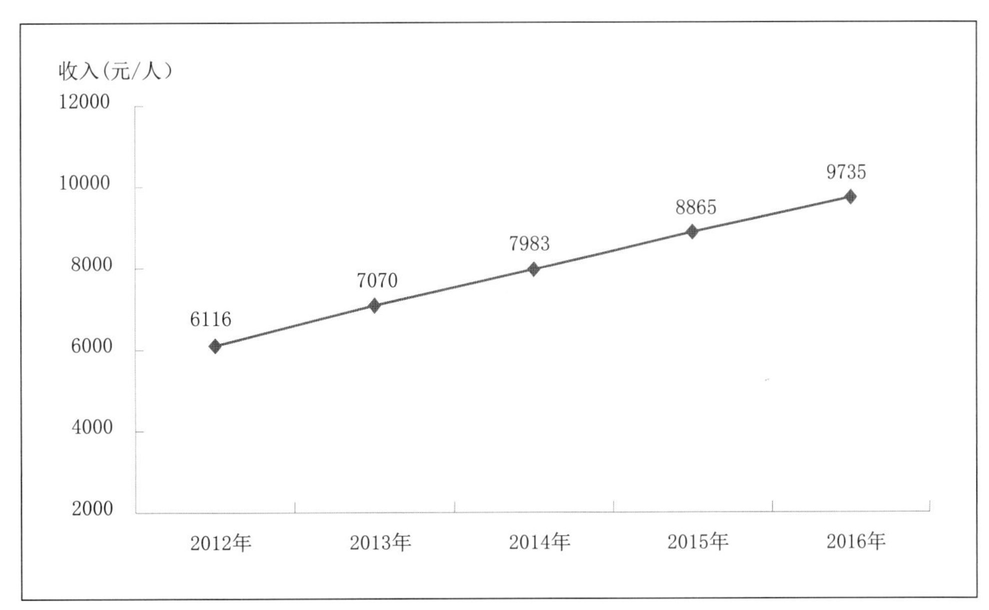

图 2 河南贫困地区农民收入变化情况

三、贫困地区农村居民消费支出平稳增长

随着收入水平的稳步增长和社会保障体系的不断完善，2016 年，河南贫困地区农村居民生活消费能力逐步增强，生活质量稳步提升，生活消费支出增长明显。据调查，2016 年河南贫困地区农村居民人均生活消费支出 7157 元，同比增加 627 元，增长 9.6%。一是食品烟酒消费平稳增长。人均食品烟酒消费支出 2334 元，同比增加 138 元，增长 6.3%。二是衣着消费水平稳中有增。人均衣着消费支出 544 元，同比增长 5.8%。三是居住消费支出明显增长。人均居住支出 1559 元，同比增加 168 元，增长 12.1%。四是生活用品消费需求旺盛。人均生活用品及服务消费支出 546 元，同比增加 69 元，增长 14.5%。五是教育文化娱乐及医疗保健支出持续增长。人均教育文化娱乐消费支出 660 元，同比增加 80 元，增长 13.8%；人均医疗保健消费支出 525 元，同比增加 43 元，增长 8.8%。另外，人均交通通讯消费支出 833 元，同比增长 13.0% ；人均其他用品和服务支出 156 元，同比增长 2.9%。

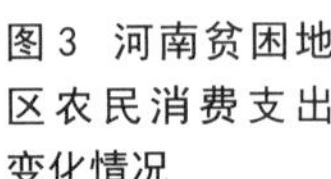
图 3 河南贫困地区农民消费支出变化情况

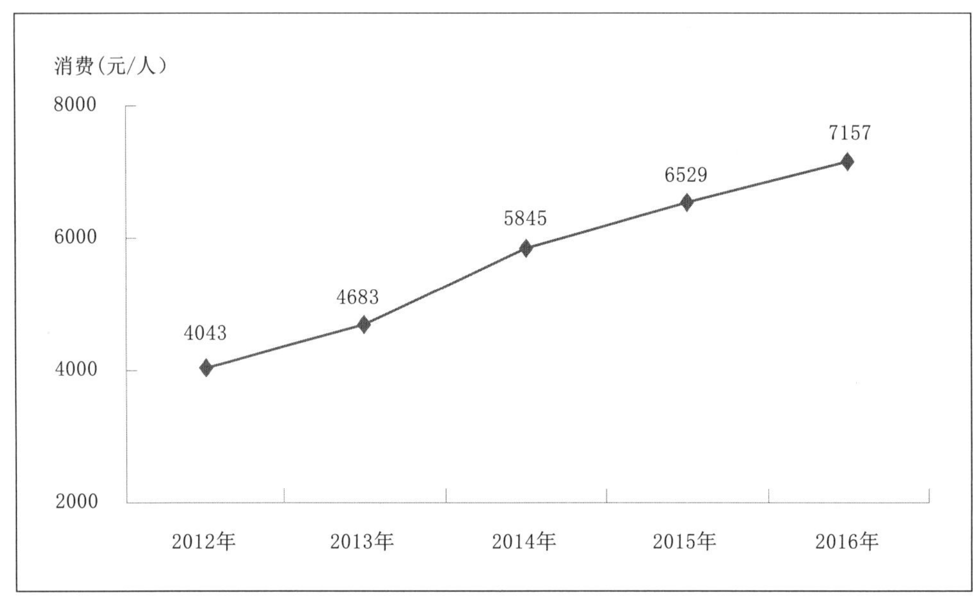

四、贫困地区农民生活生产条件不断改善

随着河南扶贫开发工作中各项针对性扶贫政策的实施，河南贫困地区居民的生产生活条件得到了明显改善和提升。

（一）主要耐用消费品拥有量不断增加。

2016 年主要耐用消费品在河南贫困地区的普及率不断提高，信息化步伐明显加快。调查显示，每百户农户拥有家用汽车 10.1 辆，同比增加 2.7 辆；拥有洗衣机 92.7 台，同比增加 3.4 台；拥有电冰箱 79.1 台，同比增加 9.1 台；拥有移动电话 220.8 部，同比增加 16.6 部；拥有计算机（连入互联网）18.8 台，同比增加 3.9 台。

表 2 河南贫困地区农户主要耐用消费品拥有情况

单位：台、辆、部 / 百户

指 标	2012 年	2013 年	2014 年	2015 年	2016 年
汽车	2.7	4.7	5.4	7.4	10.1
洗衣机	73.6	83.9	85.2	89.3	92.7
电冰箱	53.9	59.7	62.8	70.0	79.1
移动电话	159.9	176.2	190.2	204.2	220.8
计算机（连入互联网）	7.8	11.5	13.3	14.9	18.8

（二）生活居住条件逐步改善。

随着政府扶持力度的不断加大，以及收入的不断增加，河南贫困地区农民生活和居住条件也得到了不断改善。调查显示，2016 年人均住房面积达到 42.5 平方米，同比增加 7.3 平方米。其中钢筋混凝土和砖混结构住房的比重为 72.1%，同比提高 2.4 个百分点。管道供水入户的比重为 60.7%，同比提高 14.4 个百分点。

表 3 河南贫困地区农户住房及家庭设施状况

单位：%

指 标	2012 年	2013 年	2014 年	2015 年	2016 年
1. 竹草土坯房农户比重	2.0	1.9	1.8	1.3	0.6
2. 管道供水农户比重	35.2	36.2	37.7	46.3	60.7
3. 净化自来水农户比重	22.4	26.9	30.6	37.3	50.9
4. 炊用柴草的农户比重	53.3	53.0	53.0	44.6	41.7

五、贫困地区基础设施及社会保障水平不断提高

河南扶贫开发工作的稳步推进切实有效地促进了贫困地区基础设施的不断完善和社会服务质量的不断提高。

（一）基础设施条件不断完善。

2016 年末，河南贫困地区所在自然村通公路的农户比重、所在自然村通电话的农户比重基本达到 100%；所在自然村能接收有线电视信号的农户比重为 95.7%，同比提高 1.8 个百分点；所在自然村进村主干道路硬化的农户比重为 99.2%，同比提高 0.5 个百分点；所在自然村能便利乘坐公共汽车的农户比重为 73.0%，同比提高 1.4 个百分点；所在自然村垃圾能集中处理的农户比重为 30.5%，同比提高 3.3 个百分点；所在自然村上幼儿园便利的农户比重为 94.3%，同比提高 1.6 个百分点；所在自然村上小学便利的农户比重为 98.0%，同比提高 1.5 个百分点。

（二）社会保障覆盖面不断增加。

2016 年末，河南贫困地区新型农村合作医疗保险基本已全部覆盖，新型农村合

作医疗保险的全面覆盖，大幅降低了贫困地区农户的医疗费支出，减轻了家庭负担，有效地缓解了农民“看病难、看病贵”的问题；农村社会养老保险覆盖面达到 52.0 %；农村最低生活保障覆盖面为 4.4%。

六、贫困地区脱贫致富存在的主要问题

（一）贫困地区农村居民收支水平仍然不高。

一是收入差距较大。调查显示，2016 年河南贫困地区农村居民人均可支配收入较全省农村人均水平低 1962 元，仅相当于全省平均水平的 83.2%；二是生产结构单一，仍以种植业为主，其它产业相对较弱，第一产业净收入占家庭经营净收入的 75.6%；三是生活水平仍然较低。2016 年贫困地区农村居民人均生活消费支出较全省平均水平低 1430 元，相当于全省平均水平的 83.3%。

（二）贫困地区自我发展能力仍然薄弱。

一是产业发展活力不强，传统农业占据主导地位，农业产业化程度低，结构单一，环境约束趋紧，粗放式资源开发模式难以为继。同时非农产业发展缓慢，以家庭式、小作坊为主，增收能力有限；二是贫困地区人口综合素质有待提高，普遍存在技能素质差、文化层次低的特点，难以满足劳动力市场的专业化、技能化的需求，基本从事的都是劳动密集型的工作，就业渠道狭窄，转移就业和增收难度大。

（三）致贫原因多样，脱贫难度增大。

经过多年的扶贫开发，容易脱贫的地区和人口，基本已经解决了贫困问题，剩下的都是难啃的硬骨头，大多集中在“三山一滩”连片特困地区，水、电、路、讯、房等基础设施建设滞后，教育、文化、医疗卫生等公共服务保障水平较低，因病、因残，缺乏劳动力，家庭突发变故等致贫比例较高。这部分贫困人口贫困程度更深、脱贫成本更高、脱贫难度更大，依靠常规举措难以摆脱贫困状况。

七、促进贫困地区农村居民脱贫致富的几点建议

（一）深化精准扶贫，不断增强扶贫开发工作的合力。

进一步加大各项扶贫开发工作力度，大力推进精准扶贫工作的深入开展，增加财政扶贫资金投入，以产业建设为重点，加强对扶贫资金的管理，注重发挥资金的规模效益；强化扶贫信贷资金支持，提高资金到户率，切实解决贫困农户贷款难问题。积极开展扶贫协作，加大各部门对贫困地区的精准扶持力度，把加强贫困地区基础设施建设、促进贫困地区发展放在优先位置，给予重点倾斜。积极探索经济协作的长效机制，帮助贫困地区解决实际问题。

（二）加强技能培训，大力推进贫困地区劳动力转移就业。

加强转移就业服务，千方百计扩大贫困地区劳动力转移就业规模，持续开展有针对性的技能培训，帮助贫困劳动力掌握一技之长、找到就业门路。同时不断拓宽就业门路，把转移就业脱贫作为解决贫困问题的治本之策，在就业途径选择上，区分不同情况，采取劳务输出、产业发展、就地就近吸纳、居家灵活就业、扶持自主创业、中介组织介绍、开发公益性岗位等方式实现就业或安置。

（三）培育“造血”功能，积极扶持和推动贫困地区的产业发展。

充分发挥农民合作组织、龙头企业等市场主体带动作用，建立健全产业到户到人的精准扶持机制，结合各地实际建成一批对脱贫带动能力强的特色产业基地，把特色产业扶贫作为加快贫困地区农村居民增收致富的关键举措。积极发展投资少、风险小、带动大、发展快的特色农产品产业、畜牧养殖产业、优质粮食产业、设施农业、乡村旅游产业、特色加工产业、电商流通产业、农村一二三产业融合发展等脱贫产业。努力培育脱贫致富的经济增长点。

（四）大力推进新农村建设，有序开展易地搬迁扶贫。

对于居住在深山荒芜区、地质灾害区、生态保护区等生存环境差、不具备基本发展条件的贫困地区农村居民，应在群众自愿的前提下，按照“有利于农民生产、有利于实现就业、有利于稳定脱贫”的原则，实施易地搬迁脱贫，搬出穷窝斩断穷根。同时要进一步加大政府投入力度，创新投融资模式和组织方式，完善相关后续扶持政策，努力做到搬得出、稳得住、有事做、能致富，确保搬迁对象尽快脱贫。

（五）进一步完善社会保障体系，充分发挥社会保障的兜底保障作用。

进一步做好农村社会保障制度与扶贫开发政策的有效衔接，完善农村社会保障体系和贫困地区社会救助体系，不断提高保障水平，逐步建立起适应农村经济发展水平，涵盖医疗、教育、住房、养老等方面的社会保障和救助制度，从而实现特困人员的最低生活保障兜底脱贫。

（国家统计局河南调查总队 马超）

湖北农村减贫情况

2016年，湖北省全面贯彻习近平总书记扶贫开发战略思想，全面落实中央脱贫攻坚决策部署和《湖北省委省政府关于全力推进精准扶贫精准脱贫的决定》（鄂发【2015】19号），深入实施精准扶贫、精准脱贫基本方略，农村减贫成效明显，农民生活不断改善。

一、农村贫困人口规模减少40万人

湖北省2016年农村贫困人口规模为176万人，比上年减少40万人；国定28个贫困地区县农村贫困人口为117万人，比上年减少31万人；全省农村贫困人口自2011年以来，共减少312万人。贫困发生率为4.3%，比上年下降1个百分点；自2011年以来，贫困发生率共下降7.8个百分点，减贫效果明显。

表1　近年湖北农村贫困人口及贫困发生率

年　份	贫困人口规模（万人）	贫困发生率（%）	
	湖北农村	全国农村	湖北农村
2011	488	12.7	12.1
2012	395	10.2	9.8
2013	323	8.5	8.0
2014	271	7.2	6.6
2015	216	5.7	5.3
2016	176	4.5	4.3

二、贫困地区农民收入增长较快

2016年湖北省国定28个贫困地区农民人均可支配收入9502元，比上年增加820元，比全省平均水平的12725元低3223元。虽受灾情影响，湖北贫困地区农村居民可支配收入增速比上年有所回落，但仍然实现了9.4%的增长。

（一）贫困地区农民收入增幅高于全国全省农村平均水平。

贫困地区农村常住居民人均可支配收入增速比全国和全省农村平均水平分别高1.2和2.0个百分点，绝对额占全国和全省农村平均水平的比重分别为76.9%和74.7%。从收入结构看，2016年湖北重点贫困地区农民收入中经营性收入、财产净收入、转移净收入同比增幅也分别比全省农村平均水平高2.8、6.8和2.2个百分点。

从四大项收入结构来看，湖北贫困地区农民工资性收入3158元，同比增加244元，增长8.4%；经营净收入3284元，同比增加232元，增长7.6%；财产净收入达76元，同比增加4元，增长5.6%；转移净收入达2984元，同比增加340元，增长12.9%。

表2 湖北贫困地区农村居民收入结构

单位：元、%

指　标	2016年	2015年	增幅	占比	增长贡献率
人均可支配收入	9502	8682	9.4	—	—
1. 工资性收入	3158	2914	8.4	33.2	29.7
2. 经营净收入	3284	3052	7.6	34.6	28.3
3. 财产净收入	76	72	5.6	0.8	0.5
4. 转移净收入	2984	2644	12.9	31.4	41.5

（二）经营性收入仍是贫困地区农民主要收入来源。

虽然2016年夏季的洪涝灾害对全省农业生产造成一定损失，但得益于湖北农产品综合价格上涨，各级政府深入推进农业供给侧改革，农村二、三产业融合发展，乡村旅游蓬勃兴起，支撑了农民经营净收入的增长。人均经营净收入占可支配收入比重最高，为34.6%。

（三）收入增长多元格局正在形成。

2016年扶贫重点区县农民可支配收入来源中，转移净收入、工资性收入、经营净收入分别比2015年增加340、244和232元，对农村居民可支配收入增长的贡献率分别为41.5%、29.7%和28.3%。经营性收入一家独大的局面正逐步改变，居民抵御因灾减产减收的能力进一步增强。

三、贫困地区农民生活质量进一步提升

2016年湖北贫困地区农村居民人均消费支出为8499元，达全省农村常住居民人均消费水平的77.7%，同比增加9.0%，增速较上年加快1.4个百分点，贫困地区农村基础设施和公共服务又上新台阶。

（一）吃穿住用等基本消费占比逐步降低。

贫困地区农村居民吃穿住用支出占全部生活消费支出的比重为67.8%，比上年降低1.3个百分点。其中，食品烟酒消费支出为2607元，同比增长1.2%；居住、生活用品及服务支出分别为2174元、548元，占全部消费支出的比重分别为25.6%、6.4%，同比分别增长14.5%、15.6%，增幅分别比全省农村平均水平高出2.5、4.1个百分点。

（二）发展型和享受型消费增长迅速。

农村居民在满足基本的吃穿住用之后，为提高物质和精神生活的品质，发展型和享受型消费支出不断增加。2016年重点贫困地区农村居民交通通信、教育文化娱乐、

医疗保健支出分别为 965、799 和 767 元，同比分别增加 121、52 和 111 元，分别增长 14.3%、7.0% 和 16.9%。

（三）生活用品提档升级。

随着农村基础设施不断完善，交通状况进一步好转，居民收入进一步增加，农村中低档耐用消费品基本普及，高档耐用消费品不断进入农家，生活用品迅速增加。汽车、洗衣机、电冰箱等一大批现代耐用品普及率迅速提高，给农村居民家庭带来了浓厚的现代化生活气息。到 2016 年底，全省贫困地区每百户农民家庭拥有汽车 11.4 辆、洗衣机 76.2 台、电冰箱 86.9 台，移动电话 222.4 部，分别比 2015 年增长 40.7%、11.7%、18.7% 和 4.2%。

（四）基础设施和公共服务进一步加强。

经过多年来持续不断的基础设施建设，农村道路交通状况进一步好转。调查的所在自然村通公路的农户比重和通电话的农户比重基本达到百分之百，所在自然村进村主干道路硬化的农户比重为 97.8%。所在自然村能便利乘坐公共汽车的农户比重达到 72.9%。农村公共服务状况有大幅改善，有线电视和宽带覆盖面进一步扩大，能接收有线电视信号的农户比重达到 93.7%。所在自然村通宽带的农户比重为 87.3%。所在自然村垃圾能集中处理、有村卫生站、上幼儿园便利和上小学便利的农户比重分别比上年提高 6.9%、2.9%、4.4% 和 5.2%。

四、精准扶贫措施和效果亮点纷呈

（一）精确制导，构建脱贫攻坚四梁八柱。

瞄准靶向，构建政策大支撑。围绕脱贫攻坚总目标，湖北构建起“1+N+M”政策支撑体系。“1”即省委省政府《关于全力推进精准扶贫准确脱贫的决定》；“N”即贫困县约束机制、帮扶机制、考核机制、退出机制、激励脱贫机制、扶贫责任制、精神支撑机制和用人导向机制；“M”即省直部门出台的精准帮扶措施。

编制规划，政策资源大配置。出台《湖北省脱贫攻坚规划》和贫困片区实施规划，制定产业扶贫、易地扶贫搬迁、健康扶贫、教育扶贫、生态扶贫、保障扶贫等专项规划，统筹配置各类资源。

真金白银，政府主导大投入。2016 年省、市、县三级财政共安排专项扶贫资金 66.6 亿元，其中省本级 32.89 亿元，比全国 22 省（区、市）平均投入高 80.9%，创历史新高。建立整合投入机制。按照省级整合，市、州协调，县级统筹的原则，率先在全国建立贫困县资金统筹机制，2016 年全省统筹财政资金达 892.7 亿元。建立贫困地区发展基金。盘活省级财政存量资金，筹措资金 5 亿元支持贫困地区统筹建立贫困村产业发展基金、贫困村发展乡村旅游基金、贫困地区“双创”基金。建立扶贫开发融资平台。组建省扶贫投资开发有限公司承接金融机构政策性专项贷款，贷款规模 365.5 亿元。

（二）精准发力，精准“滴灌”到户到人。

一是精准识别，建好“明白帐”。在全国首创精准识别数据审计，根据审计结果，进行核查和整改，精准剔除不符合识别标准的“硬伤户”。建贫困退出“明白帐”。坚持扶贫对象退出程序与识别程序相一致的原则，制定扶贫对象退出验收指导意见，严格开展扶贫对象退出管理。

二是产业扶贫，打造强劲引擎。与省农行签定金融扶贫框架协议，推进产业精准扶贫工程；申报建设光伏电站 88.2 万千瓦，解决村级无集体收入和无劳动能力贫困人口脱贫问题；在 15 个贫困县开展电商扶贫试点；实施乡村旅游扶贫，带动 10 万人增收脱贫。鼓励和引导各类金融机构加大金融扶贫力度，全省共建设金融精准扶贫工作站 4795 个，实现贫困村全覆盖。

三是搬迁扶贫，铺设脱贫之路。全省各级成立集中统一的搬迁工作指挥部，统一规范户型，锁定人均 25 平方米建房面积。严格控制搬迁户借款建房、贷款建房，同步谋划脱贫路径。倒排工期，全面实施“交钥匙工程”，统筹安排搬迁安置点的基础设施、产业发展、公共服务、确保贫困人口搬得出、稳得住、可发展、逐步致富。

四是教育扶贫，斩断致贫穷根。出台贫困户子女精准扶贫资助政策，全年资助贫困学生 150 余万人次。争取泛海集团从 2016 年起连续五年捐赠湖北 5000 万元，对 1 万名当年考上大学本科的贫困家庭学生每人捐赠 5000 元。组织省内高校、优质高职、示范高中、优质中职等与贫困县签约帮扶，不让一个孩子输在起跑线上。

五是生态扶贫，建设好绿色银行。以发展生态产业脱贫一批为突破口，结合供给侧结构性改革，实施林业扶贫攻坚规划，拨付天然林管护费，建设天然林资源保护工程。在贫困地区实施森林生态效益补偿，贫困林农年人平增加现金收入近千元。

六是健康扶贫，打开幸福之门。强化贫困地区卫生计生基础建设，安排中央和省项目投资 11.11 亿元，其中 6.7 亿元优先安排到连片贫困地区。加强贫困地区人才队伍建设，实施万名医师支援农村卫生计生工程，全省三甲医院一对一支援贫困县医院。加大医疗救助，共发放临时救助资金 2.5 亿元，救助困难群众 36.7 万人次，降低贫困户大病保险起付钱，贫困户新农合就医报销比例提高 20%。

七是保障扶贫，扎牢兜底笼子。全省连续五年每年安排 22 亿低保资金，对 220 万名农村低保和五保对象进行补助，人均补贴超过国家现有扶贫标准。

（三）聚力攻坚，奏响扶贫大合唱。

区域协作携手共进。出台《进一步加强省内区域协作扶贫和定点帮扶工作的意见》，在 9 个发达市对口帮扶 10 个民族贫困县市政策不变的前提下，同步实施省内经济强县对口帮扶 37 个贫困县。2016 年，9 个发达市向 10 个少数民族县市共援助资金 10.7 亿元，引导社会无偿捐助资金 1205 万元。

定点帮扶持续加力。建立与中直帮扶单位沟通协调机制，推进帮扶单位的帮扶政策、帮扶资金、帮扶项目等精确滴灌到贫困村和贫困人口。2016 年，17 家中直单位直接投入帮扶资金 2.69 亿元，帮扶引进项目 80 个、资金 8.1 亿元。

社会帮扶热情高涨。实施“千企帮千村”行动，全省7963家企业参与精准扶贫，直接投资31.9亿元，帮助引进资金18.4亿元，转移贫困劳动力90836人。全省仅工商联系统就组织签约帮扶企业1526家，结对贫困村1338个，实施帮扶项目1868个，企业投资总额12.85亿元，捐赠总额达18.37亿元。开展“10•17”全国扶贫日活动，全省共募集扶贫公益捐赠资金7.7亿元。工会、共青团、妇联、科协、残联、红十字会等群团组织纷纷开展精准扶贫主题活动。

驻村工作队倾情帮扶。统筹整编全省新农村建设工作组、“三万”活动工作组、脱贫奔小康工作队等农村工作队力量，聚集精准扶贫，打造一支扎根农村贫困一线的攻坚主力部队，不脱贫、不收兵。2016年，省市县三级共派出17074个扶贫工作队，93879名驻村干部，累计投入帮扶资金36.2亿元，帮助引进各类资金31.9亿元，实现建档立卡贫困村驻村帮扶全覆盖。

（国家统计局湖北调查总队 胡先红 郁雁 徐开林）

湖南农村减贫情况

党的十八大以来，以习近平同志为核心的党中央把扶贫开发作为关乎党和国家政治方向、根本制度和发展道路的大事，对扶贫攻坚做出了新的战略部署。湖南是习近平总书记提出精准扶贫战略思想的策源地，省委、省政府高度重视扶贫开发工作，将脱贫攻坚摆在突出位置来抓，贫困地区面貌发生明显变化。据对湖南居民收支与生活状况抽样调查和湖南农村贫困监测调查，2016 年，湖南农村贫困人口进一步减少，贫困地区①农村居民收入实现较快增长，生活消费水平稳步提高，农村社会事业持续发展。

一、贫困地区农村减贫速度快于全省农村平均水平

（一）2016 年湖南农村贫困人口减少 91 万。

按现行国家农村贫困标准（2010 年价格水平每人每年 2300 元）测算，2016 年湖南农村贫困人口为 343 万人，比上年减少 91 万人，减少 21%，减贫人口全国排位第 5 位；贫困发生率为 6%，同比下降 1.6 个百分点。

十八大以来，湖南农村贫困人口由 2012 年的 767 万人减少至 2016 年的 343 万人，四年累计减少 424 万人，下降幅度为 55.3%，平均每年减少 106 万人；贫困发生率由 2012 年的 13.5% 下降至 2016 年的 6.0%，下降 7.5 个百分点，平均每年下降近 1.9 个百分点。

表 1　2013-2016 年湖南农村贫困人口情况

年　份	贫困人口		贫困发生率	
	数量（万人）	下降（万人）	水平（%）	下降（百分点）
2013	640	127	11.2	2.3
2014	532	108	9.3	1.9
2015	434	98	7.6	1.7
2016	343	91	6.0	1.6

（二）2016 年湖南贫困地区农村贫困人口减少 80 万人。

受历史原因影响和自然条件制约，湖南革命老区、少数民族地区的贫困人口多、

①湖南贫困地区，包括集中连片特困地区和片区外的国家扶贫开发工作重点县，共 40 个县。其中集中连片特困地区覆盖 37 个县，国家扶贫开发工作重点县共计 20 个，集中连片特困地区包含 17 个国家扶贫开发工作重点县。

贫困程度深，区域性整体贫困问题更为严重。湖南将贫困地区作为扶贫开发的重点区域和主战场，着力破除贫困地区发展瓶颈，区域性贫困问题得到有效缓解。按现行国家农村贫困标准（2010 年价格水平每人每年 2300 元）测算，2016 年湖南贫困地区农村贫困人口为 205 万人，比上年减少 74 万人，下降 26.6%；贫困发生率 10.3%，同比下降 3.7 个百分点。

十八大以来，湖南贫困地区农村贫困人口由 2012 年 501 万人减少到 2016 年的 205 万人，累计减少 296 万人，降幅为 59.1%，平均每年减少 74 万人。从贫困发生率来看，2012 年湖南贫困地区农村贫困发生率为 24.8%，比全省农村平均水平高 11.3 个百分点，2016 年下降至 10.3%，四年来累计下降 14.5 个百分点，年均下降 3.6 个百分点。

表 2　2013-2016 年湖南贫困地区农村贫困人口变化情况

年　份	贫困人口		贫困发生率	
	数量（万人）	下降（万人）	水平（%）	下降（百分点）
2013	423	78	20.8	4.0
2014	343	80	18.3	2.5
2015	279	64	14.0	4.3
2016	205	74	10.3	3.7

（三）贫困地区农村贫困人口下降幅度快于全省农村平均水平

2016 年湖南贫困地区农村贫困人口 205 万人，占全省农村贫困人口的 59.8%，占比较 2012 年下降了 5.5 个百分点。从减贫规模和速度来看，近四年贫困地区的减贫规模占全省减贫总规模的比重均达到 60% 以上，2016 年湖南贫困地区农村贫困人口比上年减少 74 万人，占全省减贫总规模的比重高达 81.3%；贫困地区年均减贫速度达到 20.0%，比全省农村平均水平快 1.8 个百分点。从贫困发生率来看，近四年贫困地区的年均下降 3.6 个百分点，比全省农村平均水平快 1.7 个百分点。

图 1　2012-2016 年湖南全省及贫困地区农村贫困人口规模

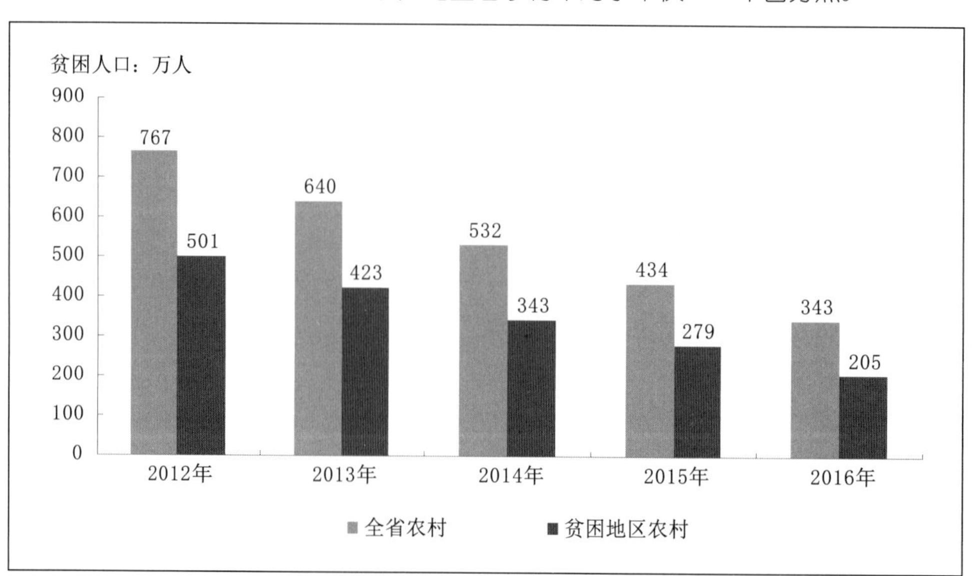

二、贫困地区农民收入较快增长

2016 年湖南贫困地区农民人均可支配收入 8029 元，比上年增加 807 元，增长 11.2%，扣除价格因素实际增长 9.1%，名义增速比全省农村平均水平高 2.7 个百分点，比全国贫困地区农村平均水平高 0.8 个百分点，收入增长呈现出较快增长趋势。

表 3　2016 年湖南贫困地区农村居民人均可支配收入及构成

指　标	绝对值（元）	增幅（%）	增收贡献率（%）	占比（%）
人均可支配收入	8029	11.2	—	
1. 工资性收入	3550	11.7	46.0	44.2
2. 经营净收入	2216	2.8	7.5	27.6
3. 财产净收入	65	31.3	1.9	0.8
4. 转移净收入	2198	19.6	44.6	27.4

（一）工资性收入快速增长是拉动收入增长的首要因素。

2016 年湖南贫困地区农村居民人均工资性收入 3550 元，比上年增加 371 元，增长 11.7%，增收贡献率为 46.0%。2016 年，湖南狠抓精准扶贫的落实，贫困地区基础设施建设投入大幅增加，危房改造、易地搬迁工作开展如火如荼。贫困地区农村居民本地稳定就业和务工机会增多，务工人数增加，人均工资性收入明显增加。

（二）转移净收入高速增长成为收入增长的第二因素。

2016 年湖南贫困地区农村居民人均转移净收入 2198 元，比上年增加 360 元，增长 19.6%，增收贡献率为 44.6%。增长的主要原因有三个：一是政府进一步加大对贫困地区农村居民的补贴力度，提高农村养老金、低保、困难补助和新农合医疗报销标准。人均养老金或离退休金收入 376 元，增长 23.6%。人均社会救济和补助收入 124 元，增长 57.2%。其中，最低生活保障费 55 元，增长 30.0%；扶贫款收入 26 元，增长 392.4%。人均报销医疗费收入 148 元，增长 15.5%。二是引导劳务输出脱贫，寄回带回收入快速增长。湖南农民工外出务工人数和月平均工资的增长，推动农村居民人均寄回带回收入增长 16.4%，达到 1101 元。三是随着农民收入的持续增长和生活水平的提高，农村家庭提供给老人和留守儿童的赡养费也增长较快。人均赡养收入 467 元，增长 23.0%。

（三）经营净收入稳中有升，是收入增长的重要来源。

2016 年湖南贫困地区农村居民人均经营净收入 2216 元，比上年增加 61 元，增长 2.8%，增收贡献率为 7.5%。其中，第三产业经营净收入 554 元，增长 13.4%。随着产业结构的转型升级和农村电商的快速发展，来自批发和零售业的经营净收入达到 309 元，增长 25.3%，批发和零售业成为贫困地区农村居民经营净收入增加的亮点。

（四）国家扶贫开发工作重点县、集中连片特困地区农民收入增速均高于全省农村平均水平。

2016 年湖南国家扶贫开发重点县和集中连片特困地区的农村居民人均可支配收入分别为 7671 元和 8044 元，分别比上年增长 12.5% 和 11.3%，比全省农村平均水平高 4 个百分点和 2.8 个百分点。

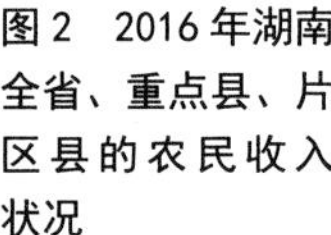

图 2　2016 年湖南全省、重点县、片区县的农民收入状况

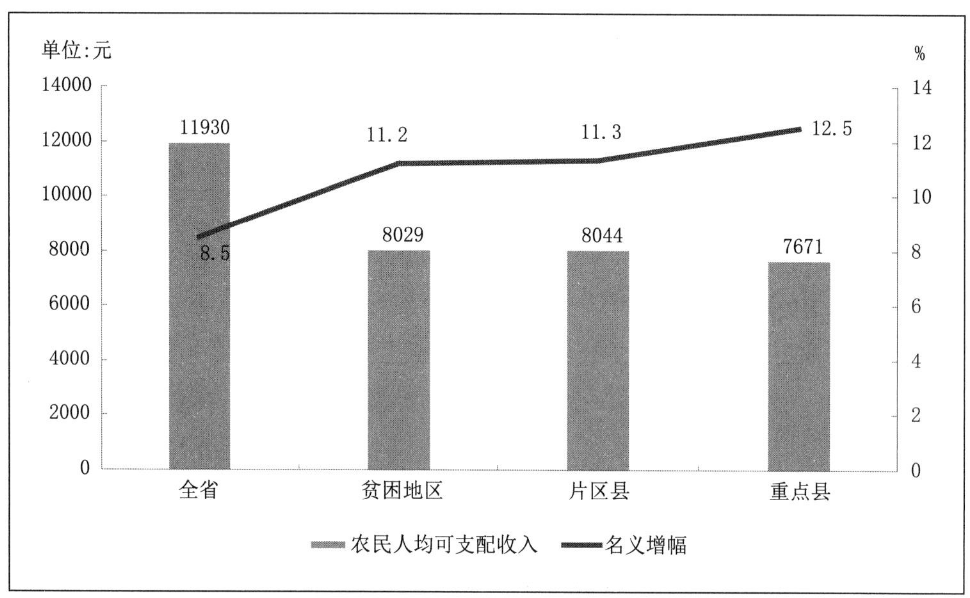

从绝对数看，2016 年湖南农民人均可支配收入为 11930 元，重点县、片区县的农民收入与全省平均水平仍有不小的差距，但从增长速度来看，差距正在不断缩小，贫困地区的农民增收保持良好态势。

三、贫困地区农民生活消费水平稳步提高

随着农民收入的增加，城乡统筹、新农村建设等一系列政策的有效落实，贫困地区农民生活水平得到改善。2016 年湖南贫困地区农民人均生活消费支出 7825 元，比上年增长 10.9%，比全省农民人均生活消费支出增幅高 1.2 个百分点。

表 4　2016 年湖南贫困地区农村居民人均生活消费支出情况

指　标	绝对数（元）	增幅（%）	占全省农村平均水平的比重（%）
人均生活消费支出	7825	10.9	73.6
1. 食品	2635	5.7	78.2
2. 衣着	365	2.8	71.9
3. 居住	1655	8.1	69.9
4. 生活用品及服务	490	5.8	76.6
5. 交通通信	687	17.7	63.4
6. 教育文化娱乐	1085	15.7	73.5
7. 医疗保健	778	16.9	78.9
8. 其他	129	14.0	66.2

贫困地区农民家庭的吃穿用住消费占全部生活消费支出的比重仍然很大，达66%，基本生活消费仍居主导地位。除食品消费外，居住消费所占比例最大，人均居住类消费支出达到1655元。2016年底，调查户户均住房建筑面积达到189.1平米，户均自有现住房价值11.4万元，分别比上年增长6.1%和11.7%。

从支出结构看，贫困地区农民的生活消费支出从生存型向发展型过渡，交通通讯、医疗保健、教育文化娱乐等支出快速增长。

一是交通通信消费增幅领跑。汽车、网络等消费进一步融入农村居民生活。2016年湖南农村居民人均交通支出691元，增长19.9%。其中，人均购买汽车支出241元，增长69.6%。人均通信支出392元，增长14.1%。人均上网费支出36元，增长42.8%；人均移动电话机支出111元，增长36.5%。网络购物也逐渐成为农民喜闻乐见的消费方式。2016年农村居民人均通过互联网购买的商品和服务40元，增长118.8%。

二是医疗保健消费迅速增长。随着农民健康意识的不断增强，医疗保健支出迅速增长。2016年贫困地区农民人均医疗保健支出778元，增长7.4%。其中医疗服务支出550.3元，增长6.1%。

三是教育文化娱乐消费继续保持高增长势头。农村家庭对教育的投入加大，教育服务费用持续上升。2016年贫困地区农民人均教育支出803元，比上年增长16.6%。其中，人均中小学教育支出320.6元，增长23.2%；人均教育服务（含食宿）支出514元，增长23.3%。

四、贫困地区农户财产与生活设施状况改善

（一）主要耐用消费品拥有量稳步提高。

2016年末，湖南贫困地区农户主要耐用消费品拥有量比上年有所提高。每百户平均拥有汽车6.0辆，增加0.8辆；每百户平均拥有摩托车62.1辆，增加1辆；每百户平均拥有洗衣机66.8台，增加3台；每百户平均拥有空调15.4台，增加3.2台；每百户平均拥电冰箱76.6台，增加2.5台；每百户平均拥有移动话229.3部，增加11.2辆；每百户平均拥计算机17.3台，增加1.4台。

（二）生活居住条件进一步改善。

2016年贫困地区农户使用照明电比重、使用管道供水比重、使用自来水比重、饮水无困难户比重和使用独用厕所比重均比上年有所增长，居住竹草土坯房、炊用柴草的农户比重均有所下降。

表 5 2016 年湖南贫困地区农村住户住房及家庭设施状况

单位 :%

指　标	贫困地区	比上年增百分点
居住竹草土坯房的农户比重	1.1	-0.1
使用管道供水的农户比重	61.9	5.3
使用经过净化处理自来水的农户比重	31.5	1.5
饮水无困难的农户比重	89.2	0.5
独用厕所的农户比重	97.8	1.2
炊用柴草的农户比重	49.4	-1.3

五、贫困地区农村社会事业持续发展

（一）基础设施建设成效明显。

近年来，随着一大批交通、通讯、能源、水利、生态建设项目地相继实施，贫困地区农村基础设施条件得到明显改善。截至 2016 年底，调查村中通电话的自然村达 98.2%，比上年提高 1.1 个百分点；通有线电视的自然村占 76.2%，提高 0.9 个百分点；通宽带的自然村占 68.1%，提高 3.3 个百分点；主干道路面经过硬化处理的自然村占 77.6%，提高 1.1 个百分点；饮用水经过集中净化处理的自然村占 40.9%，提高 3.6 个百分点；实现卫生厕所全覆盖的自然村占 24.1%，提高 4.6 个百分点。

（二）文化教育卫生事业发展迅速。

到 2016 年底，调查村中 93.6% 的行政村有文化活动室，同比提高 3.4 个百分点；87.0% 的村有卫生室，提高 0.4 个百分点；86% 的行政村有合法行医证医生，提高 5.1 个百分点；45.1% 的行政村有小学且就学便利，提高 3.4 个百分点。2016 年调查的农户中，仅有占全部调查人口 4.8% 的人在生病时不能及时就医，下降 1.8 个百分点。

（三）贫困地区扶贫项目社会效益凸显。

湖南贫困地区村级扶贫项目扎实推进，农民参与积极性明显提高，种植养殖业仍然是农民最希望得到的扶贫项目。

1. 村级扶贫项目覆盖面更广，倾向基础设施建设。

2016 年调查村中有 26.4% 的村当年有小额信贷组织或村民互助资金组织，比上年提高 16.5 个百分点 ;60.1% 的村当年有村级扶贫规划，46.9% 当年参加过扶贫项目，分别提高 15.9 和 12.2 个百分点。从资金投向上看，村通公路通畅、通达工程项目得到的资金最多，占 25.7%；易地扶贫易地扶贫搬迁项目占 18.9%；农业项目占 17.6%；农村危房改造占 15.4%。

2. 农民对社会事务和扶贫项目的参与度提高。

2016 年调查户中有 39.7% 的农户参加过村务会议，比上年提高 0.9 个百分点。

在有村级扶贫规划的村中，有 57% 和 30.8% 的农户分别了解规划内容和参与规划制定。

在当年有新增扶持项目或扶贫资金的村中，8.9% 的农户参与了扶贫项目，比上年提高 4 个百分点； 19.8% 和 19.4% 的农户分别参与村级扶贫项目选定和扶贫项目户选定，分别提高了 0.1 和 0.5 个百分点。从农户了解扶贫项目的途径看，74.2%的农户是通过村民大会、村民代表大会、村民小组会议、公开告示和通知等公开渠道了解项目内容；5.8%的农户是通过村干部的个别通知了解的；3.3%的农户是通过亲朋好友的转告；16.7%的农户通过其他途径了解项目内容。

3. 种植养殖业是多数农民最期盼的扶贫项目。

长期以来，农户最希望得到的扶贫项目是种植养殖业。调查显示，2013-2016 年年均有 40.6% 的农户最希望得到种植养殖业扶贫项目，其中，每年有两成以上的农户最希望得到种植业扶贫项目，一成以上的农户最希望得到养殖业扶贫项目。但是 2016 年这两项受欢迎的扶贫项目需求呈下降趋势，专业技能培训、教育、危房改造和卫生等扶贫项目越来越受农户关注。

表 6　2013-2016 年贫困地区农户对扶贫项目倾向

单位 :%

扶贫项目	2013 年	2014 年	2015 年	2016 年
种植业	24.6	29.2	24.0	21.0
林业	4.0	4.4	3.0	2.0
养殖业	18.7	15.9	14.5	14.4
农产品加工	4.7	3.2	2.5	4.1
人畜饮水工程	9.4	8.1	6.1	5.6
危房改造	6.5	5.9	6.7	6.7
沼气等新能源建设	0.8	1.0	1.2	1.4
教育免费	3.8	5.8	8.4	9.7
卫生	2.7	2.8	3.4	5.1
专业技能培训	9.2	9.7	13.4	14.9
其他	15.7	13.9	16.7	15.1

（国家统计局湖南调查总队 凌媛 肖宇旻 方志红 林嘉）

广西农村减贫情况

2016 年是“十三五”时期脱贫工作的开局之年，广西自治区党委政府坚决贯彻落实中央脱贫攻坚重大决策部署，做了大量卓有成效的工作，脱贫攻坚稳步推进。根据国家统计局广西调查总队贫困监测调查显示，广西贫困地区农民收入增速高于全区水平，消费水平不断提高，生活质量持续改善，基础设施及基本社会服务水平再上新台阶，广西贫困人口稳步减少。

一、监测调查主要结果

（一）贫困地区农民收入较快增长。

2016 年广西农村常住居民人均可支配收入 10359 元，同比增长 9.4%，而 2016 年广西贫困地区（33 个国家贫困县，下同）农村居民人均可支配收入 8800 元，比上年增加 874 元，增长 11.0%，增长速度比全区农村居民收入平均增速高 1.6 个百分点，比全国贫困地区农村居民收入平均增速高 0.6 个百分点。

1. 从收入分项看，人均工资性收入 2430 元，比上年增加 264 元，增长 12.2%，高于全区增速 0.5 个百分点；经营净收入 3857 元，比上年增加 81 元，增长 2.1%，其中第一产业经营净收入增长 1.6%，第二产业经营净收入增长 5.1%，第三产业经营净收入增长 3.9%；财产净收入 125 元，增加 60 元，增速较快；转移净收入 2389 元，增加 470 元，增长 24.5%。转移净收入和工资性收入对农村居民收入贡献率较大，分别拉动可支配收入增长 5.9 和 3.3 个百分点。

图 1 2015/2016 年收入分项结构图比较

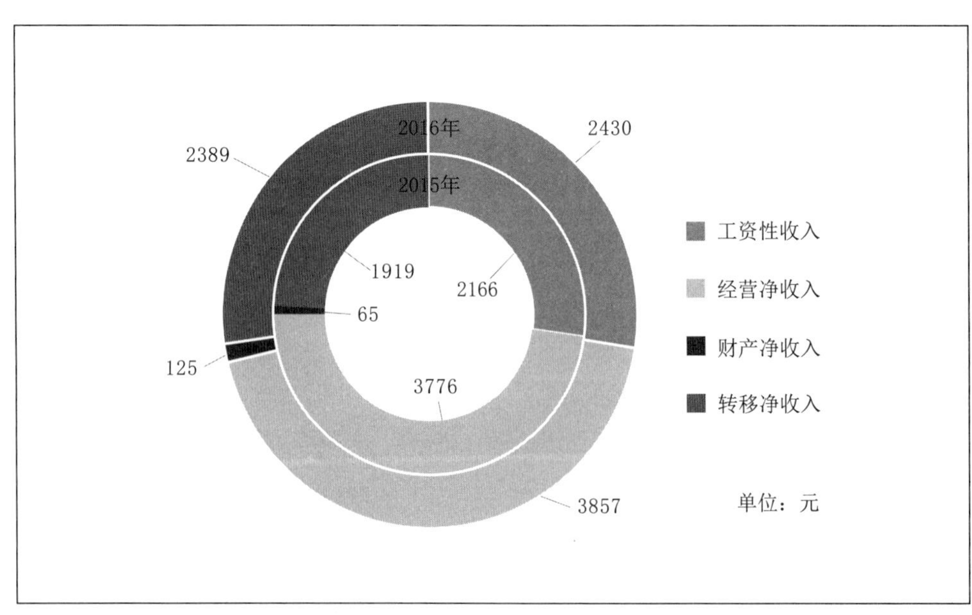

2. 从分季度来看，从 2016 年第一季度开始，广西贫困地区农民收入增长速度开始低于全区平均水平，一季度低 0.8 个百分点，上半年低 0.2 个百分点，前三季度低 0.1 个百分点，进入第四季度以后，贫困地区农民收入增长速度明显加快，全年达到了 11.0%，增速比全区平均增速高 1.6 个百分点，但仍比上年回落 1.5 个百分点。进入第三季度以后，由于扶贫工作的全面推进，水、电、路等基础设施和农村危房改造、易地搬迁等项目的实施，产业扶持、小额信贷、教育扶持等政策全面落实，直接或间接的拉动了贫困地区农民收入的较快增长，扶贫工作对农民收入增长的拉动作用大大加强。

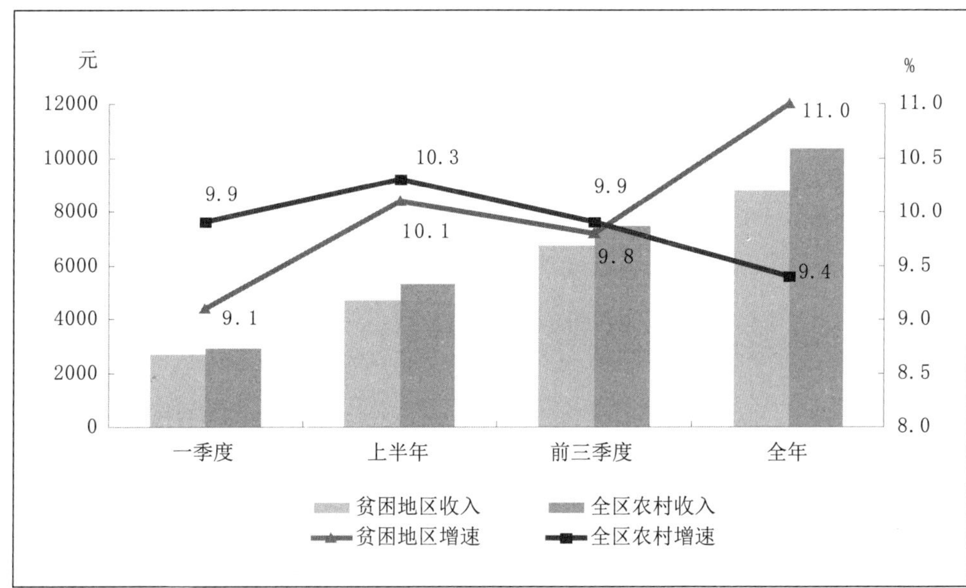

图 2 2016 年分季度农民收入及增长比较

3. 从区域分布看，28 个国家扶贫工作重点县农民人均可支配收入 8741 元，比上年增加 1082 元，增长 14.1%；29 个片区县农民人均可支配收入 8714 元，比上年增加 813 元，增长 10.3%。

（二）贫困地区农村居民生活消费水平稳步提高。

2016 年，广西贫困地区农村居民人均生活消费支出 7755 元，比上年增加 764 元，增长 10.9%，比全区平均增速高 0.8 个百分点。贫困地区农村居民消费水平占全区平均水平的 92.8%，比上年提高 0.6 个百分点。

1. 从消费分项支出看，贫困地区农民人均食品消费支出为 2828 元，比上年增长 9.0%；衣着支出为 264.2 元，增长 5.3%；居住支出 1642 元，增长 7.6%；生活用品及服务支出 426 元，下降 0.5%；交通通讯支出 892 元，增长 33.1%；教育文化娱乐支出 942 元，增长 10.7%；医疗保健支出 669 元，增长 17.5%。

2. 从与全区水平比较看，2016 年贫困地区农民人均食品消费支出为全区农村平均水平的 98.2%，衣着支出为 104.8%，居住支出为 86.2%，生活用品及服务支出为 93.4%，交通通信支出为 91.7%，教育文化娱乐支出为 94.1%，医疗保健支出为 85.6%，其他用品和服务支出为 87.8%。

表 1 2016 年贫困地区与全区农村居民消费水平和结构对比

指 标	贫困地区农村居民		全区农村居民		贫困地区相当于全区农村平均水平（%）
	水平（元）	比重（%）	水平（元）	比重（%）	
人均生活消费支出	7755	100.0	8351	100.0	92.9
1. 食品	2828	36.5	2880	34.5	98.2
2. 衣着	264	3.4	252	3.0	104.8
3. 居住	1642	21.2	1904	22.8	86.2
4. 生活用品及服务	426	5.5	456	5.5	93.4
5. 交通通讯	892	11.5	972	11.6	91.7
6. 教育文化娱乐	942	12.1	1001	12.0	94.1
7. 医疗保健	669	8.6	782	9.4	85.6
8. 其他用品和服务	92	1.2	105	1.3	87.8

（三）广西精准帮扶扎实有效，精准脱贫成绩突出。

2016 年底广西农村贫困人口 341 万人，比上年减少 111 万人，减贫人数排全国第一位，减贫规模比上年增加 23 万人；减贫速度为 24.6%，比上年加快 8.3 个百分点。贫困发生率 7.9%，比上年下降 2.6 个百分点，基本完成了年初制定的脱贫攻坚目标任务。其中，广西贫困地区农村贫困人口 100 万人，比上年减少 35 万人，减贫规模比上年增加 6 万人；减贫速度为 26.0%，比上年加快 8.3 个百分点。贫困发生率 9.7%，比上年下降 3.4 个百分点。

图 3 2012-2016 年广西减贫情况及贫困发生率

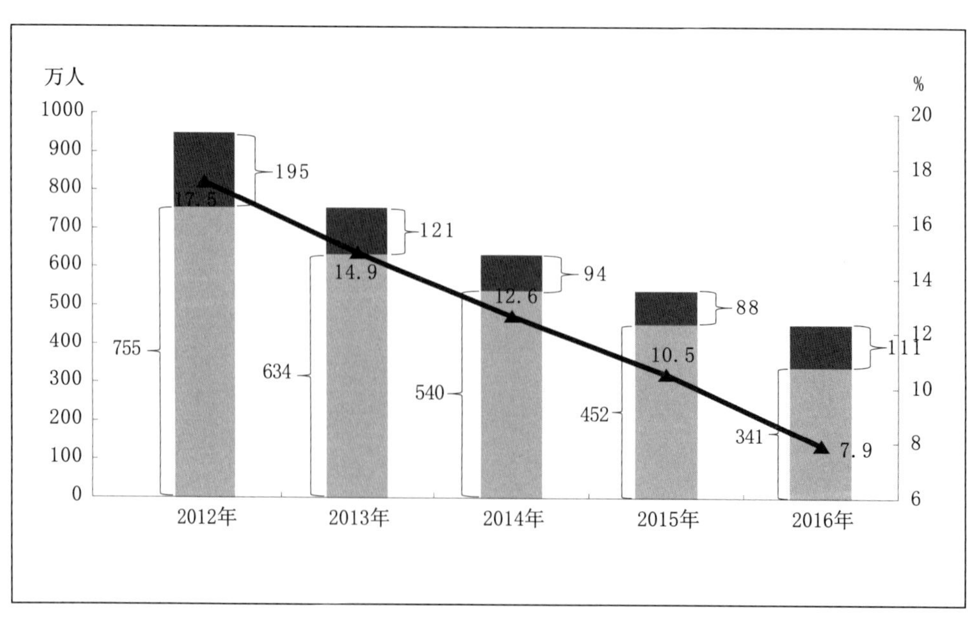

注：灰色柱为减贫人口，黑色柱为贫困人口；线条为贫困发生率，参照右坐标。

（四）农村居民生活条件不断改善。

1. 砖混材料住房比重提高最多。2016 年，广西贫困地区农村居民住房建筑面积户均 157.11 平方米，比上年增长 5.1%。其中，住房主要以钢筋混凝土和砖混两种较好的建筑材料为主，比重分别为 14.1% 和 69.4%，分别提高 0.5 和 1.8 个百分点。次级建筑材料中砖瓦砖木、竹草土坯，比重分别为 11.6%、0.4%，分别比上年下降 1.4、0.8 个百分点。

2. 饮水困难缓解显著，饮水设施和质量得到明显保障。住户获取饮用水不存在困难的的农户比重为 89.2%，比上年提高 1.9 个百分点，比全国平均水平高 1.3 个百分点；单次取水往返时间超过半小时、间断或定时供水、当年连续缺水时间超过 16 天的农户比重分别为 0.9%、5.3%、4.6%，分别比上年下降 0.2、1.5 和 0.5 个百分点。

从供水设施看，管道供水入户的农户比重为 85.4%，比上年提高 3.1 个百分点，比全国高 18.0 个百分点；管道供水至公共取水点的农户比重为 3.1%，提高 0.5 个百分点；没有管道设施的农户比重为 11.5%，下降 4.0 个百分点。

从饮水来源看，40.5% 的农户使用经过净化处理的自来水，比上年提高 3.0 个百分点；41.1% 的农户使用受保护的井水和泉水，下降 0.9 个百分点；10.5% 的农户使用不受保护的井水和泉水，下降 0.8 个百分点；0.4% 的农户使用江河湖泊水，下降 0.5 个百分点；1.8% 的农户收集雨水，下降 0.8 个百分点。

3. 卫生条件得到改善。独用厕所的农户比重为 97.6%，比上年提高 1.7 个百分点，比全国高 3.4 个百分点。其中，使用水冲式卫生厕所农户比重为 65.1%，使用水冲式非卫生厕所农户比重为 8.0%，分别比上年提高 6.4 和 0.8 个百分点。使用卫生旱厕、普通旱厕和无厕所的比重分别为 8.9%、16.8%、1.2%，分别比上年下降 0.7、4.9、1.5 个百分点。

4. 使用电作为主要取暖用能源农户比重提高。57.5% 的农户使用柴草，比上年下降 6.3 个百分点；有 13.2% 的农户使用电，提高 1.5 个百分点。

5. 耐用消费品拥有量持续增加。农村居民每百户汽车拥有量为 11.5 辆，比上年增加 3.4 辆，比全国平均水平多 0.4 辆；百户助力车拥有量为 27.6 台，增加 6.7 台；百户洗衣机拥有量为 72.6 台，增加 7.8 台；百户电冰箱拥有量为 94.4 台，增加 4.9 台，比全国多 19.1 台；百户电视机拥有量为 109.2 台，与上年持平；百户空调拥有量为 18.5 台，增加 4.9 台；百户热水器拥有量为 59.7 台，增加 8.8 台；移动电话拥有量为 257.4 部，增加 11.8 部，比全国多 32.3 部；百户计算机拥有量为 18.1 台，增加 1.5 台，比全国多 3.0 台。

（五）基础设施及基本社会服务水平不断提高。

1. 贫困县基础设施建设全面向好。2016 年，广西贫困地区乡镇个数 399 个，其中有综合文化站的乡比例为 100%；有政府办卫生院的乡比例为 100%；有全科医生的乡比例达到 86.5%，比上年提高 0.8 个百分点。村委会个数为 4613 个，其中政府确定的贫困村比例为 43.6%，比上年提高 4.2 个百分点；通沥青（水泥）路的村 96.9%，提高 6.3 个百分点；通客运班车的村 82.5%，提高 6.1 个百分点；通电话的村 98.6%，提高 0.5 个百分点；通宽带的村 83.5%，提高 2.6 个百分点；通有线电视信号的村 62.6%，下降 0.2 个百分点；有文化活动室的村 79.0%，提高 5.8 个百分点；实现卫生厕所全覆盖的村 40.5，提高 7.4 个百分点。

贫困地区境内二级及以上高等级公路里程 6477 公里，比上年增长 7.8%，增速提高 5.0 个百分点；数字电影院个数 31 个，增长 19.2%；文化馆个数 33 个，与上年持平；有改善供水的中小学校数增长 3.5%；有卫生厕所的中小学校数增长 3.4%；有卫生厕所的乡镇医院（卫生院）数增长 2.3%；有污水处理系统的乡镇医院（卫生院）数增长 22.7%。

2. 享受基础设施和公共服务改善便利的农户比重提高。贫困地区所在自然村通公路的农户比重为 100%；通电话的农户比重为 100%；通宽带的农户比重为 75.4%，提高 7.5 个百分点；进村主干道路硬化的农户比重为 96.9%，提高 1.7 个百分点；能便利乘坐公共汽车的农户比重为 47.0%，提高 0.2 个百分点；能接收有线电视信号的农户比重 89.1%，提高 7.1 个百分点；垃圾能集中处理的农户比重为 80.7%，比上年提高 3.2 个百分点；有卫生站的农户比重为 80.3%，提高 0.2 个百分点；上幼儿园便利的农户比重为 84.5%，提高 4.1 个百分点；上小学便利的农户比重 91.3%，提高 1.4 个百分点。

3. 扶贫投资大幅增长。扶贫投资总额 169.90 亿元，比上年增加 64.53 亿元。其中，按资金来源分，中央扶贫贴息贷款累计发放额 27.02 亿元，比上年增加 20.62 亿元；中央财政专项扶贫资金 33.74 亿元，增加 12.03 亿元；中央拨付的低保资金 18.77 亿元，增加 0.53 亿元；省级财政安排的扶贫资金 17.96 亿元，增加 11.05 亿元。

图 4 2015/2016 年扶贫投资按来源分主要资金情况

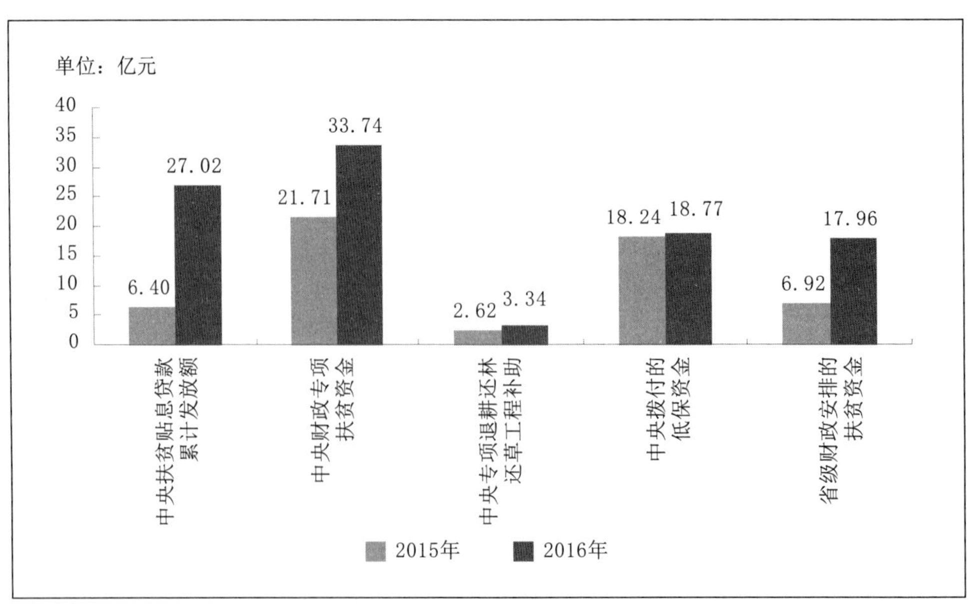

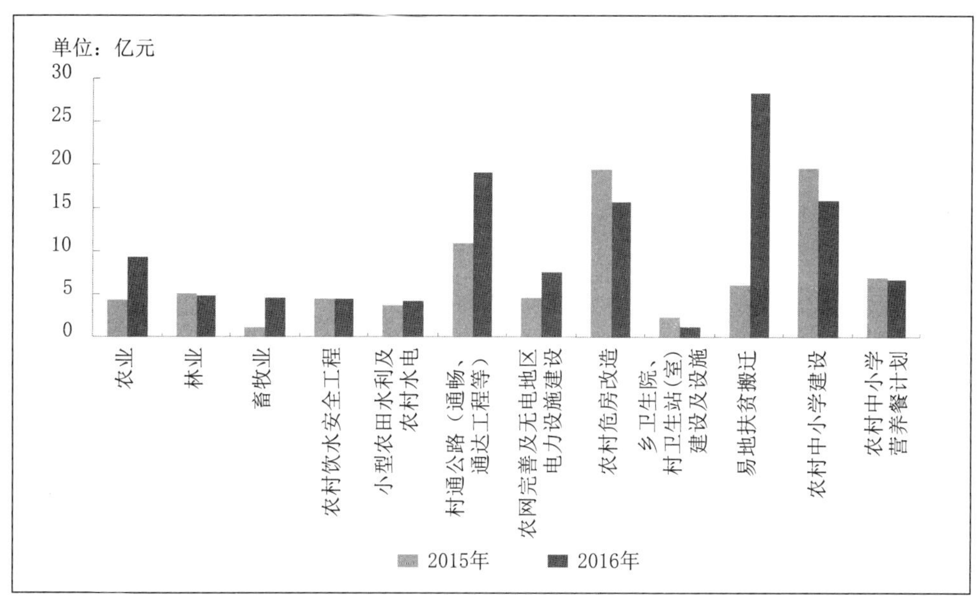

图5 2015/2016年扶贫投资按投向分主要资金情况

按资金投向分，农业投入9.33亿元，比上年增加5.03亿元；村通公路（通畅、通达工程等）19.17亿元，增加8.18亿元；农村危房改造15.72亿元，减少3.83亿元；易地扶贫搬迁28.36亿元，增加22.25亿元；农村中小学建设15.89亿元，减少3.78亿元。在扶贫投资中农户直接贷款（包括委托贷款）57.11亿元，当年得到扶贫贷款的农户数17.48万户。

4. 多项扶贫成果明显。2016年实施了扶贫项目的村数3366个，比上年增长11.1%，增速比上年提高7.5个百分点；扶贫项目覆盖的农户数59.07万户，增长12.1%，提高2.3个百分点；扶贫项目扶持人口数224.36万人，增长11.0%，提高1.5个百分点；易地扶贫搬迁户数3.66万户，增长164.2%；退耕还林还草面积1.69万公顷，增长70.1%。

二、脱贫攻坚存在困难及问题

（一）农村劳动力外流严重，产业发展难度较大。

目前农村大量的劳动力外流，农村留下来的大多为妇女、儿童、老人，靠这部分人在农村发展产业难度太大。产业发展不起来，扶贫开发就难以持续。如何创造条件让这些外出的农民返乡创业或返乡就业，是当前扶贫开发需要解决的一个重大问题。

（二）资源投入过分集中，“爆破式”脱贫存在隐患。

一些地方为了实现部分村、部分户优先脱贫，把大量的人力、物力、财力集中投放到当年要脱贫的贫困村、贫困户，搞“爆破式”脱贫攻坚。这样的做法，脱贫村当年扶持效果是耀眼的，但也有不妥之处：一是项目资金过于集中，要在短时间内完成扶贫项目的建设实施，时间紧、任务重，项目资金未必能达到预期效果；二是把项目资金安排集中一年使用，容易出现急功近利的行为，缺少扶持的连续性，影响扶持的效果；三是而未列入脱贫计划的贫困村、贫困户没有得到项目资金的扶持，这会在干部群众中产生不满情绪。

三、几点建议

（一）及早谋划全年工作，推进脱贫任务的有效落实。

一年之计在于春，要借助“春季攻势”开展摸底排查，应对国家新的脱贫方法和工作要求及自治区修订后的2017-2020年广西脱贫摘帽滚动计划，分析贫困县、脱贫村、脱贫户脱贫需要着力解决的重点和难点，及早制定和落实措施，尽早确定项目和资金安排，全面推进今年脱贫任务的落实。

（二）把准“输血”政策导向，增强贫困户“造血”能力。

一般贫困户要能真正实现稳定的脱贫致富，除了转移就业外，重要的是选准产业，通过学习技术，掌握本领，发展产业而取得稳定的收入来源。但实际工作中，一些地方对产业发展采取以奖代补的形式，对有产业的家庭按规模给予一定的补贴，如一头牛3000元、一头猪500元、一只鸡（鸭）10元，这样的做法多为“锦上添花”，而非“雪中送炭”，没有产业的贫困家庭本身缺资金缺技术，又没有得到相应的产业扶持。因此，要探索一条贫困户扶持中“输血”与“造血”可持续的扶贫道路，切实通过产业扶贫，增强贫困户“造血”功能，使贫困户有产业、有稳定的收入来源，能真正达到脱贫致富的目的。

（三）加强调查研究，探索村级集体经济发展差异化策略。

一是开展资源调查，因地制宜发展壮大村级集体经济。组织各乡镇（街道）、相关部门通过对农村土地资源、矿山资源、水利资源、人力资源等发展潜力的调查，依法、合理、有序开发利用各类自然资源，为发展壮大村级集体经济奠定基础。二是在资源调查的基础上，将贫困村科学分类施策，对村级集体经济采取差异化发展策略。三是建立针对集体经济薄弱贫困村的财政补助制度。

（四）花力气处理好脱贫户与返贫户、退出户扶贫关系。

对贫困户进行动态管理，既要通过对建档立卡贫困户的精准帮扶以实现脱贫，又要注意因灾因病等返贫的非建档立卡户的识别和评议工作，让新出现的贫困家庭纳入建档立卡贫困户，实行结对帮扶，以解决新贫困家庭生产和生活的困难。精准识别后，原有的一些贫困家庭由于没有孩子上学或没有家人生病，识别得分略高而未能进入新一轮的建档立卡贫困户。调研中发现，相当多的退出户家庭经济条件也不好，有的甚至比建档立卡贫困户还差，但由于相关政策条件的设定，他们未能享受相关的扶持政策，这些困难群众也急需得到政府和社会的扶持。

（国家统计局广西调查总队 谢胜 韦冬艺）

海南农村减贫情况

党的十八大以来，海南省全面落实中央关于改善民生和打赢脱贫攻坚战的部署，综合扶贫力度空前加大。海南贫困人口数量和贫困发生率明显下降，农村地区的住房、教育、卫生、基础设施等建设迅速发展，农民生活加快改善。

一、脱贫攻坚成效显著

（一）全省农村贫困人口明显减少，贫困发生率下降速度快于全国。

按现行国家农村贫困标准，海南农村贫困人口由 2012 年的 65 万人减少至 2016 年的 32 万人，累计减少 33 万人，平均每年减少 8.25 万人；贫困发生率由 2012 年的 11.4% 下降至 2016 年的 5.5%，累计下降 5.9 个百分点，平均每年下降 1.48 个百分点。与全国对比，十八大以来，全国农村贫困发生率累计下降 5.7 个百分点，平均每年下降 1.4 个百分点，海南贫困发生率下降速度略快于全国平均水平。

2016 年，海南贫困地区农村贫困人口为 9 万人，比 2015 年减少 2 万人，减贫速度为 21.6%，快于全省农村减贫速度 1.8 个百分点。

表 1　2012-2016 年海南农村贫困人口对比表

指　标	2012 年	2013 年	2014 年	2015 年	2016 年
全省农村贫困人口（万人）	65	60	50	41	32
全省农村贫困发生率（%）	11.4	10.3	8.5	6.9	5.5
全省农村减贫速度（%）	26.1	7.7	16.7	18.9	19.8

（二）海南贫困地区农村居民收入水平高于全国平均水平，收入动力转换明显。

1. 收入位次在全国居前。2016 年，海南贫困地区农村常住居民人均可支配收入为 9163 元，比全国农村贫困地区平均水平高 711 元，在全国有国贫县的 22 个省（市、区）中居第 5 位，继续保持居前的位次。

2. 贫困地区农村居民收入增速快于全省。2016 年，海南贫困地区农村居民可支配收入快速增长，同比增速 10.6%，同期全省农村居民人均可支配收入为 11843 元，同比增长 9.1%。贫困地区农民收入增速比全省高 1.5 个百分点，区域协调性进一步改善。

图 1 2013-2016 年海南贫困地区农民收入与全国的比较

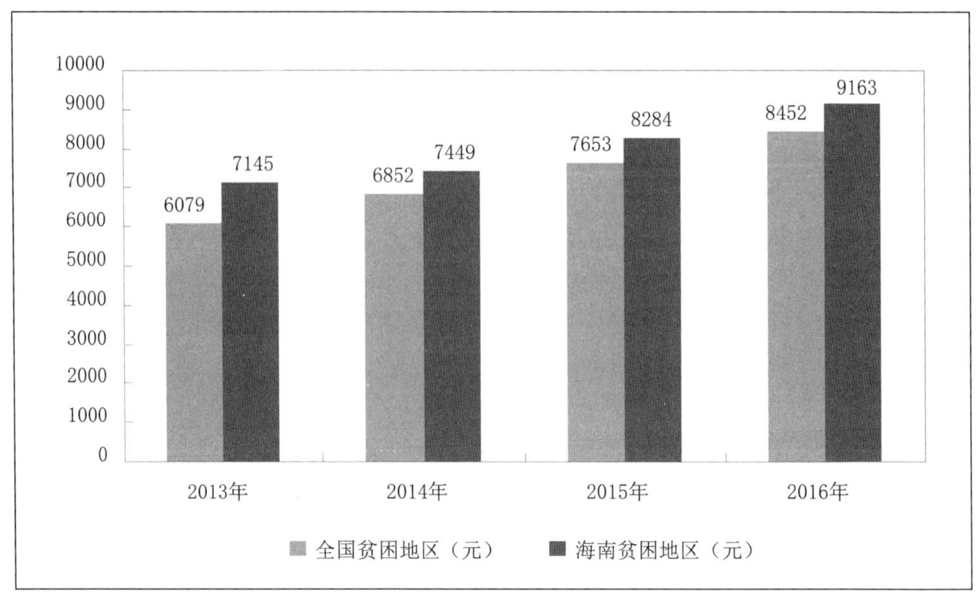

3. 农村居民务工机会增加，工资性收入逐渐成为收入增长的主要动力。

2016 年，海南贫困地区农村常住居民人均工资性收入、经营净收入、财产净收入和转移净收入分别为 3882 元、3824 元、29 元和 1428 元，分别比 2012 年增长 93. 7%、-1. 1%、49. 7% 和 201. 4%。工资性收入实现快速增长，成为农村居民增收的最大拉动力。2016 年工资性收入占可支配收入的比重为 42. 4%，首次超过经营净收入，成为农村居民收入的主要来源。转移净收入增速居首，在收入中的比重由 2012 年的 7. 4% 提高到 2016 年的 15. 6%。

表 2　2013-2016 年海南贫困地区农民人均可支配收入结构表

单位：%

年　份	工资性收入	经营净收入	财产净收入	转移净收入
2013	33. 9	56. 8	0. 2	9. 1
2014	37. 1	52. 1	0. 3	10. 5
2015	38. 5	47. 0	0. 2	14. 3
2016	42. 4	41. 7	0. 3	15. 6

（三）消费支出平稳增长，消费结构逐步升级。

2016 年，海南贫困地区农村居民人均消费支出为 7697 元，比上年增加 605 元，增长 8. 5%。消费支出八大类呈现出“七升一降”的趋势，其中，同比增长排名前三的为生活用品及服务、其他用品及服务和交通通信，增速分别为 26. 3%，20% 和 17. 5%。

1. 消费支出高于全国平均水平，恩格尔系数逐年下降。

2016 年，海南贫困地区农村居民人均消费支出 7697 元，高于全国贫困地区平均水平 366 元，居全国贫困地区第 10 位。与全省农村比，2016 年海南贫困地区农民消费支出比全省农村居民平均水平（8921 元）低 1224 元，相当于全省农村居民消费水平的 86.3%。

随着农民收入增加，消费结构逐步向发展型转变，海南农村贫困地区的恩格尔系数呈现出逐年下降的趋势。

表 3　2013—2016 年海南贫困地区农村居民家庭恩格尔系数和全国对比

单位：%

年　份	全国	海南
2013	42.7	48.6
2014	36.6	43.0
2015	36.2	41.
2016	35	42.5

2. 食品类消费逐步由吃饱向吃好转变，耐用消费品大幅增长。

肉禽水产品蛋奶等消费支出增长较快。2016 年，海南贫困地区农村居民在肉类、禽类、水产品、蛋类和奶类上的人均支出为 1656 元，占食品烟酒支出的比重从 2014 年的 43.2% 上升至 50.7%。

享受型消费品拥有量增长速度加快。包括家用汽车、冰箱、洗衣机等在内的每百户耐用消费品拥有量在 2016 年增长速度普遍加快。2014-2016 年，计算机年均增长 70.8%、电冰箱年均增长 41.9%、汽车年均增长 29.1%、洗衣机年均增长 17.2%。

表 4　2014-2016 年海南贫困地区农村住户拥有耐用消费品改善情况

年　份	1. 汽车（辆 / 百户）	2. 洗衣机（台 / 百户）	3. 电冰箱（台 / 百户）	4. 移动电话（部 / 百户）	5. 计算机（台 / 百户）
2014	2.7	25.5	29.8	232	2.4
2015	3.9	28.0	44.0	252.1	7.0
2016	4.5	35	60	255.4	7.0

3. 服务消费大幅增加，生活逐步向便利型外向型转变。

随着收入的提高，贫困地区的农民服务消费大幅增加。2014-2016 年，海南贫困地区农民各类服务类消费支出合计年均增长 23.4%，通过互联网购买的商品和服务支出年均增长 1.4 倍。其中 2016 年，海南贫困地区农民人均在外饮食服务支出 202 元，比 2014 年增长 38.4%；占当年食品烟酒消费额的比重为 6.2%，比 2014 年提高了 1 个百分点。

（四）基础设施建设进一步完善，生活条件明显改善。

十八大提出在改善民生中加强社会建设。海南围绕“两不愁、三保障”问题，持续加大扶贫投入，2016 年全年共投入财政扶贫专项资金 19.5 亿元，增长 198.8%，其中省级扶贫专项资金投入增长近 9 倍，海南农村贫困地区的生活环境和生活设施显著改善。

1. 居住条件明显改善。得益于海南实施整村推进、美丽乡村、“五网建设”和危房改造资金的大量投入，海南农村贫困地区的居住条件显著改善。2015 年全省农村危房改造竣工 4.43 万户，2016 年竣工 3.57 万户。据海南贫困监测调查显示，基本不再存在居住竹草土坯房的农户。2016 年，无卫生厕所、无电视、无电话的农户比重明显下降，分别比上年下降了 8.5、24.9、25.0 个百分点；使用管道水、互联网的农户比重大幅增加，分别比上年提高了 13.5、14.4 个百分点。

2. 基础设施条件不断改善。2016 年海南贫困地区通电的自然村和主干道路面经过硬化的自然村比重已达 100% 和 99.7%；2013-2016 年间，通宽带的自然村比重提高了 35.4 个百分点，通电话（含移动电话）的自然村比重提高了 26.3 个百分点，通客运班车的自然村、饮用水经过集中净化处理的自然村和主干道路面经过硬化的自然村比重，分别比 2013 年提高了 24.3、23.8 和 23.3 个百分点。

表 5　海南 2013-2016 年贫困地区农村基础设施状况

单位：%

年　份	通电的自然村比重	通电话的自然村比重	通宽带的自然村比重	主干道路面经过硬化处理的自然村比重	通客运班车的自然村比重	饮用水经过集中净化处理的自然村比重
2013	98.4	72.3	---	76.4	26.9	---
2014	99.4	78.9	22.1	81.6	32.9	39.8
2015	100	82.7	40.2	83.1	41.8	59.2
2016	100	98.6	57.5	99.7	51.2	63.6

3. 医疗教育文化保障逐步得到强化。海南不断加大教育、医疗、文化的投入力度，特别是教育补贴使贫困地区提升了教育水平。2016 年，海南农村贫困地区劳动力平均受教育年限为 9.0 年，比上年提高了 0.4 年；所在自然村上小学不便利的农户比重为 15.5%，比上年下降了 20.6 个百分点。有病不能及时就医人口比重为 5.7%，比上年下降了 3.2%；拥有合法行医证医生 / 卫生员的村比重为 74.1%，比上年提高了 1.9 个百分点。有文化活动室的村比重为 66.5%，比上年提高了 9.1 个百分点。

二、海南贫困地区发展面临的形势

（一）积极因素。

为确保海南到 2018 年实现“两不愁，三保障”，到 2020 年现行标准下农村贫困人口实现脱贫，贫困市县全部摘帽，解决区域性整体贫困，近两年各级政府加大财政扶贫资金投入力度，密集制定完善各相关政策措施，探索出了一条具有海南特色的扶贫路子。

在“十二五”期间，全省共有300个村庄实施了整村推进扶贫，改善生产生活条件的同时也培育出了适合当地发展、带动当地致富的特色产业，通过财政扶贫贴息资金8750万元，引导带动小额信贷资金19.8亿元，扶持贫困地区种植业、养殖业覆盖贫困农户达45万人次。通过龙头企业的带动，海南贫困地区逐步形成了以种养业为主的支柱产业，农村产业结构得到调整，贫困户收入的增加，也为今后扶贫开发工作打下了坚实的基础。

在整个“十三五”期间，海南力图通过特色产业脱贫、乡村旅游脱贫、电子商务脱贫、劳务输出脱贫、教育和文化建设脱贫、科技与人才引领脱贫、卫生健康脱贫、基础设施建设脱贫、生态移民和生态补偿脱贫和社会保障兜底脱贫等十大精准扶贫措施，加快贫困人口精准脱贫。通过健全精准扶贫、定点扶贫、社会力量参与扶贫和资产收益扶贫等机制，落实扶贫责任，广泛动员和凝聚社会力量参与扶贫。

（二）制约因素。

一是传统产业发展质量和效益亟待提高。贫困地区一般地处偏远、交通不便、山区居多，橡胶、槟榔、冬种瓜菜为主要农业增收来源，但冬种瓜菜规模不大，再加上近几年来橡胶价格的深度下降，在林下经济没有得到充分发展、产销脱节下，农民增收渠道不多、财路不广。二是五个国贫县县域经济发展较为缓慢。从生产总值看常年处于全省倒数位置，传统产业比重仍然较大，如农业低效种植规模依然较大，亩均纯收入在600元以下的产业种植面积占播种面积的50%左右，农业产业结构调整仍需花大力气。三是海南省排在前三位致贫原因依次是因病致贫、群众观念和文化知识水平落后及村民缺少发展资金。海南国贫县农村居民七成以上文化程度在初中及以下，以从事第一产业为主。文化水平较低，缺乏较强的劳动技能和种养殖、非农经营的能力，务工收入、经营收入难以得到较快增加。四是前期扶贫项目主要集中在基础设施和公共环境上，由于扶贫项目和产业规模化集约化程度不高，农业现代化水平有限，促农增效和拓宽农民增收的效果仍没有得到较好发挥。此外，贫困地区网络普及率低，不利于后期发展电子商务脱贫。

三、进一步加快贫困地区农民脱贫的几点建议

（一）加大就业创收力度。海南贫困地区农民的工资性收入已经逐渐成为农民增收的主力，要稳固脱贫成效，需要继续保障农民劳务收入的稳定性。可以通过优惠的税收、低息贷款等措施鼓励当地企业吸纳贫困家庭劳动力就业，在本地没有足够劳动力吸纳能力的情况下，采取劳务输出的方式组织农村剩余劳动力向发达地区转移。

（二）加强产业扶贫创新，大力发展二、三产业，拓宽农民增收渠道。在保生态的基础上，结合海南五个国贫县的自然资源和人文特点，进行农村经济结构调整和产业转型。大力促进一二三产业融合发展，积极发展特色产品加工，拓展产业多种功能。比如以农户、专业大户或农民合作社为基础的一二三产业内源性融合发展，

或以农产品加工或流通为基础的外源性融合发展。继续发展“一村一品”，打造特色产品，通过推广和宣传，形成良好的品牌效应。

（三）加大扶贫综合力度，采取多种措施增强对贫困人口的帮扶，不断提高贫困人口在医疗、教育、安全住房等方面保障程度。积极开展扶贫协作，加大各部门、各行业对贫困地区扶贫力度、资金融合和项目对接，形成扶贫合力，精准发力。加快贫困地区基础设施和网络建设，促进贫困地区的旅游扶贫、电商扶贫等形式的健康发展。加大教育扶贫的补助力度，从根子上提高农民的文化基础。进一步创新完善地区社会保障和社会救助体系，加大对贫困户的大病救助力度，建立相关救助兜底机制。

（国家统计局海南调查总队 杨柳）

重庆农村减贫情况

2016年，重庆认真贯彻落实中央精神，大力深化脱贫攻坚战略，坚持把精准扶贫、精准脱贫作为基本方略，坚持扶贫开发、精准帮扶与特殊困难地区开发、经济社会发展、社会保障等紧密结合，有效促进贫困地区经济社会发展，助推当地农民持续增收，生活不断改善，农村减贫成效明显。

一、贫困人口大量减少，农村贫困发生率大幅度下降

（一）全市农村贫困人口减少42万，农村贫困发生率下降1.9个百分点。

根据贫困监测调查结果显示，2016年重庆市农村贫困人口为45万人，比上年减少42万人，农村贫困发生率从2015年的3.9%下降到2.0%，下降1.9个百分点。2016年重庆贫困地区[①]农村贫困人口35万人，比上年减少33万人，贫困地区农村贫困发生率达4.0%，比上年下降3.9个百分点。

（二）脱贫攻坚任务依然较重。

从目前看来，2016年重庆扶贫工作取得显著成果，贫困人口大量减少，农村贫困发生率大幅度下降，但是贫困人口主要集中在14个扶贫重点区县。除已初步整体脱贫的万州区、黔江区、丰都县、武隆区，秀山土家族苗族自治县，仍然有大量贫困人口聚集在贫困发生率高、扶贫工作难度大的秦巴山区、武陵山区。

二、农村居民收入增加，生活质量改善

（一）收入实现较快增长。

2016年重庆农村改革不断深化，脱贫攻坚深入推进，带动农民收入实现持续稳步增长，重庆农村常住居民人均可支配收入达到11549元，同比增长9.9%。2016年重庆贫困地区农村常住居民人均可支配收入达10244元，较上年增长12.3%，在全国22个涉及扶贫开发的省市同类地区中，重庆贫困地区农民收入绝对额和增速均位居第一。

1. 贫困地区农民收入较快增长。从四大项收入结构来看，重庆贫困地区农民工资性收入达2916元，同比增加422元，增长17.0%；经营净收入达4120元，同比

① 重庆贫困地区包括14个国家扶贫开发工作重点区县，有万州区、黔江区、开州区、武隆区、城口县、丰都县、云阳县、奉节县、巫山县、巫溪县、石柱土家族自治县、秀山土家族苗族自治县、酉阳土家族苗族自治县、彭水苗族土家族自治县。

增加 300 元，增长 7.9%；财产净收入达 183 元，同比增加 19 元，增长 11.3%；转移净收入达 3026 元，同比增加 383 元，增长 14.5%。

表 1　2016 年重庆贫困地区农村常住居民收入情况

指　标	2016 年（元）	比上年增加（元）	增长（%）	占比（%）	增长贡献率（%）
人均可支配收入	10244	1124	12.3	——	——
1. 工资性收入	2916	423	17.0	28.5	37.6
2. 经营净收入	4120	300	7.9	40.2	26.7
3. 财产净收入	183	19	11.3	1.8	1.6
4. 转移净收入	3026	383	14.5	29.5	34.0

2. 贫困地区农民收入增幅高于全市平均水平。贫困地区农村常住居民人均可支配收入增速比全市平均水平高出 2.4 个百分点，已达全市的 88.7%。通过对收入结构的比较显示，2016 年贫困地区农民收入中的工资性收入、财产净收入、转移净收入同比增幅也分别比全市水平高 6.3、5.0、5.1 个百分点，分别达全市水平的 73.5%、61.7%、96.6%，比 2015 年提高了 4.0、2.7、4.3 个百分点。

图 1　贫困地区与重庆市农村常住居民收入比较

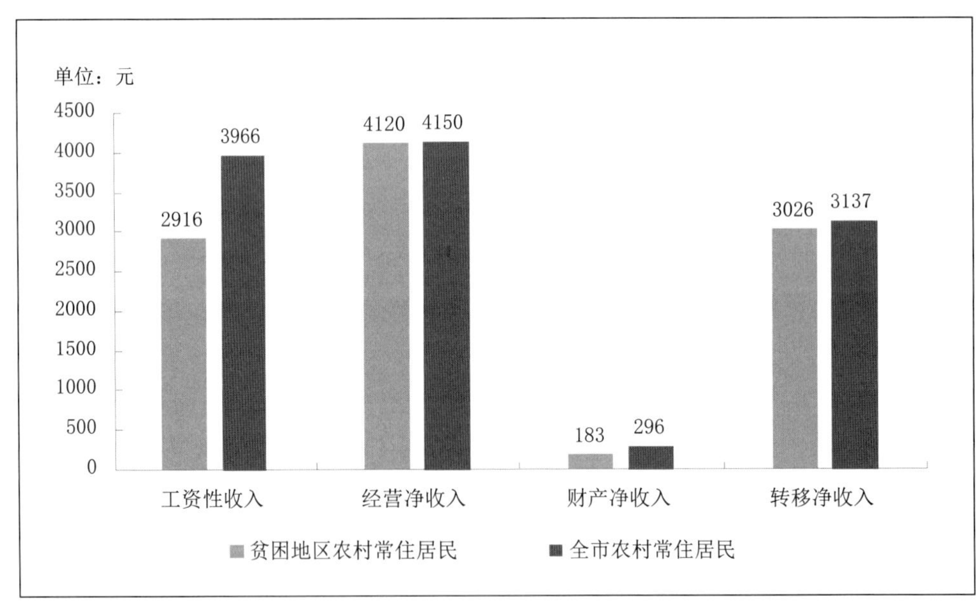

3. 收入增长多样化。2016 年贫困地区农民可支配收入来源中，工资性收入、转移净收入、经营净收入分别比 2015 年增加 423 元、383 元、300 元，对农民可支配收入增长的贡献率分别为 37.6%、34.0%、26.7%。其中，政策性可支配收入达 1009 元，同比增加 135 元，增长 15.5%，对农民可支配收入增长的贡献率达 12.0%。

4. 经营净收入仍是农民可支配收入的最重要组成部分。近年来，重庆大力推进贫困区县产业结构调整，支持柑橘、生态渔、草食牲畜、茶叶、榨菜、中药材、调味品等重点产业链向贫困区县及其贫困村、贫困户延伸。2016 年农民经营净收入占可支配收入的 40.2%，其中，第一、二、三产业经营净收入分别为 3261 元、150 元、708 元，占经营净收入的比重分别为 79.2%、3.7%、17.2%，与 2015 年相比，第一、三产业经营净收入所占比重有不同程度的上升，而第二经营净收入所占比重出现下降。

（二）农民生活质量进一步改善。

1. 消费水平快速提高。2016 年重庆贫困地区农村居民人均消费支出达 9119 元，在全国 22 个涉及扶贫开发的省市同类地区中排名第二，达全市农村常住居民人均消费水平的 91.6%；同比增幅达 11.6%，增幅在 22 个同类省市中排名第四，高出全市农村常住居民消费增幅 0.2 个百分点。

2. 生活消费主要用于吃穿住用等基本消费。贫困地区农村居民吃穿住用支出较 2015 年同期都有不同程度的提高，占全部生活消费支出的比重达 71.1%。其中，食品烟酒消费支出达 3457 元，同比增长 10.0%；衣着、居住、生活用品及服务支出分别为 570 元、1781 元、679 元，占全部消费支出的比重分别为 6.2%、19.5%、7.4%，同比分别增长 16.0%，15.8%，10.1%，增幅分别比重庆市农村平均水平高出 4.5、3.8、2.3 个百分点。

表 2　2016 年重庆贫困地区农村常住村民消费支出情况

指　标	2016 年（元）	比上年增加（元）	增长（%）	占比（%）	增长贡献率（%）
人均消费支出	9119	949	11.6	—	—
1. 食品烟酒	3457	313	10	37.9	33
2. 衣着	570	79	16	6.2	8.3
3. 居住	1781	243	15.8	19.5	25.6
4. 生活用品及服务	679	62	10.1	7.4	6.6
5. 交通通信	906	133	17.3	9.9	14.1
6. 教育文化娱乐	971	85	9.7	10.6	9
7. 医疗保健	638	25	4.1	7	2.6
8. 其他用品和服务	118	8	7.5	1.3	0.9

3. 发展型和享受型消费支出较快增长。重庆不断加大对基础设施、教育、医疗卫生等方面的扶持力度，道路交通、通讯设施等的改善带动农村居民在满足基本的吃穿住用之后，发展型和享受型消费支出不断增加，生活品质得到提高。贫困地区农村居民交通通信、教育文化娱乐、医疗保健支出分别为 906 元、971 元、638 元，同比分别增加 133 元、85 元、25 元，分别增长 17.3%、9.7%、4.1%。每百户汽车拥有量 11.7 辆，比 2015 年增长 60.2%；每百户摩托车拥有量 48.4 辆，比 2015 年略有下降，但助力车却由 2015 年每百户拥有量 4.2 辆增加至 2016 年每百户拥有量 7.0 辆，

比 2015 年增长 66.2%。每百户移动电话拥有量达 223.8 部，比 2015 年增加 17.2 部；每百户计算机拥有量达 21.9 台，比 2015 年增加 4.5 台。

三、生产生活环境持续改善

2016 年，重庆聚焦精准施策，扎实推进脱贫攻坚战略，落实“一对一”、“点到点”精准帮扶，始终把贫困地区的基础设施建设、生产生活条件改善作为扶贫工作的重点之一，贫困地区基础设施状况、生产生活环境不断优化。

（一）基础设施条件不断改善。

1. 居住、交通条件进一步改观。重庆贫困地区通过危房改造、易地扶贫搬迁，居民居住条件有所改善，居住竹草土坯房的农户比重逐年降低，2016 年降低至 3.8%，使用独立厕所的农户比重达 98.8%。通过不断加大对交通设施的投入，加快实施贫困区县已规划的交通建设项目，交通条件得到进一步的改观。2016 年末贫困地区主干道路经过硬化处理的自然村比重、通客运班车的自然村比重均有不同程度的提升，分别为 65.7%、38.5%，同比分别提高 10.7、1.4 个百分点。

2. 电力全覆盖，饮水条件不断提升。重庆优先安排贫困村电网升级改造项目，满足生产生活需要；优先实施贫困乡镇（村）集中供水巩固提升工程，确保贫困村通自来水，解决贫困人口饮水安全。2016 年贫困地区通电的自然村比重接近全覆盖。使用照明电的农户比重达 99.1%。在饮水安全方面，2016 年饮水无困难的农户比重达 81.4%，同比提高 2.8 个百分点；饮用水经过集中净化处理的自然村比重达 46.1%，同比提高 18.5 个百分点；使用管道供水的农户比重达 65.7%，同比提高 8.9 个百分点，使用经过净化处理自来水的农户比重达 36.3%，同比提高 2.0 个百分点。

3. 加快完善通讯设施建设，电视信号覆盖更广。重庆积极推进涉农电子商务平台建设，加快完善通讯设施建设，推动农村电商扶贫。调查显示，2016 年通电话的自然村比重达 99.8%，同比提高 0.4 个百分点；通宽带的自然村比重达 60.7%，同比提高 13.3 个百分点；贫困地区的电视信号覆盖率长期稳定在 90% 以上，2016 年达 98.7%。

（二）教育文化卫生事业保持较高水平。

近年来，重庆贫困地区教育文化卫生事业发展稳定，文化信息资源共享工程入户（站）深入推进，贫困村卫生室标准化建设不断完善。调查显示，2016 年 98.6% 的村社有文化活动室；94.5% 的村社有卫生站（室），而拥有合法行医证医生或者卫生员的村达 91.0%。

（三）劳动力素质逐步提高，劳动力转移人数增加。

重庆通过优先使用公益岗位过渡性安置，给予岗位补贴，提高职业培训信息化水平等手段，为有创业意愿的贫困人员提供就业创业帮扶。2016 年贫困地区接受技能培训的农村劳动力快速增长，曾受过技能培训的劳动力比重达 34.6%，比 2015 年高出 11.2 个百分点。其中，一、二产业从业人员比重分别为 65.6%、16.3%，同比分别下降 2.0、0.2 个百分点，而三产业从业人员比重达 18.0%，同比略有上升。

（四）社会保障范围逐步扩大。

近年来，重庆不断完善针对贫困人口的城乡居民合作医疗保险、大病保险、补充商业保险、医疗救助相衔接的医疗保障制度，将符合医疗救助条件的因病致贫扶贫对象纳入医疗救助范围，资助其参加城乡居民合作医疗保险，并逐步提高参保缴费资助标准。2016 年贫困地区农村常住居民未参加医疗保险的人口比重仅为 0.1%。同时，贫困地区不断加强扶贫开发与农村低保、社会救助等政策有机衔接，进一步做好临时救助、教育救助、住房救助等工作。2016 年重庆贫困地区农村收到救济救灾款物的农户比重达 4.7%，户均收到救济救灾款物达 475 元，贫困地区农村居民社会保障范围进一步扩大。

四、村级扶贫工作稳步推进，贫困户优先获得扶贫项目

重庆根据各地区的资源禀赋、产业基础、生态环境等各种因素，因地制宜提出适合本地的特色扶贫规划项目，村级扶贫工作稳步推进，带动贫困农民脱贫致富。

（一）多数村有扶贫规划。

重庆立足于“十三五”扶贫攻坚的总任务，着眼于贫困地区的资源禀赋和产业基础，启动一批“短平快、效益好、带动强”的特色产业项目。2016 年在贫困地区监测的 161 个行政村中，参加扶贫活动的村达 59.2%，比 2015 年高出 9.0 个百分点；有扶贫规划的村达 79.6%，比 2015 年提高 11.9 个百分点；有小额信贷或村民互助资金组织的村达 35.4%，比 2015 年高出 6.6 个百分点。

（二）贫困农户深入参与扶贫项目。

重庆通过实施开发式扶贫手段，帮助贫困村民融入到产业发展的市场经济大潮中，为贫困村量身定制长短期相结合的脱贫方案。2016 年扶贫规划由村民讨论共同决定的村比重达 77.6%，比 2015 年提高 13.2 个百分点；参与扶贫项目选定的农户比重达 35.6%，比 2015 年提高 7.1 个百分点；通过村委会的公开告示或通知、亲朋好友和村干部的个别通知等渠道，60.7% 的农户知道有新扶贫项目或到位资金，比 2015 年高出 2.5 个百分点；14.6% 农户参与当年的扶贫项目，比 2015 年高出 2.4 个百分点。

（三）扶贫资金多流向基础设施建设改造。

2016 年重庆贫困地区多数将扶贫资金投向基础设施建设改造方面，加大对贫困地区农村公路建设力度，加快实施一批贫困县已规划的交通建设项目，形成外通内畅、互联互通的交通网。同时，加快推进贫困区县及贫困村大中小型水源工程建设和中小型病险水库除险加固、中小河流治理、山洪灾害防治、水生态修复、水土保持等工程建设。在 2016 年到位的扶贫资金中，投向公路建设、饮水安全、危房改造、易

地扶贫易地扶贫搬迁的比重达 57.8%。其中，投向公路建设的资金比重为 37.0%，投向饮水安全的资金比重达 7.3%，投向危房改造的资金比重为 5.7%，投向易地扶贫易地扶贫搬迁的资金比重达 7.8%。

（四）增加收入的扶贫项目受到更多青睐。

在贫困地区基础设施建设改造持续改善的同时，重庆贫困地区引导和鼓励农民围绕市场需求，优化耕地种植结构，因地制宜发展各具特色、比较效益好、附加值高的项目。其中，种植业、养殖业、专业技能培训项目受到更多青睐，希望得到种植业项目的农户、希望得到养殖业项目的农户、希望得到专业技能培训项目的农户比重分别为 21.0%、15.5%、17.4%。

（国家统计局重庆调查总队 王帅）

四川农村减贫情况

2016 年是“十三五”时期脱贫攻坚的开局之年，四川省委省政府坚决贯彻落实中央脱贫攻坚重大决策部署，将脱贫攻坚作为压倒一切的重大政治任务来抓，进一步压实责任，强化举措，优化机制，弥补短板，纵深推进各项工作，取得了显著成效。根据国家统计局四川调查总队贫困监测调查显示，2016 年，四川贫困地区农民收入增速明显高于全省平均水平，消费水平不断提高，生活质量持续改善，基础设施及基本公共服务水平再上新台阶，四川贫困人口稳步减少。

一、四川省贫困地区农村居民收入增长明显

据贫困监测调查显示：2016 年，四川省贫困地区农村居民人均可支配收入为 8799 元，比上年增加 833 元，同比增长 10.5%，增速高于全省平均水平 1.2 个百分点，增速位居全国第 9 位；贫困地区农村居民人均消费支出 7757 元，增加 854 元，增长 12.4%，增速高于全省平均 2.2 个百分点，增速位居全国第 3 位。

据居民收支与生活状况调查显示：2016 年四川省农村居民人均可支配收入为 11203 元，同比增加 956 元，名义增长 9.3%，增幅排第 7 位，与上年持平。2016 年四川农村居民人均生活消费支出 10192 元，首次突破万元大关，增长 10.2%，比农民收入增速快 0.9 个百分点，增速在全国排第 9 位。

四川省贫困地区农民人均可支配收入增幅连续三年高于全省农民人均可支配收入增幅，圆满完成脱贫攻坚阶段性任务。2016 年与 2014 年相比，贫困地区农村居民人均可支配收入由 7091 元增至 8799 元，增加 1708 元，年均增长 11.4%，贫困地区农村居民收入快速增长，为如期实现脱贫目标奠定了坚实基础。

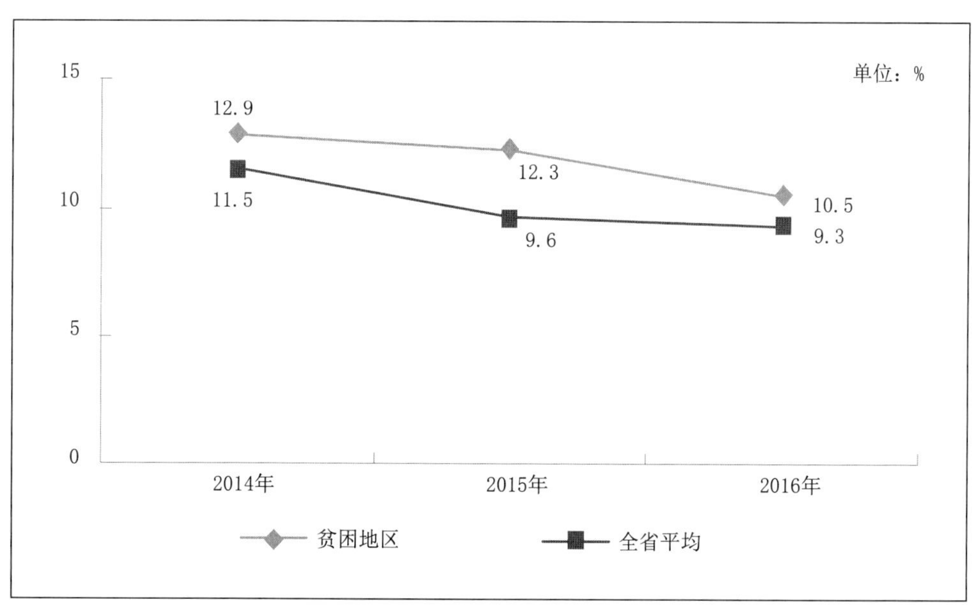

图 1　四川省贫困地区与全省农村居民收入平均增速对比

表 1　2016 年四川省贫困地区农民人均可支配收入构成情况

指　标	2016 年（元）	同比增长（%）	占可支配收入比重（%）
人均可支配收入	8799	10.5	100.0
1. 工资性收入	3079	6.3	35.0
2. 经营净收入	3556	8.4	40.4
3. 财产净收入	187	98.3	2.1
4. 转移净收入	1976	16.7	22.5

（一）工资性收入增长放缓。

2016 年，四川贫困地区人均工资性收入 3079 元，同比增加 184 元，增长 6.3%。工资性收入占贫困地区农村居民可支配收入的比重为 35.0%，比上年下降 1.3 个百分点，对收入增长的贡献率为 22.0%，拉动贫困地区农村居民人均可支配收入增长 2.3 个百分点。一是各地持续加大招商引资力度，着力优化企业发展环境，大力推进集聚区建设和承接产业转移项目，使农村居民在本地务工机会明显增多。二是随着贫困地区产业扶贫力度的不断加大以及各项促进就业政策的实施，贫困地区农村剩余劳动力务工人数持续增加，加之工资水平的逐步提高，带动了贫困地区农村居民务工收入的大幅增加。同时，政府不断优化政策确保农民工群体的权益，保证了外出农民工工资的及时发放，调查显示农民工人均月收入 3447 元，比上年增加 265 元，增长 8.3%。其中，制造业，建筑业，住宿和餐饮业，居民服务、修理和其他服务业农民工月均收入比上年均有不同程度增加。

（二）家庭经营净收入平稳增长。

2016 年贫困地区农村居民人均家庭经营净收入 3556 元，同比增加 274 元，增长 8.4%。其中，第一产业经营净收入 3030 元，增长 5.2%；第二产业 108 元，增长 73.6%；第三产业 418 元，增长 23.3%。四川贫困地区农村居民家庭经营收入仍以一产为主，但由于农产品价格低位运行，一产收入增幅有限。由于二三产业稳步发展，在家庭经营净收入中所占比重较上年提高 2.6 个百分点。

（三）转移净收入成为农民增收的一大亮点。

随着四川扶贫开发工作的不断深入，对贫困地区政策扶持力度的不断加大，产业扶贫、整村推进、精准扶贫等扶贫政策成效的逐步显现，以及农村各项政策性补贴、社会保障等惠农政策的不断实施，贫困地区农村居民从中得到更多实惠。2016 年，四川贫困地区农村居民转移性净收入 1976 元，同比增加 283 元，增长 16.7%。对可支配收入增长的贡献率为 33.9%，拉动可支配收入增长 3.5 个百分点。

（四）财产收入增长迅速。

人均财产性净收入 187 元，同比增加 93 元，增幅近一倍。2016 年以来，四川省作为全国首批3个农村土地承包经营权确权登记整体推进试点省之一，登记办证工作全面推进，农村“两权”抵押贷款获得积极进展，推动贫困地区农户财产性收入实现平稳增长。

二、贫困地区农村居民消费支出平稳增长

随着收入水平的稳步增长和社会保障体系的不断完善，2016年，四川贫困地区农村居民生活消费能力进一步增强，生活质量稳步提升，生活消费支出增长明显。2016年四川贫困地区农村居民人均生活消费支出7757元，绝对额在全国排第7位，同比增加854元，增长12.4%，比农民收入增速快1.9个百分点，增速在全国排第3位。

一是食品烟酒消费平稳增长。人均食品烟酒消费支出3428元，同比增加266元，增长8.4%。二是衣着消费水平稳中有增。人均衣着消费支出452元，同比增长4.6%。三是居住消费支出明显增长。人均居住支出1403元，同比增加202元，增长16.8%。四是生活用品消费需求旺盛。人均生活用品及服务消费支出527元，同比增加82元，增长18.5%。五是教育文化娱乐及医疗保健支出持续增长。人均教育文化娱乐消费支出581元，同比增加109元，增长23.2%；人均医疗保健消费支出564元，同比增加87元，增长18.2%。另外，人均交通通讯消费支出659元，同比增长13.1%；人均其他用品和服务支出143元，同比增长8.9%。

三、贫困人口大量减少，农村贫困发生率大幅下降

2016年末，四川农村贫困人口306万，比2015年末减少94万人，减贫率23.5%，贫困发生率降至4.4%，比2015年下降1.3个百分点。四川农村地区贫困人口由2010年的1409万人减少到2016年的306万人，6年累计脱贫1103万人，平均每年脱贫183.8万人。2016年，四川省贫困地区贫困人口150万人，比上年减少53万人，下降幅度26%，贫困发生率9%，比上年下降3.1个百分点。

表2　四川历年农村贫困人口情况

年份	贫困人口（万人）		贫困发生率（%）	
	数量	下降	水平（%）	下降（百分点）
2013	602	122	8.6	-
2014	509	93	7.3	1.3
2015	400	109	5.7	1.6
2016	306	94	4.4	1.3

四、农村生产生活环境持续改善

2016年，四川聚焦精准扶贫、精准脱贫，扎实推进脱贫攻坚战略，落实“一对一”、“点到点”精准帮扶，始终把扶贫重点区县的基础设施建设、生产生活条件改善作

为扶贫工作的重点来抓，扶贫重点区县基础设施状况、生产生活环境不断改善。

（一）居住和交通条件进一步改观。四川扶贫重点区县通过实施危房改造、易地扶贫搬迁，居民居住条件进一步改善，居住竹草土坯房的农户比重逐年降低，2016 年降低至 10.0%；使用独立厕所的农户比重达到 93.4%。通过不断加大对交通设施的投入，加快实施贫困区县已规划的交通建设项目，交通条件得到进一步的改观。2016 年末扶贫重点区县主干道路经过硬化处理的自然村比重、通客运班车的自然村比重分别达到 95.3%、47.8%，同比分别提高 22.1、8.8 个百分点。

（二）电网实现全覆盖，饮水条件不断提升。四川优先安排贫困村电网升级改造项目，满足生产生活需要， 2016 年扶贫重点区县通电的自然村比重达 100.0%，实现全覆盖。在饮水安全方面，优先实施贫困乡镇（村）集中供水巩固提升工程，确保贫困村通自来水，解决贫困人口饮水安全。2016 年饮水无困难的农户比重达到 80.4%，同比提高 6.5 个百分点；使用管道供水的农户比重达到 52.4%，同比提高 11.5 个百分点；使用经过净化处理自来水的农户比重达到 19.9%，同比提高 2.7 个百分点。

（三）加快完善通讯设施建设，电视信号覆盖更广。积极推进涉农电子商务平台建设，加快完善通讯设施建设，推动农村电商扶贫。2016 年通电话的自然村比重达 99.8%，同比提高 4.2 个百分点；通宽带的自然村比重达 71.3%，同比提高 31.3 个百分点；扶贫重点区县的电视信号覆盖率达 86.7%。

五、贫困地区脱贫攻坚存在的主要问题

（一）贫困地区农村居民收支水平仍然不高。

一是收入差距较大。2016 年四川贫困地区农村居民人均可支配收入较全省农村人均水平低 2404 元，仅相当于全省平均水平的 78.5%。二是产业结构单一，仍以种养业为主，第一产业净收入占家庭经营净收入的 85.2%，其他产业相对较弱。三是生活水平仍然较低，2016 年贫困地区农村居民人均生活消费支出较全省平均水平低 2435 元，仅相当于全省平均水平的 76.1%。

（二）贫困地区增收后劲不足。

一是第一产业增收后劲乏力。四川贫困地区大多生产条件艰苦，人均耕地少，传统农业占据主导地位，农业产业化程度低，优质、高效、生态、绿色农产品的比重偏小，粮食增产潜力不大，受自然条件影响较大，产业相对脆弱，土地经营增收乏力。二是非农产业发展缓慢，主要是小作坊式的工业、小规模建筑业、家庭式的商业与餐饮业为主，竞争力很弱，增收能力有限。三是贫困地区劳动力普遍存在技能素质差、文化层次低的特点，外出务工人员基本从事的都是劳动密集型的工作，工资水平相对不高。2016 年从事制造业的农民工比重为 25.6%，从事建筑业的农民工比重为 32.2%。

（三）产业短板依然明显。

贫困地区农民人均经营性收入高于全省平均水平 0.6 个百分点，这反映了贫困地区农民产业经营已经成为贫困地区农民增收的亮点。同时，也应关注到，近年来在产业扶贫中存在产业同质化严重的倾向，一些地方政府对于产业规划缺乏长远意识，对于市场规律把握不充分，不同地区对于同一产业大量重复发展，如近年来的脆红李、核桃、花椒等农产品，由于前期价格较好，各地跟风种植，导致市场饱和，最终价跌伤农。

六、促进贫困地区农村居民脱贫致富的几点建议

（一）紧紧抓住成果巩固这个重点。在已取得成果的基础上，坚持力量再集中、产业再壮大、方式再创新、落实再加力、经验再总结，进一步厚植 2016 年脱贫攻坚基础优势，进一步立足问题抓好整改，对照标准补齐短板，切实巩固提升 2016 年脱贫攻坚成果，防止出现反弹。要总结推广脱贫攻坚的先进经验及做法，让其在今后的脱贫攻坚中起到示范带动效应。

（二）紧紧抓住高寒牧区这个难点。瞄准高寒牧区脱贫攻坚这个“硬骨头”，加强生产组织引导，通过以国家补贴、生产资料入股等模式，发展专合组织等新型生产经营主体，组织贫困群众抱团发展、增收脱贫。加强计生服务，恢复牧业乡的计生专干，坚决遏制超生致贫现象。加强疫病防治，开展包虫病、大骨节病、妇女病、结核病等疾病普查防治，实现“医卫通”全民化，阻断因病致贫返贫链。

（三）紧紧抓住产业扶贫这个支撑。实施全域旅游扶贫，探索基础保障型、景区带动型、产品开发型、专合组织型、乡村旅游型、人才支撑型、对口支援型、智慧推动型、政策扶持型九大旅游扶贫模式。推进能源开发扶贫，实施光伏扶贫工程，用好国家政策，建立利益共享机制，让资源地群众在水能、太阳能开发中实现脱贫。开发农特产品扶贫，按照“换种子、抓改良、扶专合、扩规模”总体思路，着力打造酒、肉、果、蔬、茶、菌、药、水、粮、油农特产品，带动群众增收致富。

（四）紧紧抓住就业增收这个核心。实施订单定向培养计划，促进贫困家庭脱贫，并精确掌握贫困劳动者培训需求和就业愿望，围绕贫困劳动者的实际情况量身定制培训计划，分类开展培训，组建劳务公司，出台贫困群众就业创业支持政策。开发公益性岗位，选聘安置特别困难的贫困劳动力，力促贫困群众就地就业。

（国家统计局四川调查总队 周璐）

贵州农村减贫情况

2016 年，贵州各级党委、政府始终坚持以贯彻习近平总书记视察贵州提出“精准扶贫、精准脱贫以及‘三位一体’的大扶贫格局”战略思想，紧紧围绕“一达标、两不愁、三保障”的目标定位，以重大扶贫工程和精准到村到户帮扶措施为抓手，以补齐短板为突破口，全力推进大扶贫战略行动，农村减贫成效显著，贫困地区农村居民生活质量不断提高，生产生活环境不断改善。

一、贵州农村减贫状况

贵州为全力推进扶贫攻坚的顺利实施，出台了精准扶贫、精准脱贫“1+10”等系列配套政策和细则，在易地扶贫搬迁、教育精准扶贫、医疗救助扶贫、社会保障兜底扶贫等工作举措在扶贫脱困方面取得了显著成效。

（一）农村贫困人口规模逐年减少。

贵州 2016 年农村贫困人口规模为 402 万人，比上年减少 105 万人。其中，贫困地区农村贫困人口规模为 346 万人，比上年减少 98 万人；扶贫重点县农村贫困人口规模为 279 万人，比上年减少 74 万人。自十八大以来，贵州农村贫困人口、贫困地区贫困人口和扶贫开发重点县贫困人口分别累计减少 521 万人、410 万人和 343 万人，减贫规模位居全国前列（表 1）。

表 1　贵州贫困人口变化情况

单位：万人

指　标	2015 年	2016 年	比上年减少
全省农村	507	402	105
贫困地区	444	346	98
扶贫重点县	353	279	74

（二）农村贫困发生率逐年下降。

2016 年，贵州农村贫困发生率 11.6%，比上年降低 3.1 个百分点。其中，贫困地区贫困发生率 11.9%，比上年降低 3.4 个百分点；扶贫重点县贫困发生率 12.6%，比上年降低 3.4 个百分点。自十八大以来，贵州全省农村、贫困地区农村和扶贫开发重点县农村贫困发生率累计分别下降 15.2、15.3 和 16.6 个百分点。

表 2　贵州农村贫困发生率变化情况

单位：%

指　标	2015 年	2016 年	比上年下降
全省农村	14.7	11.6	3.1
贫困地区	15.3	11.9	3.4
扶贫重点县	16.0	12.6	3.4

二、贫困地区农村居民收入情况

2016 年，贵州国定 66 个贫困地区县农村居民人均可支配收入 7894 元，比上年增加 723 元，增长 10.1%，高于全省平均增速 0.6 个百分点。其中，国家扶贫开发 50 个重点县贫困农民人均可支配收入 7693 元，比上年增加 729 元，增长 10.5%，高于全省平均增速 1 个百分点，集中连片特困地区 65 个县农民人均可支配收入 7879 元，增长 10.1%，高于全省平均增速 0.6 个百分点（图 1）。

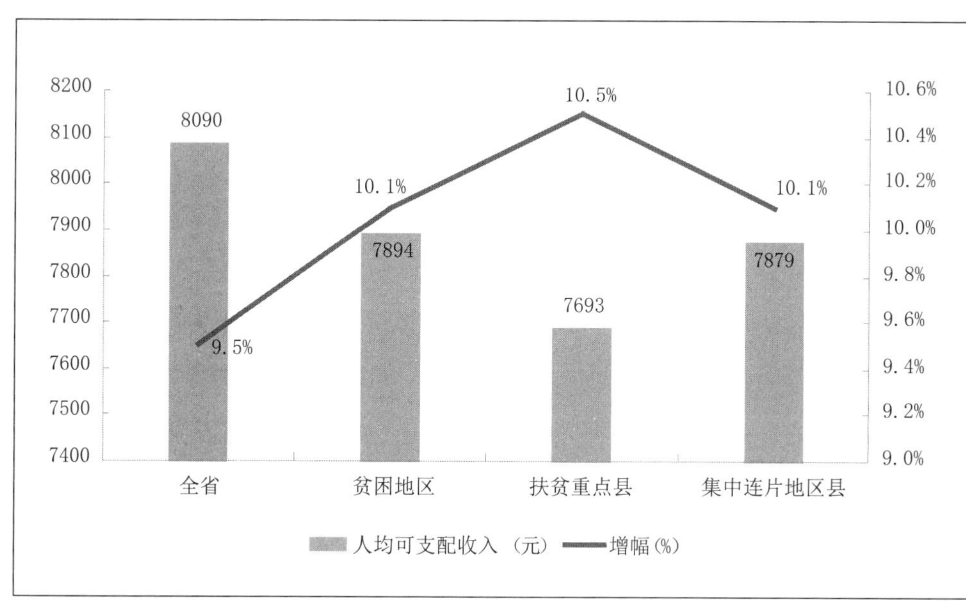

图 1　2016 年贵州全省及贫困地区农村人均收入及增长

从国定 66 个贫困地区县农村居民的收入结构来看，工资性收入 3275 元，同比增加 415 元，增长 14.5%；经营净收入 3046 元，同比增加 101 元，增长 3.4%；财产净收入 46 元，同比减少 24 元，下降 34.7%；转移净收入 1527 元，同比增加 231 元，增长 17.9%。主要呈以下几个特点：

（一）工资性收入是增收主动力。

贵州将转移就业作为精准扶贫的重要手段，大力发展贫困地区劳务经济，开展“双百计划”、“全民创业行动计划”“雁归兴贵”等政策实施，加大劳务信息服务，引导农民工返乡创业就业；全面实施“一户一人”就业培训计划，仅 2016 年对 44 万贫困地区劳动力开展了技能培训，扩大就业促进精准脱贫。2016 年，贵州贫困地区农村居民人均工资性收入达3275元，比上年增长14.5%，增速比上年高1.9个百分点，对收入增长的贡献率高达57.4%，拉动收入增长5.8个百分点。

（二）经营净收入保持平稳增长。

贵州坚持把产业扶贫作为脱贫攻坚的根本之策，结合农业供给侧结构性改革，大力实施特色种植养殖业、乡村旅游业、农村电商服务等产业扶贫项目，促进贫困农民经营净收入增长。截止2016年，实施产业扶贫项目超过2万个，为5万就地脱贫人口人均整治1亩优质农田，74.2万人贫困人口依靠产业成功脱贫。2016年，贵州贫困地区农村居民人均经营净收入为3046元，比上年增长3.4%，增速比上年同期回落8.2个百分点，对收入增长贡献率为14.0%，拉动收入增长1.4个百分点。虽然贵州农村居民经营净收入增势放缓，但出现了可喜变化，农村居民二、三产业经营净收入增长迅速，增收渠道拓宽。2016年，贫困地区农村居民第二产业经营净收入人均134元，比上年增长45.1%；第三产业经营净收入人均782元，比上年增长29.4%，其中批零贸易、交通运输仓储和邮政业、住宿餐饮业、居民服务及其他服务业保持了较好的增长趋势。

（三）转移净收入是增收新亮点。

贵州将健全社会保障作为脱贫攻坚的基础保障，一是在全国率先推行民政低保标准与扶贫标准“两线合一”，针对无力脱贫、无业可扶贫困人口纳入农村最低生活保障，将98.7万人实行政策性兜底；加强留守儿童、留守老人、留守妇女和残疾人关爱救助保障，兜底临危、临困人员脱贫保障，对78.7万人受灾群众实施了临时救助。二是在全国率先建立完善基本医疗保险、大病保险、医疗救助“三重医疗保险”体系，惠及农村贫困人口149.2万人次，政策范围内医疗费用补偿比例达到97%，大病患者等4类重点人群医疗费用补偿比例达到100%。三是加大教育财政投入，压缩6%的行政经费用于支持贫困地区教育发展，实施了38个县基本普及15年教育，18个县推进义务教育均衡发展，对31.7万名农村建档立卡贫困家庭学生发放教育精准扶贫学生资助金10.1亿元，使建档立卡户贫困家庭实现零负担。四是加大绿色发展理念，厚植生态资源优势。2016年实施退耕还林477.4万亩，完成营造林528万亩，安排护林员2.5万人，直接带动10万人脱贫。2016年，贵州贫困地区人均转移净收入达1527元，比上年增加231元，增长17.9%，比上年提高4.1个百分点，对收入增长的贡献率达32.0%，拉动收入增长3.2个百分点。

三、贵州贫困地区农村居民生活质量不断提高

随着脱贫攻坚的深入推进，农村经济的快速发展，贫困地区农村居民生活水平的不断增加，贵州贫困地区农村居民也从满足温饱标准的消费结构，向较高生活质量多元化消费结构发展，消费结构不断发生变化。2016年，贫困地区农村居民人均消费支出为7327元，同比增加829元，增长12.8%，增速高于上年2.6个百分点。

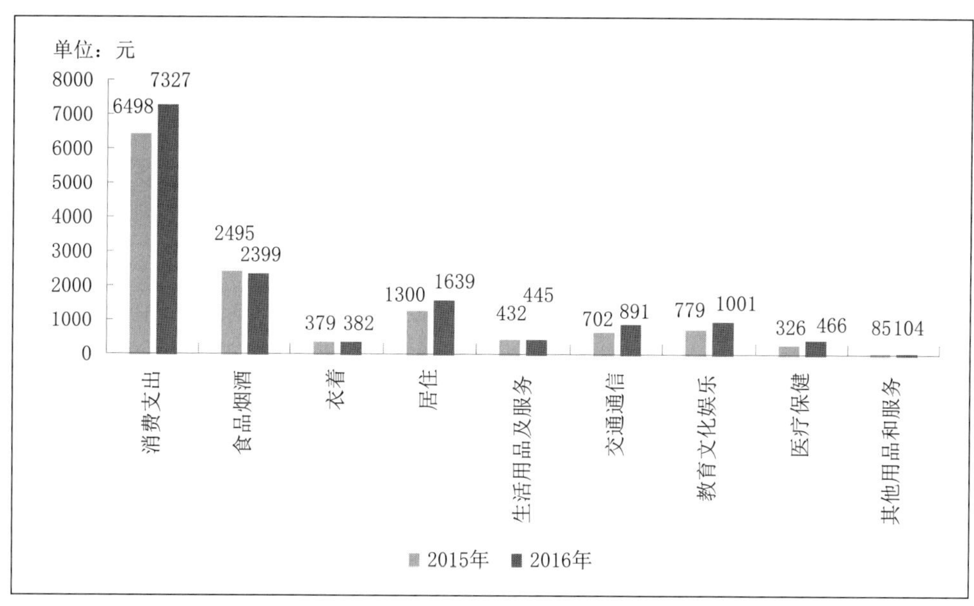

图2 2016年与2015年贵州贫困地区农村居民消费支出情况

（一）吃穿住用支出比重下降。

2016年，贵州贫困地区农村居民吃穿住用支出4865元，比上年增加259元，但占全部消费支出的比重却比上年下降了4.4个百分点。其中，食品烟酒支出占全部消费支出比重下降5.7个百分点，衣着消费支出占全部消费支出比重下降0.6个百分点，生活用品及服务支出占全部消费支出比重下降0.5个百分点，居住消费支出占全部消费支出比重提升2.4个百分点（图3）。

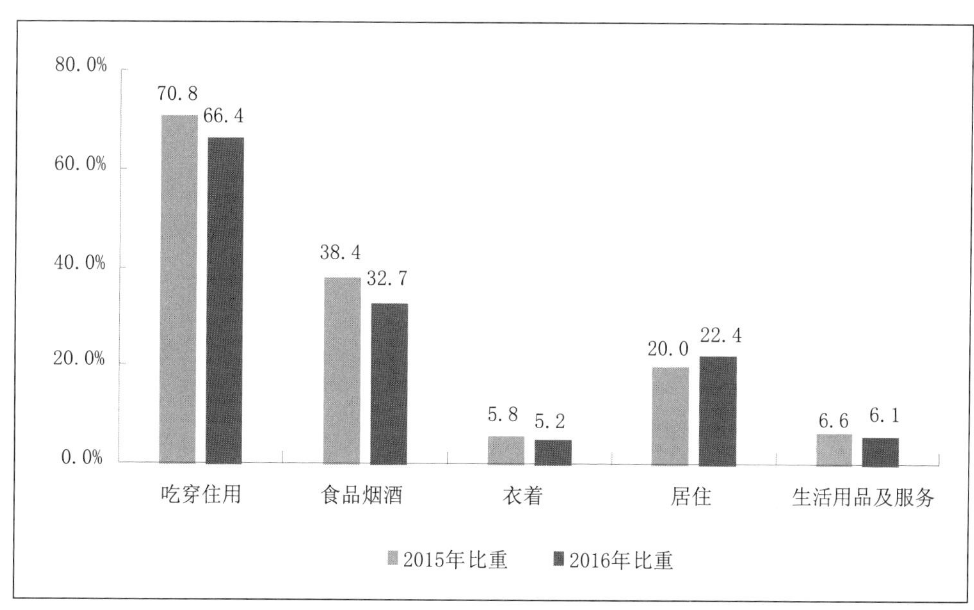

图3 2016年与2015年贵州贫困地区农村吃穿住用占消费支出比重

（二）交通通信、教育文化娱乐、医疗保健支出快速增长。

2016年，贵州交通通信、教育文化娱乐和医疗保健三项消费支出2358元，比上年增长30.5%，占全部消费支出比重较上年提高4.5个百分点。其中，交通通信消费支出891元，比上年增长27.0%，占全部消费支出比重提高1.4个百分点；教育文化娱乐消费支出1001元，比上年增长28.4%，占全部消费支出比重提高1.7个百分点；医疗保健消费支出466元，比上年增长43.0%，占全部消费支出比重提高1.4个百分点（图4）。

图4　贵州贫困地区农村居民三项消费支出情况

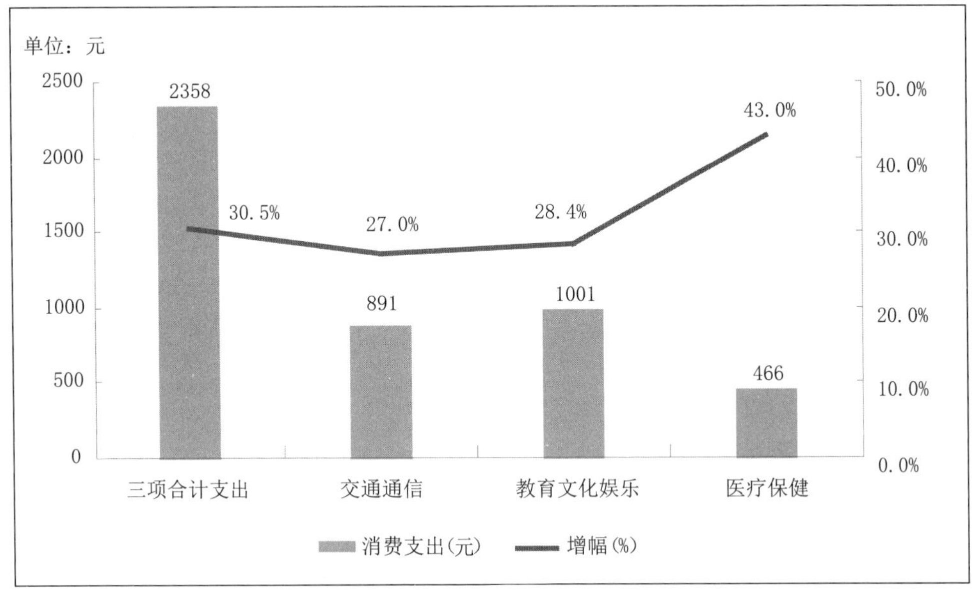

（三）生活耐用品消费数量增加。

2016年，贵州贫困地区每百户农民家庭拥有汽车14.8辆、洗衣机91.7台、电冰箱76.8台，移动电话265.8部、计算机14.9台，分别比上年增长38.3%、13.2%、23.3%、10.5%、14.6%（见图5）。

图5　贵州贫困地区百户农村居民耐用消费品拥有量

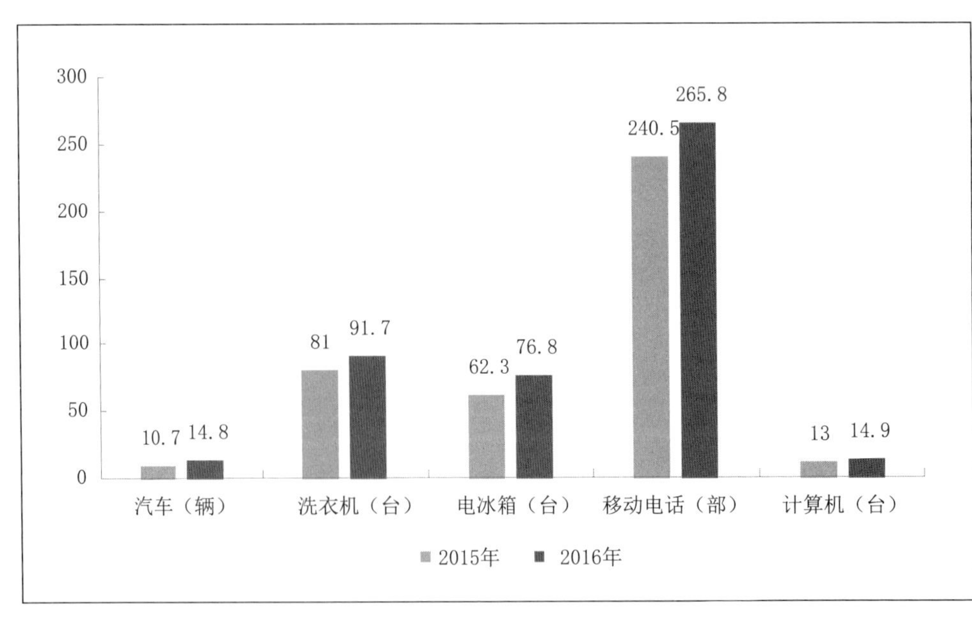

四、贵州贫困地区农村居民生产生活环境持续改善

（一）住房条件改善，卫生环境进一步改观。

近年来，贵州大力实施农村危房改造工程和易地扶贫搬迁，截止2016年底，已累计完成 292.5 万户农村危房改造，整体搬迁自然村寨 4188 个，搬迁入住 43.2 万人，有效改善了居住条件和卫生环境。2016 年，贫困地区居住竹草土坯房的农户比重已降低至 0.5%，比上年降低 0.4 个百分点；使用独立厕所的农户比重提高到 94.3%，比上年提升 1.1 个百分点；垃圾能集中处理的农户比重提高到 48.3%，比上年提升 5.7 个百分点。补齐贫困地区水利基础设施短板，解决因水致贫、因水成疾、因水受困的问题，饮水无困难的农户比重提高到 87.7%，比上年提高 6.3 个百分点；使用管道供水的农户比重提高到 78.9%，比上年提高 5.2 个百分点；使用经过净化处理自来水的农户比重提高到 42.3%，比上年提高 7.8 个百分点。

（二）电网全面升级，交通出行便捷。

近年来，贵州加快实施农村电网改造升级三年行动计划，破解贫困地区用电“瓶颈”。2016 年，贵州贫困地区通电的自然村比重达 100.0%，点亮了贫困户同步小康梦，有力保障贫困地区群众生产生活用电。坚持把基础设施尤其是交通设施作为全省经济社会发展和脱贫攻坚的必要保障，已初步建成西南陆路交通枢纽，实现了县县通高速，进入高铁时代。2016 年贵州完成全省公路水运投资 1500 亿元，铁路里程达到 3037 公里，其中高速铁路达 701 公里；公路里程达 18.4 万公里，其中高速公路 5128 公里。全省贫困地区所在自然村进村主干道路硬化的农户比重达 96.6%，比上年增长 0.7 个百分点。

（三）通讯基本实现全覆盖，电视信号逐步加强。

近年来，贵州深入实施大数据战略，加快完善通讯设施建设，“小康讯”通信投资完成 8.44 亿元，实现全省 4190 个贫困村通信网络全覆盖，确保贫困地区通信网络运行平稳正常。2016 年，贵州贫困地区 所在自然村通电话的农户比重提高到 100%，比上年提高 0.2 个百分点；所在自然村通通宽带的农户比重达 67.7%，比上年提高 5.5 个百分点；所在自然村能接收有线电视信号的农户比重达到 93.0%。

五、贵州贫困地区脱贫攻坚主要难点

（一）贫困人口规模大。2016 年贵州仍有 402 万人农村贫困人口，占全国总数的 9.3%。贫困县 66 个，其中国家扶贫开发重点县 50 个，农村贫困发生率高达 11.6%，高于全国平均水平 7.1 个百分点，是全国贫困人口最多、贫困面最大、贫困程度最深的省份，贵州依然是全国扶贫攻坚的主战场。

（二）收入水平与全国农村平均收入水平仍存在较大差距。2016 年，贵州农村居民人均可支配收入 8090 元，贫困地区农村居民人均可支配收入 7894 元，国家扶贫开发重点县农村居民人均可支配收入 7693 元，分别占全国农村平均水平的 65.4%、63.9%、62.2%（图 6）。

图 6 贵州农村收入水平与全国的对比情况

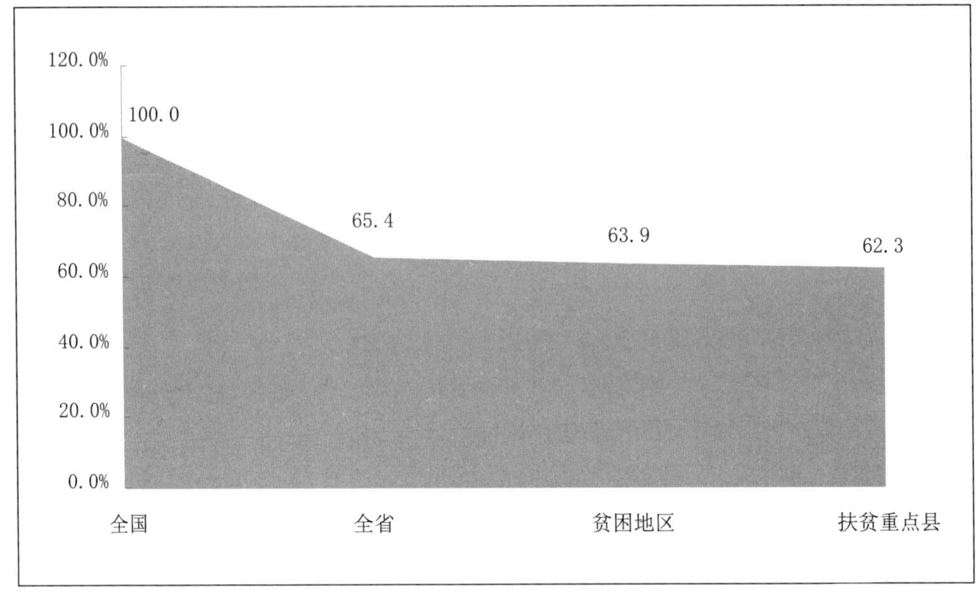

（三）自然灾害威胁严重。贵州贫困地区主要集中在石漠化和深山区，遭受自然灾害的几率大，防灾抗灾能力有限，农业生产受灾威胁十分严重，生态脆弱使农村经济发展滞后，尽管近年投入了大量财力，也采取了很多措施，但抗灾能力还不强，部分贫困地区农民生产生活还未得到有效稳定。

（四）基础设施薄弱。贵州贫困县多处边远山区，农村居民居住分散且住房条件差，水电路讯等基础设施的改善和恢复重建设投入不足，尤其是当前的"机耕道"建设进程比较缓慢，在相当程度上制约了贫困地区农村居民的经济发展。

（五）劳动力负担重。据《2016 年贵州统计公报》显示，贵州常住人口中，0-14 岁人口占 22.3%，15-64 岁人口占 67.4%，65 岁及以上占 10.3%，在家庭总数中纯老人户已占到 11%，总抚养比为 48.6%，比全国总抚养比高 10.4 个百分点，家庭劳动力抚养和赡养负担较重。

（六）文化水平较低。贫困监测调查户中，15 岁以上常住成员文化水平在高中及以上的占比 15.3%，初中文化和小学文化水平的分别占比 35.2% 和 39.2%，仍有 10.3% 未上过学。由于文化水平和个人素质的差异，其思维方式和心理素质比较脆弱，容易产生满足现状和"等靠要"思想。

（七）产业结构不够合理。贵州经济产业层次低，一产占比高，是全国四个超过 15% 省份之一；工业附加值不高，主要集中在一些资源型产业；现代服务业发展滞后，主要以商贸饮食业、公共事业、运输邮电业等传统服务业为主。

（八）财产积累保值增值困难。贵州贫困地区受偏远、恶劣的自然地理环境限制，农民自身禀赋差异获取信息闭塞，区域经济发展不平衡，市场体系与机制不健全等因素。2016 年，贵州贫困地区农村居民财产性净收入主要来源是土地流转、银行利息、股金分红，其总量单薄、来源单一，财产性净收入降幅 34.7%。主要原因：一是土地流转价格固定，后续增长没有机制；二是农民财产积累薄弱，利息空间增值比较小；三是股金受市场效益影响，农民股金红利不稳定。

六、贵州农村脱贫攻坚的几点建议

（一）继续巩固扶贫脱困取得的成效，在精准扶贫脱困的“实、准、转”上狠下功夫。一是做实扶持对象和兜底对象，逐个进村入户核实，精准掌握各类人群，完善和建立扶贫建档立卡户和民政兜底对象按月更新信息的动态管理长效机制；二是摸准产业扶持效果差异具体原因，完善对各类贫困户根据个体致贫原因的不同类型、不同区域，区别施策，准确定位，杜绝“一刀切”。三是转变驻村干部考核导向，注重对贫困户自身脱贫意识的培养，大力加强对扶贫政策及其贫困户致富事迹宣传，发挥媒体作用，充分利用身边已脱贫致富例子说服，或现场教育，让贫困户明确脱贫致富靠的是自己。对孩子较小的中青年家庭鼓励参加职业技术培训，让其通过劳动自己脱贫；对一些年龄大、体力弱的家庭，帮助联系农技员入户到家进行一对一跟踪技术指导，保证生产有收成，付出有成果，提高贫困户致富信心，形成发挥把激发贫困户内生动力与扶贫效率相统一的考核机制。

（二）继续加大农村供给侧改革和农业产业结构调整，持续增强贫困地区农村居民收入增长。一是加大基础设施新项目开工建设，增加就业机会；大力推动企业、园区、新区、合作组织等伸出援手，优先安排贫困户、易地搬迁户就业，增加农民工资性收入。二是加大财政投入，大力发展乡村经济和特色农业，有的放矢指导贫困户发展种植业、养殖业，做好市场“产、供、销”预警，减少农户损失，增加农民经营净收入。三是深化农村改革，增强区位优势，鼓励贫困户增强理财意识。建立贫困户闲置的房产、生产机械、田土、山林的数据信息增加绝对量，盘活家庭财产存量增值；建立健全股份合作制度，理顺分配关系，明晰所有权，增加农民家庭财产净收入。四是充分利用脱贫攻坚大势，进一步完善和提升社会保障力度，持续增加农民家庭转移净收入。通过培育特色产业项目和就业创业服务增强内生动力，实现户户有增收项目，人人有脱贫门路。

（三）继续在现有投资的基础上，着力解决贵州“滇桂黔、乌蒙山、武陵山”三大集中连片贫困地区，与贫困群众生产生活直接相关的基础设施、道路交通、水利、饮水、住房、民生工程、人力资源培训等方面发展的滞后问题，破除贫困地区的发展“瓶颈”。加强生态保护和建设，增强三大片区可持续发展能力。

（四）继续完成贫困地区扶贫脱困任务的基础上，建立健全贵州防止脱贫人口再返贫机制。无论是贫困户还是非贫困户，一旦因病因灾和因学等各种原因造成贫困，要被及时发现，帮助其有效脱贫。要把此项工作机制的建立和实施纳入对各级领导的考核，并健全完善贫困人口保障体系。

（五）精准细化深度贫困地区贫困人口扶贫脱困规划，是确保2020年如期实现脱贫的关键。贵州深度贫困地区多在偏远山区，自然环境恶劣，基础设施落后，交通不便，商品流通不畅，是脱贫攻坚的“难中之难、坚中之坚”。因此，在查准深度贫困地区的扶贫对象，找准贫困原因的基础上，继续在工作目标、方法步骤、方法策略、帮扶渠道、资金流向、工程实施等方面瞄准问题发力。

（国家统计局贵州调查总队 张瑜 罗洪 邹函赤）

云南农村减贫情况

2016 年是十三五开局之年，也是云南奋力决战脱贫攻坚、决胜全面小康，努力实现跨越式发展的首战之年。年初以来，云南省委、省政府以习近平总书记系列重要讲话精神为行动指南，深入贯彻中央扶贫工作会议、东西部扶贫协作座谈会等重要会议精神，坚持转变思路与创新方式、超常施策与精准施策、精准识别与精准退出、督查考核与执纪问责“四个同步”，围绕“扶持谁”、“谁来扶”、“怎么扶”、“如何退”等重大问题，强化顶层设计，研究制定了 29 个配套文件和行动计划方案，完成“十三五”脱贫攻坚规划编制，制定出台了贫困退出机制实施、脱贫摘帽考核奖惩、脱贫攻坚工作报告、脱贫攻坚督查巡查、州市党委政府及贫困县党政领导班子和领导干部、省级及中央驻滇单位“挂包帮”定点扶贫，等一系列实施制度、方案和考核办法，进一步创新构建了“3+X”扶贫政策体系。

目前，形成了举全省之力，各级各部门和各族群众勇于担当，有力、有序、有效、高位强势全面推进打赢云南脱贫攻坚战的战略格局，精准扶贫、精准脱贫成效得到初步显现。2016 年，云南省贫困地区奋力决战脱贫攻坚、决胜全面小康，努力实现跨越式发展初战告捷：云南贫困地区农村居民人均可支配收入快速增长，增速高于全省平均。

一、2016 年云南省减贫人口位居全国第三

根据国家统计局贫困监测调查数据结果：按年人均收入 2300 元（2010 年不变价）的国家农村贫困标准测算，2016 年云南农村贫困人口为 373 万人，比上年减少 97 万人，减少 20.6%，减贫人口全国排位第 3 位；贫困发生率为 10.1%，同比下降 2.6 个百分点。

2016 年云南贫困地区的农村贫困人口 352 万人，比上年减少 95 万人，下降 21.2%，贫困地区减贫人口全国排位第 2 位；贫困发生率 13.7%，同比下降 3.7 个百分点，贫困地区减贫速度快于全省平均水平。

表 1　2013-2016 年云南省减贫情况表

年　份	全省农村贫困人口规模（万人）	全省农村减贫人口（万人）	全省农村贫困发生率（%）	贫困地区贫困人口规模（万人）	贫困地区减贫人口（万人）	贫困地区贫困发生率（%）
2013	661	143	17.8	607	137	21.9
2014	574	87	15.5	536	71	20.3
2015	471	103	12.7	448	88	17.4
2016	373	97	10.1	352	95	13.7

二、2016 年云南省贫困地区农村居民收入情况及特点

2016 年，云南省农村居民人均可支配收入 9020 元，比上年增长 9.4%；贫困地区农村居民人均可支配收入为 7847 元，比上年增加 777 元，比上年增长 11%，增速高于全省农村居民平均 1.6 个百分点，增速位居全国第六，圆满完成了年初确定的贫困地区农村居民收入增速高于全省平均水平的目标任务。

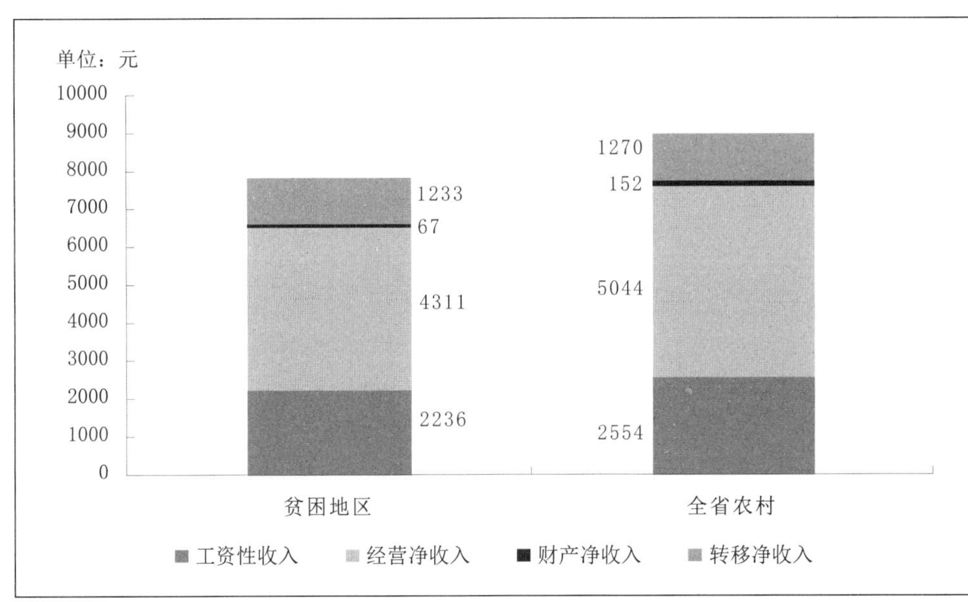

图 1 贫困地区与全省农村收入对比图

表 2 2016 年云南农村居民与贫困地区农村居民收入对比表

单位：元

指 标	全省农村居民	贫困地区农村居民
人均可支配收入	9020	7847
1. 工资性收入	2554	2236
2. 经营净收入	5044	4311
3. 财产净收入	152	67
4. 转移净收入	1270	1233

（一）四项收入齐增长。

工资性收入涨幅最大。2016 年，云南贫困地区农村居民人均工资性收入 2236 元，比上年增加 334 元，同比增长 17.5%，增幅高于全省农村居民平均 7.2 个百分点，对可支配收入增长的贡献率达 43%。年初以来，云南大力发展新型农业生产主体，大量农业、农产品加工业龙头企业的发展使得贫困地区特别是建档立卡贫困户拓宽了就业渠道，不仅能从产业发展中得到收入，更多的通过龙头企业、生产基地获得了工作岗位，工资性收入得以维持快速增长，成为农村居民可支配收入增长的重要因素。

经营性收入增速趋缓。2016 年，云南贫困地区人均经营性收入 4311 元，比上

年增加264元，同比增6.5%，增幅低于全省农村居民平均水平3.1个百分点，是构成可支配收入四大项中唯一低于全省农村居民平均水平的指标。2015年下半年以来，以生猪、蔬菜为代表的农产品价格持续上涨，但是随着产能释放，市场供应加大，农产品价格出现下跌，因此全省贫困地区农村居民经营性收入增速逐季放缓。加之贫困地区产业基础薄弱，市场波动对贫困群体的影响尤为显著，云南产业扶贫同质化现象严重，造成贫困地区农村居民经营性收入增幅低于全省农村居民平均。

财产性收入平稳增长。2016年，云南贫困地区农村居民人均财产性收入67元，比上年增加7.8元，同比增长13.3%，增幅高于全省农村居民平均10.4个百分点。今年以来，云南省土地确权办证全面推进，农村“两权”抵押贷款获得积极进展，推动贫困地区农户财产性收入实现平稳增长。

转移性收入迅速增长。2016年，云南贫困地区农村居民人均转移性收入1233元，比上年增加171元，同比增长16.1%，增幅高于全省农村8.3个百分点。2016年以来，中央和云南省加大脱贫攻坚工作力度，千方百计增加财政专项扶贫资金，全年共投入省级以上专项扶贫资金93.4亿元，同比增长52.9%。其中，中央财政金62.4亿元，增30%，省级财政31亿元，增137%，实现省级投入倍增。同时，今年以来，云南省加大劳务输出力度，先后与北京、广东、上海、福建、江苏浙江等六个省市建立劳务输出对接长效机制，设立“云南外出务工人员服务点”18个，全年共完成新增转移建档立卡劳动力15万人年度计划，带动外出务工人员寄回带回收入大幅增长，全年外出务工人员寄回带回收入增长29%。

（二）连片特困地区和扶贫重点县收入增幅快于全省贫困地区水平。

调查数据显示，2016年，云南85个连片特困地区县农村居民人均可支配收入为7867元，比上年同期增长11.6%；73个扶贫重点县农村居民人均可支配收入为7635元，比上年同期增长11.5%，收入增幅均高于全省贫困地区水平。

（三）四大集中连片特困地区收入差异较大。

集中连片特困地区是扶贫攻坚主战场，云南主要有乌蒙山区（15个县）、滇西边境山区（61个县）、滇黔桂石漠化区（11个县）和四省藏区（3个县）共四大集中连片特困地区。与全省贫困地区相比，2016年乌蒙山区和滇西边境山区农村居民收入增幅更高，石漠化区和云南藏区农村居民收入增幅更低。其中，2016年乌蒙山区农村居民人均可支配收入7905元，同比增长12.7%；滇西边境山区农村居民人均可支配收入7754元，同比增长11.7%；石漠化区农村居民人均可支配收入8302元，同比增长8.0%；云南藏区农村居民人均可支配收入7362元，同比增长7.7%。

三、贫困地区农村居民生活质量稳步提升

2016年云南贫困地区农村居民人均消费支出6275元，增加589元，增长10.4%，增速高于全省农村居民平均3.1个百分点，增速位居全国第八。从消费结构看，八大类消费支出均有所增长。

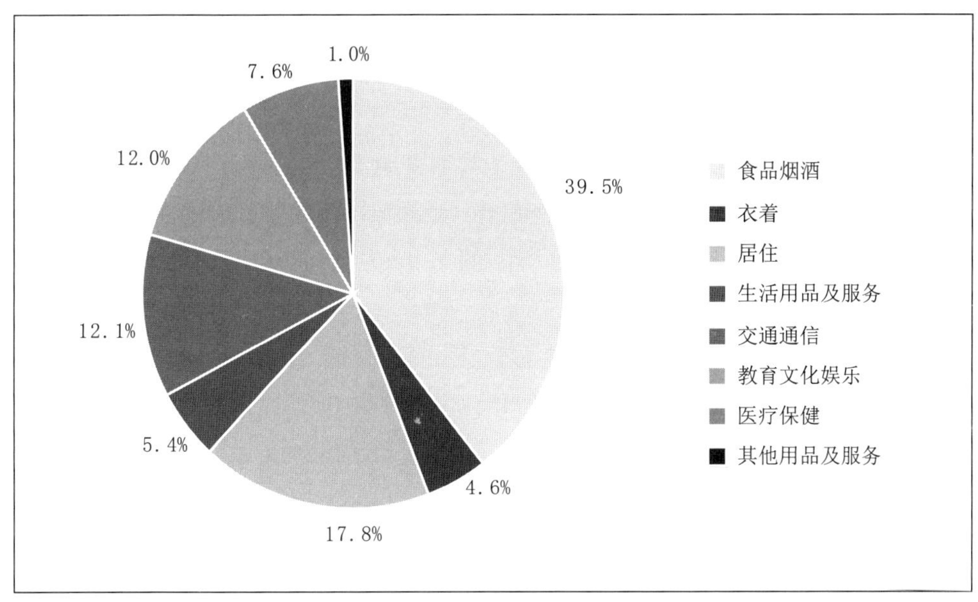

图2 贫困地区农村居民人均消费支出结构

地区篇

（一）恩格尔系数下降，满足基本生活需求的支出占比较大。

调查数据显示，2016年云南贫困地区农村居民人均食品烟酒支出2477元，比上年同期增加203元，增长8.9%，增速比全省农村居民平均水平快4.9个百分点。恩格尔系数由上年的40%下降到39.5%，但与全省农村35.2%的水平仍有差距。贫困地区农村居民人均衣着支出286元，比上年同期增加23元，增长8.6%。

（二）满足发展需求的消费支出快速增长。

省委省政府在精准扶贫精准脱贫工作中不断加大对贫困户基础设施、教育、医疗卫生等方面的扶持力度，道路交通、通讯设施等的改善带动贫困地区农村居民在满足基本的吃穿住用之后，发展型和享受型消费支出不断增加，生活品质得到提高。数据显示，2016年贫困地区农村居民交通通信、教育文化娱乐、医疗保健支出分别为760元、756元、474元，同比分别增加48元、169元、19元，分别增长6.7%、28.9%、4.1%。每百户汽车拥有量13辆，比2015年增长23.7%；每百户摩托车拥有量77辆，比2015年增长5.2%；每百户移动电话拥有量达243部，比2015年增长8.6%。

（三）连片特困地区和扶贫重点县农村居民生活消费双增。

2016年，云南85个连片特困地区农村居民人均消费支出为6307元，比上年同期增长10.7%；73个扶贫重点县农村居民人均消费支出为6105元，比上年同期增长9.5%。

四、贫困地区社会事业快速发展，生产生活环境改善

2016年，省委省政府加大资金投入力度，系统连片实施了一批基础设施、特色产业和社会事业发展项目，人口较少民族聚居区基础设施和公共服务能力不断加强，

群众增收明显加快，群众生产生活条件明显改善、自我发展能力不断提高。

（一）基础设施和公共服务不断改善。

1. 交通条件进一步改善。通过不断加大对交通设施的投入，加快实施贫困区县已规划的交通建设项目，交通条件得到进一步改观。2016 年底贫困地区主干道路经过硬化处理的自然村比重为 60.4%，同比增长 3.3%；通客运班车的自然村比重为 40.6%，与上年基本持平。

2. 居住环境大有改观。通过危房改造、易地扶贫搬迁，居民居住条件有所改善，居住竹草土坯房的农户比重从 2015 年的 5.5% 降低至 2016 年的 4.4%，使用砖混和钢混材料的农户比重从 2015 年的 35.4% 提高至 2016 年的 39.8%，使用卫生厕所的农户比重从 2015 年的 17.1% 提高至 2016 年的 19.4%。

3. 饮水安全方面，2016 年饮水无困难的农户比重达 79.4%，同比提高 5.7 个百分点；使用管道供水的农户比重达 76.6%，同比提高 5.8 个百分点，使用经过净化处理自来水的农户比重达 28.6%。

（二）教育文化卫生事业保持较高水平。

近年来，云南省贫困地区教育文化卫生事业发展稳定，文化信息资源共享工程深入推进，贫困村卫生室标准化建设不断完善。调查显示，2016 年 83.4% 的村社有文化活动室；有政府办卫生院的乡镇比重达 99.6%；所在自然村有卫生站的农户比重达 84.8%；通电话的村比重为 98.9%，通宽带的村比重为 38.3%；16 岁以上成员均未完成初中教育农广比重为 22.8%，同比下降 9.4%；参加医保的人口比重为 99.5%。

五、存在的问题

2016 年，云南省脱贫攻坚工作圆满完成了“贫困地区农村居民收入增速高于全省农村居民平均”的目标任务，各项工作顺利推进，为十三五全面实现与全国同步小康奠定了坚实基础，取得了全面脱贫攻坚的首战胜利。但是，我们还应清醒认识到，脱贫攻坚已经到了啃硬骨头、打硬仗的关键阶段，云南贫困人口数量位居全国前列的现状还未根本改变，我省脱贫攻坚中存在的一些问题需引起重视。

（一）高基数下保持贫困地区农村居民收入快速增长愈发困难。长期以来，云南省历届政府均把扶贫开发作为政府工作的重中之重，千方百计加大扶贫投入，想方设法汇聚资源向贫困地区聚集，费尽精力为贫困群众谋发展、谋出路，取得了丰硕成果。“十二五”至今的六年，已使全省 1100 多万贫困人口彻底摆脱贫困，贫困地区农村居民收入比“十二五”初期增长了一倍多，已经达到 7847 元。因此，在我国经济下行压力较大，转型升级过程漫长的情况下，要保持高基数下贫困地区农村居民收入快速增长愈发困难。

（二）国内省内经济下行压力依然巨大。2016 年，云南省经济发展经历了低开高走的态势，虽然全年完成 GDP 增长 8.7%，但制约经济平稳增长的因素依然存在。一是转型升级难度依然较大。2016 年以来，云南烟草、水电两个重大支柱产业面临的困境仍然存在，导致今年经济增长仍然面临挑战。二是 2016 年经济增长的主要动力主要来自于“五网建设”等基础设施领域重大投资项目拉动，但对于农村居民增收的直接效益不强。三是“三去一降一补”供给侧结构性改革仍然是今后全国全省经济工作的主题。这就意味着经济形势依然以调整转型为主，增速仍不容乐观。

（三）产业短板依然巨大。贫困地区农村居民人均经营性收入成为四大项收入中唯一低于全省农村居民平均水平的指标，这反映了贫困地区农村居民自主发展能力不强，产业基础薄弱等问题。同时，还应关注到近年来，云南产业扶贫领域面临产业同质化严重的倾向，个别地方政府对于产业规划缺乏长远意识，对于市场规律把握不充分，不同地区对于同一产业大量重复投，如近年来的核桃，玛卡等农产品，就是由于前期价格较好，各地跟风种植，导致市场饱和，最终跌价伤农。

（四）部分农产品价格下降制约农村居民增收。由于产业基础薄弱，产业链条深度和长度不足，导致云南贫困地区农业生产对市场环境依赖过大，低于农产品价格波动的能力较弱，因此农产品价格下跌制约云南省贫困地区农村居民增收。一是云南烤烟成本上升、出售价格下降 0.69%，农村居民每亩现金收益减少。二是橡胶价格的持续低迷，虽然橡胶价格 2016 年 11 月底有所回升，总体在 8—12 元之间波动，与 2015 年价格相比相差不多，但整体仍制约了胶农经营性收入的增长。三是水果价格普遍走低，也制约着农村居民收入的增长。

2016 年已经过去，云南省脱贫攻坚交出了满意答卷。2017 年，云南省将面临 100 万建档立卡贫困人口脱贫，1100 个贫困村出列、29 个贫困县摘帽的严峻挑战，必须清醒认识到当前脱贫攻坚中存在的困难，努力补齐短板，继续保持脱贫攻坚高强度的财政投入力度，把省委、省政府各项决策部署抓牢、抓实，确保 2017 年向党和人民交出更为丰硕的脱贫攻坚成果。

（国家统计局云南调查总队 王建伟 李月明）

西藏农村减贫情况

2016 年，在党中央、国务院亲切关怀下，西藏自治区全面落实习近平总书记系列重要讲话精神，特别是“治国必治边、治边先稳藏”重要战略思想和“加强民族团结、建设美丽西藏”重要指示，按照《中共中央国务院关于打赢脱贫攻坚战的决定》要求，深入开展扶贫攻坚，精准施策，把改善民生、凝聚人心作为经济社会发展的出发点和落脚点，促进西藏农村经济社会继续保持又好又快发展势头，农村居民收入快速增长，贫困人口大幅减少。

一、立足小康抓扶贫，着眼全局抓扶贫

西藏作为全国唯一的省级集中连片特困地区，人居环境相对较差，因病、因灾、因债致贫现象较为普遍，扶贫任务十分艰巨，自治区高度重视扶贫工作，加大基础设施建设力度，狠抓特色产业发展，促进农村经济发展，为脱贫攻坚打下坚实基础。

（一）大力推进产业脱贫，促进贫困群众就近就便增收致富。按照习近平总书记关于“贫困地区要从实际出发，因地制宜，把种什么、养什么、从哪里增收想明白”的重要指示精神，正确处理好发挥优势和补齐短板的关系，正确处理好城镇就业和就近就便、不离乡不离土、能干会干的关系，立足资源禀赋和比较优势，因地制宜发展特色产业，宜农则农、宜牧则牧、宜林则林、宜商则商、宜游则游，让贫困群众不离乡、不离土或者离乡不离土就能融入产业发展、增收致富。一是加大资金支持和政策扶持力度。2016 年，西藏共整合各类涉农资金 40 亿元作为产业扶贫发展资金，设立风险补偿基金 12.78 亿元，撬动对口援藏、金融信贷、社会资本 20 亿元，实施种植业、养殖业、加工业、商贸业、建筑建材业等产业项目 528 个，带动贫困群众脱贫。二是大力推动旅游产业扶贫。编制了《西藏自治区旅游扶贫规划》和 30 个旅游扶贫示范村旅游精准脱贫专项规划，建立了 201 亿元的旅游扶贫项目库，培育了一批生态游、乡村游、观光游、休闲游、农业体验游等业态产品，丰富了旅游生态和人文内涵，让贫困群众“靠山吃山，靠水吃水”。

（二）大力推进易地搬迁脱贫，切实解决“一方水土养不活一方人”的问题。正确处理好扶贫搬迁向城镇聚集和向生产资料富裕、基础设施相对完善地区聚集的关系，在充分尊重群众意愿的前提下，全年共落实易地扶贫搬迁贷款 157.8 亿元，完成投资 41.8 亿元，完成了 7.7 万人的搬迁任务，其中已搬迁入住 3.58 万人。

（三）大力推进生态补偿脱贫，实现脱贫攻坚与生态保护双赢。按照习近平总书记尊重自然、顺应自然、保护自然的要求，牢固树立保护生态环境就是保护生产力，绿水青山、冰山雪地也是金山银山的理念，坚持生态第一，坚持走保护优先、建设并重的路子，正确处理好保护生态和富民利民的关系，研究制定了《西藏自治区

“十三五”时期生态补偿脱贫实施方案》，准确把握全区主体功能区定位，整合中央对民族地区、主体功能区、边境转移支付等重大生态资金，面向59万建档立卡贫困人口中有劳动能力的群体，实行“定岗定员、定岗定责、定岗定酬”，落实林业生态保护、草原生态保护、野生动物保护等各类专兼职生态补偿岗位50万个，人均补助标准3000元，兑现资金15亿元，让有劳动能力的贫困人口和农村低收入人口就地就业、吃上“生态饭”。

（四）大力推进教育脱贫，逐步消除贫困代际传递。坚持扶贫必扶智，治贫先治愚，以提高人民群众基本文化素质和劳动者技术技能为重点，扎实推进扶能扶智工作，推动贫困群众既富口袋、又富脑袋。一是继续实行免费教育。完善15年免费教育和“三包”政策，加快推进寄宿制学校标准化建设，实施中小学教学质量提升计划，巩固双语教育成果，扎实推进教育人才组团式援藏，力争实现“五个100%”（中小学双语教育普及率100%、小学数学课程开课率100%、中学数理化生课程教学计划完成率100%、中学理化生实验课程开出率100%、职业技术学校国家目录规定课程开出率100%），让全区各族群众子女享受人民满意的教育，进一步减轻贫困群众的负担。二是加大资助力度。制定出台自治区建档立卡贫困家庭子女接受高等教育实施免费补助政策管理办法，对建档立卡贫困家庭子女接受高等教育实行免费补助，专项招生建档立卡贫困家庭子女及“两后生”接受免费中职教育，决不让一个农牧区贫困家庭子女因经济困难而失学，使贫困家庭学生有更多机会接受高质量的教育。

（五）大力推进社会保障脱贫，提高贫困地区公共服务水平。坚持应扶尽扶、应保尽保，大力推进农村最低生活保障制度与扶贫开发政策有效衔接，积极促进贫困人口转移就业，大力加强贫困对象健康服务，提高特困供养水平，形成兜底扶贫合力，编密织牢社会保障社会救助托底安全网。一是积极推进转移就业。2016年，西藏自治区中职学校面向贫困群众开展专业培训65期，培训8400余人；开展定单定向培训贫困人口49192人、实现转移就业34446人；开展驾驶、木工、烹饪、唐卡绘画等七大类岗位培训32.34万人。全区专业合作组织、中小微企业培训吸纳贫困人口就业10.6万人。二是认真开展兜底扶贫。全面落实社会保障政策，农村低保标准由2350元提高到2550元，兑现农村低保资金33803万元、临时救助资金18774万元。完成建档立卡贫困残疾人的鉴定工作，发放困难残疾人补贴和重度残疾人护理费9100万元。三是大力推动健康扶贫。着力提升各级医疗机构服务能力，投资4070万元，改扩建32个乡（镇）卫生院。深入开展“组团式健康扶贫”，大力推进“1774”工程（自治区人民医院、7地市人民医院、74个县区人民医院），实施全国三级医院与西藏自治区医院一对一帮扶。

（六）大力推进党建脱贫，凝聚脱贫攻坚的强大合力。持续巩固和深化干部驻村和第一书记选派工作，选派21868名干部到村居驻村开展工作、5467名优秀年轻干部到村居担任第一书记，协助村居两委推进脱贫攻坚和基层党建工作。2016年，全区驻村工作队帮助发展新党员11256名，为群众办实事好事3.8万件。深入开展“党员干部进村入户、结对认亲交朋友”活动，帮助贫困群众谋脱贫之策、寻致富之路。组织开展“百企帮百村”行动，全区470家各类企业与670个贫困村对接帮扶，投入资金1.16亿元，实施项目367个，8833户39302名贫困群众受益。积极开展区（中）直单位定点扶贫和干部结对帮扶工作，全区132家单位参与定点扶贫，实现5467个贫困村居全覆盖。正确处理好中央关心、全国支援和自身艰苦奋斗、自力更生的关系，充分发挥各级党组织、党员干部、驻村工作队、乡（镇）扶贫专干的作用，加强对贫困群众的教育，引导贫困群众解放思想、转变观念，树立脱贫致富的主体地位、激发脱贫致富的内心热情，贫困群众正在由“要我脱贫”向“我要脱贫”转变。

二、贫困人口大量减少，贫困发生率大幅下降

按照现行农村贫困标准每人每年2300元（2010年不变价）测算，2016年西藏农村贫困人口34万人，比上年减少14万人，下降28.9%；贫困发生率13.2%，比上年下降5.4个百分点。

十八大以来，西藏农村贫困人口大幅减少。西藏农村贫困人口从2012年的85万人下降至2016年的34万人，年均减少12.75万人；西藏农村贫困发生率从2012年的35.2%下降至2016年的13.2%，年均下降5.5个百分点。

西藏农村贫困人口总量相对较少，但与全国其他各省份相比，贫困发生率依然较高。近年来，西藏全面实施脱贫攻坚战略，减贫速度加快，但由于地理位置相对偏僻，高寒缺氧，环境脆弱，人口居住分散等，西藏贫困发生率依然处于高位，比全国平均水平仍高出8.7个百分点。

三、居民收入快速增加，消费稳步提升

（一）农村居民收入较快增加。2016年西藏农村居民人均可支配收入继续保持较快增长，人均可支配收入为9094元，比上年增加850元，增长10.3%。从收入绝对量看，西藏农村居民收入比全国农村平均水平低3269元，但比全国贫困地区农村居民人均收入高642元；从收入增速看，西藏农村居民收入增速比全国农村平均增速高2.1个百分点。

表1 2016年西藏农村居民人均可支配收入情况

指 标	2016年（元）	2015年（元）	增加（元）	增幅（%）
人均可支配收入	9094	8244	850	10.3
1. 工资性收入	2205	1873	332	17.7
2. 经营净收入	5238	4938	300	6.1
3. 财产净收入	149	147	2	1.2
4. 转移净收入	1502	1286	216	16.8

1. 工资性收入是农村居民人均可支配收入的主要增长点。2016年农村居民人均

工资性收入 2205 元，比上年增加 332 元，增长 17.7%，在四项收入中增速最快，对人均可支配收入增长的贡献率达 39.1%，是西藏农村居民人均工资性收入增长的主要动力。究其原因主要是：一是就业政策推动，为实现脱贫攻坚目标，自治区党委、政府相关部门为全区贫困人口低收入人口提供了 50 万个生态保护转移就业岗位，贫困人口居民增收能力明显增强。二是固定资产投资力度加大，为农牧民创造了务工机遇，2016 年以来，自治区一些大型基建项目陆续开工，特别是“拉林高等级公路”、“拉林铁路”等工程的投资建设，有效带动了贫困人口剩余劳动力的转移就业，加之农牧民自身的就业观念也在逐步转变，为农牧民工资性收入的稳定增长带来活力。

2. 经营净收入平稳增加。2016 年农村居民人均经营净收入 5238 元，比上年增加 300 元，增长 6.1%，对农村居民人均可支配收入增长的贡献率为 35.3%。其中第一产经营收入绝对量占比最大，人均达 3943 元，占 75.3%，同比增长 2.5%；二产经营收入 178 元，比上年增加 14.5 元，增长 8.9%；三产经营收入 1117 元，比上年增加 196 元，增长 20.6%，增速最快，增量最大。经营净收入在农村居民可支配收入中依然占据主导地位，占农村居民人均可支配收入的 57.6%，经营净收入增长的主要原因是：2016 年西藏大型基建项目数量相比往年增多，规模较大，吸引了大量农牧民从事交通运输业、住宿餐饮业等相关行业，使得农村居民的三产收入迅速增长，同时自治区相关部门加大对农牧业产业化经营的金融扶持力度，积极引导新型产业发展，西藏特色农产品、乡村游、高附加值养殖业得到较好发展，有效带动贫困人口二、三产业经营净收入的增长。

3. 转移净收入增长较为明显。2016 年西藏农村居民人均转移净收入 1502 元，比上年增加 216 元，增长 16.8%。对可支配收入增长的贡献率为 25.4%，拉动可支配收入增长 2.6 个百分点。主要是自治区党委、政府高度重视精准扶贫、精准脱贫工作，贯彻落实了系列惠民政策措施，构建起专项扶贫、行业扶贫、金融扶贫、援藏扶贫、社会扶贫“五位一体”的大扶贫格局以增加农村居民收入，并取得了良好效果。

4. 农村居民可支配收入结构日趋合理。2016 年农村居民四项收入在可支配收入中的占比分别为：工资性收入 24.2%，比 2015 年上升 1.5 个百分点；经营净收入 57.6%，比 2015 年下降 2.3 个百分点；财产净收入 1.6%，比 2015 年下降 0.2 个百分点；转移净收入 16.5%，比 2015 年上升 0.9 个百分点。西藏农村居民人均可支配收入中经营净收入起支撑作用，占比比全国平均水平高出 16.9 个百分点，工资性收入与转移净收入起辅助作用，占比分别比全国平均水平低 9.9 和 7.4 个百分点，西藏农村居民可支配收入结构得到进一步优化。

图1 2016年西藏农村居民人均可支配收入结构

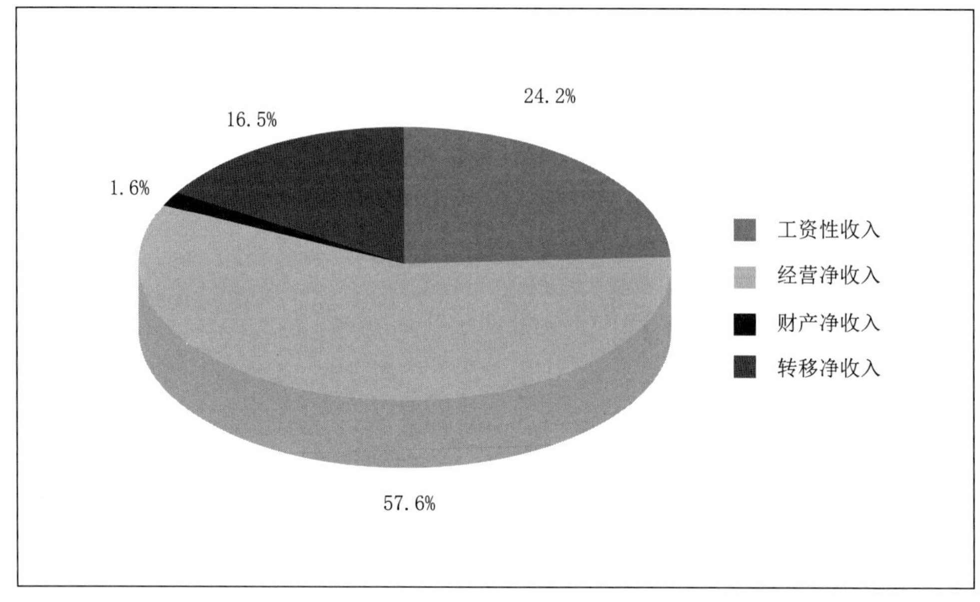

（二）农村居民消费稳步提升。随着农村居民收入水平的不断提高，居民生活消费支出稳步提升。2016年西藏农村居民人均生活消费支出6070元，比上年增加490元，增长8.8%。

西藏农村居民消费有以下几方面特点：一是西藏农村居民消费支出仍然较低，低于全国农村平均水平4060元；二是农村居民消费支出以食品、衣着、居住支出为主，分别占比达45.1%、10.6%、14.0%；三是农村居民生活消费商品率低，服务性支出比重低，饮食服务仅支出152元，占消费支出的比重仅为2.5%；四是食品消费结构单一，农村居民食品消费为2738元，其中谷物消费906元，占比33.1%，肉类消费994元，占比36.3%。

表2 2016年贫困人口居民消费支出情况

单位：元

指　标	2016年	2015年	增长	增幅（%）
人均消费支出	6070	5580	490	8.8
1. 食品	3183	2738	233	9.3
2. 衣着	643	507	136	26.7
3. 居住	851	702	149	21.3
4. 生活用品及服务	346	290	56	19.3
5. 交通通信	602	719	-117	-16.2
6. 教育文化娱乐	193	179	14	7.6
7. 医疗保健	153	136	17	11.8
8. 其他用品和服务	99	134	-35	-26.1

四、基础设施、公共服务状况大大改善

自治区党委、政府不断加大投入力度积极引导，重点实施通路、通电、通水和农田草场水利、游牧民定居等建设项目，建设了一批关系农牧业发展和结构调整的基础性工程，大力改善公共服务状况，农牧民生活生产条件不断改善。

（一）基础设施明显改善。2016 年西藏农村通公路通电话接近全覆盖；所在自然村进村主干道路硬化的农户比重、所在自然村能便利乘坐公共汽车的农户比重分别为 97.4%、55.3%，分别比 2015 年提高 1.7、5.4 个百分点；所在自然村通宽带的农户比重达 14.4%，比 2015 年提高 8.4 个百分点。

（二）生活条件大大改善。西藏农村居住竹草土坯房的农户比重仅为 1.7%；使用管道供水的农户比重、使用经过净化处理自来水的农户比重分别为 48.9%、25.8%；独用厕所的农户比重达 71.2%；所在自然村垃圾能集中处理的农户比重达 53.1%。西藏农村每百户拥有汽车、洗衣机、电冰箱、移动电话分别 18.1 部、59.9 台、53.3 台、187.3 台。

（三）教育状况稳步改善。西藏自治区不断加大教育投入，义务教育均衡发展，教育发展基础更加牢固。2016 年西藏农村所在自然村上幼儿园便利的农户比重、所在自然村上小学便利的农户比重分别为 83.4%、94.7%，分别比 2015 年提高 1.5、4.2 百分点。16 岁以上成员均未完成初中教育农户比重比上年下降 1.39 个百分点，劳动力平均受教育年限由上年的 4.01 年提升至 4.40 年。

（四）医疗服务能力不断提高。西藏坚持新时期卫生与健康方针，以群众需求为出发点，继续深化公立医院改革，完善相关行业队伍建设，完善基层医疗卫生设施建设，推动全区医疗卫生服务能力不断提高，2016 年西藏农村所在自然村有卫生站的农户比重达 91.3%。

（国家统计局西藏调查总队 窦士强）

陕西农村减贫情况

党的十八大以来，党中央、国务院的高度重视扶贫工作，将扶贫开发作为关乎党和国家政治方向、根本制度和发展道路的大事，作为经济社会发展规划的主要内容。陕西省贫困比例高、扶贫任务重，为实现2020年全面建成小康社会的目标，全省集中力量加大精准扶贫精准脱贫力度，结合陕西省实际，实施 “六个一批”工程，补齐贫困人口脱贫这个最大“短板”，不断推进陕西发展迈上新台阶。

一、陕西贫困状况及扶贫开发工作

根据《中国农村扶贫开发纲要（2011-2020）》，陕西国家贫困县56个，其中，国家扶贫开发重点县50个，集中连片特困地区县43个，占全省县（区）数的一半以上，涉及三个国家连片特困区（秦巴山区、六盘山区、吕梁山区），贫困比例较高。截至2016年底，陕西省仍有贫困人口226万人，贫困发生率8.4%，贫困程度深、扶贫任务重。

陕西脱贫攻坚任务非常艰巨，主要体现在地理条件差，贫困规模大，居民收入水平偏低。党的十八大以来，省委、省政府深入贯彻习近平总书记扶贫开发系列重要讲话精神，强化扶贫责任，精准施策扶持到户。落实“一村一策、一户一法”方略，重点实施产业扶贫、移民搬迁扶贫、金融扶贫工程、光伏扶贫工程、电商扶贫工程、旅游扶贫工程，加快推进水利扶贫、科技扶贫、广电扶贫等，坚持民生兜底，全面落实教育扶贫、健康扶贫和最低生活保障政策，使贫困群众基本生活得到进一步保障。

二、全省农村贫困人口情况

按现行国家农村贫困标准每人每年2300元（2010年价格），2010年陕西省贫困人口为756万人，贫困发生率为27.3%，全国贫困人口为1.66亿人，陕西贫困人口占全国贫困人口的比重为4.6%。

表1　陕西历年贫困人口情况

年　份	陕西农村贫困人口（万人）	减贫人口（万人）	贫困发生率（%）	贫困地区农村贫困人口（万人）	贫困地区农村贫困发生率（%）
2010	756		27.3		
2011	592	164	21.4		
2012	483	109	17.5	312	22.1
2013	410	73	15.1	271	19.4
2014	350	60	13.0	227	17.2
2015	288	62	10.7	180	13.6
2016	226	62	8.4	140	10.6

截至 2016 年，陕西省贫困人口由 2010 年的 756 万人减少到 226 万人，累计减贫 530 万人，占 2010 年贫困人口的 70.1%；贫困发生率由 27.4% 下降到 8.4%。2016 年陕西农村贫困人口减少 62 万人，贫困发生率由 2015 年的 10.7% 下降到 8.4%，下降 2.3 个百分点。

2016 年陕西贫困地区农村贫困人口为 140 万，贫困人口规模排在全国第九位，较 2015 年减少 40 万，下降幅度达 22.2%，降幅超越全省农村；贫困地区农村贫困发生率为 10.6%，较 2015 年下降 3 个百分点，与全省农村差距进一步缩小。

从贫困人口规模和贫困发生率上看，陕西与全国扶贫工作基本同步，减贫效果显著，但贫困人口占全国的比例在近两年有所上升。

三、2016 年陕西贫困地区农村居民收支情况

（一）贫困地区农村居民收入增速快于全省农村平均水平。

2016 年，贫困地区农村居民人均可支配收入 8424 元，同比增长 9.5%，增速快于全省农村平均水平 1.4 个百分点，扣除价格因素，实际增长 8.2%；扶贫重点县人均可支配收入为 8406 元，同比增长 10.3%；连片特困地区人均可支配收入为 8448 元，同比增长 9.6%。贫困地区农村居民人均可支配收入达到全省农村平均水平的 89.6%，比上年提高 1.1 个百分点。

从收入来源看，2016 年贫困地区农村居民人均工资性收入 3466 元，同比增长 10.7%，是贫困地区农民收入的主要来源，占可支配收入的 41%。第一产业发展稳步增长，促进了农民增收，家庭经营净收入 2924 元，增长 8.3%。部分地区村委会集中管理土地和集体房屋出租收益，农户红利收入增加，同时随着土地流转的加快，土地流出户获得了固定的租金收入，财产净收入 121 元，增长 16.1%。新农合的全面推广，报销医疗费收入有所增加，加上各地实施的强农惠农富农政策的落实和标准的提高，转移净收入 1913 元，增长 8.8%。

（二）集中连片特困地区农村居民收入水平高于全省贫困地区和扶贫开发重点县。

2016 年全省集中连片特困地区是农村居民人均可支配收入 8448 元，增长 9.6%，收入比全省贫困地区和扶贫开发重点县分别高出 24 元和 42 元。其中，人均工资性收入 3587 元，增长 9.4%；经营净收入 2783 元，增长 9.2%；财产净收入 110 元，增长 9.7%；转移净收入 1967 元，增长 10.6%。

陕西国家扶贫开发工作重点县农村居民人均可支配收入 8406 元，增长 10.3%，增速高于贫困地区和连片特困地区。其中，人均工资性收入 3713 元，增长 14.3%；经营净收入 2710 元，增长 6.4%；财产净收入 112 元，增长 8.3%；转移净收入 1871 元，增长 8.4%。

（三）2016 年陕西贫困地区农村居民消费增长情况。

2016 年，陕西贫困地区农村居民人均消费支出 7615 元，比 2015 年增长 9.8%。从消费支出的构成看，各项支出呈现全面增长态势。其中，食品烟酒消费支出 2213 元，增长 7.5%；衣着消费支出 452 元，增长 3.7%；居住消费支出 1788 元，增长 11.4%；生活用品及服务消费支出 471 元，增长 7.1%；交通通信支出 167 元，增长最快达到 16.5%；教育文化娱乐支出 880 元，增长 8.3%；医疗保健支出 924 元，增长 13.1%；其他用品和服务支出 120 元，增长 13.3%。

扶贫重点县和集中连片特困地区农村居民人均消费支出分别为 7523 元和 7564 元，分别增长 8.3% 和 7.3%。

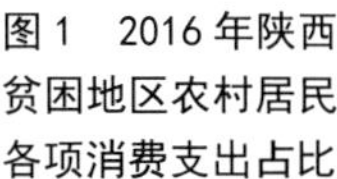
图 1　2016 年陕西贫困地区农村居民各项消费支出占比

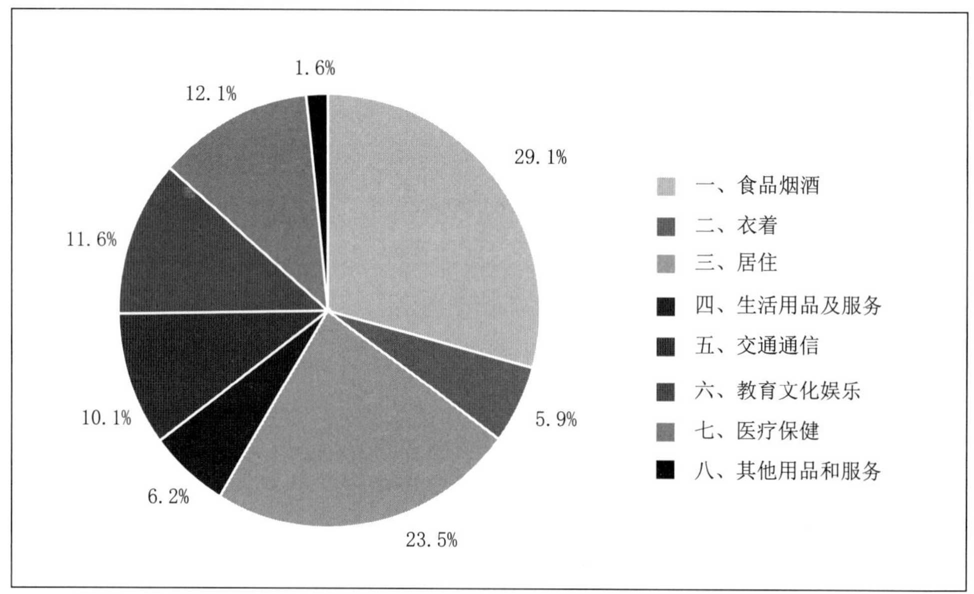

食品烟酒类占消费支出的比例由 2015 年的 29.7% 下降到 29%，表明随着收入的增加，贫困地区居民用在食品等必须品的支出比例有所下降，交通通信、医疗保健、居住、其他用品和服务的支出比例有一定提升，贫困地区农村消费水平升级，消费结构有所改善。

（四）陕西贫困地区农村居民与全省农村及全国贫困地区农村主要收支情况的比较。

2016 年，陕西农村居民人均可支配收入 9396 元，同比名义增长 8.1%，实际增长 6.9%。从农村居民收入来源看，各项收入呈全面增长态势，其中：工资性收入 3916 元，同比增长 10.4%；经营净收入 3058 元，增长 5.1%；财产净收入 159 元，增长 4.6%；转移净收入 2263 元，增长 8.8%。

与全省农村地区相比，贫困地区农村居民的收入水平仍低于全省农村平均水平，但绝对值占比由 2015 年的 88.5% 提升到了 89.6%，并且实际增速快于全省农村 1.3 个百分点，使得两者的收入差距进一步缩小。从收入各项构成来看，贫困地区四项收入水平均低于全省农村，工资性收入、经营净收入、财产净收入、转移净收入分别低于全省平均水平 450 元、134 元、38 元和 350 元。但 2016 年贫困地区收入各项增速已全面赶超全省农村，其中工资性收入、经营净收入、财产净收入增速分别快于全省农村 0.3、3.2 和 11.5 个百分点，转移净收入增速与全省农村同步增长。

表 2　陕西贫困地区农村与全省农村及全国贫困地区农村收入比较

指　标	人均可支配收入			收入构成			
	收入水平（元）	名义增速（%）	实际增速（%）	工资性收入（元）	经营净收入（元）	财产净收入（元）	转移净收入（元）
陕西贫困地区农村	8424	9.5	8.2	3466	2924	121	1913
陕西农村	9396	8.1	6.9	3916	3058	159	2263
全国贫困地区农村	8452	10.4	8.4	2880	3443	107	2021

陕西贫困地区农村收入水平基本达到全国贫困地区农村平均水平，绝对值占比达到 99.7%，但收入实际增速低于全国平均水平 0.2 个百分点。

从收入各项构成来看，陕西贫困地区农村工资性收入和财产净收入分别高于全国贫困地区农村平均水平 586 元和 14 元，经营净收入和转移净收入分别低于全国平均水平 519 元和 108 元。

（五）贫困地区农村居民生活条件不断改善。

随着扶贫政策的有效落实，贫困地区农村居民生活水平得到不断改善。消费结构开始升级，包括家用汽车、冰箱、洗衣机等在内的，享受型消费品拥有量增长速度加快。每百户洗衣机、移动电话、计算机的拥有量已经超过全国贫困地区农村的平均水平。

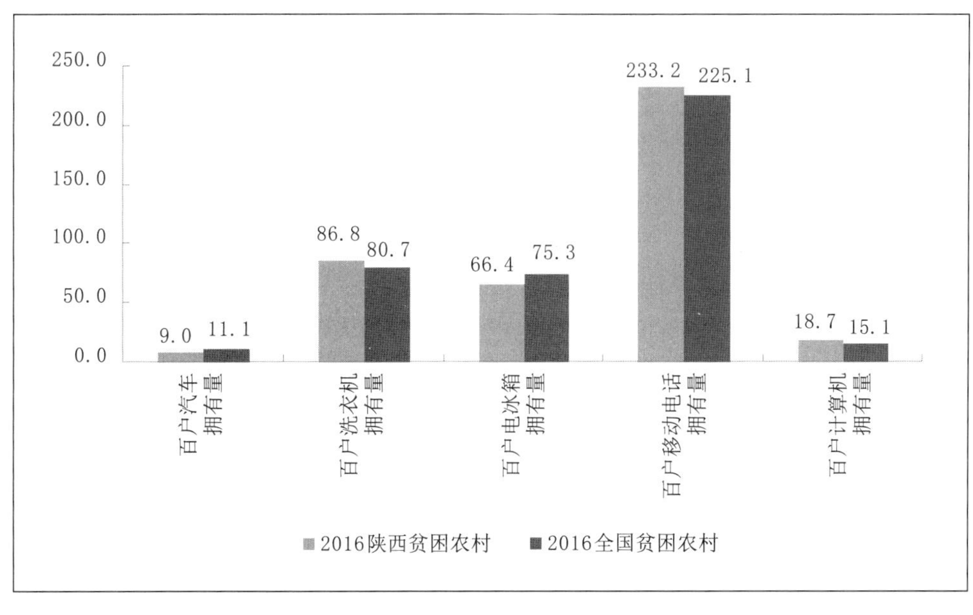

图 2　2016 陕西和全国贫困地区农村住户拥有耐用消费品改善情况

（六）贫困地区基础设施和基本公共服务极大改善。

近年，陕西不断加大资金投入，用于改善贫困地区基础设施，夯实脱贫基础。贫困地区农村通电、通路、通电话接近全覆盖。

表 3 陕西 2015-2016 年贫困地区农村基础设施状况

单位：%

基础设施状况	2016 年	2015 年
通宽带的自然村比重	74.2	68.4
主干道路面经过硬化处理的自然村比重	86.4	84.0
通客运班车的自然村比重	70.3	65.5
饮用水经过集中净化处理的自然村比重	62.9	52.3

四、贫困地区的特点和增收面临的问题及建议

陕西贫困县占全省县数一半以上，贫困比例高、贫困程度深，致贫原因复杂多样。要解决贫困地区落后的根本面貌，实现贫困地区居民全面脱贫的目标，是一项艰巨、繁重的任务，面临着一系列极具挑战性的矛盾和困难。

（一）贫困地区的特点和居民增收面临的问题。

第一，自然条件差。全省国土面积 20.58 万平方公里，陕北黄土高原沟壑纵横，陕南秦巴山地山大沟深，两部分占全省面积 81%，很多地方不适宜居住。全省 56 个国家贫困县，43 个县区集中在三大片区，其中，陕南秦巴山区 29 个县区，西部的吕梁山区和陕北的六盘山区各 7 个县区，片区县占国家级贫困县的 76.8%。复杂的自然条件使得全省平地少、山地多，山区贫瘠的土地耕种开发均难以实现，使得当地居民受自然环境限制处于长期贫困状态。

第二，居民收入水平偏低。2016 年全省实现生产总值 1.9 万亿元，比上年增长 7.6%，总量全国排名第 15 位。居民人均可支配收入 18874 元（全国 23821 元），仅为全国平均水平的 79.2%，位居全国第 21 位。其中，农村居民人均可支配收入 9396 元，为全国平均水平（12363 元）的 76%，位居第 26 位。贫困地区农村居民的收入仅为全省农村居民收入平均水平的 89.6%，为全省城镇居民收入（28440 元）的 29.6%。尽管贫困地区农村居民年收支状况持续改善，且农村居民收入增速连续 7 年快于城镇，但城乡差距过大，收支水平整体仍处于全国中等偏下的水平。

第三，农民自身的素质不高，就业渠道窄。由于贫困地区农村人口普遍存在文化程度低、知识水平低、缺乏专业技能等问题，大部分就业都在当地从事传统的农业生产和经营等活动。年轻劳动力选择外出务工收入较高，但仅能解决部分农村人口的就业和收入水平提升，还不能从根本上保证农民的充分就业和增收。

第四，市场信息滞后，农业生产水平低。由于贫困地区发展现代产业组织化程度不高、技术含量低、信息滞后，销售中间环节不畅，市场准入等问题，加之市场需求、农畜产品价格波动等因素，直接导致有农村居民生产投入成本无法回收而致贫。在市场化条件下，农村仍然采用传统耕种方式和经营方式，从事简单的生产劳动，贫困地区农村长期处于低水平发展。

第五，已脱贫人口不稳定，因灾、因病、因学极易造成返贫。贫困地区致贫因素复杂多样，巩固脱贫成果任务也非常艰巨。由于贫困家庭抗风险能力极弱，自然

灾害或突发情况易导致返贫；因难以承受高中和大学阶段教育的高支出，接受高等教育的学生家庭有举债而致贫或返贫；因收入相对较低，遇上大病无力负担，往往一人得病，全家致贫。

（二）贫困地区居民增收的建议。

针对自然环境原因导致的区域性贫困，建议在陕南、陕北、秦岭北麓及渭北旱塬等地移民搬迁的基础上加大扶贫搬迁的力度。因地制宜，加大资金、政策等方面的支持力度，提前规划布局，将易地搬迁与扶贫工作结合起来，“挪穷窝，拔穷根”，将扶贫产业规划与当地城镇化建设结合起来，使搬迁居民住有所居，同时有业安置，真正实现“搬得出、稳得住、能致富”的目标。

结合农村实际情况，发展现代农业，对生产布局、粮经结构进行合理的规划。转变产业扶贫方式，从过去片段化的生产环节支持，向产业链、产业生态系统支持转变。引进优良品种，推广农业生产技术知识和经营管理知识，提升农业生产力。畅通产销渠道，发展信息化建设，大力开展和推广电子商务，指导和引导并重，搭建与市场直接对接的桥梁，建设村级物流项目，促进当地流通产业发展升级。充分发挥农业银行、农业发展银行、农村信用合作社的信贷支农作用，加大农村信贷投入，促进农业生产经营方式的转型。

以农村现有城镇为依托，大力发展周边小集镇，兴办农产品加工企业，拓宽农村人口的就业渠道。以农村经济发展，城市建设为依托，使有意愿和能力的农民从土地的束缚下转移出来，离土不离乡，从事商品流通、餐饮业、零售业或其它第三产业，增加经营性收入。利用本地资源优势，通过吸引外地企业投资和鼓励本地人士返乡创业，联合当地居民兴办乡镇企业，形成“公司＋农户”或“公司＋基地＋农户”的模式，鼓励村民入股，以创业带动就业，以大户带动小户，增加农民经营性收入和工资性收入，同时解决就业问题。

以教育为本，发展扶持农村教育事业，提高农村人口素质，着力培养现代新型农民。加大对农村学校的投资支援力度，切实改善农村孩子的学习环境和办学条件，特别是对基础设施建设和教学手段现代化的投入。加大对农业合作组织带头人和农村职业技能的培训力度，使这些人尽快、尽早掌握专业知识，通过这些人带动和帮助贫困户脱贫增收。加大教育行业扶贫力度，建立健全教育贷款绿色通道。

针对农村因病致贫返贫的情况，通过采取医疗综合性扶持措施，提高农村医疗保险的覆盖比例，扩大参保人员比重，使农村居民均享受政策的保障。

（国家统计局陕西调查总队 韩国军 杨萌 畅通 袁渊）

甘肃农村减贫情况

党的十八大以来，以习近平同志为总书记的党中央把扶贫开发作为关乎党和国家政治方向、根本制度和发展道路的大事，对扶贫攻坚作出了新的战略部署。甘肃省委省政府高度重视扶贫开发工作，把脱贫攻坚作为“一号工程”来抓，深入贯彻落实习近平总书记系列重要讲话、视察甘肃时提出的“八个着力”重要指示精神。各地区各部门按照省委省政府的部署，深入推进“1+17”精准脱贫行动，切实落实“五个一批”工程，扎实推进精准扶贫，脱贫攻坚工作取得了一定成效，农村贫困人口大幅减少，贫困发生率持续下降，贫困地区农村居民人均收入快速增长，生活消费水平显著提高，生活条件和环境明显改善，为到2020年贫困地区迈入全面小康社会打下了坚实的基础。

一、甘肃贫困地区基本状况

（一）贫困人口规模。

按照现行国家农村贫困标准测算，2016年全省农村贫困人口为262万人，比上年减少63万人，下降19.4%，贫困发生率12.6%，比上年下降3.1个百分点。

2016年，甘肃贫困地区农村贫困人口为235万人，比上年下降61万人，下降幅度为20.7%。贫困发生率为14.5%，比上年下降3.8个百分点。

2011年全省农村贫困人口为722万人，全省农村贫困发生率为34.6%。与2011年相比，5年来全省农村贫困人口共减少460万人，年均减贫人口规模92万人，农村贫困发生率下降22个百分点，年均下降4.4个百分点。

图1　2011-2016年全省农村贫困状况

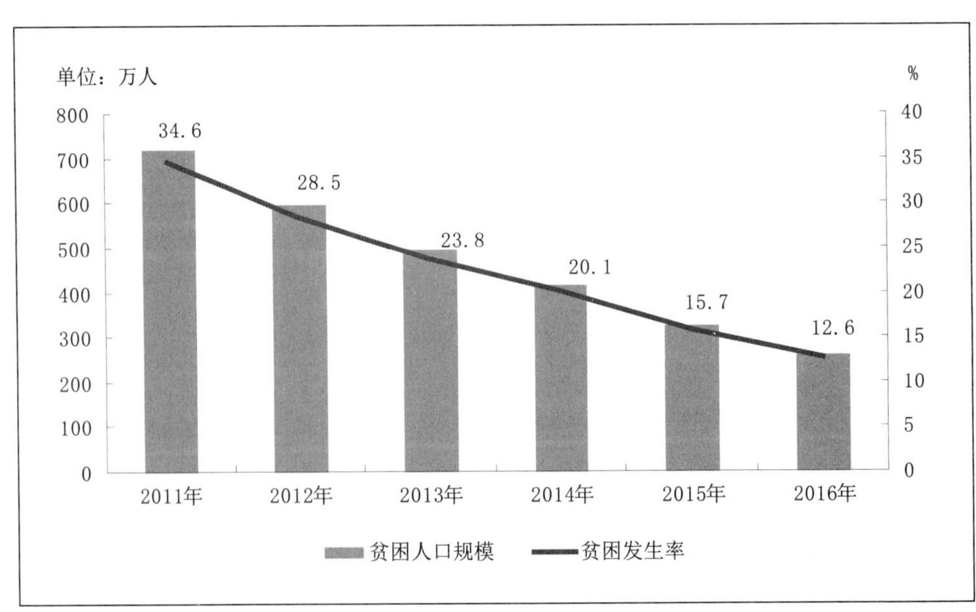

（二）贫困人口区域分布。

国家14个集中连片特困地区涉及甘肃省的有秦巴山区、六盘山区和四省藏区。2016年，在全国14个集中连片特困地区农村贫困发生率中，四省藏区、六盘山区和秦巴山区的贫困发生率分别为12.7%、12.4%和9.1%；其中，四省藏区和六盘山区的贫困发生率分别高于国家全部片区贫困发生率2.2个百分点和1.9个百分点，秦巴山区的贫困发生率低于国家全部片区贫困发生率1.4个百分点。

二、甘肃贫困地区农村居民收入及生活状况

（一）收入状况。

1. 农村居民收入增速。

2016年，甘肃省农村居民人均可支配收入为7457元，比上年增加521元，增长7.5%。其中，工资性收入为2125元，同比增长7.6%；经营净收入为3261元，同比增长7.8%；财产净收入为128元，同比增长0.3%；转移净收入为1942元，同比增长7.4%。

2016年，甘肃省贫困地区农村居民人均可支配收入为6323元，比上年增加540元，增长9.3%。贫困地区农民居民收入增速快于全省农村平均水平，与全省农村平均水平差距不断缩小。2016年甘肃省贫困地区农村居民人均可支配收入的增速高于全省农村居民人均可支配收入增速1.8个百分点，贫困地区农村居民人均可支配收入达到全省农村居民人均水平的84.8%，比上年提高1.4个百分点。

2. 收入结构。

从构成看，总体呈现“三高一低”的特点，2016年甘肃省贫困地区农村居民人均可支配收入中，工资性收入、经营净收入、财产净收入、转移净收入分别为1971元、2556元、85元和1710元，占可支配收入的比重分别为31.2%、40.4%、1.3%和27.1%。其中，工资性收入和转移净收入实现较快增长，增速分别为10.8%和12.6%，比全省农村平均工资性收入和转移净收入水平分别高3.2个百分点和5.2个百分点。与全省农村平均水平相比，贫困地区农村居民工资性收入占比高2.7个百分点，财产净收入占比低0.4个百分点，经营净收入占比低3.3个百分点，转移净收入占比高1.1个百分点。

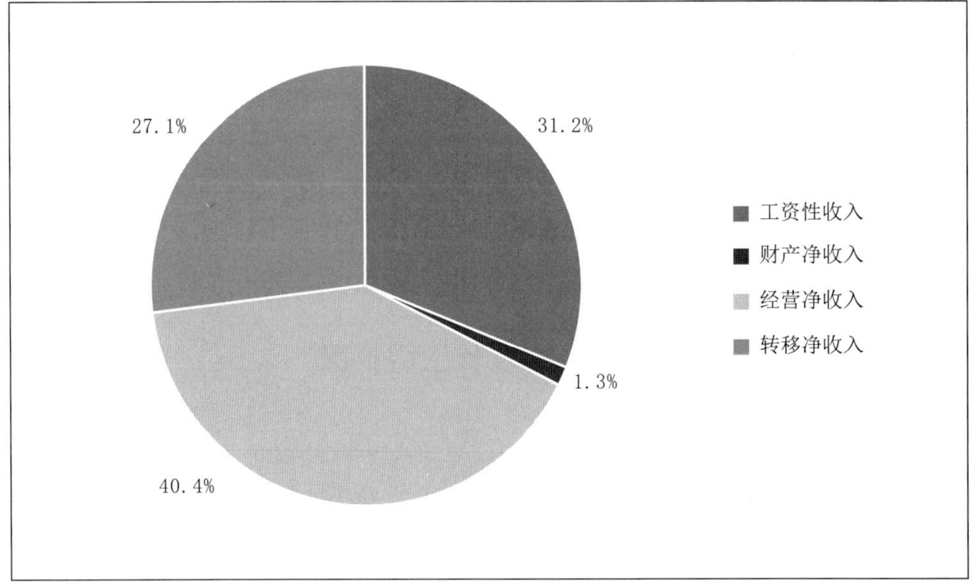

图 2　2016 年甘肃省贫困地区农村居民收入结构

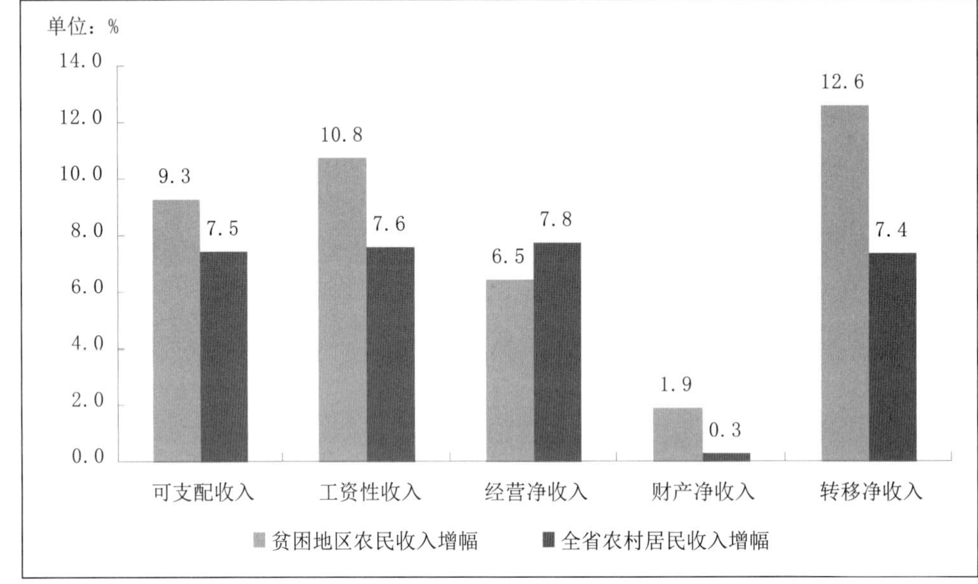

图 3　2016 年贫困地区与全省农村收入增幅对比

从分项收入来看，2016 年甘肃省贫困地区农村居民人均工资性收入为全省农村平均水平的 92.8%，人均经营净收入为全省农村平均水平的 78.4%，人均财产性净收入为全省农村平均水平的 66.4%，人均转移净收入为全省农村平均水平的 88.1%。

表 1　2016 年贫困地区与全省农村收入对比表

单位：元、%

指　标	贫困地区水平	全省农村水平	贫困地区相当于全国农村平均水平	贫困地区收入构成	全省农村收入构成
人均可支配收入	6323	7457	84.8	–	–
1. 工资性收入	1971	2125	92.8	31.2	28.5
2. 经营净收入	2556	3261	78.4	40.4	43.7
3. 财产性收入	85	128	66.4	1.3	1.7
4. 转移净收入	1710	1942	88.1	27.1	26.0

2016 年甘肃省贫困地区农村居民人均工资性收入为 1971 元，较上年增加 192 元，增长 10.8%，对可支配收入的贡献率为 35.6%。人均经营净收入为 2556 元，较上年增加 155 元，增长 6.5%，对可支配收入的贡献率为 28.7%。其中，第一产业经营净收入、第二产业经营净收入和第三产业经营净收入的占比分别为 77.5%、2.2% 和 20.2%。人均财产净收入为 85 元，较上年增加 2 元，增长 1.9%，对可支配收入的贡献率为 0.3%。人均转移净收入为 1710 元，较上年增加 192 元，增长 12.6%，对可支配收入的贡献率为 35.4%。在转移性收入中，养老金或离退休金、社会救济和补助、政策性生活补贴、报销医疗费、家庭外出从业人员寄回带回收入、赡养收入、其他经常转移收入、从政府和组织得到的实物产品及服务和现金政策性惠农补贴在转移净收入中的占比分别为 10.2%、13.8%、3.3%、9.8%、56.5%、2.6%、2.9%、1.6% 和 11.4%。

（二）消费状况。

2016 年甘肃省贫困地区农村居民生活消费支出为 5857 元，比上年增加了 405 元，增长 7.4%。贫困地区农村居民人均消费支出达到全省农村居民人均消费支出的 78.2%。

1. 消费结构。

2016 年甘肃省贫困地区农村居民消费支出中，人均食品烟酒支出 1943 元、衣着支出 386 元、居住支出 1127 元、生活用品及服务支出 385 元、交通通信支出 647 元、教育文化娱乐支出 651 元、医疗保健支出 631 元、其他商品和服务支出 87 元，占消费支出的比重分别为：33.2%、6.6%、19.2%、6.6%、11.1%、11.1%、10.8% 和 1.5%。其中，贫困地区农村居民食品占消费支出的比重较全省农村平均水平高 1.9 个百分点。

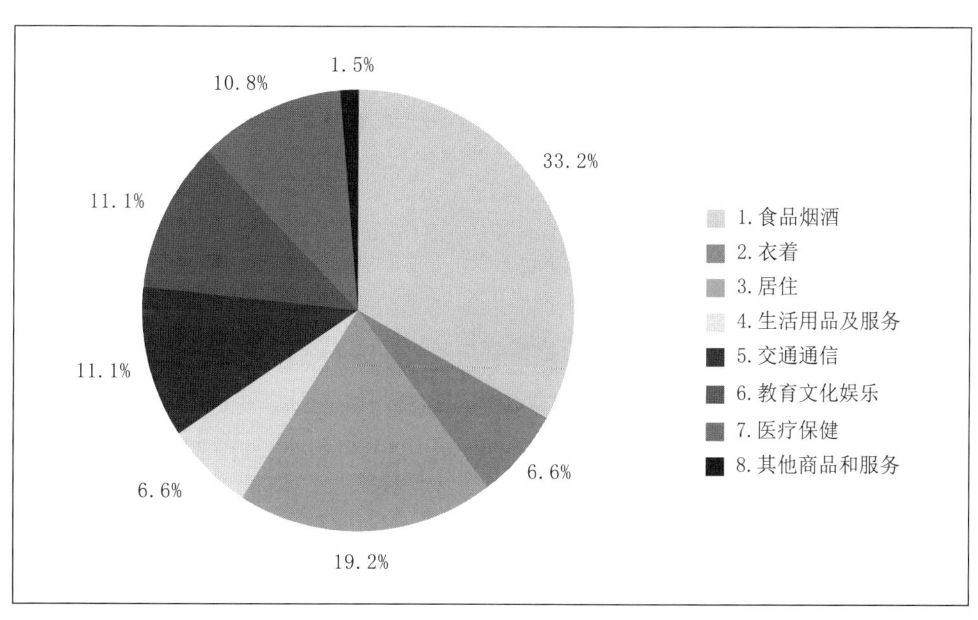

图 4　2016 年贫困地区与全省农村收入增幅对比

2. 贫困地区农村居民消费与全省农村对比。

2016 年甘肃省贫困地区食品烟酒支出、衣着支出、居住支出、生活用品及服务支出、交通通信支出、教育文化娱乐支出、医疗保健、其他用品和服务支出分别为全省农村平均水平的 82.9%、79.9%、84.1%、83.9%、67.8%、67.4%、76.9% 和 71.7%。

表 2　2016 年贫困地区与全省农村消费水平和结构对比表

单位：元、%

指　标	贫困地区人均消费支出	全省农村人均消费支出	贫困地区相当于全省农村平均水平	贫困地区消费构成	全省农村居民消费构成
人均消费支出	5857	7487	78.2	100	100
1. 食品烟酒	1943	2343	82.9	33.2	31.3
2. 衣着	385	483	79.9	6.6	6.4
3. 居住	1127	1341	84.1	19.2	17.9
4. 生活用品及服务	385	459	83.9	6.6	6.1
5. 交通通信	647	955	67.8	11.1	12.8
6. 教育文化娱乐	651	966	67.4	11.1	12.9
7. 医疗保健	631	821	76.9	10.8	11.0
8. 其他用品和服务	87	121	71.7	1.5	1.6

（三）农村居民住房及生活设施状况。

1. 贫困地区住房条件不断改善。

2016 年甘肃贫困地区农村居民住房建筑面积户均为 104 平方米，比上年增加 4 平方米。居住在单栋楼房的比重较上年提高 1.3%。2016 年居住在钢筋混凝土结构住房、砖混材料结构住房、砖瓦砖木结构住房、竹草土坯结构住房和其他结构住房的农户比重分别为 7.6%、24%、53%、9.5% 和 5.9%。其中，居住在钢筋混凝土结构住房的农户和砖混材料结构住房的农户比重较上年分别提高 0.8% 和 4.2%；居住砖瓦砖木结构住房、在竹草土坯结构住房和其他结构住房的农户比重分别下降 2.5%、1.8% 和 0.7%。2016 年，在甘肃省贫困地区农户中，住宅外道路为水泥或柏油路面和砂石或石板等硬质路面的合计比重为 68.6%，较上年住宅外道路为水泥或柏油路面和砂石或石板等硬质路面的合计比重提高 5.8 个百分点。

2. 饮用水困难有所缓解。

2016 年，甘肃省贫困地区 85.1% 的农户不存在饮用水困难。比 2015 年饮用水无困难的农户比重提高了 5.2 个百分点。饮水质量不断提高。2016 年甘肃省贫困地区 70.8% 的农户使用管道供水，58.1% 的农户使用经过净化处理自来水；比 2015 年使用管道供水和使用经过净化处理自来水的农户比重分别提高 5.1 个百分点和 5.6 个百分点。

3. 耐用消费品拥有量明显增加。

2016 年，甘肃省贫困地区百户汽车拥有量为 11 辆，比 2015 年增加 3 辆；百户洗衣机拥有量 90 台，比 2015 年增加 6 台；百户电冰箱拥有量 61 台，比 2015 年增加13台；百户移动电话拥有量242部，比2015年增加20部；百户计算机拥有量12台，比2015年增加2台。

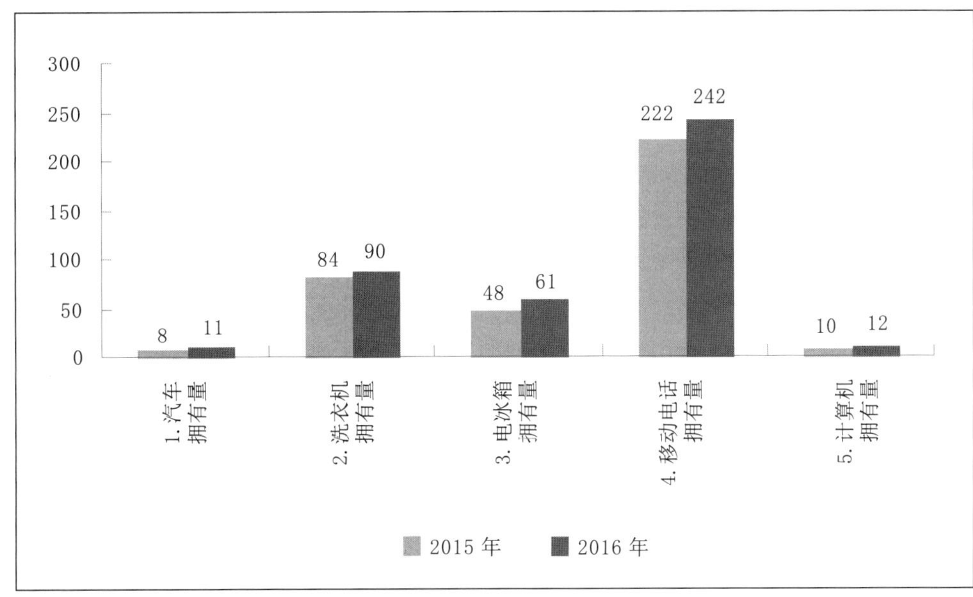

图5　2015-2016年贫困地区每百户农户耐用消费品拥有量

三、甘肃贫困地区公共基础设施和公共服务状况

（一）贫困地区基础设施持续改善，网络覆盖大幅提高。

2016年，甘肃省所在自然村通公路、通电话、通有线信息信号的农户比重接近全覆盖。所在的自然村进村主干道路硬化的比重为96.3%，比上年提高3.0%；所在自然村能便利乘坐公共汽车的农户比重为75%，较上年提高2.9%；所在自然村通宽带的农户比重为81%，比上年提高16.6%。

（二）持续加大公共服务建设，为贫困地区农村居民生活提供更多便利。

2016年，甘肃所在自然村垃圾能集中处理的农户比重53.6%，比上年提高12%；所在自然村有卫生站的农户比重为92.7%，比上年提高2.8%；所在自然村上幼儿园便利的农户比重为76.4%，比上年提高7%；所在自然村上小学便利的农户比重为86.5%，比上年提高4.5%。

四、影响甘肃精准扶贫的因素分析

（一）生态环境脆弱是制约连片特困地区经济发展的瓶颈。

六盘山片区甘肃区域主要分布在陇中黄土高原区，突出特征是严重干旱缺水，植被稀少，水土流失严重，是黄河流域乃至全国水土流失最严重、干旱程度最深的地区之一。秦巴山片区甘肃区域、四省藏区甘肃区域境内地质结构复杂山大沟深坡陡，土地贫瘠，气候寒冷阴湿，地震、滑坡、泥石流、山体崩塌等地质灾害频繁，地形条件恶劣，交通极为不便。自然条件严酷是导致贫困的客观原因，贫困地区大多数分布在高原、山地和丘陵地带，这些片带集中了全省 70% 以上的贫困人口，是甘肃扶贫攻坚的重点和难点。还有一些贫困地区气候条件恶劣，频受自然灾害的侵害，极易返贫。

（二）社会事业发展滞后。

一是乡村小学缺乏教师，现有教师教学水平偏低，严重影响着农村基础教学水平的全面提升。加之贫困、缺乏劳动力等因素，贫困户孩子辍学和中止升学现象还时有发生，成为新一代贫困人口。二是农村医疗保障体系还不够健全和完善，村组医务室人员素质较低，技术水平不高，村卫生室条件简陋，医疗设备短缺，致使许多农民因病不能得到及时有效的治疗而无法保障身体健康，就医看病还存在困难，从而导致部分农民因病致贫、因病返贫。

（三）农产品附加值低，难以走出增产不增收的怪圈。

没有强劲的农产品加工龙头企业，绝大部分农副产品以“原”字号形式出售，后续利润流失严重，转化增值链条短，农牧民收入单一，长期在“低收入一低投入一低生产率一低商品率一低产品率一低投入”的循环圈中，持续稳定增加收入难度大。

（四）贫困人口文化素质偏低，自身“造血”不足。

贫困人口因贫困而失学，又因失学而成为新一代贫困人口，劳动力文化素质低，既是贫困的结果，又是造成贫困的原因。2016 年外出劳动力中，未上过学的占 12.9%，小学文化程度的占 39.8%，大部分劳动力文化素质低，缺技术、缺管理能力，外出打工大多从事纯体力劳动，主要在建筑业，工资性收入始终在低水平徘徊，增长空间有限。部分农民观念陈旧，思想落后，与社会发展不相适应。科技知识和商品意识淡薄，农牧业新品种、新材料、新科技得不到有效推广，农民掌握运用科技知识的意识不强。加之能人外出流失，村里缺乏致富能手和发展示范带头人，导致了农业投入产出比较低，经济效益低下。还有少部分贫困户存在“等”、“靠”、“要”的惰性思想，缺乏脱贫致富的主体意识、参与意识和主动意识，完全依赖政府脱贫。

五、几点建议

推进精准扶贫，实现精准脱贫，加大帮扶力度，是缓解贫困、实现共同富裕的内在要求，也是全省实现全面小康和现代化建设的一场攻坚战。为了促进甘肃省的精准脱贫工作，提出以下几点建议。

（一）加强生态环境保护，建设绿色生态文明。

依据生态功能区规划，贫困片区应该建立生态保护区建设的长效机制，加大财政专项补助力度，强化生态建设和环境治理。推进黄土高原地区和陇南山地水土流失综合治理，全面启动甘南黄河重要水源补给区生态保护和建设规划。把农村旅游、林地经济、水利水电开发、绿色天然食品相结合，坚持走“生态产业化，产业生态化”的发展道路。

（二）加强基础设施建设，因人因户精准施策。

一是依托农村公用基础设施硬件建设及扶贫搬迁政策等政策，加大贫困地区基础设施建设力度。二是因地制宜选准扶贫项目，要分析贫困地区的比较优势，采取不同的帮扶措施、制定相应脱贫计划、实施相应的扶贫项目。在扶贫项目选择上，要坚持市场导向及利用贫困地区丰富自然资源，因地制宜，找准优势产业。三是对不同的贫困户，在帮扶措施上要因户施策、因人施策、因势利导，对贫困户“精确滴灌”。

（三）增强脱贫内生动力，发挥产业扶贫关键作用。

从实际出发，根据自身条件选择增收模式。在发展高效特色农业方面，贫困片区应大力发展粮食、水果、蔬菜、茶叶、中药材、生猪、家禽、肉牛、肉羊、肉兔等重点产业，促进产业标准化建设。在有条件的片区发展乡村旅游、农家乐旅游、休闲度假旅游、生态旅游、红色旅游等专题旅游项目，以及发展民族传统手工艺品、民族传统美食、农副土特产品开发项目。通过推广完善“公司＋基地＋农户”等扶贫产业模式，把有特色、有优势、有市场的产业开发项目发展起来，积极培育新的经济增长点。建立农业龙头企业和专业合作社带动、产业基地和产业项目示范、入股分红和股份合作经营等产业扶贫发展机制；建立扶贫资金统筹和监管、扶贫项目建设和效益评价、到户精准扶贫等扶贫管理机制。

（四）完善扶贫保障机制。

一是要完善农村贫困人口的最低生活保障制度，对贫困人口中无劳动能力的，通过扶贫开发很难脱贫，只有纳入社会救助范围，才能实现稳定脱贫。二是要提高和扩大农村合作医疗保障制度和保障范围，增加农村公共卫生支出，建立农村医疗救助制度，防止农户因病返贫和因贫失医。将农村五保户、特困户、残疾人贫困户纳入农村医疗救助范围，给予医疗救助。三是建立义务教育阶段贫困学生辍学救助机制，切实解决贫困适龄儿童的辍学问题，保障贫困户子女受教育权利，杜绝贫困代际传递。

（国家统计局甘肃调查总队 黄武明 赵志明 孙静舒）

青海农村减贫情况

党的“十八大”以来，青海省委省政府坚定不移贯彻落实党中央、国务院关于扶贫开发的一系列决策部署，坚持精准扶贫与区域攻坚相结合，积极探索符合青海实际的扶贫开发新路径。2016 年，青海各级党委政府以习近平总书记精准扶贫战略思想和“四个扎扎实实”的重大要求为指引，坚持实施精准扶贫精准脱贫基本方略，脱贫攻坚工作有力有序推进，农村牧区扶贫开发取得明显成效。据居民收支与生活状况抽样调查和农村贫困监测调查，2016 年青海农村贫困人口减少，农村居民收入较快增长，生活水平稳步提高，农村社会事业持续发展。

一、青海农村减贫状况

（一）2016 年青海农村贫困人口减少 10 万。

按现行国家农村贫困标准（2010 年不变价，每人每年 2300 元）测算，2016 年青海农村贫困人口为 31 万人，比上年减少 10 万人，减少 25%；贫困发生率为 8.1%，同比下降 2.8 个百分点；贫困发生率比全国农村高 3.6 个百分点。

十八大以来，青海农村贫困人口由 2012 年的 82 万人减少至 2016 年的 31 万人，四年累计减少 51 万人， 下降幅度为 62.2%，平均每年减少 12.75 万人；贫困发生率由 2012 年的 21.6% 下降为 2016 年的 8.1%，下降 13.5 个百分点，平均每年下降近 3.4 个百分点。

表 1　青海农村贫困人口变化情况

年　份	全省农村		国家扶贫重点县	
	贫困人口（万人）	贫困发生率（%）	贫困人口（万人）	贫困发生率（%）
2012	82	21.6	53	24.5
2013	63	16.4	46	21.3
2014	52	13.4	36	16.8
2015	42	10.9	27	15.6
2016	31	8.1	18	10.3

（二）2016 年青海扶贫重点县农村贫困人口减少 9 万人。

青海东部干旱山区和南部高寒牧区生态脆弱，基础设施建设滞后，社会发育程度低，产业结构单一，增收难度大，贫困人口多、贫困程度深，区域性贫困问题突出。青海将分布在这些地区的 15 个国家扶贫工作重点县作为扶贫开发的重点区域和主战场，加大脱贫攻坚力度，破除贫困地区发展瓶颈，区域性贫困问题得到有效缓解。

按现行国家农村贫困标准（2010 年不变价，每人每年 2300 元）测算，2016 年青海 15 个国家扶贫重点县农村贫困人口为 18 万人，比上年减少 9 万人，下降 33.3%；贫困发生率 10.3%，同比下降 5.3 个百分点。

十八大以来，青海 15 个国家扶贫重点县农村贫困人口由 2012 年 53 万人减少到 2016 年的 18 万人，累计减少 35 万人，降幅为 66%，平均每年减少 8.75 万人；15 个国家扶贫重点县农村贫困发生率由 2012 年的 24.5% 下降为 2016 年的 10.3%，四年累计下降 14.2 个百分点，年均下降 3.6 个百分点。

（三）扶贫重点县农村贫困人口减少快于全省平均水平。

2016 年青海 15 个国家扶贫重点县农村贫困人口 18 万人，占全省农村贫困人口的 58.1%，比 2012 年下降了 6.5 个百分点。四年来，15 个国家扶贫重点县的减贫人口占全省农村减贫人口的比重达 68.6%；15 个国家扶贫重点县的农村贫困发生率年均下降 3.5 个百分点，比全省农村平均水平快 0.2 个百分点。

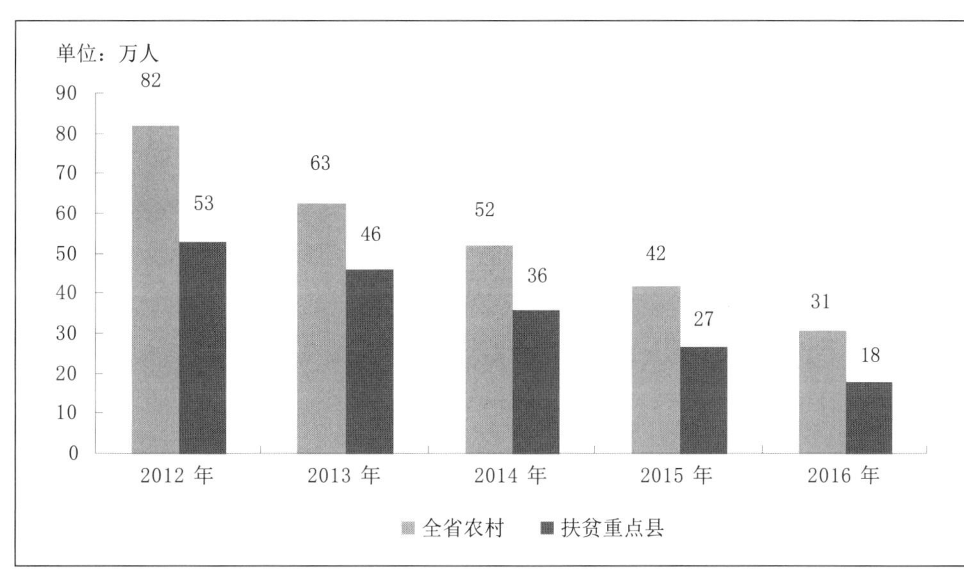

图 1 2012-2016 年青海全省和扶贫重点县农村减贫情况

二、农村居民收入较快增长

2016 年，青海农村牧区加快农牧业生产结构调整，大力发展和培育高原特色农牧产业；积极开展农村剩余劳动力转移就业和职业技能培训，多渠道、多层次推进农民工劳务输出和就业创业；城乡统筹发展不断深入，加大城乡社会保障政策的全面覆盖，全面实施精准扶贫方略，使全省和国家扶贫重点县农牧民收入保持平稳较快增长。

（一）全省农村居民收入增长 9.2%。

2016 年青海农村居民人均可支配收入 8664 元，增加 731 元，增长 9.2%，增速比全国农村平均水平高 1 个百分点。

表 2　2016 年青海全省农村居民收入及构成

指　标	绝对值（元）	增幅（%）	构成占比（%）
人均可支配收入	8664	9.2	100.0
1. 工资性收入	2664	10.3	28.4
2. 经营净收入	3197	4.5	36.9
3. 财产净收入	325	-0.2	3.8
4. 转移净收入	2678	15.7	30.9

1. 工资性收入较快增长，拉动收入增长明显。农村居民人均工资性收入 2464 元，增长 10.3%，占人均可支配收入的比重为 28.4%；收入增长的贡献率为 31.4%，拉动收入增长 2.9 个百分点。主要是农村务工形势趋于好转，农民工人数继续增加，其中本地非农务工人数同比增长 9.9%。

2. 经营净收入平稳增长，是收入的重要来源。农村居民人均经营净收入 3197 元，增长 4.5%，占人均可支配收入的比重为 36.9%；收入增长的贡献率为 18.2%，拉动收入增长 1.7 个百分点。分产业看，一是 2016 年粮食增产、虫草、生猪、牛羊等主要农畜产品市场收购价格回升因素影响，种植业、林业和牧业收入呈现恢复性增长。二是加大对农村牧区小微企业减负政策的落实和乡村旅游蓬勃发展等因素带动农村居民第三产业净收入较快增长。三是农村加工业产品价格下跌、农村建筑业项目减少和开工不足的影响第二产业经营收入下降。

3. 转移净收入快速增长，是拉动收入增长的主要原因。农村居民人均转移净收入 2678 元，增长 15.7%，占人均可支配收入的比重为 30.9%。收入增长的贡献率为 49.7%，拉动收入增长 4.6 个百分点。主要是全省农村居民养老金、高龄补贴标准提高；精准扶贫力度加大，农村低保及医疗筹资标准提高；新一轮草原奖补政策实施，补贴标准提高，使农村居民各项政策性生产生活补贴收入持续增加，转移性收入保持快速增长。

（二）扶贫重点县农牧民收入增长 10.4%。

2016 年，青海 15 个国家扶贫开发重点县农牧民人均可支配收入 7676 元，比上年增加 723 元，增长 10.4%，比全省农村平均水平高 1.2 个百分点。其中，工资性收入 2338 元，同比增长 9.2%；家庭经营净收入 2361 元，同比增长 2.2%；财产性净收入 324 元，同比增长 67.2%；转移性净收入 2652 元，同比增长 14.9%。

表3 2016年扶贫重点县农村居民收入及构成

指 标	绝对值（元）	增幅（%）	构成占比（%）
人均可支配收入	7676	10.4	100.0
1. 工资性收入	2338	9.2	30.5
2. 经营净收入	2361	2.2	30.8
3. 财产净收入	324	67.2	4.2
4. 转移净收入	2652	14.9	34.5

三、农村居民生活消费水平稳步提高

随着农牧民收入的增加，城乡统筹、新农村建设等一系列政策的有效落实，青海农村居民生活水平不断改善。2016年青海农村居民人均生活消费支出9222元，比上年增长7.7%，比全国农村居民人均生活消费支出增幅低2.1个百分点。

表4 2016年青海全省和扶贫重点县农民人均生活消费支出情况

指 标	全省农村			国家扶贫重点县		
	绝对数（元）	增幅（%）	构成（%）	绝对数（元）	增幅（%）	构成（%）
人均生活消费支出	9222	7.7	100	8308	13.2	100
1. 食品	2715	5.9	29.4	2572	21.3	31.0
2. 衣着	636	1.4	6.9	534	17.6	6.4
3. 居住	1487	1.7	16.1	1448	14.8	17.4
4. 生活用品及服务	464	4.4	5.0	423	28.6	5.1
5. 交通通信	1577	23.4	17.1	1315	9.1	15.8
6. 教育文化娱乐	851	5.6	9.2	817	13.8	9.8
7. 医疗保健	1279	7.4	13.9	1095	-2.3	13.2
8. 其他	213	10.0	2.3	104	-20.0	1.3

数据表明，青海农村居民家庭的吃、穿、住、用消费占全部生活消费支出的比重仍然很大，但随着交通通讯、医疗保健、教育文化娱乐等支出持续增长，农村居民的生活已经从保障基本生活为主生存型消费向多元化发展享受型消费过渡。国家扶贫重点县农村居民生活消费支出呈现快速增长，消费结构接近于全省农村居民水平。

一是交通通信消费快速增长。近年来，青海农村居民购买家用汽车需求旺盛、移动手机等通讯网络消费持续增加，农村居民生活更加舒适便捷，拉动交通通讯消费快速增长。2016年青海农村居民人均交通通讯支出1577元，增长23.4%。人均交通支出中，购买汽车支出653元，增长71.1%；购买交通工具用燃料支出248元，增长9.9%。人均通讯支出中，购买移动电话机支出186元，增长33.5%；移动话费支出 193 元，增长 13.1%；人均上网费支出 21 元，增长 93.8%。

二是医疗保健消费较快增长。随着农民健康意识的不断增强，医疗保健支出保持较快增长。2016 年农村居民人均医疗保健支出 1279 元，增长 7.4%。其中医疗服务支出 1096 元，增长 15%。

三是教育文化娱乐消费继续增长。由于农村家庭对教育的投入加大，文化娱乐活动的丰富，教育文化娱乐消费持续增加。2016 年农村居民人均教育文化娱乐支出 851 元，比上年增长 5.6%。其中，人均中小学教育支出 290 元，增长 16.1%；人均文化娱乐服务支出 66 元，增长 61.8%。

四是国家扶贫重点县农村居民消费支出快速增长。2016 年 15 个国家扶贫重点县农村居民人均生活消费支出 8308 元，同比增长 13.2%，比全省农村平均水平快 5.5 个百分点，吃、穿、住、用和教育文化娱乐支出，分别增长 21.3%、17.6%、14.8%、28.6% 和 13.8%。

四、贫困地区农村居民财产与生活设施状况改善

（一）主要耐用消费品拥有量稳步提高。

2016 年，青海贫困地区农牧民家庭主要耐用消费品拥有量比上年有所提高。每百户拥有汽车 28 辆，增加 8 辆；每百户拥有洗衣机 92 台，增加 1 台；每百户拥有电冰箱 91 台，增加 4 台；每百户拥有移动电话 270 部，增加 20 部；每百户拥有计算机 13 台，增加 1 台。

（二）居住条件进一步改善。

近年来，通过大力实施易地扶贫搬迁和农村危旧房改造，青海农牧区美丽乡村建设不断推进，贫困地区农牧民居住条件逐步改善。

据调查，2016 年贫困地区农牧民家庭使用照明电的比重的达 98%、使用管道供水的农户比重 84%、使用经过净化处理自来水的农户比重 54%、饮水无困难的农户比重 89%，独立使用厕所的农户比重 91%；而居住在竹草土坯房的农户比重下降为 3.4%，炊用柴草的农户比重下降为 24.8%。

五、贫困地区农村社会事业持续发展

（一）基础设施建设成效明显。

2016 年，青海各州（市）、县继续加大交通、通信广播电视和乡村公共基础设施建设，进一步改善贫困地区农牧民出行难、通信难、看病难、上学难等落后状况，极大方便了他们的日常生活。

2016 年底，调查户所在自然村通公路的农户比重为 97.3%，通电话的农户比重为 97.1%，能接收有线电视信号的农户比重为 80.2%，通宽带的农户比重为 57.6%。

所在自然村进村主干道路硬化的农户比重为 96%，能便利乘坐公共汽车的农户

比重为 71.6%。

所在自然村有卫生站的农户比重为 94.7%，上幼儿园便利的农户比重为 85.6%，上小学便利的农户比重为 88.2%，分别比上年提高 1.6 个百分点、6.1 个百分点、3.6 个百分点。

（二）文化教育卫生事业全面发展。

2016 年底，调查村中，有 80.2% 的行政村有文化活动室，比上年提高 6.7 个百分点；95.5% 的行政村有卫生室，提高 2.5 个百分点；90.9% 的行政村有合法行医证医生，提高 3.4 个百分点；54.9% 的行政村有幼儿园或学前班，提高 6.6 个百分点。2016 年调查的农户中，有病不能及时就医的人口比重为 5.7%，比上年下降 3.9 个百分点。

（国家统计局青海调查总队 王亚宁）

宁夏农村减贫情况

宁夏中南部地区，是宁夏的重点贫困地区，也是国家六盘山集中连片特困地区。从“三西”扶贫到“八七”攻坚，从“双百”计划到移民吊庄，从“大水漫灌”到“精准滴灌”，自治区历届党委、政府高度重视扶贫开发工作，把解决贫困问题作为宁夏经济社会发展的战略重点，走出了一条符合宁夏实际的扶贫开发之路，使全面建成小康社会的目标渐行渐近。宁夏贫困地区农民收入从最早的单纯依靠农业收入、靠天吃饭，到后来的工资性收入成为“铁杆庄稼”、解决温饱，再到今天财产性收入、转移性收入成增收新亮点，农民收入结构的优化、消费水平的提高正在解读着精准扶贫的意义。

一、贫困人口变化

2016 年宁夏全区农村贫困人口 30 万人，贫困发生率为 7.1%，贫困人口规模比上年减少 7 万人，贫困发生率降低 1.8 个百分点，其中贫困地区贫困人口 18 万人，占全区贫困人口的比重为 60%，贫困地区贫困发生率为 8.7%。十八大以来，宁夏农村贫困人口由 2012 年的 60 万下降至 2016 年的 30 万，四年累计下降 30 万，平均每年贫困人口减少 7.5 万人，特别是贫困地区的贫困人口四年累计减少 18 万人，减贫规模占全区农民减贫总规模的 60.0%。

图 1　2012—2016 年宁夏贫困人口变动图

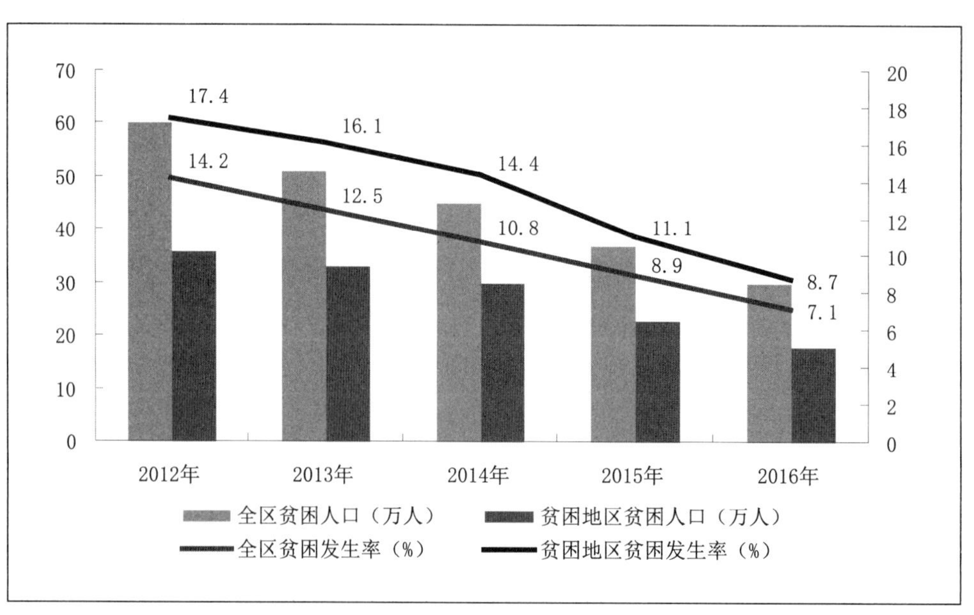

二、贫困地区农民可支配收入情况

（一）贫困地区农民收入增速快于全区平均水平。

2016 年，宁夏农村居民人均可支配收入达 9852 元，比上年增加 733 元，增长 8.0%。从绝对额看，与全国差距进一步扩大，达到全国农村平均水平的 79.7%，绝对差距由 2303 元扩大为 2511 元，而 2016 年宁夏贫困地区农民人均可支配收入 7937 元，比上年增加 682 元，增长 9.4%，与全国农民人均可支配收入 8.2%和全区农民收入 8.0%的增幅相比，分别高 1.2 和 1.4 个百分点，增幅连续多年高于全国和全区水平。

（二）与非贫困地区、全区农民收入比持续缩小。

2016 年宁夏贫困地区农民收入与宁夏全区及非贫困地区农民收入差距进一步缩小，与全区和非贫困地区的收入比分别为 1.24 和 1.47，为近年来历史最低。随着精准扶贫工作的深入推进，宁夏贫困地区农民收入来源更加多元，农民创业、互联网增收已不是新鲜事，新生代农民成为农村创收的主力军，今后贫困地区农民收入增长有望更快。

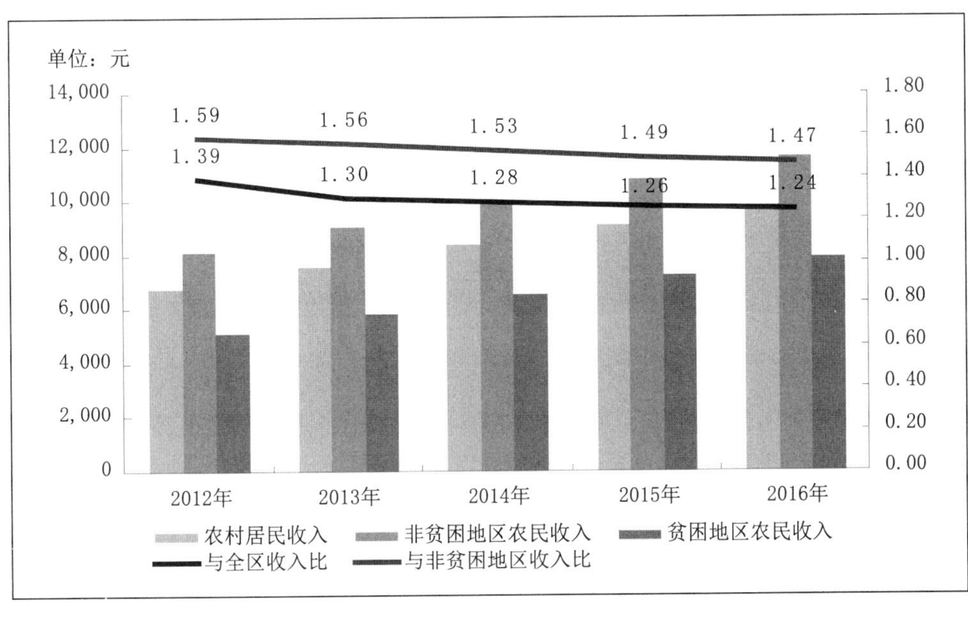

图 2　2012—2016 年宁夏贫困地区农民收入情况

（三）产业扶贫效果凸显，收入结构不断优化。

随着精准扶贫工作在宁夏贫困地区的深入推进，产业扶贫的各项优惠政策逐步落实，特别是以环六盘山养牛核心区为重点的肉牛养殖效益凸显，为贫困地区农民增收注入新活力，彻底改变了贫困地区农民守着薄田、靠天吃饭的模式，贫困地区农民工资性收入在 2015 年首次超过农牧业收入之和，在农业收入持续减少的情况下，二、三产业收入稳中略增，牧业收入成为家庭经营收入增长的主动力，2016 年宁夏贫困地区农民人均牧业净收入 1015 元，比上年增加 170 元，增长 20.1%，对收入增长贡献率达到 24.9%。与此同时受精准扶贫各项政策的拉动，从 2015 年开始，宁夏贫困地区农民转移性净收入进入了新一轮的高速增长期，占可支配收入的比重也在逐年加大，2016 年，宁夏贫困地区农民人均转移净收入 2046 元，比上年增加 402 元，增长 24.5%。

表 1　2016 年宁夏贫困地区农民收入结构对比表

单位：元

指　标	宁夏全区农民			宁夏贫困地区农民		
	绝对值	增幅 %	比重 %	绝对值	增幅 %	比重 %
人均可支配收入	9852	8.0	—	7937	9.4	—
1. 工资性收入	3906	8.1	39.6	2938	5.8	37.0
2. 经营净收入	3937	2.6	40.0	2862	2.9	36.1
3. 财产净收入	292	53.6	3.0	90	65.0	1.1
4. 转移净收入	1716	16.2	17.4	2046	24.5	25.8

三、贫困地区农民消费变化

（一）生活消费支出结构优化。

2016 年宁夏贫困地区农民人均生活消费支出 7728 元，比上年增加 668 元，增长 9.5%，从消费结构来看，八大类支出均有不同程度上涨，其中涨幅最大的为医疗保健支出，人均 1008 元，增长 34.5%，其次为生活用品及服务支出，人均 481 元，增长 13.6%，人均交通通信支出 994 元，增长 12.4%，人均教育文化娱乐支出 982 元，增长 9.6%，人均居住支出 1341 元，增长 6.7%，人均食品烟酒支出 2217 元，增长 1.3%，人均衣着支出 535 元，增长 1.1%。随着贫困地区农民收入水平的提高，吃穿已不再是主要改善目标，体面舒服的居住环境，与时俱进的家庭设备成为农民的主要消费渠道，另外，农民也有更多的资金能够投入到休闲娱乐和医疗保健上来。

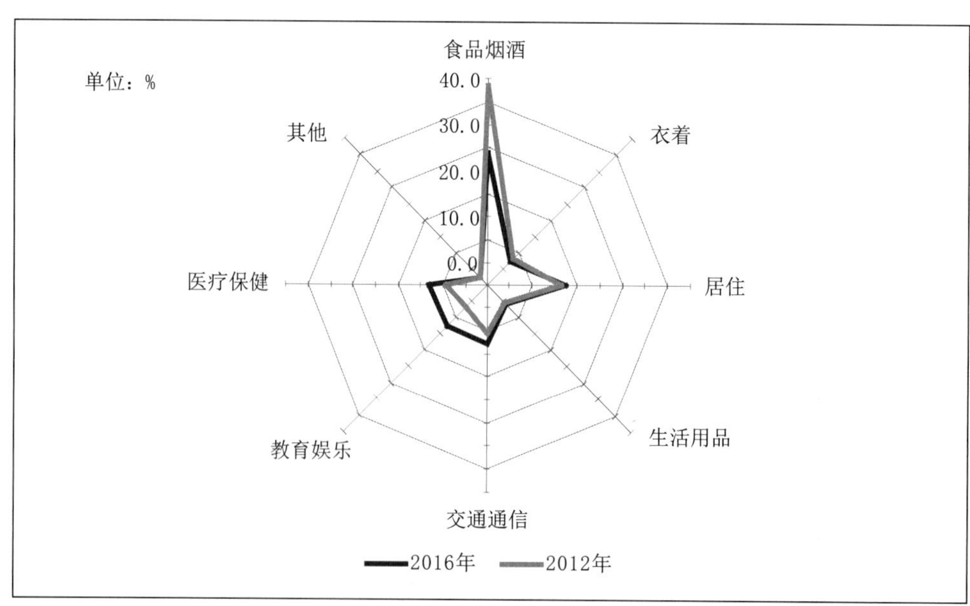

图 3　2016 年、2012 年宁夏贫困地区农民消费结构变动图

（二）耐用消费品拥有量逐年增加。

随着贫困地区农民生活消费水平不断提高，生活质量不断改善，耐用消费品特别是家用汽车、冰箱、洗衣机等改善生活品质的耐用消费品正在逐年稳步增加。2016 年宁夏贫困地区农民每百户拥有家用汽车 19 辆，拥有摩托车 88 辆、助力车 32 辆，每百户拥有洗衣机 94 台，拥有电冰箱 85 台，每百户拥有接入互联网的移动电话 125 部，另外健身器材、中高档乐器也开始走入贫困地区农民的生活，而 2012 年贫困地区农民每百户拥有洗衣机 78 台、电冰箱 47 台、接入互联网的移动电话 32 部，家用汽车、助力车更是当时农村的稀有物。

四、贫困地区农民生活条件不断改善

（一）基础设施。

随着整村推进的深入实施，投入到贫困村的项目多、资金量大，贫困村在基础设施、人居环境、社会事业及民生保障等各方面得到了显著改善，贫困地区的自然村通公路、通电话，有 92.3% 的自然村能接收到有线电视信号，有 85.4% 的农户所在自然村能便利乘坐公共汽车，有 93.7% 的自然村有卫生站。

（二）居住。

近年来，在贫困地区高补贴、大面积落实的危房危窑改造工程让贫困地区农民的居民环境得以明显改善。

2016 年，宁夏贫困地区农民住房建筑面积人均 29.3 平米，有 20.9% 的农户住房结构为砖混或钢筋混凝土，仅有 8.5% 的农户家庭住房结构为竹草土坯。而 2012 年，贫困地区农民住房建筑面积人均 20.8 平米，仅有 2.0% 的农户住房结构为砖混或钢筋混凝土，还有 17.4% 的农户住在竹草土坯房中。

（三）饮水。

随着贫困地区基础设施建设，特别是精准脱贫把通自来水作为贫困村脱贫销号的硬性指标，以饮水困难著称的宁夏贫困地区农民饮水问题也得到根本性解决。

2016 年，贫困地区有 71.6% 的农户使用管道供水，其中 67.0% 的农户饮用水源为经过净化处理的自来水，有 90.8% 的农户饮水不存在困难，2012 年贫困地区仅有 39.7% 的农民饮用水源为自来水。

（四）炊用能源。

随着生活环境的不断改善，贫困地区农民也有条件选择更加方便简洁的炊用能源，2016 年，仅 12.6% 的农户使用柴草做饭，28.9% 的农户使用煤炭做饭，55.7% 的农户使用电做饭，而在 2012 年，还有 27.1% 的农户使用柴草做饭。

在持续实施的整村推进、劳动力转移培训、科技扶贫、产业化扶贫、连片开发等精准扶贫措施的推动下，一批又一批的贫困村摒弃等靠要思想，逐渐摘下“贫困帽”，走上致富奔小康的发展之路。但是作为贫困地区占全区总面积65%的宁夏，随着扶贫攻坚迈进“深水区”，剩下的都是难啃的“硬骨头”，接下来的精准扶贫之路依然任重道远。我们还面临着重点区域和特殊群体脱贫任务艰巨、精准帮扶和精准施策还不到位、贫困村学前教育滞后、村集体经济薄弱等诸多问题，接下来我们还需紧盯重点任务做到措施更精确、成效更明显；紧盯难点问题，建立稳定脱贫长效机制；紧盯补齐短板，切实解决脱贫攻坚“瓶颈”。

（国家统计局宁夏调查总队 苏春燕）

新疆农村减贫情况

新疆是全国贫困发生率较高的省区之一，贫困程度较深，特别是南疆四地州贫困人口高度集中，减贫成本更高、脱贫难度更大。为确保到2020年实现贫困人口全部脱贫、南疆区域性整体脱贫的目标，自治区党委、人民政府制定了坚决打赢新疆脱贫攻坚战、打赢南疆脱贫攻坚战的相关实施意见以及自治区脱贫攻坚责任制实施细则、工作要点、贫困退出验收核查情况报告等文件，抓住精准识别对象这个关键，加大扶贫资金投入力度，做好产业扶贫、易地扶贫搬迁、教育扶贫等工作。2016年，新疆农村贫困人口大幅减少，贫困发生率大幅度降低，贫困地区农民收入稳步提高，与全区收入水平的差距逐步缩小，生活质量和生活环境得到提高和改善。

一、新疆农村贫困和减贫状况

按现行国家农村贫困标准测算，2016年新疆农村贫困人口为147万人，比上年减少34万人，下降幅度为18.6%，农村贫困发生率为12.8%，比上年下降3.0个百分点。其中，贫困地区农村贫困人口为80万人，比上年减少21万人，下降幅度为20.9%，贫困发生率为12.8%；南疆三地州农村贫困人口为73万人，比上年减少17万人，下降幅度为19.1%，贫困发生率为12.7%。

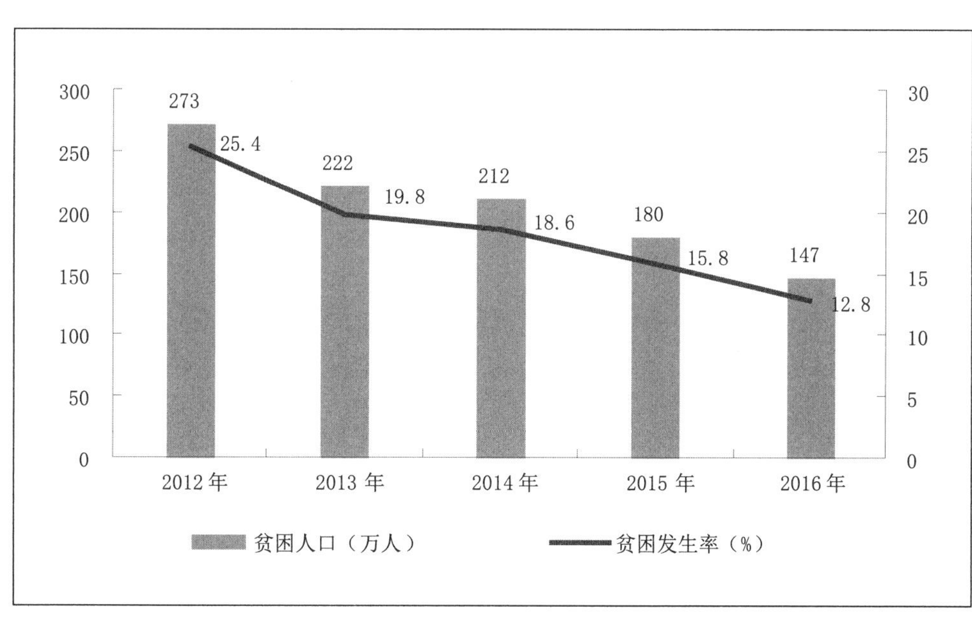

图1 2012-2016年新疆农村贫困人口变化趋势

二、新疆农村居民收入平稳增长，增速与上年持平

2016年，新疆农村居民人均可支配收入10183元，首次突破万元大关，同比增

加 758 元，增长 8.0%，与上年同期持平。从收入来源看，工资性收入、经营净收入、财产净收入和转移净收入全面增加。其中，工资性收入人均 2527 元，增长 18.6%，比上年增加 396 元；经营净收入人均 5642 元，增长 4.5%；财产净收入人均 223 元，增长 6.3%；农村居民转移净收入人均 1791 元，增长 6.2%。

三、新疆贫困地区农村居民收支生活状况

（一）贫困地区农村居民收支状况及差距。

2016 年新疆贫困地区农村居民人均可支配收入 8055 元，同比增加 714 元，增长 9.7%，增幅比新疆农村居民平均水平高 1.7 个百分点。其中工资性收入 2463 元，增加 222 元，增长 9.9%；经营净收入 3788 元，增加 104 元，增长 2.8%；财产净收入 84 元，增加 18 元，增长 27.3%；转移净收入 1721 元，增加 371 元，增长 27.5%。从近三年的数据看，新疆贫困地区农村居民的收入结构逐步趋于合理，人均工资性收入占比增加，由 2014 年的 29.3% 提高到 2016 年的 30.6%；经营净收入占比下降，由 54.1% 下降到 47.0%；财产净收入和转移净收入比重逐年增加，分别由 0.8% 和 15.8% 提高到 1.0% 和 21.4%。由于各级政府鼓励拥有生产资源少的农户实行土地转包、牲畜代牧，鼓励富余劳动力外出务工，同时，贫困地区农民从政府得到的各项生产生活补贴增加，带来工资性收入和转移净收入逐年增加，收入结构由单一的收入来源逐步向多元化调整。

表 1　新疆贫困地区农村居民收入结构变动情况

指　标	2016 年		2015 年		2014 年	
	绝对值（元）	构成（%）	绝对值（元）	构成（%）	绝对值（元）	构成（%）
人均可支配收入	8055	100.0	7341	100.0	6635	100.0
1. 工资性收入	2463	30.6	2241	30.5	1944	29.3
2. 经营净收入	3788	47.0	3684	50.2	3589	54.1
3. 财产净收入	84	1.0	66	0.9	53	0.8
4. 转移净收入	1721	21.4	1350	18.4	1049	15.8

2016 年新疆贫困地区农村居民人均可支配收入与全区平均水平比，低 2128 元。其中，工资性收入和转移净收入基本接近；经营净收入和财产净收入差距较大，分别比平均水平低 1854 元和 139 元。由于贫困地区收入增速快于平均水平，收入差距逐年缩小，从 2014 年到 2016 年，新疆贫困地区农村居民收入与新疆农村居民的收入比已从 0.76:1 逐步提高到 0.79:1。从贫困地区农村居民主要生活消费支出看，吃穿住支出为 3861 元，比平均水平低 1117 元，为平均水平 77.6%。其中，食品、衣着和居住消费支出分别为 2236 元、537 元和 1088 元，比平均水平低 388 元、173 元和

421 元，为平均水平的 85. 2%、75. 6% 和 71. 7%。

2016 年南疆三地州农村居民人均可支配收入 7868 元，比上年增加 815 元，同比增长 11. 6%，增长幅度比新疆农村居民平均水平高 3. 6 个百分点。其中人均工资性收入 2462 元，增加 184 元，增长 8. 1%；经营净收入 3597 元，增加 195 元，增长 5. 7%；财产净收入 75 元，增加 36 元，增长 92. 3%；转移净收入 1734 元，增加 400 元，增长 30. 0%。2016 年新疆南疆三地州农村居民人均总支出 9505 元，较上年增加 675 元，同比增长 7. 6%。其中生产经营费用支出 2184 元，减少 82 元，下降 3. 6%；购置生产性固定资产支出 112 元，增加 40 元，增长 55. 6%；生活消费支出 5512 元，增加 305 元，增长 5. 8%。

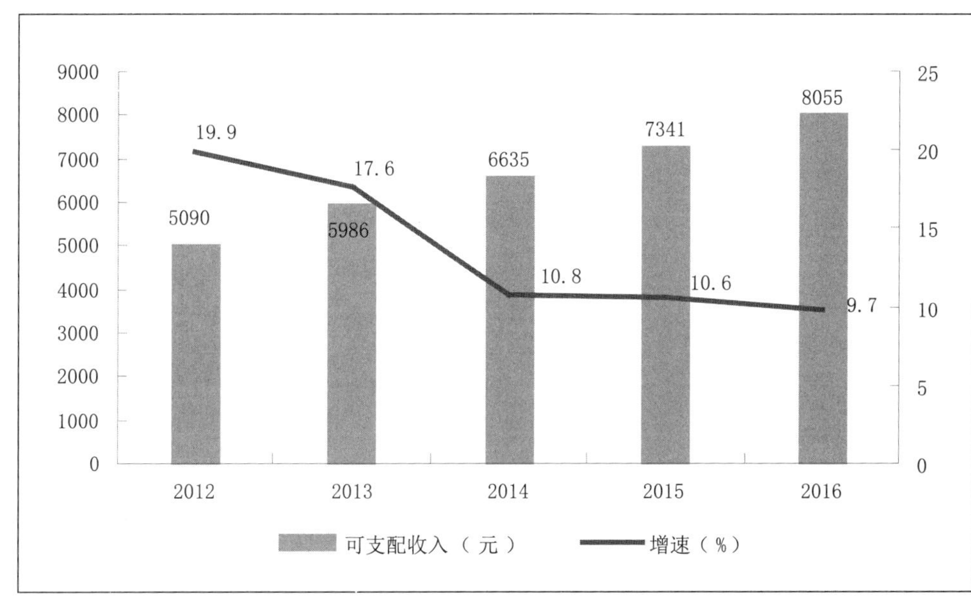

图 2 新疆贫困地区农民人均可支配收入及增速

（二）贫困地区农村基础公共设施明显改善。

2016 年新疆贫困地区农村基本实况通公路、通电、通电话，能接收有线电视信号的社区比重为 85. 1%，比上年提高 2. 7 个百分点；社区有卫生室比重为 93. 3%，比上年提高 4. 8 个百分点。其中，南疆三地州能接收有线电视信号社区比重为 83. 7%，提高 3. 0 个百分点；有卫生室的社区比重 94. 0%，提高 4. 7 个百分点。

四、脱贫工作中存在的问题

（一）基础设施薄弱。新疆地域广阔、农牧民居住分散，虽然在基础设施建设方面投入较大，但基础设施建设还是相对薄弱，特别是道路交通、通讯网络和公共服务设施等方面。

（二）产业扶贫规划实施进程滞后。虽然在发展特色产业上下了很大功夫，小麦、玉米、牛、羊等传统第一产业产品丰富，但境内缺少农副产品深加工企业，未形成完整的产业链，农副产品销售渠道单一，未完全打开国内外销售市场。

（三）产业扶贫进展缓慢。内地产业引进难、留住难，影响产业扶贫工作的推进。

部分县域在扶贫产业发展方面取得初步成效，但仍需进一步加强。村集体经济薄弱，合作组织及产业发展滞后，部分村民收入增长主要依靠参加安居房建设、拾棉花等获得打工收入，农户持续增收的途径偏少。

（四）贫困地区农村劳动力培训工作需要扎实深入。新疆是一个多民族聚居地区，共有55个民族成份，其中世居民族有13个，少数民族人口约占63%。由于文化水平、劳动技能和语言的限制，贫困地区劳动力外出务工受到很大制约。部分地区开办劳动力培训的班（次）很多，但针对性不强，流于形式，一是培训时间短，内容多，消化吸收不了；二是以会代训多，实地培训少；三是一些培训只是为了应付上级下达的任务。

五、深入推进精准扶贫的对策建议

（一）加强基础设施建设，提高保障能力，加大政策支持力度。新疆贫困地区自然条件普遍不佳，自身发展能力偏弱，需要国家进一步加大资金和政策支持力度。尤其是边境国家级贫困县，生产生活条件更差，还要肩负维稳和戍边的双重任务，发展难度更大，应给与更多支持。一是在道路建设方面，要加大财政投入，统筹职能部门扶持资金，重点解决事关区域发展的交通问题。二是要统筹推进，加大投入，加强乡村卫生室建设，做到小病不出村。三是继续鼓励中东部发达地区在基础设施建设、产业发展、文化教育、技能等方面，深入开展对口援疆、扶贫协作和定点扶贫工作。

（二）加快产业扶贫进程，建立和完善新型产业扶贫机制。一是着力提高传统产业的发展质量。传统种养业是农户增收、顺利脱贫的重要基础。在提高传统农业生产力水平上持续发力，如加强农作物及牲畜品种更新、促进果树科学管理、提高肥料使用效率、改进栽培模式及饲喂方式（饲草配比）等。二是提升农产品附加值，拓宽销售渠道。要加大产业扶贫规划的实施力度，通过招商引资、扶持合作社等形式，大力发展农副产品深加工企业，实现产业化、规模化经营，有效提升农副产品附加值。三是要多形式拓宽销售渠道和范围，大力发展电商，打造新疆土特产品在线销售平台，依托电商等网络平台，让特色产品走出去。加强南北疆产品互通，扩大市场效应，提升市场占有率，切实解决贫困群众发展产业实现脱贫问题。四是建立产业扶持基金，扶持合作社发展，以资金（项目）带产业，以产业促扶贫，从而形成扶贫工作良性发展的可持续增长机制。充分利用“一带一路”建设契机，引进和培育具有地域根植性的产业，促进劳动力就地非农就业。结合自然景观、民族文化、冰雪运动等，发展绿色旅游经济，推进旅游扶贫。通过产业的发展带动，让农户通过劳动增加收入、创造社会财富的同时，增长技能转变观念并遵守社会秩序。

（三）切实加强青壮年劳动力的语言能力和专业技能培训是解决家庭劳力过剩、提高自我发展能力、增加自主脱贫机率的有效途径。要加大教育扶贫力度，持续扎实地推进“双语”教育，有效提高贫困群众劳动力素质。要加大“双语”教育投入力度，努力改善办学条件，加强“双语”师资队伍建设，把“双语”教育贯穿各类学校。要结合市场需求和贫困户意愿，分类开展劳动技能培训，注重培训实效，确保贫困户真正学到技能，不断提高劳动力素质。

（四）要抓好宣传和教育，激发贫困群众内生动力。习总书记指出：“脱贫致富贵在立志，只要有志气有信心，就没有迈不过去的坎儿。”精准扶贫不仅是帮助贫困人口改善生存条件，让他们从经济上翻身，精神上也要翻身，即“口袋”与“脑袋”同时富起来。要抓好宣传和教育，大力宣传我们各级党委政府的脱贫攻坚政策，宣传消除贫困最大短板的意义，让广大贫困群众能够认识到自力更生、艰苦奋斗、脱贫攻坚的重要性、急迫性和必要性。

（国家统计局新疆调查总队 易滨）

典型案例与调研篇

江西井冈山脱贫经验

井冈山，被誉为“中国革命的摇篮”和“中华人民共和国的奠基石”，属于国家扶贫开发工作重点县。截至 2016 年年底，井冈山市贫困发生率降至 1.6%，是我国贫困退出机制建立后首个脱贫摘帽的贫困县。

一、精准为先：精准号对脉，找准发力点，一个不能少

井冈山坚持问题导向，找准问题、聚焦问题，精准号对脉，精准每个人，找准发力点，确保一个都不少，真正打赢率先脱贫攻坚这场硬仗。

（一）精准对象——变“面上掌握”为“精准到人”。

三卡识别，精确“扫描”每一个贫困户，做到心中有数。创新提出红卡（特困户）、蓝卡（一般贫困户）建档立卡办法，聚焦“贫困面有多大、贫困人口有多少、致贫原因是什么、脱贫路子靠什么”等一系列问题，以“村内最穷、乡镇平衡、市级把关、群众公认”为原则，以“一访（即走访农户）、二榜（即在村和圩镇张榜集中公示）、三会（即分别召开村民代表大会、村两委会、乡镇场党政班子会）、四议（即通过村民小组提议、村民评议、村两委审议、乡镇场党政班子决议）、五核（即村民小组核对、村两委审核、驻村工作组核实、乡仲裁小组核查、乡镇场党政班子会初核）”的办法，让群众身边、最熟悉情况的人来把关，并将贫困程度相对较好，2014 年已经实现脱贫的贫困户定为黄卡户，确保“贫困户一个不漏，非贫困户一个不进，贫困原因个个门清，脱贫门路户户有数”。

（二）精准举措——变“大水漫灌”为“精准滴灌”。

在全面摸清摸透贫困村、贫困户基本信息的基础上，大力整合多方资金，因地

制宜，因人施策，充分依托贫困群众现有资源和自身优势“开方子”，突出产业扶贫、安居扶贫、保障扶贫三大工程，让“项目资金跟着穷人走”，把“血液”输到“静脉”，有效激活贫困群众的自我“造血”功能。

1.“有能力”的“扶起来”。能就业的，帮助联系合适的工作岗位，实现“一户一人务工，全家不用受穷”；能创业的，从资金、技术、服务等多方面入手，扶持发展致富产业，确保家家有一个致富产业，户户有一份稳定收入。

2.“扶不了”的“带起来”。针对缺乏劳动能力、难以自我发展的贫困群众，由政府帮助贫困群众以产业扶贫资金入股，大力引导当地龙头企业、农民专业合作社和致富能人、党员干部发展多种农业产业，带动贫困群众共享产业发展成果，确保稳定脱贫。

3.“带不了”的“保起来”。聚焦完全丧失劳动能力的贫困群众，和因病、因残、因教育等致贫的贫困群众，在落实国家普惠性社会保障政策的基础上，由井冈山市本级财政掏腰包，叠加实施相应的差异性保障政策，并积极推进扩面提标，确保这部分贫困群众收入年年有增加。

4.“住不了”的“建起来”。实行差异化奖补政策，全力消灭危旧土坯房。坚持规划先行，注重与美丽乡村建设相结合、与镇村联动点建设相结合、与农村清洁工程和村庄整治相结合“三个结合”，确保每一栋土坯房都拆得动、建得起、住得进，确保不让一个贫困户在危旧土坯房里奔小康。

（三）精准管理——变“固定受益”为“精准进退”。

动态管理，实时掌握贫困群众实际情况，做到脱贫有序。不搞“贫困终身制”，而是实行“户有卡、村有册、乡有簿、市有电子档案”，及时更新贫困信息、及时跟进管理，按照国家脱贫标准，严格核查把关，对完全符合标准、能够脱贫的贫困户、贫困村予以退出，对新增和返贫的贫困户及时纳入，做到应进则进、应扶则扶，确保“贫困在库、脱贫出库”。

一是“四卡合一”，做到帮扶措施落实情况明明白白。创新制作了以贫困户基本信息卡、帮扶工作记录卡、脱贫政策明白卡、贫困户收益卡为主的“四卡合一”脱贫档案卡，一卡在手，即可了解贫困对象的所有基本信息，谁来扶的、怎么扶的、解决了哪些问题、实现了哪些收入，一一记录在卡，有据可查。

二是“三表”公开，做到贫困群众每项实际收入清清楚楚。红、黄、蓝卡户，分别统一印制了《贫困户收益确认公示表》，登记每一项实际收入，不是测算收入，不是预期收入，而是确确实实的现金收入，一分一厘都经过贫困户签字确认后公示公开，做到你知、我知、大家知，方便社会监督。

二、抓住关键：扶业长造血，扶困解贫忧，确保可持续

贫困群众脱贫能否实现可持续，关键就是看能不能解决好“口袋里有没有票子、住没住上好房子、过没过上好日子、是不是一阵子”这四大问题，就是要真正落实“保

障措施、实际收入、长效机制”三个到位。

（一）找准致富路子，实现家家有产业，确保贫困群众能致富、可持续。

一是推进“产业+”，实现“资源变资产、资金变股金、农民变股东”。

发展致富产业找准脱贫门路。脱贫攻坚，产业是根。井冈山因地制宜，选准产业，重点打造20万亩茶叶、30万亩毛竹、10万亩果业种植加工基地的“231”富民工程，实现“一户一丘茶园、一户一片竹林、一户一块果园、一户一人务工”的“四个一”产业扶贫模式。加大富民产业发展奖补力度，2016年共投入产业扶贫资金6626万元，茶竹果产业面积达28.3万亩，覆盖贫困户2320户，户均增收1500元。实现每个乡镇有一个一定规模的产业示范基地、每个村有一个产业合作社、每户贫困户有一个增收项目。大陇镇流转土地1080亩发展黄桃产业，曾经的撂荒地正变成“生金产银”的“聚宝盆”。

固化利益联结找准脱贫“靠山”。采取股份制、联营式、托管式等合作模式，通过吸纳贫困户或以资金，或以土地，或以劳动力入股等形式参与产业发展，固化贫困户与企业、基地、合作社的利益联结，让资源变资产、资金变股金、农民变股东。拿山乡350亩鹏浩农业草莓基地，采取“公司+合作社+贫困户”模式，向贫困户提供产前、产中、产后全方位服务，让144户贫困户轻松坐享土地租金、分红股金、务工佣金。目前，全山新增产业扶贫合作社209个，实现贫困户入社率100%。

延伸产业链条找准脱贫抓手。积极探索“金融+扶贫”“电商+扶贫”等产业扶贫模式，带动贫困户增收脱贫。通过组建惠农宝产业投资公司，吸纳1374户红卡户入股，每个红卡户将财政给予的1万元产业发展帮扶资金投入公司，公司将资金注入九银村镇银行，确保年收益不低于股本金的15%，仅此一项每户红卡户的收入增加1500元。同时，还设立了产业扶贫担保贷款风险补偿基金630.9万元，按一定比例撬动银行资金助推产业发展，帮助解决贫困户发展产业的后顾之忧。电商扶贫方面，在全山乡镇建设“村邮乐购·农村e邮”电商扶贫站点18个，形成“前店后村”的电商产业发展模式，带动贫困农户增收致富。

二是推进“旅游+”，变“单一为综合、过客为常客、潜力为实力”。

坚持以旅游开发带动扶贫开发理念，大打井冈旅游牌，深入挖掘各地旅游资源，推进融合农业观光、农家乐、休闲度假等差异化、个性化的全域旅游，构建“大井冈旅游圈”和“湘赣旅游圈”，变单一的“井冈山上游”为“山上山下综合游”，变“过客来了就走”为“常客来了就留”，变“农旅融合潜力”为“农业产业发展实力”，为贫困群众开启了旅游脱贫的绿色新通道。菖蒲金葡萄园、国家农业科技园八角楼园区等一批农业观光项目，吸引了大批自驾游游客旅游观光、采摘体验，让一大批种菜、种果的贫困群众都成为了受益者。茅坪坝上村开发出“红军的一天”红色培训体验项目，当地贫困群众通过为学员提供食宿等方式增加收入。

三是推进“就业+”，实现“一户一人务工，全家不再受穷”。

探索开展公益性岗位扶贫，全市开发了857个村组公益性岗位，整合生态保护扶贫涉林岗位470个；发挥井冈山景区、城区、园区资源优势，共吸纳2694名贫困群众就业，实现“一人务工、全家脱贫”。对具备一定创业条件的贫困劳动力，给予免费创业培训和指导，已扶持带动了43名贫困对象自主创业或参与创业，累计发放创业担保贷款560万元。为贫困户开展“订单式”技能培训，帮助贫困户掌握职业技能，培育了一批自力更生、勤劳务实的贫困户。

（二）全力推进安居，实现户户有其屋，确保贫困群众建得起、住得好。让贫困群众实现安居梦，是全面建成小康社会应有之义。按照“建得起、搬得出、住得好”的要求，全力推进安居扶贫。

一是采取“五个一点”确保“建得起”。通过政府补一点、群众出一点、社会捐一点、扶贫资金给一点、银行贷一点等途径，筹措安居工程资金，实行拆旧建新、维修加固、移民搬迁、政府代建4种建房模式，确保每一栋土坯房都拆得动、建得起、住得进。2016年，共投入资金近8000万元用于安居扶贫，共维修拆除危旧土坯房6718栋，新建1802栋，解决了包括贫困群众在内的6708户群众的住房难题，拆除后腾出的宅基地能满足全市农村5年的建房需求。

二是实施“两套方案”确保“搬得出”。引导贫困移民向中心村镇、工业园区和城区有序“转移”。针对一般贫困移民户，实施搬迁奖补，人均补助2万元；针对特别贫困移民户，采取政府统建“爱心公寓”的交钥匙工程进行集中安置。下七乡打造了集空心村改造、拆旧建新、易地搬迁于一体的安居工程精品示范点，贫困移民户只需缴纳万余元就能住进90平方米左右的新房。省下达的377户1627人的移民搬迁任务已全部落实。

三是完善“两类配套”确保“住得好”。“住得好”才是稳定持续发展的必然条件。井冈山着重完善两类配套：针对危旧土坯房改造模式，主抓村庄整治和基础设施配套。开展了“消灭危旧土坯房，建设美丽乡村”攻坚行动，让贫困户住上安居房，拥有美丽家园。针对移民搬迁模式，主抓就业配套和产业配套。重点在安置点周边发展规模产业，确保搬迁户有就业、有收入、有保障。东上乡按照“一套房、一块地、一片果、一个窝”的模式，为32户贫困户量身定做，每户仅需出资2万元，就可获得一套105平方米的“爱心公寓”住房、一片不低于一分地的蔬菜园、一块不低于1.5亩的井冈蜜柚果地和一个6平方米的鸡舍。

（三）落实兜底政策，实现人人有保障，确保贫困群众不掉队、全覆盖。在推进低保扩面提标中，统筹推进社会保障扶贫、就业扶贫、健康扶贫、教育扶贫，不断将政策向贫困人口与贫困户叠加，扎牢兜底保障网，确保每一个贫困户都能实现“两不愁，三保障”。

一是实施“两提标”，推进社会保障扶贫，让贫困群众日常生活不愁。按照“应保尽保”要求，将保障政策向贫困户聚焦、向困难户叠加，推进贫困线和低保线“双线合一”，2016年新增贫困户扩面指标880名。贫困户低保金按照年均12%的增长比例提标。针对红卡户低保对象，在上年省定标准基础上每人每月提标 40 元，对红卡户非低保人口，井冈山市本级财政，按每人每月 100 元标准发放市级低保金。目前已累计发放贫困户低保金 1320 余万元，红卡户人均享有 2340 元，扎扎实实兜住了贫困底线。

二是解决“因病致贫、因病返贫”，推进健康扶贫，让贫困群众看得起病。通过建设村级卫生室、乡镇医疗流动站点、开展巡回医疗等形式，确保贫困户小病不出村，大病不出县（市）。为贫困户全额代缴新农合及医疗附加险费用，取消乡、县两级住院补偿起付线，在省、吉安市级重大疾病定点医疗机构住院补偿比例提高到 70%。

三是实行“减免并举”，推进教育扶贫，让贫困群众上得起学。全力扩大资助面，实行贫困户子女从学前到大学的一揽子费用减免和补助政策，对红卡户子女实行高中阶段学费、书本费全免并每人每年补助 2500 元。率先实施从中招师范“三定向”招生指标切出 30% 用于招录建档立卡贫困户子女，报考中招水利“三定向”的贫困户子女可享受 20 分的加分政策。对考取全日制普通高等院校和职业院校的贫困户子女分别按每年 4000 元和 2000 元标准补助，连续补两年，消除贫困的代际传递。

（四）完善基础设施，实现村村有变化，确保村庄村容美、生活好。率先脱贫要“看得见、管长远”。井冈山全力推进美丽乡村建设，大幅提升贫困村基础设施，让群众在干净、漂亮、整洁、舒适的环境中实现脱贫。

一是打响“两个消灭战”，实现“旧房换新房、荒地变良田”。投入 6000 万元开展“消灭撂荒土地、发展致富产业，消灭危旧土坯房、建设美丽乡村”专项行动，实现了村庄旧貌焕新颜。兑现“决不让一个贫困群众住在危旧土坯房里奔小康”庄严承诺，党员百姓齐上阵，拆旧屋建新房，村庄大变样。致富能人齐发动，做活土地文章，发展致富产业，多了“菜篮子”“果篮子”，鼓足了“钱袋子”，昔日的撂荒地变成了“金土地”。

二是绘就“五美乡村”，实现“远看有形象、近看有亮点”。围绕“生态美、村容美、庭院美、生活美、乡风美”，重点实施 35 个贫困村村庄整治工程，打造了鹅岭至古城、龙市至大陇等 6 条干道沿线美丽乡村示范带以及 19 个美丽乡村精品示范点建设，以点、线带面，全面提升村容面貌，实现村容美。注重农旅结合，发展全域旅游，重点打造了茅坪神山及坝上、拿山渥田等特色旅游村点。茅坪乡结合旅游扶贫、红色培训、镇村联动、美丽乡村建设，打造了“山地人家”旅游休闲观光项目，25 栋统一规划、统一设计、统一建设、统一管理的庐陵风格与客家风情住房，2016 年共吸引接纳游客 4 万余人，有力带动了当地农民增收致富。

三是打通“最后一公里”，实现项目“跟着”短板“走”。俗话说“要致富，先修路”，脱贫攻坚，离不开基础先行。围绕贫困群众所盼所需，按照“缺什么、补什么”，推进重度贫困村组基础设施建设，着力解决交通、水利、电力、通讯等“最后一公里”问题，贫困群众实现了走平坦路、喝干净水、上卫生厕、住安全房的愿望，累计改水改厕 1.2 万余户，改路 185 公里。此外，通过提升改造，村卫生室、文化室、党建室实现全覆盖，打通了医疗、文化等公共服务“最后一公里”。

三、创新机制——长效为根本，“摘帽”有支撑，确保不返贫

脱贫攻坚，不是单打独斗，而是一项群策群力的系统工程。井冈山跳出扶贫抓扶贫，跳出井冈山抓扶贫，着眼长效，广借外力，生发内力，确保持续增收、稳定脱贫。

（一）创新干部帮扶机制，解决“缺力量”的问题。跳出扶贫的地域范围，市县两级全发动，贫困村点全覆盖。

一是吉安举全市之力帮助井冈山率先脱贫“摘帽”。在脱贫攻坚一线历练干部、考验干部，实行领导挂乡、单位挂村、企业扶乡，17 位市领导、126 个市直单位、17 家重点企业“驻”进井冈山，真金白银、真刀真枪抓扶贫，实现井冈山乡乡都有吉安市领导和实力企业“结对子”，村村都有吉安市直单位“结亲戚”，天天都有扶贫干部在为井冈山脱贫“甩膀子”。2016 年共投入帮扶资金 9162 万元，仅吉安市直 126 个单位，就投入帮扶资金和物资折款 5634 万元。

二是井冈山建立了“321”帮扶责任机制。即县处级以上领导干部帮扶 3 户贫困户、科级干部帮扶 2 户贫困户、一般党员干部帮扶 1 户贫困户，做到“乡乡都有扶贫团，村村都有帮扶队，一村选派一个第一书记，一个贫困户确定至少一名帮扶责任人”，实现全县 3000 多名党员干部人人都参与脱贫攻坚。帮扶干部放下身子，挽起裤腿，当起了“泥腿子”，纷纷深入基层一线，走“亲家”串“亲门”，共谋划、同思考，深挖贫困根源，找准帮扶“药引子”，带领贫困群众以井冈山精神建设井冈美好家园，坚决把扶贫各项措施落到实处。赢得贫困群众争相点赞的是，井冈山积极探索开展接地气的“干群心连心，点亮微心愿”连心活动，“交心式”走亲，广泛收集微心愿；“连心式”结亲，积极认领微心愿；“贴心式”帮亲，合力点亮微心愿，在“微”处使“重”力，帮助 3300 多名贫困群众圆了微梦想。

三是实施了“党建 + 脱贫攻坚”行动。“脱贫攻坚，给钱给物，还得给个好支部，探出好思路”。井冈山始终把党的力量挺立在脱贫攻坚前沿，坚持脱贫攻坚在哪里，党建工作跟进到哪里，脱贫项目在哪里开展，党员作用就在哪里发挥，全力发挥党组织的政治优势、组织优势，以及基层党组织的战斗堡垒和党员干部先锋模范作用。“支部强不强，关键靠头羊”。井冈山“一手引进人才，让班子强起来；一手理清思路，让党组织动起来”，选派了 112 名科级干部到村担任扶贫“第一书记”、109 名科级后备干部担任“村党组织副书记兼主任助理”，从致富能手、“田秀才”“土专家”中选优配强班子。注重把党组织建在扶贫产业链、移民安置区、专业合作社和龙头企业中，采取“支部 + 企业 + 基地 + 贫困户”“支部 + 移民安置点”等模式，壮大村集体经济，带领群众增收致富。目前，全市 306 个专业合作社及产业协会、43 个移民集中安置点实现党的工作全覆盖。“党员带头做，群众跟着做”。加大对农村党员的培训力度，对党员分期分批开展冬训、春训，让党员掌握政策和一技之长。

在党员干部的带领下，贫困群众与贫困作斗争的信心与决心进一步增强，参与产业从“要我富”变成“我要富”，拆除土坯房从“不愿拆”到“带头拆”，参与村庄管理从“不愿管”变成了“热心管”。

（二）创新资金投入机制，解决“缺资金”的问题。井冈山市通过党员干部帮扶、爱心人士参与、企业单位支持等方式构建了大扶贫格局。

一是对上千方百计争取支持大整合。积极跑部跑省，争取上级各项支持，同时，充分利用好专项扶贫资金，积极整合各类资金，确保今年脱贫攻坚资金投入不低于4亿元。

二是对内想方设法挤出资金办大事。在有限的财力下，挤出脱贫攻坚专项保障资金，撬动担保贷款、贷款贴息、产业保险等各类扶贫资金1.4亿元，对贫困户实行差异性倾斜；从旅游门票收入和土地出让金中各切出10%，筹措2000万元以上的特殊扶贫基金。

三是对外千方百计借力借帆“开大船”。积极争取社会各界支持，原南京军区倡导的“三联”活动帮扶面逐步扩大，帮扶乡镇从6个增加到9个，累计援助资金6600余万元；科技部二十七年如一日，大力推进科技扶贫，累计投入资金3.2亿元，实施各类项目326个，为井冈山市脱贫提供了巨大支持；江西省农业厅近两年来积极帮扶井冈山市一二三产业融合发展，整合各类帮扶项目资金7954万元；华润集团投资1.2亿元打造罗浮希望小镇；江铜集团捐资1亿元帮扶资金助推我市脱贫攻坚。同时，积极开展慈善扶贫，积极捐资捐物。

（三）创新考核导向机制，解决“给足力”的问题。

为避免“人在心不在，手到力不到”的问题，尽可能集聚起最强大的攻坚力量，井冈山强化了脱贫的考核权重，把促进贫困村经济发展、农村贫困人口减少、农村居民人均可支配收入等作为重要考核内容，将乡镇和市直部门单位脱贫攻坚考核权重均提高至60%，并设立脱贫攻坚先进工作奖，把力量全部引导到脱贫攻坚上来，引导到真脱贫上来。

（江西省井冈山市委 刘洪）

内蒙古科尔沁左翼后旗养牛扶贫情况

科左后旗是内蒙古通辽市深度贫困地区，总人口40.5万人，其中蒙古族30.4万人，占75%。现有贫困人口18163人，其中少数民族贫困人口13541人，占74%。近年来，科左后旗把发展黄牛产业作为稳定脱贫的“金钥匙”，以扶贫贷款为支撑，以配套服务为保障，以利益联结为抓手，推动贫困人口养牛致富。2014年以来，通过黄牛产业脱贫1.06万户，占脱贫户的72%。

一、坚持因户施策，实现贫困群众家家能有牛

近年来，科左后旗着眼于打造全国黄牛产业第一旗，全力推进黄牛全产业链发展。目前，黄牛存栏80万头。养牛效益好、见效快、收入稳定，已经成为群众增收的主渠道。但一些贫困户因为缺资金、缺技术、缺劳力，还没能把牛养起来。对此，科左后旗探索出贫困户贷款饲养基础母牛的四种模式，帮助群众走养牛致富之路。一是对能贷能养的贫困户。即符合征信条件，能养牛、会养牛的贫困户全部给予贷款支持，并帮助建棚舍、建窖池，引导种植青贮，鼓励群众自繁自育自养，形成了“小规模大群体”。二是对能贷不能养的贫困户。利用贷款购牛，通过合作社合养、大户托养、亲友帮养等方式养牛。三是对能养不能贷的贫困户。通过协调企业、合作社、养殖大户和包联干部实行反担保贷款买牛，或使用项目资金发放“扶贫牛”。四是对既不能养又不能贷的贫困户。由镇村统一帮助协调贷款和项目资金，统一购牛，并委托合作社或养殖大户托管代养，贫困户享受分红。目前，全旗贫困户（含已脱贫户）养牛达到10.5万头，人均养牛2头。

二、强化资金保障，确保贫困群众都能买起牛

坚持资金项目跟着贫困户走，倡导群众贷款养牛，激发内生动力。一是扩大贷款规模。2014年以来，累计为贫困户发放养牛贷款7.2亿元。在原有放贷规模基础上，旗财政又拿出2000万元实施风险抵押贷款项目，撬动银行新增扶贫贷款2亿元，使贷款覆盖所有贫困户，户均5万元。二是加快放贷速度。协调金融机构通过开通“两免两直一降”绿色通道、金融服务车送贷上门等多种措施发放贷款。政府通过购买服务、抽调干部配合开展贷前核查等方式，提高办贷效率。三是强化贷后监管。嘎查村“两委”班子、驻村工作队和包联干部共同监督贷款用途，帮助群众算好经济账，防止贫困户贷款用途不当。四是加大资金整合力度。坚持多个渠道引水、一个龙头放水，今年整合项目资金2.6亿元、旗本级投入5200万元、社会捐助310万元，集中用于推进产业扶贫。

三、完善配套服务，帮助贫困群众都能养好牛

一是强化龙头带动。科左后旗积极培育龙头企业，引领黄牛产业规模化、标准化、组织化发展。目前，全旗有黄牛产业重点龙头企业 3 家，标准化养殖场 22 家，建成年交易 40 万头以上的黄牛交易市场 2 个。二是强化品牌建设。以打造绿色有机牛肉产品为核心，推出“千里眼”溯源系统，加大品牌建设力度，提高产品质量和附加值，增强市场竞争力。“科尔沁”商标被认定为“中国驰名商标”，科尔沁牛业是全国第一家通过牛肉产品有机认证的企业，也是中国牛肉行业唯一进入世界肉类组织的企业。三是强化扶持引导。加强基础设施建设，为贫困户建设棚舍 40 万平方米、窖池 10.5 万立方米。免费提供青贮种子，引导贫困群众为养而种，种植青贮 30 万亩。用扶贫资金为贫困户饲养的所有基础母牛办理了养殖保险，解除贫困户后顾之忧。四是强化技术指导。以肉牛繁育、母犊分离等实用技术为重点，加大农牧民培训力度。建立健全旗镇村三级服务网络，全旗黄牛冷配率达到 100%，母牛繁殖率提高到 90% 以上，重大动物疫病防疫密度实现 100%。五是强化养牛效益可持续。合理利用项目资金，推行资金变基金，即将项目资金作为扶贫基金，分配给贫困户使用三年，然后收回再分配，实现滚动使用。倡导贫困户将项目资金、贷款、分红收益等都用于购买母牛，发展养牛业，实现持续稳定增收。

四、密切利益联结，引领贫困群众都能增收入

一是与企业联结。科尔沁牛业、本富牧业等龙头企业通过订单收购、担保贷款、提供就业岗位等方式，带动贫困户养牛，共担市场风险。2016 年，龙头企业共提供担保贷款 9000 万元；解决贫困户就业 668 人；以高于市场价格 2% 的标准，订单收购贫困户育肥牛 1.2 万头；订单收购青贮 3 万吨。二是与合作社联结。引导贫困户加入养牛合作社，通过统一购牛、统一管理、统一销售，降低饲养成本，提高养殖效益。鼓励贫困户以贷款入股合作社，享受分红。全旗现有 278 家合作社与 3360 户贫困户合作养牛 1.46 万头。三是与养殖大户联结。对没有饲养能力的贫困户，推行能人带户、托管代养。贫困户将牛交由养殖大户托管代养，一托三年。托管期内，养殖大户每年给贫困户分配收益。全旗现有 115 个养殖大户为 1731 户无劳动能力贫困户托管养牛 2690 头。

（内蒙古科尔沁左翼后旗旗委 刘士海）

江西吉安县“四个一”产业扶贫模式的探索与实践

江西吉安县坚持“脱贫不能返贫、摘帽更要脱困”理念，实施并推广“一户一亩井冈蜜柚、一户一亩横江葡萄、一户一个鸡棚、一户一人进园务工”的“四个一”产业精准扶贫工程，取得了良好实效，得到广大贫困户的普遍接受和赞誉。

一、找准路子扶到点：“四个一”让群众学得到良法、拿得到良种

贫困群众能否脱贫致富不返贫，核心在于找准产业脱贫的“点”、叩开共同致富的门。吉安县结合资源禀赋，在对资源、投资、销售、效益、风险等方面反复比较、充分论证的基础上，确立了最具群众基础、最易掌握良法、最能拿到良种、最有带动能力的“井冈蜜柚、横江葡萄、温氏养鸡、园区务工”四个产业，抓住这个“点”扶贫，找准了一条扶到“点”上的新路子。

一是基准点：比较效益高。选择扶贫产业最基本标准在于能否让贫困群众接受，能否给贫困群众带来实实在在的收益。“四个一”产业的基准点在于：其一，有较稳定的市场，可消除后顾之忧。比如与温氏公司合作养肉鸡，公司负责提供良种、回收全部合格肉鸡且价格不菲。其二，有较高的经济效益，能加快脱贫步伐。如井冈蜜柚每亩可种植 33 株，盛产时约 4000 斤 / 亩，如按 3 元 / 斤市场价，亩均净利润可达万元。

二是关键点：发展门槛低。缺资金、缺项目、缺技术一直是横在贫困群众面前的一道鸿沟。“四个一”产业的精准选择，就应该在投入少、风险小、门槛低上予以考量，让贫困群众看到脱贫致富的希望。其一，门槛不高。比如种横江葡萄，每个贫困户的自家都有土地，容易得到解决；井冈蜜柚可利用房前屋后闲置土地、撂荒土地、荒山荒坡，都适宜种植。其二，投入较少。贫困户新发展井冈蜜柚 1 亩以上政府给予每亩 400 元（含苗木费用）的一次性奖补，对养鸡户免费提供鸡苗，种植横江葡萄低价供应良种，减轻了投入成本。其三，技能易懂。对井冈蜜柚、葡萄、养鸡、园区务工，定期免费开展技术培训、上岗培训，农业技术推广站工作人员会按照时间节点上门指导服务，种植和养殖技术容易掌握。

三是落脚点：群众意愿强。扶贫脱贫的主体是贫困户，扶贫的落脚点主要还是发挥群众的主观能动性，调动他们脱贫的意愿和欲望。经过多年的发展，“四个一”产业具有一定的产业规模、较成熟的经营模式、较完整的产业链条，抗风险能力得到增强。在扶贫攻坚中，一些贫困户看着身边的群众通过“四个一”产业一个个富起来，那些具有一定劳动能力的贫困户脱贫致富的意愿和欲望愈强烈。目前，仅吉安县井冈蜜柚、横江葡萄种植面积就分别达到 4.6 万亩、4.3 万亩，每年出栏肉鸡稳

定在 3600 万羽左右；对于想进园区务工的贫困群众来说，吉安高新区已升级为国家级工业产业园区，200 多家企业为他们提供了充足的就业机会，目前在园区就业的人员已达 3.3 万人，其中贫困群众约有 8200 人。“四个一”产业让贫困群众有了“摇钱树”、“聚宝盆”。

二、迈稳步子扶到根：“三大步”让群众找得到市场、分得到红利

找到了产业扶贫的“点”，还需稳健迈步扶到“根”。在脱贫攻坚中，用创新的手段推进扶贫，立足激发市场活力，突显现代农业内涵转变，创新推行“支部 + 合作社 + 农户 + 贫困户” 等发展模式，健全产业利益链接机制，既带动千家万户，又覆盖所有贫困户，才能有效斩断返贫的“根”。

一是创新市场运作，激活了根源。传统产业经营规模小、力量弱，缺乏社会化、市场化服务体系支撑，难以克服小生产分散供给与大市场集中需求的矛盾，这是贫困户难以增收致富的根源。为此，“四个一”产业扶贫模式，走出了贫困户与市场之间架起一座“金桥”的第一大步。无论是温氏养鸡“四提供一回收”、横江葡萄“五个统一”、还是井冈蜜柚“四统一分全覆盖”，都分别注入“支部 + 合作社 + 农户 + 贫困户”、“合作社 + 基地 + 农户 + 贫困户”、“公司 + 合作社 + 农户 + 贫困户”等发展模式元素，比如，温氏养鸡采取“公司＋贫困户”的模式，以赊销记账的方式，通过提供鸡苗、饲料、疫苗、技术和回收全部合格肉鸡的零风险模式，带动 962 户贫困户发展肉鸡养殖，年出栏肉鸡 3600 万羽。这有效弱化了市场的不确定性，提高了农户的参与度，激活了农产品到商品、从价值形态到货币形态的源头活水。

二是创新生产方式，筑牢了根基。传统农业产业的分户经营方式，生产规模小、劳动力需求大、组织化程度低，这就迫切需要在扶贫攻坚中走出创新生产方式、推进产业升级、夯实发展根基的第二大步。吉安以深化农村土地确权、农业生产经营体制机制创新为抓手，与农村闲置低产撂荒土地流转、危旧土坯房拆除改造、空心村环境整治相结合，积极引导贫困户参与到 “四个一”产业中来，通过规范制度章程和运营管理、聘请专业技术人员管护经营等途径，统一流转、统一规划、统一种植、统一管理，入股农户不用花费时间管理，有效改变传统农业单耕独种、占用劳力、缺乏技术支撑等问题。比如，横江葡萄在合作社理事长肖章瑛的带领下，实行“统一供应种苗、统一技术培训、统一生产标准、统一物资供应、统一市场营销”的“五个统一”服务，有效破解了种植技术、经营管理等难题，种植面积突破 4.8 万亩、带动农户 3800 余户，促进了由粗放分散经营向集约化、专业化、组织化、规模化转变和贫困户收入的持续增长。

三是创新利益联结，抓住了根本。只有让农户成为脱贫攻坚的主体，才能真正从赖以生存的土地上持久地得到收益，形成利益链接共同体，才能从根本上实现摘帽又脱困、全面建成小康，这是扶贫攻坚最根本的第三大步。吉安坚持从保障群众切身利益出发，注重发挥党员干部“引路人”作用，紧扣“四个一”产业精准扶贫，

推行“支部引领、干部带头、群众参与、贫困户全覆盖”的“四统一分全覆盖”模式，将产业作价划分为若干股份，股份分配优先保障当地群众和贫困户，普通群众和贫困户可以以土地、劳动力、现金等多种形式入股，形成土地出租挣租金、入社打工挣薪金、入股分红挣股金的“一份土地挣三份钱”的利益共同体新格局，真正实现了资金变资本、资本带产业、产业促增收、。

三、用好法子扶到心：“三支点”让群众看得到希望、获得到保障

“四个一”产业让贫困户诚心、放心地支持和拥护，说到底还是在推进产业扶贫中彰显的现代理念、百姓情怀，让群众产前的资金扶持、产中的政策技术帮扶、产后的法律保障这三大支点上，给群众吃了一颗综合“定心丸”。

第一个支点，推行“两证”让贫困户定心。产业扶贫如何能让贫困户提高知晓度、获得感、满意度，如何让贫困户持有稳定的长期的收益？吉安县创新法子，为所有贫困户发放《股权证》和《贫困户登记证》。《贫困户登记证》让贫困户知晓产业发展、移民安居等优惠政策和自身受扶情况；《股权证》通过法律公证，为贫困户的产业股权确立其持股数量、权利与义务，用法律手段保证农户有长期、持续、稳增的土地经营权收益。

第二个支点，政策驱动为贫困户暖心。贫困地区的产业发展长期面临缺人才、缺技术、缺市场等多重障碍，真正的症结还是缺乏发展资金。为此，吉安创新担保贷款、贷款贴息、现金直补、产业保险的“四轮驱动”金融支持模式，建立“大干大支持、小干小支持”、“先干先补、不干不补”激励机制，对全县 14855 户贫困户，设立产业脱贫基金给予每户 2000 元的启动本金，按照“四统一分全覆盖”的合作社带动模式，引导群众投放到专业合作社入股获取稳定收益。对有劳动力、有耕地、有技能又有积极性的贫困户，县财政通过财政奖补引导贫困户自主发展“四个一”产业。对有本领肯创业但苦于没有资金的贫困户，采取担保贷款、贷款贴息等多种形式对贫困户发展产业实行产前、产中、产后全面驱动。

第三个支点，组织保障树贫困户信心。组织是贫困户树立信心的坚强后盾。为汇聚“四个一”产业扶贫合力，完成在吉安县、井冈山市在全省率先脱贫摘帽，加强组织保障体系建设。一方面，强化组织机构和队伍，高规格组建扶贫攻坚领导小组，增设乡镇精准脱贫服务中心，按照专项小组、专门机构、专职队伍、专设窗口，集中力量突击突围。另一方面，推行“131”治理模式，发挥党组织“火车头”作用、党员干部“引路人”作用，实现行政村第一书记驻村全覆盖。同时，创新党员干部结对帮扶机制，按照“4321”帮扶要求，实现党员干部驻村结对帮扶贫困户全覆盖，确保贫困户不脱贫、干部不脱钩。

（国家统计局江西调查总队 廖严清 陈志诚）

湖南花垣县十八洞村猕猴桃扶贫项目案例

一、案例背景

十八洞村精品猕猴桃扶贫项目是贯彻落实习近平总书记视察湘西作出“实事求是、因地制宜、分类指导、精准扶贫”的重要指示确立的扶贫产业项目。该项目严格按照“资金跟着穷人走，穷人跟着能人走、能人跟着产业走、产业跟着市场走”要求，建立了新型利益联结机制，实行股份制帮扶。由于十八洞村土地资源贫乏，县委、县政府提出“跳出十八洞村发展十八洞产业”的思路，积极对接苗汉子野生蔬菜种植专业合作社，促成十八洞村与苗汉子共同组建“十八洞村苗汉子果业股份有限公司”，并先后在县农业科技示范园区内建设了十八洞村 1000 亩精品猕猴桃种植基地、2000 亩复制推广基地，辐射带动排碧、道二、龙潭等乡镇 37 村发展精品猕猴桃产业，带动三乡镇 2352 户 9888 个贫困人口共赢发展。

二、主要做法

一是探索股份帮扶机制。在科学论证的基础上，由苗汉子合作社牵头，与十八洞村 225 户农户组建的合作社共同出资 600 万元，组建十八洞果业有限责任公司。苗汉子合作社出资 306 万元，占公司股份额的 51% 股份，十八洞全体村民以国家财扶资金共同出资 294 万元，占公司股份额的 49% 股份（其中贫困户 136 户，占 25% 股份；非贫困户 89 户，占 12% 股份；村集体经济占 12%）。探索走出一条以企业为产业龙头，以院校为技术支撑，由合作社组织实施，农户直接参与培管的产业精准扶贫模式。

二是规范扶贫项目管理。第一，公司主要负责经营管理、技术对接、人才培养、品牌建设、市场渠道开拓及销售工作，确保了项目目标顺利完成和股民利益得到保障。第二，合作社负责项目的具体实施和技术的落实及社员的管理，保证项目的顺利实施。第三，院校负责为项目提供优良品种、设计规划、专利转让、技术服务、人员培训、种苗供应、嫁接等技术服务，保证项目技术的先进性和品种的优良性，使本项目在技术和培管上得到强有力的保障。第四，农户负责本项目的具体培管工作，从种植到采收实行承包制的激励方式进行培管，增强农户管理的积极性；同时公司根据实际，在农户培管上支付一定的报酬，增加农户收入来源。

三是拓展产业融资渠道。一方面，由国家财扶资金出资与银行或担保机构对接，建立产业企业融资担保服务平台，以“存一贷五”的形式，放大贷款额度，确保项目建设资金及时到位和顺利实施；另一方面提供优惠政策，实行企业重点产业贷款全额贴息，减少企业负担及压力，保证项目成功；另一方面，实行土地三权分离（所有权、承包权、经营权）使土地经营权发挥效益与作用，激活农村土地，通过土地评估机构与银行合作进行信贷抵押，使项目建成后，经营管理资金得到保障。

四是建立利益维权机制。公司依章程建立健全相应的管理机构和监督机构，按月对公司的财务账目进行审计，确保公司开支合理合法。同时，与县扶贫开发办签订帮扶合同，再由合作社与贫困农户签订帮扶合同。

三、初步成效

一是基地建设初具产业规模。基地一期工程 1000 亩建设全面完成，路网、水肥一体化节水系统投入使用。实现了项目产业化、产业规模化、规模园区化的农旅一体化的现代休闲、观光农业。

二是项目建设富民成效凸显。项目开工建设以来，公司共为十八洞村提供 7 个就业岗位，支付工资 46.2 万元；为贫困农户提供临时劳务用工 60000 多人次，支付劳务用工 300 多万元，支付基地返包的培管费用 100 多万元。在县区域内收购农家肥料 5300 多吨，支付农家肥料款 400 多万元，极大地增加了农户收入。

四、经验启示

从目前项目实施效果情况来看，十八洞村猕猴桃产业是较为成熟的扶贫项目，目标可期，究其成功之处，有如下启示：一是产业项目选择要接地气；二是利益联接要重实际；三是金融政策要惠民意；四是合作伙伴要让民利。

（湖南花垣县十八洞村苗汉子果业有限责任公司 刘安）

湖南宜章县推进“四跟四走”产业扶贫工作模式

近年来，湖南省宜章县认真践行习近平总书记精准扶贫的要求，积极推进“四跟四走”产业扶贫思路，探索出了“我脱贫、你发展”产业扶贫的“宜章模式”。

选准产业——结好对

宜章有一定的产业基础，但原来由于贫困户与企业、能人脱节，难以与产业融合，造成贫困户没有内生动力、无法彻底摆脱贫困。2016 年来，宜章县立足现有产业基础，评出 89 家发展前景好、信誉程度佳、带动能力强的优质经济实体，通过签订《金融扶贫结对投资协议书》，与贫困户建立结对帮扶关系，让贫困户真正参与到产业发展中来。2014 年底，经济能人何勇的土里巴吉公司，与莽山乡西岭村跳石子自然村近 90% 贫困户组建的跳石子农民合作社，共同成立土里巴吉跳石子生态农业公司，使每户贫困社员年净收入达 8000 元，养猪收入等于以前的 2 倍。

近年来，宜章充分发挥区位优势、资源优势、交通优势，想方设法做实产业基础。一方面，大力发展特色农业，全县已发展脐橙 18.2 万亩、茶叶 3.4 万亩、烤烟 4.5 万亩，培育农业龙头企业达 79 家、农民专业合作社 525 家、家庭农场 91 家，成为全国脐橙优势带建设重点县、湘南优质红茶主产县、湖南省重点产烟县。另一方面，大力发展新型工业，依托产业承接园、氟化学工业集中区两个省级园区，积成功引进中化集团、中国五矿、华电集团等央企，形成了以氟化铝、风电、电梯、LED 液晶显示屏、高精度医用椽为代表的五大新兴产业。再一方面，加快发展现代服务业，推进大莽山旅游开发，发展农家乐、古村游、休闲庄园等旅游产业。

利益联结——串好链

为避免扶农不扶贫、产业不带贫的“两张皮”现象，宜章把利益联结作为产业扶贫的关键，正确引导贫困户将扶贫小额信贷、财政专项扶贫资金投入优质经济实体，采取委托帮扶、股份帮扶的方式，使每个产业都有利益联结机制，实现经济实体获得融资，银行拓宽放贷业务，产业发展增强后劲，贫困户得到股权分红的共赢目标。

宜章和宜莽山红茶开发公司实行“公司 + 贫困户”方式，由 2870 名贫困对象将 2000 元 / 人的财扶资金及 2000 元 / 人的小额信贷资金共 1148 万元委托给公司经营，由公司统一建设 3000 亩高标准红茶产业示范园，按照 8 年内每斤茶青不低于 10 元的保底收购，采取“委托帮扶资金产生的收益 75% 归贫困对象，25% 归公司”的固定比例收益机制进行分配。按照每亩 2000 元的销售收入和 8450 元的成本计算，基地每年可实现利润 662.97 万元，为贫困对象人均增收 1732.5 元。如今，该公司已连片开发建设高标准茶园 3000 亩，由单一茶叶种植发展为集种茶销售、休闲观光、采茶体验于一体的现代庄园。

创新机制——筹好资

为破解贫困户发展产业缺少资金的瓶颈，宜章通过建立“助保贷”平台，设立300万元的农村电子商务发展引导资金，在评出优质实体企业、对贫困户评级授信的基础上，利用金融扶贫小额信贷，对接全县贫困户的脱贫增收，形成“政府助保贷+优质经济实体+小额信贷+电商+贫困农户”的“4+1”金融扶贫方式。与此同时，宜章还创新财政资金整合机制，凡上级下达拨付该县以及县财政、部门安排到村的涉农项目资金，按照每年部门资金比例不低于35%、全县资金总量不低于8000万元的要求，集中用于84个贫困村和贫困户。并把财政专项扶贫资金的60%用于产业扶贫，其中70%的资金以产业项目帮扶到建档立卡贫困户。

俗话说，机制活则全盘活。宜章黄沙镇新垒村166户贫困户557人，通过扶贫小额信贷资金的撬动和财政专项扶贫资金的牵引，发展了脐橙、烤烟、特色养殖、大棚瓜果蔬菜等产业，实现贫困人口户户有产业项目、人人有合作社帮扶的产业扶贫全覆盖。

防范风险——护好航

在推进过程中，宜章把风险防控作为产业扶贫的重要抓手，多措并举，多方联控，让利益联结的各方“高枕无忧”。首先，创新经济实体反抵押机制，经济实体完成资产抵押后方可使用信贷资金。率先建立“资金封闭三方运行监管机制”，将贫困户的小额信贷和专项财扶资金统一纳入公司、合作社、贫困户三方在银行共同开设的账户，进行封闭运行。其次，对建档立卡贫困农户全部评级，授信23887户，授信金额53059万元。县财政每年至少拿出1000万元风险补偿金，专门用于化解贫困农户小额信贷风险。县农商行定期或不定期对经济实体经营生产情况进行评估。再次，县里出台《关于促进电子商务产业发展助推精准扶贫的若干扶持政策》，全县发展了拥有自主电子商务平台的企业9家。同时，县财政投入100余万元，为烤烟种植、福鹅养殖参保；县政府与华中农业大学等科研院校进行产学研合作，全方位提供技术保障。

（湖南宜章县县委 王建球）

甘肃产业扶贫助推贫困户增收模式探索

甘肃省在产业扶贫方面进行了有益的尝试和探索，特别是临洮县和民勤县形成了各具特色的产业扶贫模式。

一、临洮县

在开展精准扶贫精准脱贫过程中，深入推进草牧业结构调整和转型升级，积极引导养殖企业与贫困户建立利益联结机制，引领贫困村群众发展专业化、规模化、集约化草牧业，努力形成“一乡一业、一村一品”的产业发展格局，在全县总结推广了“草牧业助推精准扶贫六大模式”，起到了良好的示范带动效应。

一是乐得“扶贫贷款投资性收益”模式。乐得养殖农民专业合作社按照扶贫资金变资本，农户企业双收益的原则，与新添镇潘家坡村、驹山村、寨子村三个村的贫困户协商，签订协议，将贫困户申请的三年期限 5 万元的精准扶贫专项贷款，由临洮县乐得养殖农民专业合作社统一使用、管理，投资发展养殖业并带动农户脱贫致富。目前在新添镇的三个村发展带动 128 户贫困户，以分红的形式投放纯种基础母湖羊 442 只、纯种公湖羊 121 只，户均收入在 2400 元以上。

二是奇乐“投母收羔”模式。合作社根据养殖户的圈舍面积、运动场及配套设施等情况，对符合条件的养殖户每户发放小尾寒羊基础母羊 6 只并补贴资金 2000 元，补贴资金用于标准化暖棚的改扩建。养殖户所产的羔羊由合作社高于市场价 2 元 / 公斤进行收购。目前，已经从贫困养殖户中回收羔羊 523 只，户均收入 1800 元以上。

三是洮美“还羔改良品种”模式。该合作社将健康无病的种公羊借给饲养 10 只以上基础母羊的贫困户或非贫困户无偿使用两年，两年后贫困户或非贫困户将健康无病的种公羊归还给合作社，如贫困户或非贫困户想继续留用，经双方协商按价购买。合作社借给养殖户的种公羊由养殖户饲养并使用，贫困户或非贫困户所产的羔羊，合作社将高于市场价 2 元 / 公斤回收，发展带动贫困户 58 户，共投放小尾寒羊种公羊 162 只。目前，已经从贫困户或非贫困户中回收羔羊 831 只，户均收入 2000 元以上。

四是金岛“订单购羊”模式。金岛养殖专业合作社以“订单购羊”的模式带动养殖户发展肉羊养殖。在养殖过程中金岛负责提供养殖技术、市场信息、技术培训，指导农户科学养殖。农户饲养的育肥羊到了出栏期，金岛按照高于市场价 1 元 / 公斤进行收购。目前，已经从贫困养殖户中回收羔羊 2654 只，户均收入 600 元以上。

五是生猪调出大县“资产收益”模式。依托生猪调出大县项目，积极引导临洮县新添镇正大猪养殖基地、临洮县甘扶农养殖场、临洮县宏达养殖场、临洮县洮源养殖场、临洮县森源养殖专业合作社等五个大型生猪养殖场扶持带动建档立卡贫困户发展生猪养殖。目前，五个养殖场在太石镇三益村、张家岭村，辛店镇苟家山村，八里铺镇周阳洼村、上泉村，中铺镇康家山村、王家沟村等村提供 25 斤以上的三元杂交仔猪 250 头，为 250 户贫困户每户发放一头进行养殖，帮助贫困户户均增收 750 元以上。

六是安贝源“订单玉米”模式。甘肃安贝源乳业公司通过“订单玉米”的模式，积极引导贫困农户调整种植业结构，帮助引进玉米良种，并指导群众按照全贮玉米的品质要求和质量标准进行生产管理，农户按期、足额地提供符合质量标准的全贮玉米秸秆，甘肃安贝源乳业公司按照每公斤 0.35 元的价格，共收购全株玉米秸秆 11000 多吨，带动红旗乡何家湾、上堡子等村贫困户 564 户，每户种植玉米 2 亩以上，户均收入 2800 元以上，探索出了畜牧产业发展与农业增效和农民增收相统一的有效途径。

二、民勤县

制定了《关于加大湖区种植业结构调整力度支撑肉羊产业发展的指导意见》，着力培育贫困群众富民产业，不断增强贫困区域的自我发展能力，引导贫困户因地制宜调整农业结构，实现贫困农户生产经营效益最大化，重点做好八项工作。

新建一批养殖小区。按照“企业+基地+农户”的产业经营模式，推进养殖小区建设。在巩固、充实、扩群已建养殖小区的同时，每乡镇每年扶持建成养羊 500 只以上的养殖企业或养羊小区 1—2 个，推进湖区养殖生产方式由传统前庭后院养殖向园区化养殖转变。

扶强一批育种企业。以勤锋滩养羊工程中心等种羊繁育基地为龙头，以现有的养殖小区为依托，积极引进和培育一批经营规模大、科技含量高的良种羊繁育企业落户湖区，促进湖区养羊产业向规模化、标准化、科技化转变。

改良一批优质肉羊。大力优化肉羊品种，加快肉羊改良步伐，基础母羊以寒蒙二元杂交羊和小尾寒羊为主，公羊以杜泊为主。按“3+1”模式配套养殖，30 只基础母羊配套 1 只种公羊，力争通过 5 年，实现湖区肉羊品种优良化。

培育一批养羊大户。把养羊产业作为湖区新的经济增长点，拓宽农民增收途径，转变农民增收方式，引导农户大力调整种植业内部结构，发展种草养羊产业，形成“户户种草、家家养羊，一家一户小群体、整村整社大规模”的湖区养殖业产业格局。

推广一组实用技术。主要抓好“良种、良舍、良医、良料、良法”配套技术的推广运用。良种，以繁育产羔率高、产肉性能好的肉羊为主；良舍，以建设养羊小区、完善配套设施为主；良医，以集中免疫、程序化免疫为主；良料，以青储氨化、秸秆饲料化为主；良法，以精、粗饲料的科学配方为主。

培养一批先进典型。坚持“因地制宜，分类指导”的原则，在种草养羊基础好，干部群众思想认识到位、行动积极的村社培育一批具有示范带动作用的先进典型，以点带面，全面推广，通过效益分析，算账对比，用身边的事带动身边的人，让政府的引导变为贫困群众的自觉行动。

构建一套落实机制。把种草养羊产业作为湖区贫困群众收入倍增的主要内容纳入乡镇年度责任书考核。湖区各乡镇根据本乡镇实际选择主推模式，以示范村、示范社建设为重点，确定年度工作目标，落实领导责任，制定奖惩措施，建立工作台账，拟定实施方案，加强动态考核，确保目标如期实现。

配套一批优惠政策。按照“渠道不乱、用途不变、各司其职、各记其功”的原则，整合项目，集中力量倾斜支持湖区发展肉羊产业。依托退牧还草、畜牧良种补贴、产业扶贫等项目和县上的草畜产业扶持政策，扶持养羊户种植饲草、建设养殖暖棚、改良肉羊品种、补栏扩群；因地制宜，制定土地支持政策，引导农民通过承包、转包、租赁等方式使土地向草畜产业流转，使贫困户在土地流转过程中获得增值，使养殖大户、养殖专业合作社、养殖企业取得闲滩空地的使用权。

（甘肃省扶贫开发办公室 王立盛）

湖北十堰市以“六个坚持”打造易地扶贫搬迁“十堰模式”

2016年2月，中共中央政治局委员、国务院副总理汪洋视察湖北省十堰市精准扶贫易地扶贫搬迁工作以来，十堰市委市政府高度重视易地扶贫搬迁工作，主动作为，自我加压，结合十堰市实际全力打造“六个坚持”的十堰模式，易地扶贫搬迁取得了阶段性成效。截止2016年底，全市已开工建设集中安置点2074个，超自定计划的34.2%；搬迁入住44116户128764人，分别超省任务33714户105904人的30.9%和21.6%，其中集中安置30306户83606人，分散安置10867户35264人。

一、坚持领导上阵，市县两级同部署

一是层层安排部署。先后召开三次市委常委（扩大）会、一次全市推进会和一次全市现场督战会，对易地扶贫搬迁工作进行专题研究和安排部署。各县市区也分别召开县委常委会、政府常务会、四大家联席会、全县推进会等会议，对易地扶贫搬迁工作进行全面部署。

二是市级领导带头调研。围绕解决房屋面积、建房举债、统规统建和新老政策衔接等“四大难”问题，市委、市政府组织42名市级领导分赴各自联系点，开展专题调研，释疑解惑，增强基层干部信心。

三是“四级联动”宣传培训。实行市宣讲培训到县级领导和市直工作队、县宣讲培训到乡镇和县直工作队、乡镇宣讲培训到村组干部、村宣讲培训到党员群众“四级联动”的办法，对市县乡村4级干部进行分层培训，充分运用各种舆论媒体和宣传形式，深入细致地宣传易地扶贫搬迁政策，做到宣传到村、动员到户、明白到人，入户宣传率100%。

二、坚持对象精准，扣好纽扣强基础

在全省率先下发《关于开展易地扶贫搬迁对象精准认定锁定工作的通知》，明确了易地扶贫搬迁对象的认定条件、认定原则、认定方法和工作要求。各县市区在省扶贫办初次分配的搬迁对象规模基础上，按照“宣讲政策、贫困户申请、入户调查、群众评议、村级审核、乡镇申报、县级审批、三榜公示、台账管理”的工作程序，采取“五个结合”（对象认定与搬迁安置规划相结合、与脱贫规划相结合、与宣讲政策相结合、与确定帮扶人相结合、与算好资金帐相结合）办法，对有搬迁意愿的建档立卡贫困户进行逐户核实，确保有搬迁意愿的一个不落、不符合搬迁条件的一个不进。搬迁对象锁定后，按照“五个一”的标准（每个搬迁户都有一份申请书、一份基本信息表、一份搬迁协议、一份政策明白卡、一套合法证件）建立纸质档案，完成信息采集、数据录入和分类登记工作，做到村有册、乡有簿、县有案，一户一档。

三、坚持规划引领，优化户型守底线

一是“四规同步”抓规划。坚持“十三五”易地扶贫搬迁总体规划、2016 年实施计划、安置点规划和搬迁户脱贫计划等 4 个规划（计划）同步考虑、同步设计、四位一体。

二是“三个结合”抓规划。坚持与“十三五”经济社会发展规划相结合、与土地利用和城镇发展等行业规划相结合、与精准扶贫脱贫攻坚相结合，以易地扶贫搬迁规划统领新农村建设规划、中心村建设规划、集中安置区规划、整村推进项目规划、住房户型设计规划和产业发展规划。

三是“三个围绕”抓规划。坚持围绕精准识别搬迁对象、围绕村庄建设、围绕产业发展抓规划，以安置点为基本规划单元，统筹考虑村庄布局、基础设施、公共服务、产业发展、生态恢复等内容，在规划层面实现搬迁与脱贫同步、与基础设施配套同步、与公共服务建设同步。

四是“四种户型”抓设计。召开专题会议研究房型设计，按照人均建房面积不超过 25 平方米和 4 种户型面积标准（50、75、100、125 平方米），确定了 30 多种房型设计方案供县市区参考，各地在房型选择上充分考虑传统文化习俗，尽量做到让群众满意。

四、坚持科学安置，因地制宜挪穷窝

一是拆旧院腾空间集中安置。依托农村新型社区建设，安置点选择尽量利用水、电、路、网等公共服务配套完备的村庄、院落、校舍，既避免占用基本农田和耕地，又节约了基础设施配套建设资金。

二是依山就势保生态连片安置。依托美丽乡村建设，依山傍水，分散建房，相对集中连片，统一格调，建设生态宜居安置区。

三是进城镇园区就业分散购房模式。依托城镇化建设，引导搬迁户在基础设施和公共服务较好的城镇、园区购买商品房，通过便利就业，改善生活条件。

四是依托生产资料和特色产业就近安置。围绕致富产业，将安置点选在产业基地周边，发挥龙头企业和专业合作社带动作用，让搬迁户既可流转土地入股，又可在基地务工获取收入。

五是公租零租保障房安置。对农村特困户和五保户，建设产权归集体所有的安全保障房，实行集中安置供养。

五、坚持脱贫同步，因户施策换穷业

一是利益联结，藤上结瓜。签定政府、市场主体、金融机构、保险公司和搬迁户五方协议，制定完善支持政策，大力培育扶贫龙头企业和农村专业合作社，通过土地流转建设搬迁群众参与度高的特色种养业基地，带动搬迁户通过土地流转得租金、基地务工得薪金、种植养殖产品保护价收购得现金，让其在产业链上稳定增收致富。

二是转移就业，劳务输出。大力实行“订单式”、“定向式”技能培训，促进搬迁户尽快实现就业；鼓励本地企业优先吸纳搬迁户劳动力就业，对吸纳一定比例且长期稳定就业的企业，适当减免地方税和税收地方留成部分；组织开展易地扶贫搬迁户劳动力务工情况的摸底调查，建立输出地政府与输入地政府、接纳企业的对接联动机制，支持务工人员长期稳定就业。

三是入股分红，化解风险。在不改变用途前提下，将扶贫产业扶持和搬迁户贴息贷款资金入股市场主体，获取保底分红加利润提成收益，降低贫困户分散经营市场风险。

四是资产投资，村户收益。在不改变用途前提下，将搬迁资金、产业扶贫资金、部门整合资金用于光伏发电、建设标准化厂房、修建或购买商业门面等项目，并把项目资产量化分配到搬迁户和村集体，通过资产投资收益增加贫困村和搬迁户收入。

五是乡协认领，帮扶脱贫。以乡情为纽带，以扶贫村为单位，以外出创业成功人士、本地致富能手、在职干部职工、离退休老干部为会员，组建互助性的社会组织，通过结对帮扶、捐资助贫、兴办产业、村企共建等方式，帮助贫困群众脱贫致富。

六是以奖代补，激励脱贫。鼓励搬迁户积极参与“大众创业”，通过以奖代补、国家税收优惠政策、贷款贴息等方式支持自主创业。

六、坚持细化节点，完善机制抓落实

一是组织保障机制。市县两级都成立了易地扶贫搬迁领导小组办公室（工作组），建立了主要领导负总责、分管领导具体抓，一级抓一级、层层抓落实的工作机制。市县乡村四级对照 2016 年搬迁目标任务层层签定目标责任书，采取党政同责、县乡同责、单位与驻村干部同责“三同责”的办法，逐级压实责任，确保领导力量和工作力量到位。

二是挂图作战机制。各级各部门围绕目标任务绘制易地扶贫搬迁作战图，制定时间表，实行挂图作战、看图指挥、梯次推进、按图销号，做到“搬迁对象、搬迁模式、搬到哪里、建成啥样、能否脱贫”五个心中有数。

三是协同配合机制。市县两级职能部门坚持“三个纳入”（把易地扶贫搬迁纳入年度重要工作计划、纳入资金安排计划、纳入项目实施计划），打破常规，特事特办，在保证质量、要件齐全（规划建设、工程标准）前提下，开辟绿色通道，简化办事程序，优化审批流程，做到程序服从项目建设进度，提高工作效率。

四是项目管理机制。各地出台易地扶贫搬迁项目《工程建设管理办法》和《项目资金管理办法》，坚持项目法人责任制、招投标管理制度（竞争性谈判）、资金限标包干制度、工程监理制度和群众监督等制度，采取“双签”办法（施工单位与镇村签定《安全生产责任书》、与搬迁户签定《工程质量承诺书》），由搬迁群众代表和工程监理单位共同组建质量安全小组，全程参与工程监管；实行新建房屋与搬迁户“一对一”，在房屋动工建设前确定每个搬迁户在安置点的对应房号，防止工程竣工后因住房分配产生矛盾纠纷；对搬迁贫困户实行一户一档，明确档案的 10 项内容，因户规范管理；加大公开公示力度，凡是在易地扶贫搬迁资金使用上出现问题的，从严追责，通过对项目资金实施严格管理，确保项目施工安全、质量安全、资金安全、干部安全。

五是督办问责机制。将易地扶贫搬迁纳入全市重点工作督办内容，成立 7 个专项督查组，一月一督查、一月一通报，对落实不力、工作滞后的单位和责任人启动问责程序；每月选定一个县、若干乡镇召开督战会，开展现场拉练，全年实现县市区全覆盖；研究出台《十堰市易地扶贫搬迁工作考核办法》，考核结果计入年度精准扶贫工作成效考核体系，作为干部提拔使用的重要依据，对工作不力的县市区和部门实行“一票否决”，取消评先资格。

（湖北十堰市扶贫办 王峰 国家统计局十堰调查队 翁小聪）

贵州惠水县易地扶贫搬迁情况

自 2015 年易地扶贫搬迁工作启动以来，贵州省惠水县认真贯彻落实中央、省、州决策部署，把实施易地扶贫搬迁作为破解脱贫攻坚难题的重大举措，按照“搬得出、稳得住、有保障、能致富”的工作思路，强化组织领导，加大政策扶持，狠抓工作落实，易地扶贫搬迁工作取得了阶段性成效。

一、实施情况

2016 年惠水县第一批整体搬迁群众 1095 户 4684 人，其中建档立卡贫困户 743 户 3115 人，搬迁对象涉及 8 个镇（街道）28 个村 66 个组（自然村寨）；第二批整体搬迁 198 户 802 人，其中建档立卡贫困户 145 户 604 人，搬迁对象涉及 1 个镇 5 个村 12 个组（自然村寨），2017 年计划搬迁 2868 户 11989 人，占总搬迁计划的 68.4%。

易地扶贫搬迁住房建设资金实行差异化补助政策，其中建档立卡贫困人口按人均 2 万元标准给予补助，因自然村（寨）整体搬迁的同步搬迁人口按人均 1.2 万元标准给予补助，搬迁户签订旧房拆除协议并按时拆除的，每人奖励 1.5 万元，用于住房建设。

二、后续扶持措施

针对困难群众“搬出来后怎么办”这一关键的问题，惠水县结合实际大胆创新，探索建立了“盘活三地、衔接三保、落实三就、建好三所、完善三个机制”等一系列移民生计保障和后续发展机制，努力实现让群众“一步住进新房子，快步过上好日子”目标，并已取得显著效果。

（一）统筹资源盘活“三地”建立助民增收机制。

做好盘活承包地、林地、宅基地这篇文章，让迁出地资源成为群众稳定的收入来源。一是抓好确权颁证。对迁出的群众进行“三地”资源的核查确权，确保群众权益不变，让搬迁群众吃上定心丸。二是制定利用规划，建立群众受益机制。对石漠化严重和 25 度以上坡耕地一律实施退耕还林，重点发展经济林群众除享受政策补助外，享受 10-20% 的增值收入；耕地条件较好的逐步配套农田水利设施建设，鼓励群众以承包地入股经营，政府性公司统一收储流转，按稻田每亩 400 元、旱地每亩 300 元的标准流转五年，并享受 10-20% 的增值收益。拆除复垦的土地计入承包地确权颁证；一时难以利用的实施生态修复，农户继续享受林地各项权益，集体林地收入分配到户，宜林荒山纳入开发规划，收入归群众所有；有保留价值的村寨或房屋制定开发规划有序经营。通过上述措施，搬迁群众从迁出地“三地”资源每人每年预计可获得固定收入 1000 元左右，并随效益的产生而增加。

（二）广开门路落实“三就”建立稳定的脱贫机制。

就业、就学、就医问题是群众最关心的问题，也是群众最根本的生计保障问题。就业方面，一是广辟就业渠道，结合供给侧结构性改革，采取招引企业解决就业、能人创业带动就业、购买服务等方式拓宽就业渠道。目前经开区、农业园区可解决固定用工、季节性用工等岗位 8000 个左右。二是抓好就业扶持，企业解决 1 人稳定就业半年以上，给予 10 万元贷款的贴息，一次性奖励 2000 元。自主创业带动 2 人以上就业的，给予“3 个 15 万”小微企业扶持、场租补贴、税费扶持。动员群众以“特惠贷”入股移民创业务工产业园，入股群众每户每年不承担风险可享受 3000 元以上分红。三是抓好技能培训，针对劳力状况抓好订单式就业培训，让群众找到适宜自己的岗位。四是抓好教育管理，抓好就业观念、生活方式的教育引导，让搬迁群众尽快适应新的生活。以就学为长远，调整优化学校规划布局，大力发展教育，满足搬迁群众就读需求大力发展教育，阻断贫困代际传递。对就读县内普通高中、中职学校的贫困子女，除享受国家相关政策外，就读普通高中的每生每年给予 2000 元资助，考取二本以上院校的一次性给予 4000 元入学资助。利用老年人对子女的亲情纽带，提前安排子女入学，做到以学促搬。以就医为保障，设置社区卫生服务站，建立搬迁人口健康档案和医疗精准扶贫救助档案，实行“贫进脱出、病进愈出”的动态管理和监测。开设搬迁群众医疗“绿色通道”和“双向转诊”通道，提供先诊疗、后付费和“一站式”服务。

（三）用足政策衔接“三保”建立为民增福机制。

按照群众自愿选择、从高从优的原则，惠水县全力做好低保、医保和养老保险的转移衔接工作，逐步实现城乡并轨，织牢“三保”安全保障网。一是做好低保衔接。农村低保转为城镇低保，每年可增加 2748 元；属农村“五保”人员转为城镇特困人员，每年可增加 3572 元。其他搬迁群众迁入安置点后，按照城市最低生活保障标准给予 3 个月临时生活救助。二是做好医保衔接。搬迁群众自主选择参加新型农村合作医疗保险或城镇居民基本医疗保险。进入企业务工且劳动关系稳定的，参加城镇职工基本医疗保险。建档立卡的搬迁群众就医实行政策内费用全兜底。对同步搬迁的群众自搬迁之日起 3 年内，就医后门诊报销比例提高到 90%，住院报销比例提高到 85%，不足部分用医疗救助、大病商保补助。三是做好养老保险衔接。搬迁群众自愿选择参加城乡居民养老保险或城镇职工养老保险。建档立卡贫困人口且已年满 60 周岁无力缴纳城乡居民基本养老保险费的，由县财政按最低缴费标准资助其缴纳参保费。

挪出穷窝走新路，迁出深山幸福来。如今，贫困群众从大山深处搬出来，住上了小洋楼，走上了平坦路，喝上了干净水，过上了幸福生活，惠水探索出一条富有特色的易地扶贫搬迁之路。

（国家统计局惠水调查队 党学勇）

陕南扶贫搬迁的成效与典型案例

陕南地区位于秦巴山片区，山大沟深，生态脆弱，地质灾害易发，贫困程度深，扶贫搬迁任务较重。2017 年 1 月，国务院副总理汪洋同志专程赴陕南，深入扶贫搬迁集中安置点，看望慰问搬迁贫困群众，了解扶贫搬迁、产业扶贫、生态扶贫等工作进展。为了解陕南扶贫搬迁工作进展情况，以及搬迁居民的生活状况，国家统计局陕西调查总队近期走访了陕西省扶贫开发办公室等相关部门[①]，对安康市、商洛市所属两个移民搬迁社区的 60 户搬迁户进行了实地走访和问卷调查。搬迁居民反映，享受到了搬迁带来的政策红利，居住环境更为舒适，就业渠道多样，生活水平有所提高。陕南扶贫搬迁取得了明显成效。

一、陕南扶贫搬迁成效显著

陕西省自 2011 年起开始对陕南深受自然灾害威胁和贫穷困扰的 240 万人实施避灾扶贫生态移民搬迁。“十二五”期间，全省共完成搬迁 53 万户、190 万人；陕南三市（汉中市、安康市、商洛市）共投入资金 595 亿元，建设集中安置点 2252 个，搬迁安置 32.4 万户、111.89 万人。三市搬迁居民人均年收入翻番，由 2011 年的 4151 元上升到 2015 年的 8225 元，贫困人口因搬迁减少 50 万人。

本次调研的平利县和镇安县均位于陕西省东南部，地处秦巴集中连片特困地区。平利县户籍人口 23 万人，2010 年在册贫困户 3.43 万户、8.63 万人，贫困人口近四成。至调研时已经累计建成 30 户以上的集中安置区 84 个，1.62 万户、5.07 万人实现了“易地扶贫搬迁挪穷窝”。

镇安县户籍人口 30.26 万人，2010 年贫困户 2.48 万户、10.4 万人，贫困人口约占三分之一。至调研时已经累计建成扶贫移民搬迁安置点 110 个，搬迁安置 1.21 万户、4.37 万人，集中安置 1.11 万户、3.94 万人，集中安置率达到 91.3%。

通过对平利县扶贫移民搬迁小区药妇沟社区和镇安县云盖寺镇花园社区的实地走访了解到，随着扶贫搬迁工作的深入开展，搬迁居民享受到了搬迁带来的政策红利，居住环境更为舒适，就业渠道更为多样，教育医疗等条件极大改善，生活水平稳步提高。

（一）实现了居有其所。平利县药妇沟社区 2014 年建成，设计容纳 450 户，搬迁户已全部入住。镇安县云盖寺镇花园社区于 2012 年开始建设，一期、二期工程设计建造 1112 套，2014 年建成使用，1112 户搬迁户全部入住；三期、四期工程设计建造 2000 套左右，现已全部封顶。两个小区均采取统规统建，各项设施完善，水、电、网络、电视全部接通，全部用上了净化处理的自来水，有了独立厕所。此次调研的 60 户搬迁户一致认为，搬迁后居住情况得到了明显改善。

①相关部门包括：陕西省扶贫开发办公室、省国土资源厅（主管全省扶贫移民搬迁工作）、安康市平利县扶贫移民办公室、商洛市镇安县扶贫移民办公室。

调研了解到，扶贫搬迁未造成贫困群众生活负担。“十二五”期间，陕南三市进城入镇的搬迁户以人均 20㎡ 标准，最大不超过 120㎡，由政府集中建设住房，搬迁安置房按国家标准为每户居民提供相应补助。本次调研的 60 户搬迁户均反映足额得到了相应的国家补贴，60 户中有 53 户提供了购房情况信息，共得到国家补贴 197.4 万元，户均补助 3.72 万元。其中，2011-2013 年实发到搬迁户手中国家补助每户 3 万元，2014-2015 年补助标准提高为每户 4.5 万元。国家补助之外，需要自筹的资金，搬迁户可以从商业银行申请房屋贷款。60 户中有 33 户从商业银行申请了房屋贷款，搬迁后收入状况改善，还贷情况良好。

（二）提升了生活质量。调研的 60 户搬迁户均认为生活中面临的上学远、就医难等问题通过搬迁得到了解决。一是搬迁后的小区建在集镇附近，配套有幼儿园，解决了孩子上学问题；二是集中安置点附近均设有医务室，以前无法及时看病就医的情况得到了极大改善。

（三）改善了就业情况，提高了家庭收入。从走访情况看，60 户中有 57 户认为搬迁后家庭收入有了明显提高，只有 3 户表示搬迁前后收入情况没有得到明显改善，主要是年龄为 60 岁以上的老年人，搬迁后由于年龄较大，缺乏劳动技能且无法接受培训，不能进工厂务工，只能在周边打散工，收入得不到保障。

搬迁户反映，搬迁前主要在家务农，耕种山上贫瘠的土地，收入较低，一年通过林产品、养猪等约有 3000-4000 元的收入；搬迁后本地务工及外出打工的渠道更为通畅，收入水平明显提高。如镇安县花园社区的居民，多在家门口的工业园区和社区物业务工，本次调研走访的两个社区企业，80% 的工人来自搬迁居民，每人每月工资可达 1800-2000 元，最高的可达 5000-6000 元。平利县药妇沟社区一户居民家中三人均在社区工厂打工，每人每月平均工资可达 2500 元，搬迁即实现了脱贫。

二、陕南扶贫搬迁的两个典型案例

案例一：平利县积极探索“社区 + 家庭手工业”精准脱贫新路子

针对离开土地资源进入城镇、社区的搬迁居民，尤其是留守妇女、中老年人、残疾人等就业困难群体，平利县积极探索“社区 + 家庭手工业”的精准脱贫新路子，取得了比较好的成效。按照规划，到 2018 年，平利县拟创建 100 家社区工厂，吸纳搬迁居民就业 6000 人以上。截至 2016 年底，全县已创办社区工厂 41 家，吸纳搬迁居民 3000 余人就业，就业人员年均收入 2 万元以上。社区工厂主要有三种模式：一是订单加工模式。主要特点是由大企业提供全部或部分原料、材料、辅助材料，制成成品由大企业回收，社区工厂工人拿计件工资。如恒源电子科技有限公司与大型电子产品生产企业合作，加工电子元器件，由对方提供订单并负责回收产品，工人工资每月 1500-3000 元，工厂年利润 20 万元左右。二是贴牌加工模式。主要特点是自己进料，为大企业代加工成品，使用大企业品牌。如城关镇普济寺富声电子加工厂生产贴牌中高档耳机，年产值 120 多万元，吸纳社区居民 30 多人就业。三是自创品牌模式。如洛河镇鑫发制鞋厂注册“雪中情”牌棉鞋商标，2016 年该厂销售棉鞋 10 万双左右，产值 270 万元，企业年利润 40 余万元，吸纳社区居民 50 余人就业，务工人员每月工资 2000-4000 元。

平利县社区工厂受到了搬迁居民的普遍欢迎，取得了较好的经济效益和社会效益。一是找到了“稳得住、能致富”的就业门路。平利县在解决搬迁移民的就业问题上，采取了“两条腿走路”的办法，对有一定文化基础的青壮劳动力，通过职业技能培训统一组织送出去打工；对因需要照顾家庭留在社区的妇女、中老年劳动力等，通过生产技术培训统一安排在社区工厂就地就业，实现了搬迁居民“楼上居住、楼下就业”。今年年初，全县 1.52 万搬迁户基本做到每户至少有 1 人在外务工或在社区工厂就业。由于较好地解决了搬迁居民的就业和收入问题，几年来搬迁户实现了安居乐业，基本未出现返回原居住地的现象。二是解决了易地搬迁脱贫的后顾之忧。社区工厂对务工人员的知识文化水平和专业技能要求不高，简单易学、管理灵活，稍有劳动能力的老年人、残疾人都能参与，这是其他就业方式所不具备的。社区工厂在改变搬迁居民生产生活方式、增加搬迁居民收入、稳定就业等方面优势明显，基本解决了贫困户知识文化水平和专业技能低、担心搬出来后没有固定收入的后顾之忧，是践行“就业式精准扶贫”的有效方式之一。三是为解决农村“三留守”问题提供了可行办法。社区工厂能够让农村富余劳动力在家门口就业，做到“挣钱和顾家”两不误。当前，平利县农村社区大多数家庭出现了这种现象：丈夫外出打工挣钱，妻子在社区工厂上班挣工资养家，既照顾了老人孩子，又成就了各自事业，较好地解决了农村“三留守”问题。同时，兴办社区工厂以后，搬迁农民就近有了活干，心思放在了工作上，社区打牌混日子、无所事事的人少了，邻里之间的矛盾纠纷也减少了很多，促进了社区风气好转，形成了人人有事干、村村讲和谐的良好格局。

案例二：镇安县以产定搬，后搬迁时代有业安置

“十三五”期间，镇安县有 1.01 万户、3.3 万人需通过搬迁实现脱贫。为保证搬迁居民能有业安置、稳得住，镇安县积极探索，将扶贫移民搬迁规划与秦巴山区产业扶贫规划、城乡建设统筹规划相结合，依托产业园区、商贸街区、精品景区建设规划搬迁社区，形成了“以产定搬、以搬促城、产城融合”的扶贫移民搬迁模式，建成了云盖寺镇花园小区等一批特色扶贫移民搬迁安置小区。截至 2016 年底，全县共形成 31 个产业型的搬迁社区，带动了 3600 余户搬迁居民实现就业。

一是围绕农业园区建搬迁小区。按照“山上建园区、山下建社区”的原则，做好搬迁建设规划，全县有 2000 多户实现了居家就业。围绕蚕桑基地建设和蚕丝加工，建设搬迁点 6 个，搬迁 800 多户；围绕万亩茶叶基地和盛华茶叶龙头企业建设，建设搬迁点 5 个，带动搬迁户 1500 多人就业；结合岩湾农业观光园建设，推进岩湾移民搬迁工作；依托“安业清真”餐饮品牌，推进白山羊、肉牛基地建设；在云盖寺、灵龙、东川等地实施林下养鸡项目；在永乐、高峰等搬迁点配建标准化养殖场；在张家、铁厂、米粮等搬迁点配建蔬菜大棚项目，让搬迁居民经营。

二是结合工业园区建搬迁小区。围绕农产品深加工，在集镇和集中移民安置点策划龙头企业项目，全县 15 个 100 户以上的规模安置小区都有工业项目，政府通过

减免租金等优惠政策吸引企业入驻，同时与企业签订协议，优先保证搬迁小区居民就业，带动搬迁户约 3000 人就业。

三是靠近商贸街区建搬迁小区。借助搬迁带来的人口聚集效应，积极发展商贸流通业，铁厂和谐、回龙幸福里等 15 个在乡村集市附近建设的移民搬迁小区，规划时将临街房屋按照“楼上住房楼下铺”的思路设计，带动全县近 2000 户搬迁居民从事商贸业。如“美云秦绣”公司是当地旅游品牌，在超过 100 户的安置小区统一布点，教当地留守妇女刺绣、收绣品并销售绣品，带动搬迁妇女 2000 多人就业。

四是依托旅游景区建搬迁小区。利用当地旅游资源，建设木王山、塔云山、北阳山等 5 大旅游景区，把搬迁安置房作为农家民居景观建设。至调研时已经有四个旅游景区按照这种设计建成搬迁小区，还有一个景区正在建设。结合景区的美丽乡村、特色小镇项目一栗园片区生态项目，可提供工作岗位 500 多个。

本次调研的云盖寺镇花园移民安置区，从设计之初就规划为一个集居住、商业服务、文教娱乐、旅游为一体的山水田园生态社区，以中小企业孵化园、仿古商业街、游客接待中心为平台，让搬迁居民在家门口就业。其中建设了 20 栋 3.6 万平方米的中小企业孵化园标准化厂房，其中 8 家知名企业已入园投产。2016 年创产值 2.5 亿元、利税 0.5 亿元，可安置搬迁户 4650 人就业，目前已解决搬迁居民 1500 人就业。2015 年在临近村组建起了 2000 亩大棚蔬菜和 1000 亩标准化茶场，让搬迁居民就近务农就业。

（国家统计局陕西调查总队 韩国军 袁渊）

河北涞水县实施“双带四起来”旅游扶贫新模式

河北涞水县地处燕山－太行山连片特困地区，拥有世界地质公园、国家5A级旅游景区、国家森林公园等丰富旅游资源。几年来，该县发挥这一优势，围绕让更多贫困农村依靠旅游业脱贫致富，让更多贫困群众多途径参与分享到旅游发展带来的好处，探索了“双带四起来”的旅游扶贫思路，即：景区带村、能人带户；把群众组织起来，把产业培育起来，把利益联结起来，把文化和内生动力弘扬起来。这一模式，为实现产业精准带动、旅游精准扶贫提供了成功实践。2016年9月，全国产业扶贫现场会在涞水召开，实地观摩并总结推广了该县旅游扶贫经验；2016年10月10日，国务院副总理汪洋到涞水调研旅游扶贫，对此给予充分肯定。

2016年，涞水县借承办首届省旅发大会的东风，对景区33个贫困村通过精准识别，既将贫困村按地域划分为景区核心村、景区周边村、景区辐射村；按资源禀赋划分为旅游资源丰富村、发展空间广阔村、产业基础较好村；将贫困人口按照个人身体状况和劳动能力分为完全丧失劳动能力的、基本无劳动能力的、缺乏基本就业技能的、具备劳动能力的、有意回乡创业的。然后实行精准施策，即景区带村、能人带户。景区带村以资产平台带村，立足旅游资源与生态资源共享，县政府投入1000万元旅游扶贫基金，入股野三坡旅游投资有限公司，山区扶贫对象每人获得股份，每年分红1000元；以旅游规划带村，与野三坡景区总体规划相衔接，逐村编制旅游扶贫规划，确立旅游扶贫目标定位、方向路径、旅游功能设施、新业态项目、运营管理机制等；以旅游布局带村，投资50多亿元，打造了10余个新业态项目，特别是建成了月亮湾康养小镇、四季圣诞小镇、百里峡艺术小镇，并在九龙镇实施美丽乡村综合开发项目，构建起“景区＋小镇＋特色村”的旅游扶贫格局；以基础设施带村，与美丽乡村建设统筹推进，加快构建旅游扶贫基础设施支撑体系；以旅游业态带村，围绕融入休闲度假大景区，按照景区核心村、周边村、辐射村不同条件，因村制宜，一村一品，打造旅游新业态，带动增收脱贫；以旅游技能带村，按照“培训一人、就业一人、脱贫一家”的工作思路，针对贫困群体开展技能培训，同时针对贫困群体设置特殊岗位，以技能培训和岗位设置，带动贫困群众融入新业态；以旅游营销带村，把旅游扶贫村全部纳入全域旅游示范区总体布局，把特色小镇、旅游村全部纳入智慧景区系统和精品旅游线路，与核心景区统一管理、统一推介、统一营销，形成互补融合的发展格局。能人带户，法人带，引进工商资本和旅游管理公司，通过流转土地、农宅，吸纳就业等形式，与贫困户实现利益联结；回乡创业带，进一步加大政策支持和项目资金扶持力度，吸引大多数在外务工人员回乡发展农家游等产业，带动当地贫困群众就业创业；先富群体带，先富裕起来的农户为贫困群众提供就业岗位，手把手培训旅游技能，通过吸纳就业、带动创业，增加贫困群众的工资性收入或经营性收入；党员带，强化党员责任，特别是结合“两学一做”学习教育，鼓励引导党员与贫困群众结对子，实施“点对点”帮扶，带动贫困群众脱贫。

涞水县通过实施“双带四起来”旅游扶贫，初步实现了就业带动、创业带动、商品带动、资产带动、股权带动，不仅带动了贫困群众增收，改善了贫困村生态环境和生活环境，而且提升了贫困群众的生产生活方式和人文素质，助推了全面建成小康社会进程。

一是提升了带动能力。通过培育打造旅游新业态，拓宽了贫困群众增收渠道，强化了扶贫产业支撑。借势省旅发大会，百里峡艺术小镇在原有食宿功能基础上，打造了香雪咖啡屋、香雪书坊等 23 个新业态旅游产品，真正成为了乡村旅游目的地。同时围绕旅游新业态，新建、改造旅游路 110 公里、桥梁 17 座；铺设、改造输水管网 4.5 万米；对 15 个村的电网实施了改造；新建、改造厕所 2800 个；15 个美丽乡村建设省级示范片区村成为乡村旅游新热点。目前野三坡景区由原来的 520 平方公里拓展到 700 平方公里，辐射带动的贫困村由 33 个增加到 71 个，带动贫困人口达到 10494 人，2016 年带动 4194 人脱贫。

二是探索了新型模式。着眼把群众组织起来，积极探索新型模式，让群众“抱团取暖”，实现永久性稳定脱贫。如能人带户探索形成了南峪村、白涧村、计鹿村等不同“法人带”模式。南峪村成立旅游股份制合作社，实行全民入股、贫困户赠股，年终享受合作社分红；白涧村引进国和集团投资，利用贫困户农宅，发展农家乐旅游；计鹿村引进荣盛集团和野三坡旅游投资公司，对农户空置宅院统一流转，统一打造，统一经营，双方利益分成，带动贫困群众增收。

三是强化了利益联结。搭建了县级旅游资产收益扶持平台，成立了一批股份制旅游扶贫合作社，实现了资产到户、权益到户。目前旅游资产收益平台已投入运行，2016 年带动山区五乡镇 11392 名贫困群众人均增收 1000 元。新成立股份制旅游扶贫合作社 23 个。松树口村旅游农宅合作社吸纳全村 14 户、18 名贫困群众入社，发展民宿旅游，融入翡翠谷现代农业光观园，实现新业态带动。

四是激发了内生动力。在旅游扶贫带动下，充分激发了贫困群众想脱贫、议扶贫、干开发的热情。在百里峡艺术小镇建立了 5 个培训基地，已培训 20 期 980 人次；在四季圣诞小镇设置特殊岗位，实现 600 名贫困群众就业。通过技能培训和岗位设置，把每一个有劳动能力的贫困群众都配置在产业链的适宜环节，让他们都找到适合岗位，有机会靠自己的能力，实现有尊严的脱贫，彻底根除了“久困成习”的思维定式和生活方式。

（河北省涞水县委办公室 刘金峰　涞水县扶贫开发办公室 张武）

湖北恩施州以发展旅游促精准扶贫

近年来，恩施州委州政府认真贯彻落实习总书记系列重要讲话精神，咬定与全国同步全面建成小康的目标，坚持把旅游扶贫放到全面建成小康社会和建设全国先进自治州的大局中去思考、谋划和推进，推动了发展转型、绿色繁荣。

一、主要成效

（一）以旅游扶贫助推转型发展。旅游兴，百业旺。恩施州把生态文化旅游产业发展作为转方式、调结构、促发展的突破口，着力打造州域经济“升级版”。2016年，全州接待游客4366万人次，同比增长18%；实现旅游综合收入300亿元，同比增长20%。三次产业结构实现了由一产业为主导向三产业为主导的历史性转型。

（二）以旅游扶贫加快脱贫致富。瞄准贫困村、贫困人口，把旅游项目向具备条件的贫困村倾斜，着力改善贫困村生产生活条件。近年来，生态文化旅游业带来的裂变效应日益显现，成为城乡居民就业的“主平台”和增收的“主渠道”，每年直接承载10万、间接带动40万农民就业创业，旅游扶贫重点村和示范点道路通畅率、通信覆盖率、饮水入户率均达到100%，特色民居改造达到半数以上。旅游业架起了向逐步富裕、全面建成小康迈进的“绿色通道”。

（三）以旅游扶贫扩大对外开放。以高速公路和铁路建成、动车开通、机场改造升级运行为契机，连接州内景区景点的“千公里旅游公路”基本形成，形成了对外开放的“大通道”和“内循环”。依托土家女儿会、生态文化旅游节、中国硒产品博览会等节会活动，开展旅游推介和旅游招商，汇聚人流、物流、资金流和信息流，实现了由内生型经济为主导向开放型经济为主导的转变。

（四）以旅游扶贫彰显生态优势。坚持“既要金山银山，更要绿水青山”，树立绿色政绩观、绿色生产观、绿色消费观，在旅游开发中保护生态、彰显生态。全州森林植被覆盖率达到67%，州域空气质量优良天数达到310天以上，被网友票选为7个“中国最佳洗肺城市”之一。通过旅游业的发展，建设山青、水绿、天蓝、地净、人与自然和谐的美丽恩施已成为全州上下的共识和一致行动。

二、主要路径

（一）景区带动型扶贫。贫困地区往往是旅游资源的富集区，奇山秀水久藏深闺无人识。我们坚持以交通条件改善为契机，以建设景区为引擎，带动区域经济社会发展，实现了“建一个景区、富一方经济”目标。先后引进鄂西生态文化旅游圈投资公司、腾龙洞旅游开发公司、三特公司、湖北清江旅游发展公司等企业投资旅游景区开发，建成了33家A级景区，形成了“2个5A+16个4A”的高密度、高A级景区集群，辐射带动重点贫困村、贫困户脱贫。恩施市沐抚镇是典型的深山贫困乡镇，路难行、产业弱、收入低。2004 年开发境内的恩施大峡谷景区的短短 10 年来，成功创建成为国家 5A 级景区，在景区的带动下，高等级旅游公路连通了村村寨寨，星级农家乐如雨后春笋般涌现，乡村土房变成了特色民居，当地农民变成了景区的安全员、卫生员、服务员和演艺人员。恩施大峡谷景区投资近 2000 万元在景区出入口和景区的缓冲区投资建设了 202 个商铺，采取低廉的租金，引导当地近 400 人创业，年均收入超过 4.5 万元，最高超过 20 万元；景区用工优先录用当地百姓，共有 632 人在公司就业，全部享受公司“五险一金”待遇；在保证规范管理的条件下，景区免费让当地百姓 107 人在景区内从事特色交通（轿夫、背篓）经营；景区实景演出近 200 人的群众演员全部是当地百姓，增加了他们的收入；带动景区周边近 200 户农家乐发展，拥有床位 3000 余张。

（二）乡村旅游型扶贫。坚持以美丽乡村为发展平台，紧扣游客远离喧嚣、回归乡村、亲近自然的旅游需求，利用古村寨、民族村寨、特色产业村等特殊资源，加速发展乡村旅游，建设湖北旅游名镇 3 个，湖北旅游名村 13 个，实现了“扮靓一批镇村、改善一方民生”的目标。近年来，将民居、民俗、茶叶、葡萄等规划打造成特色景观带和体验带，围绕乡村旅游配套发展星级农家乐，涌现出了一批乡村休闲旅游示范点，昔日卖不出去的农副产品成为了抢手货，长年沉寂的古村落成为了旅游的新去处，传唱数辈人的山民歌排练成为了民族舞，依山傍水的农家院成为了农家乐，带动贫困村民在家门口吃上了旅游饭、走上了致富路。

（三）养生度假型扶贫。充分利用良好的高山气候环境和良好的生态优势，大力发展养生度假旅游业，让四海游客来恩施吸氧洗肺、养生度假，催生旅游地产、乡村度假型酒店、农贸等配套产业，拉动村民致富增收，实现了“建设一个旅游度假区、发展一方产业”的目标。先后建设了利川苏马荡、建始黄鹤桥、巴东铁厂荒、咸丰坪坝营等高山休闲旅游度假区，每年吸引 50 万人次以上游客到恩施消夏度假，平均居住时间达到 1 个月以上。

（四）创业就业型扶贫。充分发挥旅游产业带动功能强、吸纳就业能力强、就业门槛相对较低的优势，以建设旅游综合体为平台带动相关产业发展和吸纳就业，促进贫困人口就地转移致富，实现了“搭建一个平台、成就一方百姓”的目标。着眼旅游区域带动和服务，配套建设恩施女儿城、恩施华龙城、硒都茶城等大型旅游综合体，采取薄利出租或零利润出租优惠政策，优先吸纳贫困村民就业创业，让他们创业有门、就业有路。由华硒集团公司投资建设的恩施土家女儿城，是武陵山区的最大的旅游综合体、国家 4A 级景区和恩施文化旅游的新地标，具有恩施非物质文化遗产传承和体验、文化演艺、土家美食体验、富硒文化展示、旅游综合接待、运动健身等多重功能，带动当地 300 余村民实现了就业。

（五）文旅融合型。坚持促进文化与旅游深度融合，为乡村旅游注入文化灵魂，丰富发展内涵，实现了“融合两种产业、打造一批精品”的目标。建始县龙坪乡店子坪村，山高路远，闭塞落后，村支部书记王光国带领村民绝壁凿路，战天斗地，谱写了新时代“愚公支书”传奇，得到时任省委书记李鸿忠的高度肯定，并指示要把店子坪建设成为当代红色旅游基地、当代红色教育基地、精准扶贫示范基地。目前，该村已成为湖北乡村旅游与文化融合的典范。同时，全州还打造了湖北省第一家洞穴实景剧利川腾龙洞《腾龙飞天》、第一家大型山水实景剧恩施大峡谷《新龙船调》和大型乡村音乐剧《黄四姐》等，让 2000 余名当地村民白天干农活、晚上当演员，每年直接增收 3000 余万元。

三、存在的不足

一是旅游扶贫整体水平有待提高。旅游扶贫组织化程度有待进一步提高，旅游企业和建档立卡贫困村、贫困户的连接机制不紧密，旅游扶贫的综合带动功能发挥还不充分，特别是通过旅游业融合一二三产业促进脱贫致富的效益发挥不够、直接带动建档立卡贫困户不够。

二是基础设施不配套直接制约旅游扶贫。虽然全州交通环境得到了较大改善，但通往景区公路等级不高和农村通畅率不高，水、电等只是实现了低层次的配套，乡村旅游点的游客中心、民宿或农家乐档次标准不高，与发展高标准、精品化的乡村旅游还存在差距。

三是旅游扶贫的市场主体不强。主要体现在旅游扶贫缺乏龙头企业的带动，实力雄厚的市场主体投资乡村旅游的动力不足，难以持续性推动群众造血能力提高。

四是旅游扶贫的项目支持力度有待加大。旅游扶贫涉及到方方面面，项目也零星分散在各个部门，需要进一步加大整合力度，“一个漏斗”向下，集中财力解决道路基础设施、产业发展、劳动力素质提高等旅游扶贫的瓶颈制约。

（湖北恩施州旅游委 彭祖之　国家统计局恩施州调查队 周大开）

重庆石柱做强景区依托型乡村旅游促进贫困户增收

石柱县鱼池镇总面积 101.35 平方公里，平均海拔 1000 米，四季分明，气候宜人，资源丰富，交通便利。在脱贫攻坚工作中，围绕打造“全国著名康养休闲生态旅游目的地”总体定位，依托千野草场 AAAA 级景区，“四做一推”形成了“千野小镇”、“十里荷塘”、“佛莲洞 · 乡村欢乐记”、“万家店子”、“灵山佛森林氧吧”、“牡丹园”等极具特色的乡村旅游景点。打造了“千野草场露营”“山地自行车赛”、“荷花月”、“岩口绿色烧烤”、“全藕宴”、“千野梨子酒”等乡村旅游品牌。

一、依托景区培育优化乡村旅游特色

一是做优景点，增强景点吸容功效。在积极协助农旅公司提升改造千野草场这一核心景区的同时，努力争取资金修缮保护“万家店子”，改造提升“十里荷塘”，认真规划鱼池老街修复，支持指导佛莲洞、千野牡丹园建设，镇域内各景点品质不断提升，吸容功效不断增强。

二是做靓形象，全域范围美化环境。扎实推动“四城同创”、旅游沿线房屋风貌改造、农村环境综合整治等工作，积极开展“我爱我家，环境美化”活动，由镇村党员干部带头开展义务劳动，在全域范围内掀起爱卫保洁浓厚氛围，集镇形象得到较大提升，农村人居环境不断改善，爱护环境卫生的良好社会风气正逐步形成，特别是针对乡村旅游接待户，其室内室外环境卫生更是高标准、严要求，有力促进乡村旅游业发展。

三是做大规模，奠定化蛹为蝶基础。按照“量变产生质变”的原理，积极采取召开群众会、选择性入户动员等方式，从分析形势、政策引导上入手，广泛宣传发动群众参与到乡村旅游发展中来。通过努力，目前全镇发展“黄水人家”会员 102 家，共有床位 1067 个、餐桌 1039 张。接待户体量的壮大促进了良性竞争比拼，从中涌现出不少成功的乡村旅游接待户成为示范户，其中 3 家三星级农家乐更是刺激了不少农户，预计全镇即将再增加至少 10 户接待户。

四是做特餐饮，打造地方特色美食。充分发挥鱼池分社在打造特色餐饮上的主体作用，依托鱼池现有的莲藕产业、土鸡、山羊产业和天麻、野梨子等山货食材优势，按照“康养美食”要求，积极开发地方特色美食，成功推出“全藕宴”、“岩口绿色烧烤”、“千野栗子酒”等，确保 “吃好、好吃”在乡村旅游发展的第一要素地位。

五是做优服务，确保游客宾至如归。充分发挥鱼池分社在发展乡村旅游业上的引领作用，重点围绕乡村旅游服务意识、特色餐饮打造和经营理念等方面，采取“请进来教”、“派出去学”、“外出观摩”等方式，加强对乡村旅游接待户的业务培训，同时积极开展对会员的生产经营、管理服务等现场指导，促进了会员管理规范化、服务优质化、产品特色化。全镇参加乡村旅游相关业务培训累计人次超过 300 人次，所有接待户均接受过至少一次以上的业务培训和指导。

六是做强营销，凸显广告宣传效应。一方面，政府积极推介，举办一年一度的荷花文化月活动，形成了节会品牌，起到了较强的广告效应。另一方面，依托鱼池分社，充分汇集各会员基本情况、收费标准、生产经营动态等信息，开通网上查询、订房订餐、预定结算等功能，起到了宣传营销、开拓市场的作用。

二、建立利益联结机制和发展带动模式

一是以专业合作社为龙头，带动贫困户抱团发展。“黄水人家”鱼池分社成立于 2016 年，积极动员有条件的贫困户和非贫困户经营乡村旅游，加入“黄水人家”鱼池分社，现有入社会员 102 家，其中贫困户直接经营农家乐的有 26 户，山娇村贫困户汪云泽利用家住十里荷塘核心区的优势办起了荷塘农家乐，很快实现了脱贫致富。

二是以市场主体为依托，增强扶贫带动作用。依托顺昌农业有限公司、佛莲洞等农家乐和乡村旅游企业通过土地流转等方式带动贫困户脱贫，共流转 381 户 1395 人，流转土地 5521 亩，流转资金 119.3 万余元；其中贫困户 78 户 253 人，共流转土地 933 亩，流转资金 22.8 万余元；带动农户就业 151 户，其中贫困户 50 户。

三是以资产收益为手段，实现贫困户直接增收。通过旅游收益扶贫项目来带动贫困户脱贫，目前申报项目资金共计 99 万元（其中贫困户直接参与乡村旅游申报资金 39 万元），将带动本镇 43 户贫困户脱贫，每年户均预计分红 2000 元以上、年收入 5000 元以上。

三、探索扶贫融合发展方式

坚持把乡村旅游业作为助推脱贫攻坚的重要抓手，在政策支持上向贫困村、贫困户倾斜，鼓励鱼池分社会员通过资产收益、临时务工、食材购买、从业能力等方面带动贫困户。全镇 102 家“黄水人家”入社会员直接或间接带动贫困户 137 户，其中直接经营的 26 家，已经全部实现了稳定脱贫。同时，乡村旅游业的发展，有力地推动了种养业发展，三分之一的贫困户间接受益。同时按照“转型康养、绿色崛起”发展理念，大力推进农旅文融合发展，不断提升鱼池分社在乡村旅游发展中引领、营销、组织等功能，加快乡村旅游接待户提档升级，推动乡村旅游和环境卫生互促互动，让乡村旅游业在脱贫攻坚起到中流砥柱作用，让更多的农民群众获得实实在在效益。

（重庆市扶贫办 孙元忠）

河北威县实施“金鸡帮扶”项目探索资产收益扶贫新模式

威县是黑龙港片区的国定贫困县，近年来该县始终把产业扶贫作为精准扶贫的重要抓手，注重以壮大产业为基础，以重大龙头项目为依托，积极探索多种利益联结机制，让群众在参与合作中激发内生动力，实现稳定增收脱贫。2016 年，在国务院扶贫办和省市有关部门大力支持下，威县与北京德青源农业科技股份有限公司（以下简称德青源）战略合作，通过市场化运作，探索创新资产收益扶贫模式，在促进贫困群众脱贫、壮大农村集体经济等方面取得了良好效果、积累了成功经验。在去年召开的全国产业精准扶贫现场观摩会上，与会各省现场观摩了威县“金鸡帮扶”项目，总结推广了该县资产收益扶贫经验。

一、做法：探索资产收益扶贫新机制

德青源是中国蛋鸡产业化龙头，参与制定了中国第一部鸡蛋标准，并创建“鸡蛋身份证制度”，实现所有农场鸡蛋全程追溯，开创了我国鸡蛋品牌先河。在全球首创“有机种植－生态养殖－食品加工－清洁能源－有机肥料－蛋品物流”一二三产业融合发展循环农业模式，被联合国环境署评为全球环境示范工程。威县与德青源合作共建的“金鸡帮扶”项目，基本做法可以概况为五句话：

（一）国企融资建厂。威县人民政府成立县属国有公司——威州农业投资有限公司（以下简称农投），投资 2.5 亿元（其中，农发行贷款 1.3 亿，重点项目基金 0.3 亿，扶贫资金 0.2 亿，整合涉农资金 0.7 亿），建设“八区四厂（2 个后备鸡场、6 个蛋鸡场、1 个饲料厂、1 个屠宰厂、1 个食品厂、1 个沼气厂）”、总规模 240 万只的金鸡产业扶贫项目生态园。项目全部建成后，年产鸡蛋 5.5 亿枚，总产值可达 6.2 亿元，创税 2268 万元。

（二）扶贫资金入股。威县四个乡镇村组建六个蛋鸡养殖合作社，126 个村（贫困村 48 个）、2117 户、4424 名贫困人口每人按 4680 元财政扶贫资金入股合作社，加入农投建设金鸡产业项目，让“扶贫资金变资产”，贫困户成为“特惠股东”，并实行动态管理。

（三）企业租赁经营。项目建成后，德青源投入 1.25 亿元（生物资产）承包经营，承租期 15 年，每年按农投固定资产总投资的 10%，支付租金 2500 万元；租赁期满后，可按每年租金 1000 万元续租或按残值一次性收购所有资产。

（四）贫困群众分享。承租期间农投所得租金，年均还本付息 1538 万元后剩余 962 万元。由农投和合作社将 2117 户、4424 人贫困群众每人每年 1000 元分红，按半年一次拨入贫困户卡上，总计年分红 442.4 万元。项目还可提供就业岗位 1038 个，并优先录用有劳动能力的贫困群众。租赁期满后资产收入，用于全县相对贫困人口动态救助。

（五）集体经济受益。德青源每枚鸡蛋提取一分钱，建立“蛋基金”，支持村集体经济。同时，农投从德青源租金中列出480万元，按每村每年10万元标准，由农投和合作社，通过乡镇财政拨入48个贫困村账户，作为集体收入，用于公益事业建设维护，构建长效扶贫机制。

二、成效：形成脱贫攻坚协奏曲

该模式不仅带动了贫困群众增收，还加快了当地扶贫产业提升，推进了贫困村提升工程实施步伐，探索出一条增加农村集体收入的有效途径。

（一）带动了精准脱贫。项目全部建成后，涉及贫困户每年都有稳定兜底收入，加上各项政策扶贫，完全能够实现稳定脱贫。同时，威县德青源生态园还专设保安、保洁、门卫等低技术要求爱心岗位150个，协助乡镇集体通过创办物流、包装企业创造就业岗位600个，各贫困村还设立了村级环卫、安保、养老护工等6个公益岗，让有劳动能力的贫困群众，通过力所能及的劳动增加收入，激发内生动力，实现有尊严脱贫。目前，项目养殖区、饲料厂招投标已完成，按照建设进度已支出9000万元，蛋鸡一区、二区已投入使用，蛋鸡三区正在安装设备，蛋鸡四区土建正在维护；青年鸡一区已投入使用，青年鸡二区土建已完成，正在安装设备，其他鸡区正在建设；饲料厂规划已完工，正在做基础修改；蛋肉加工中心正在做土地规划。2016年贫困群众每人分红300元。威县德青源还招募和储备150余人，70余人已到岗就业，其中建档立卡贫困人口占38%，平均每年人均增收2万多元。

（二）提升了产业层次。威县德青源还发起成立了“蛋鸡产业扶贫联盟”，全县46个中小蛋鸡养殖户通过蛋鸡养殖合作社加入联盟，由联盟组织科技扶贫特派员团队，向联盟成员提供动物营养、疫病防控、健康养殖等方面专业技术支持，并通过设备改造、技术革新、统一供应链服务等举措帮助蛋农提高生产效率，解决运营销售问题。同时，还培养了一大批产业发展带头人，带动全县蛋鸡产业壮大规模、促进产业升级，也极大促进了全县现代农业整体扩规提质。

（三）助推了面貌改变。依托威县德青源金鸡产业项目，通过农投市场化运作，整合租金、贷款、涉农等多渠道资金统筹使用，有效扩大了贫困村面貌改造提升“资金池”。截至目前，已累计投入1.9亿元，用于贫困村水电路文卫等基础设施建设。特别是注重把脱贫攻坚与美丽乡村建设相结合，对毗邻金鸡产业园的固献乡沙河王庄村进行美丽乡村改造，建成特色金鸡小镇，2016年成为省级美丽乡村精品村，被省委、省政府命名为“河北名村”。2017年，还将依托德青源金鸡产业园，整合梦幻庄园、秀水山庄、十里荷塘等周边休闲旅游项目，打造扶贫攻坚、美丽乡村、现代农业、绿色生态、乡村旅游融合发展示范区。目前正在强力推进，框架布局已经呈现，有力加快了城乡一体化进程。

（四）增加了集体收入。村级无集体收入或集体收入少，是制约当前村级服务作用发挥的一个重要瓶颈。威县金鸡帮扶项目，在带动贫困群众稳定脱贫同时，也找到了一条拓宽集体收入来源的有效途径。项目全面建成后，48 个贫困村每村每年可增加集体收入 10 万元，除每村拿出 7 万元用于设立 6 个村级环卫、安保和养老护工等公益岗外，还有 3 万元集体收入用于村公益事业建设维护，实行相对救助。目前，已为 48 个贫困村每村拨付集体收入 2 万元，用于贫困人口公益岗位工资支出。

（五）激发了内生动力。项目全部建成后，可吸纳 1038 名贫困群众就业，月收入 2000 元以上，实现有尊严脱贫。

（六）提供了借鉴模板。以该模式为样板，威县正在建设君乐宝第三牧场和奶源深加工项目。

（河北威县县委办公室　李东强）

山西阳高县乐村淘电商助力脱贫攻坚

为了深入了解山西贫困地区农村“三新”产业兴起与发展状况，国家统计局山西调查总队对阳高县“乐村淘电子商务”发展情况、存在问题进行了调查了解，并提出了几点发展建议。

一、阳高乐村淘电商发展现状

（一）发展概况。

“阳高县乐村淘电子商务有限责任公司”是一家现代科学管理制度下的法人治理结构的企业，于2015年1月1号正式注册成立。公司依托“山西乐村淘网络科技有限公司”的先进理念及经营模式并结合县域经济实际进行运营。“山西乐村淘网络科技有限公司”于2014年1月注册成立以来，先后组建了山西及北京、黑龙江、湖北、四川、安徽、湖南、江西全资子公司，通过在东北、华北、华中、华东和华南五个中心，使全国大部分地区都快速覆盖在乐村淘商城的农村电商服务网络之下，经营范围为电子信息咨询及技术培训服务、计算机网络工程的施工及技术服务、计算机软硬件的技术开发及服务、企业形象策划服务，电子产品、办公用品、计算机软硬件及耗材的销售，网络代购、物流派送、产品代销、劳务服务。与此同时，公司不断加强和充实技术实力，改进并完善售后服务、物流配送及市场推广等各方面的软、硬件设施及服务平台，进一步深化和拓展了公司业务空间。目前，乐村淘结合农村经济发展现状及农民消费需求，制定了适合当前农村电商发展的“六位一体”的发展思路。

一是村级体验店：帮助村民网上购物，农产品代卖，劳务输出，金融服务等。

二是农村消费顾问：为村民提供产品服务信息，收集村民销售供需数据。

三是县级管理中心：开拓体验店、培训体验店、服务体验店。

四是镇级物流体系：负责县到村、村到县的双向物流配送。

五是农村电商平台：为农村提供“商流”、“物流”、“信息流”、“资金流”服务平台。

六是农村消费数据库：收集、分析、运用农村消费数据，更好地指导农村消费。

（二）经营现状及思路。

公司经过两年间的发展，建立了“乐村淘阳高特色馆”、“乐村淘工业园区电子商务培训基地”、“乐村淘物流产业园”三大基地。并以三大基地为龙头，下设162家农村线下体验店，覆盖了全县13个乡镇的全部自然村。公司2015年销售业绩为1200万；而2016年截至9月底，销售业绩已达3600万元。从整体上看，公司正处于快速推进蓬勃发展的阶段。

1. 乐村淘农村线下体验店。公司积极利用创新的双 020（线上到线下）模式，引导农民对乡村现有的小卖部进行改造，升级成为“乐村淘”线下体验店。依托每个村级体验店，引导农民消费习惯，构建新型电商村镇社区经济生态圈。目前公司已经设立了共计 162 家农村线下体验店，覆盖了阳高县 13 个乡镇的全部自然村。

2. 乐村淘阳高物流产业园。为解决阳高农畜产品生产加工规模小、散、乱的现状，使全县物流建设辐射到各个乡村，公司在阳高县北徐屯乡沙河台村租赁土地 20 亩，建成了占地 2600 多平米的仓储库房和占地 1200 平米的冷链仓储库房，并在全县 13 个乡镇均建立了乡镇物流中心，全县 162 个行政自然村全部设立了物流点。同时拥有公司自主的物流车辆用于公司的日常运营。公司物流园区分布有快递包裹分拣区、电商中心、快递办公区、餐饮中心、备用分拨中心、车辆维保中心、休息中心等场所，配备了物流信息系统安全设备，X 光安检机等仓储快递操作设备，完全实现了快递和仓储物流的一体化运作，满足了全县快递二级分拨周转的能力，成功解决了县域物流“最后一公里”的问题。为解决县域小微企业的“众创”需求，公司制定了运营前期电商及快递企业免费入驻的优惠政策。现已经免费入驻的有千禧日杂、金沙河面业、海洋数码、金牛管业、四家公司和韵达快递、圆通快递、中通快递、申通快递、百世汇通快递公司共 5 家快递物流龙头企业。

3. 乐村淘阳高特色馆。2016 年初，公司在县城繁华地段政府街建立了占地 260 平米的“乐村淘阳高特色馆”。“特色馆”借助乐村淘全国资源，把全国各地物美价廉的特色产品引进来，把阳高的名优特产推出县域、走向全国，活跃地方经济，让农民真正受益。2016 年 7 月 6 日，公司成功举办了“阳高县首届大吉杏旅游采摘节”，借助乐村淘庞大的全国渠道、资源、规模优势，在活动节当天就创下了杏果销售 47 万元的收入，解决了长期困扰杏农销售渠道不畅的问题。

4. 乐村淘电商人才培训基地。人才是行业发展的关键，公司针对农民网络知识落后，电子商务平台操作困难的现状，在县城龙泉工业园区建立了占地 600 平米的乐村淘电子商务培训基地，针对六类人群（政府部门人员、企业负责人、农业合作社、大学生创业群体、农村创业青年及电子商务进农村三级服务体系工作人员），开展了四级培训（扫盲班、初级班、中级班和精英班）。9 月下旬，公司又与县政府合作举办了为期 5 天的“小微企业创业培训班”，聘请电子商务行业知名专家学者来阳高授课，共对 120 名小微企业主进行了培训，取得良好效果。截至目前，基地共举办 123 期 968 人次的培训班。

二、乐村淘电商有效带动精准扶贫

（一）拓宽了农村住户增收渠道。

“阳高县乐村淘电子商务有限责任公司”自成立以来，一直重视社会效益，积极发挥企业的社会责任，将发展农村电子商务和实施扶贫开发有机结合起来，通过多方位精准施策，将企业发展与推进电子商务扶贫工作进行了有效结合，达到了“双赢”的效果。目前已基本实现了“两有一能”目标（县有服务中心、乡村设有电商线下体验店，使得农民能够足不出村就能通过电子商务购买到物美价廉的化肥、种子、农资等产品及家电等日用消费品），极大地缩减了消费成本，同时通过电子商务还能销售当地农村优特产品，带动地方产品生产种植，鼓励贫困农户通过协议种植、保价回收、产品代卖等形式解决贫困农民农产品卖难问题，增强了贫困户“造血”功能，提高了贫困户的收入水平。

（二）开辟了农村新的人才培训渠道。

“乐村淘电子商务人才培训基地”为有志创业的贫困人口提供免费的电子商务专业培训和创业指导，并积极招聘接纳贫困人员从事公司的相关工作，争取实现“培训转移一人、脱贫致富一家”，切实帮助贫困户“拔穷根”、“摘穷帽”。 通过两年的不懈努力，带动贫困户增收作用已初步显现，电子商务进农村，改变了农民传统的生产生活观念，特别是“靠天吃饭靠力挣钱”的收入方式，正在发生悄然变化。

（三）提升了阳高农村经济软实力。

同心同力发展乐村淘电商，增加了阳高人民与时俱进的荣耀感和自豪感，解放了思想，开阔了思路，展示了当地绿色食品的魅力，激励了全县人民创业创新的激情和动力，填补了阳高县农村电子商务发展的空白，开辟了农村电子商务新液态的发展之路。

三、制约乐村淘电商发展的主要因素

随着我国经济发展方式的转型升级，阳高县乐村淘电子商务正面临一带一路建设、产业转型升级、互联网+等一系列机遇，但做大做强乐村淘电子商务、更好地服务阳高整体经济发展，还面临一些亟待解决的困难和问题。

（一）思想观念屏障。

电子商务，不是仅仅增加了一个网络宣传渠道，也不是仅仅增加了一个网络销售渠道。电子商务是一种商务电子化，是企业智能化，是企业整体的革新，带来的不仅是新的渠道，新的模式，更重要的是与时俱进、紧随市场的新业态，带来的发展和回报也将是难以估计的贡献。但由于阳高县是山西省 36 个国家级贫困县之一，当地经济发展乏力，农村居民观念较落后，对电商的认识和有效利用仍处于较低层次，人们思想认识还需进一步提升和转变。

（二）运作资金屏障。

公司从成立以来一直就致力于提升县域经济的转型和发展，注重公司的社会效益。但作为一家民营企业，资金短缺仍是制约其发展的最大瓶颈，因此，必须加大新型企业资金扶持力度，把扶贫资金和企业扶贫有机结合起来，从根本上给予支持和帮助，并通过政府对公司电子商务培训进行补贴和专项资金补贴，促使新型产业健康发展。

（三）货物流转屏障。

电子商务是一个刚刚兴起的新型产业，特别是在农村，由于信息封闭、知识缺乏，人们接受这一新兴产业还需要时间和过程。加之公司刚刚起步，因此，在货物流转上存在货物少、成本高的现实情况。但为了增强大家对公司信任，凡是客户需求都要满足，甚至一、两件商品都要去流通，为此，常常出现一些少量需求、空车跑送的现象， 无形增加了公司成本，影响了运作效益，阻碍了农村电子商务发展的进程。

四、促进乐村淘电商发展的对策建议

（一）政策引导，不断提高全社会对发展现代电商及物流业的思想共识。

为了推进电子商务特别是农村电子商务的健康发展，政府部门要加大扶持力度，一是要在给予优惠政策支持的同时，不断完善相关法规政策，提高监管效率，为企业创造公平竞争的市场环境；二是要大力宣传实施现代电子商务及物流业发展的新理念，通过强化学习、培训、考核以及出台一系列政策等方式，将发展全域电商及物流业新理念，牢牢植入各级干部和广大群众的思想观念中，落实到具体工作上，并结合发展实际，逐步建立可操作性的考核机制，真正推动电商及物流业可持续发展。

（二）统筹规划，努力降低电商及物流业成本。

在企业起步阶段，一方面政府应采取措施帮助企业降低成本、减轻负担，从而提升企业利润空间，提高企业发展后劲。另一方面企业也要转变思维与运作模式，向以信息技术和供应链管理为核心的现代电商及物流业发展，降低运作成本，提升管理能力，使公司尽快适应当前面临复杂多变的市场环境。

（三）多方参与，积极破解人才、资金等难题。

在人才方面：一是要加强人才培养和引入，通过与外地高等院校、先进企业合作引进人才；二是积极推荐有前途有发展的企业人员到学校深造，到外地和相关企业学习；三是加大传统企业的升级改造，加强企业信息化建设，推进传统生产技术不断向互联化、智能化、自动化发展；四是建立“互联网 +”人才引进目录，对企业引入的人才建立档案，加强跟踪和服务，出台针对“互联网 +”人才的优惠政策，助其在本地安家落户。在资金融合方面：一是不断拓宽企业融资渠道，进一步推进银企合作机制，鼓励商业银行以优惠利率向开展“互联网 +”改造的企业贷款并适当延长贷款期限；二是创新贷款抵押方式，试行存货抵押、知识产权抵押等方式，大力发展融资租赁业，为企业融资开辟新途径；三是加大对企业“互联网 +”融合发展的财政支持，通过设立发展基金等方式，为企业提供一定的财政支持；四是加大与贫困地区农民脱贫攻坚的融合力度，用足用好扶贫资金。

（四）鼓励引领，推进农村电子商务的新发展。

一是继续加大对本地相关小微企业的入驻率，继续做大实体贸易电子商务物流配送为一体的 020 综合电商发展；二是加大电子商务人才的培训，通过园区扶持几家大型网商企业，引导企业的网络营销意识，形成阳高县网货的品牌效应；三是购进节能减排的电动车和油气两用车来取代传统的运输车辆，实现物流运输效率的进一步提升，为建设绿色县域做出贡献；四是利用电子商务推销当地土特产，如大吉杏，绿色果蔬，特色羊肉，温泉景点等，以此推动当地网商指数增长，做好现代商贸流通业，逐步提升产业繁荣度；五是积极挖掘特色农业、特色旅游业与电商相互渗透和连带发展，直接起到精准扶贫的社会效益。

（国家统计局山西调查总队 吴世明 严林英 王建永 乔腾宙）

安徽贫困地区集体经济发展状况调研报告

为了解贫困地区集体经济发展状况，国家统计局安徽调查总队近期在全省13个市县65个贫困村[①]开展了专项调研。结果显示，调研地区积极探索集体经济发展路径，但收益低、支柱产业和人才缺乏等问题制约可持续增收。

一、贫困地区积极探索，创新发展集体经济

调查显示，安徽贫困地区采用培育特色产业以及创新股权形式等方式，积极探索集体经济发展增收途径。

（一）培育特色产业，拓宽增收途径。六安市金寨县面冲村具有茶叶种植的传统，村两委因地制宜，将茶叶确立为全村精准脱贫主导产业，村集体建设茶叶生产厂，将605户农户组织成30个家庭农场，每个农场由10-20个农户组成，家庭农场与茶叶企业对接，签订茶叶联合加工合同，保证茶叶销量及价格，2016年全村茶叶种植收入2000万元。该村计划到2020年流转2000亩土地，全部投产后预计可实现年产值6000万元，村集体经济年收入30余万元。舒城县阙店乡转水湾村建设香椿种植基地，被列为国家扶持村级集体经济发展试点项目。村委会通过成立专业合作社和公司，注册“阙红”牌商标，开发香椿酱，利用线下市场和线上电商同步销售。同时，开展香椿采摘乡村旅游活动，打造香椿旅游观光基地，2016年该村集体经济净收入达到20万元。

池州市青阳县红光村位于九华山麓，山清水秀。该村根据自身优势，发展乡村旅游，集中力量整治村庄环境，建立并完善旅游配套设施，形成以欣赏紫薇花海、体验激情漂流、品鉴八都风情为特色的夏季游产品，年接待游客量3万余人次。此外，该村成立专业合作社，参股当地紫薇花海项目建设，2016年村集体经济实现分红收入10.4万元，每户贫困户因此增收1000元。

（二）创新股权形式，助推集体经济发展。合肥市庐江县石头镇笏山村探索资源变资产、资金变股金、农民变股东改革试点，推广“龙头企业＋合作社＋农户”模式。采用三权入股[②]形式建设瓜蒌种植扶贫产业园：一是将省级专项扶贫资金和对口扶贫资金作为村集体资产，按每万元1股，计72.5股；二是生产大户作为经营主体，以生产、营销投入计价入股，计120股；三是11户贫困户和90户一般农户，以土地承包经营权按每亩1股入股，计597股；三者合计789.5股。合作社统一经营，收益分配采取保底收益和按股分红相结合的方式，2017年1月，11户贫困户共获得首笔土地股份保底分红2.14万元，村集体经济增收1.5万元；贫困户在合作社工作，

①调研走访了六安市、宿州市、宣城市、合肥市、寿县、阜南县、宿松县、颍上县、泗县、舒城县、蚌埠市、青阳县、无为县的65位贫困村支部书记或村主任。

②包括集体资产收益分配权、经营主体投入收益权、农户土地承包经营权。

每年户均工资性收入 3000 余元。舒城县河棚镇泉石村村两委招商引进种植大户，完成流转本村农户土地 280 亩，从事苗圃种植，按每年每亩 600 元支付租金，同时就近雇佣劳动力，带动 50 人就近就业，男劳动力日工资 120 元，女劳动力日工资 100 元，实现了集体经济和贫困户共发展同增收。

驻村第一书记积极发挥“领路人”作用。阜阳市阜南县刘楼村集体资产 2015 年之前一直闲置，未能产生任何效益。下派干部出任村第一书记后，将村集体鱼塘、林地出租，每年收益 5.5 万元；建成扶贫车间 350 平方米，实行招标管理经营，引进柳编经营户，可吸纳贫困户中 28 个劳动力就业，实行计件工资制，每人每天最低收入 60 元；推动村集体光伏发电项目并网，每年收益 4 万元。

二、集体经济发展面临收益低、支柱产业和人才缺乏等问题

（一）集体经济收益不高。调研显示，目前贫困村集体经济收益仍然偏低，对贫困户脱贫帮扶作用有限。调查村 2016 年集体经济平均净收入 8.2 万元，低于 5 万元的村占 36.9%，尚有 9.2% 的村收入为零。因为发展集体经济，为每户贫困户平均带来 737 元收益，但有 38.5% 的村的贫困户没有因此增加收益，15.4% 的村给贫困户的收益分配在 200 元以下；仅个别村为贫困户带来较多收益，如六安市舒城县转水湾村集体经济为贫困户带来每户 5000 元收益。

（二）缺乏支柱产业和发展后劲。调研的 65 个贫困村均发展光伏发电，六安市调研的 8 个村中有 4 个是通过光伏发电项目实现村集体经济“零突破”。但光伏发电产业存在占用建设用地、维修成本较高等问题，效益提升空间有限，只能作为集体经济有益组成部分，难以作为支柱产业。

35.4% 的受访贫困村发展种养业，但同质化严重，缺少深加工，竞争力不足。95.4% 的贫困村都没有自己的产品商标。

55.4% 的受访贫困村发展资产租赁。但一些村将集体资产简单处理，不作资产评估，一次性收取承包费或出让费，并以此作为主要集体经济收入来源。如池州市青阳县三义村每年全部集体经济收入只是出租三义水库、老村部等获得 1.3 万元租金。宣城市宣州区净蓬村，上世纪 90 年代将村集体山场 3000 余亩出租，期限 50 年，每年每亩租金仅 3 元。

（三）资金有限、人才缺失。受访贫困村 2016 年平均获得 210 万元扶贫资金，53.8% 的村获得扶贫资金超 100 万元。扶贫资金多为基础设施建设项目资金，用于挖塘修渠等水利建设、修路、贫困户危房改造等，可用于集体经济的资金有限。如蚌埠市五河县刘台村，2016 年获得的扶贫资金 230 万元，要求其中 165 万元用于修路、20 万元改建厕所、45 万元建造蔬菜大棚。集体经济发展存在技术和管理人才缺乏的问题，一些村干部面对集体经济发展新要求力不从心，如萧县张口村 10 亩大棚生产因缺少技术管理，2016 全年无收益。

此外，部分村干部的思想状况值得关注：一些村干部因工资低、任务重，缺少发展集体经济积极性；一些村干部存在依赖思想和畏难情绪；还有一些村干部认为

若成功发展成果属于集体，失败则债务化解难，群众埋怨，思想有压力，不愿冒险尝试。阜阳市阜南县8名受访村干部有6名表示发展集体经济只能靠政府。

三、建议

发展集体经济，共建幸福家乡不仅仅是脱贫攻坚的一项阶段性重要工作，更应视为一项长期、重要的民心工程。当前是发展集体经济的一个关键时期，应以此为抓手，凝聚财力、凝聚乡情、凝聚人心，打造幸福安徽、温暖安徽、美好安徽。除了加大政策扶持、资金投入，搞好道路、水利、电信等基础建设外，还应在以下四方面加大力度。

（一）加强村级班子建设，选好带头人。主要领导必须德才兼备、爱岗敬业。如本地没有合适人选，可从有关帮扶单位委派担任村支书。庸者下、能者上，将最合适的人用在最合适的地方。加强学习培训，提升干部水平。省市县三级不定期开办短期培训班，邀请有实际经验的专家授课，村干部轮训，开阔视野，转变观念，增强领导能力和管理水平。

（二）构建乡村通讯网络，打造现代宣传平台。村两委要建立村民手机通讯网络，掌握每户村民、至少户主手机号，通过手机短信，及时、准确传递信息。通过微信自媒体，建立服务号或订阅号公众平台，以图文并茂形式，及时、准确传递家乡生产、生活与脱贫攻坚情况。先抓好自媒体免费宣传，条件成熟后再考虑电视、报纸等其它有偿广告形式，自力更生，变被动为主动，抱团取暖，扩大人脉宣传效应，拓宽产品销售渠道。

（三）专家会诊，科学规划。县、乡、村区域规划统筹考虑，在一村一品上找准定位，提前谋划品牌问题。脱贫攻坚帮扶单位除选派干部进村帮扶外，还要集中本单位长于策划、思路清晰、富有实践经验人员，组成扶贫智囊团，群策群力，协助村两委做好规划设计与执行纠偏，避免盲动走弯路、错失良机浪费扶贫资源。

（四）理清家底，用好三资。资金、资产、资源实行台帐管理制度，由乡镇存档统管。规范建立资产资源台账、固定资产台账、债权债务台账、经济合同台账等，定期开展集体经济财务审计。同时，逐步建立民主决策流程，全方位接受群众监督，防止腐败与集体资产流失。各项专项资金直接支付到村，乡镇农村经济管理服务中心监督使用，保证所有村民都能公平共享村级集体经济发展成果。

（国家统计局安徽调查总队 王丹）

湖北民营企业参与精准扶贫工作情况调查

一、基本情况

据统计，自 2015 年以来，湖北省共有 7829 家民营企业参与精准扶贫工作，辐射 3076 个贫困村和 22.87 万户贫困户。按行业划分，参与精准扶贫排在前五位的行业分别是农林牧渔业、制造业、住宿餐饮业、建筑业和批发零售业，分别有 4637、1106、404、374 和 211 家，占全省参与精准扶贫民营企业总数的比例分别为 59.2%、14.1%、5.2%、4.8% 和 2.7% 。

一年多来，湖北省 7829 家民营企业共投入无偿资金 16.72 亿元用于推进精准扶贫，其中用于基础设施建设 2.52 亿元、用于扶贫产业开发 10.54 亿元、用于文化教育 0.36 亿元、用于医疗扶贫 0.064 亿元、用于人力资源培训 0.12 亿元、用于发展社会事业 0.61 亿元、用于赈灾救济 0.93 亿元、直接捐赠（含捐赠物资折价）1.36 亿元、其他 0.22 亿元，共实施各类项目 4160 个；直接投资项目 3022 个、累计完成投资 26.29 亿元，帮助引进项目 689 个、累计完成投资 8.11 亿元；累计吸收 10.27 万贫困人口就业；共举办各类培训班 4352 期，培训贫困人口 18.24 万人次，其中技术人员 0.86 万人次、农村致富带头人 3.32 万人次、农村劳动力 14.05 万人次。

二、湖北省动员民营企业参与精准扶贫的主要做法

（一）高位推进，构建民营企业参与精准扶贫的强大气场。2015 年，省委、省政府召开省、市、县、乡、村五级书记参加的精准扶贫誓师大会，成立省委、省政府主要领导为第一组长、组长的扶贫攻坚领导小组，与各市（州）党政“一把手”签订减贫脱贫责任书，出台以《关于全力推进精准扶贫精准脱贫的决定》，提出到 2019 年贫困户销号、贫困村出列、贫困县摘帽的“精准扶贫、不落一人”总体目标，明确脱贫时限和年度减贫任务；提出“鼓励民营企业参与扶贫开发，确保贫困村企业帮扶全覆盖”。此外，省委、省政府还出台《关于广泛动员社会力量参与扶贫开发的意见》，要求“完善市场主体参与扶贫开发机制，进一步整合资源，做精千企帮千村工程，以村企共建为平台，引导和鼓励各类企业履行社会责任、发挥企业自身优势，到重点贫困村投资兴业、吸纳就业、技能培训、捐资助贫，确保新一轮建档立卡确定的 4821 个贫困村均有企业结对帮扶”。

（二）严密组织，广泛动员各类民营企业与贫困村结对帮扶。按照全国工商联和国务院扶贫办的统一部署，湖北先后出台《关于联合开展“民营企业参与扶贫工程”的指导意见》《关于进一步推进“民企联村”工作的意见》和《关于实施“千企帮千村”工程的意见》等指导性文件，对民营企业参与精准扶贫作出部署。自“千企帮千村”工程启动以来，多次召开全省性会议予以推进，先后在通山县和大悟县

召开现场推进会。2016 年 1 月 25 日，召开全省“千企帮千村、脱贫奔小康”电视电话会议，对新形势下推进“千企帮千村”工程进行再动员、再部署。2016 年 6 月 16 日，又在长阳县召开“千企帮千村”精准扶贫行动座谈会，为推动民营企业参与精准扶贫把脉问诊。在市、州、县层面，通过召开动员会议、出台指导性文件、搭建对接平台等方式，积极动员和引导民营企业参与精准扶贫工作。

（三）政策激励，为民营企业帮扶贫困村提供制度保障。在引导民营企业参与精准扶贫工作上，湖北除了运用行政手段加以动员外，还着力建立健全各项保障制度，以互利互惠的政策措施激励广大民营企业参与精准扶贫。在财政税收政策方面，明确将扶贫领域服务列入政府购买服务范围，积极推进面向社会购买服务，支持社会企业承担扶贫项目的具体实施；同时，全面落实企业用于扶贫开发的公益性捐赠税前扣除政策，对申报、审核、扣除等程序进行规范和简化。在金融支持方面，明确在银行借贷、授信额度、市场融资、企业债券等方面，对积极参与扶贫开发、带动贫困群众脱贫致富、符合信贷条件的市场主体给予信贷支持。在人才支持方面，明确对在社会扶贫中有积极贡献的企业和社会组织，在人才引进、队伍建设等方面予以支持。此外，还出台了一系列优惠政策，如民营企业在贫困地区建设农产品加工厂，办理相关证件尽量简化手续，优先安排土地；对民营企业参与建设易地扶贫搬迁等项目各项收费能免则免，能减则减；对上规模的养殖民营企业建立保险和奖励制度等。

（四）宣传发动，营造民营企业参与精准扶贫的浓厚氛围。充分运用各种媒体，广泛宣传民营企业参与精准扶贫对于加快农业产业化、推动农业现代化、促进农民观念更新、改善农村生产生活条件和加快脱贫攻坚进程等方面的重大意义，着力增强民营企业的大局观念和责任意识，促使民营企业通过积极参与精准扶贫回报社会。同时，秉着让积极参与精准扶贫的民营企业政治上有荣誉、事业上有发展、社会上受尊重的理念，挖掘民营企业参与精准扶贫的先进典型，用树立标杆和正面激励等手段激发民营企业参与精准扶贫的使命感和光荣感。在国家组织开展的社会扶贫先进集体和先进个人评选推荐中都把民营放在优先的位置。

三、湖北省民营企业参与精准扶贫的主要模式

（一）兴办产业，辐射拉动。民营企业在参与精准扶贫中，始终将兴办产业作为第一要务和关键举措，将自身的资本、技术、管理、人才等优势与贫困村丰富的土地、劳动力、矿产、生态、自然风光等要素资源有机结合，遵循经济发展规律，按照“宜农则农、宜林则林、宜牧则牧、宜商则商、宜游则游”的原则，推动和发展了一批增强贫困户自我“造血”功能、带动贫困户增收脱贫的特色产业。近年来，在广大民营企业的大力推动下，贫困地区依托矿产、石材、山水、物种、环境等特色资源，工业产业不断提档升级；利用物产丰富的良好条件，茶叶、油茶、烟叶、中药材、花卉、干鲜果、高山蔬菜、食用菌等特色农业产业迅猛发展，农业现代化水平不断提升；依托山区特有的绿水青山，做大做靓生态文化旅游名片，生态旅游产业取得突破性发展。如萧氏集团在宜昌夷陵区大力推动“茶旅结合、产业互融”的大产业

格局，投资15亿元，构建茶饮料、茶食品等多位一体的综合性深加工产业链条，使鲜叶资源利用率提高2倍以上，产业辐射周边42个专业村，涉茶农户3.5万户、10万人，茶农平均增收40%以上。

（二）资源入股，龙头带动。一些民营企业在参与精准扶贫工作中，充分发挥其在所属行业的龙头企业优势，让贫困户以土地、山地、山林等资源作为股本参股经营，并通过一定的利益连接机制，让资源变资产、农民变股东、农产品变商品，让贫困户每年在实现产品收益和打工收入外，还能获得一定的利益分红。霖煜农公司在丹江口市蒿坪镇采取"股份合作、公司建基地、村村办样板、户户有果园"的模式，带动蒿坪镇建成优质核桃基地2.5万亩，人均达2亩，1100个贫困户种植核桃超过1万亩，在核桃产业丰产后，贫困户平均可增收2万元以上，可彻底摆脱贫困。荆州监利的福娃集团，采用土地入股、劳务入股、资金入股、技术入股等多种形式，流转新沟镇及周边乡镇土地5万亩，吸纳带动周边农民3万人左右，使当地每亩耕地的产值从过去2000元提高到6000余元，在盘活了村级集体经济的同时，通过分享红利等利益连接机制增加了农民收入。

（三）合作经营，利益联动。针对贫困户缺乏资金、技术不强、信息不畅、销路不通等实际问题，一些民营企业按照合作经营的理念，采用"企业+合作社+基地+农户"或者"企业+基地+农户"等模式，与贫困户形成利益共同体，增强贫困户的积极性和参与性，也增加了贫困户的收入。湖北神农本草中药饮片有限公司按照"企业+合作社+基地+农户"的模式，通过土地、山林流转、租赁等方式，共建成标准化种植示范基地、合作共建基地、订单农业基地等4.5万亩，涵盖房县及周边的竹山、竹溪、郧县、郧西、保康等地区，带动农户近万户，循环种植柴胡、白及、丹参、白芍、丹皮、桔梗等中药材，促进户均增收近万元。在黄冈探索的"五位一体"（政府+市场主体+银行+加保险+贫困户）新模式的指导下，罗田的锦秀林牧专业合作社探索出"33111工程"带领贫困户发展黑山羊产业，目前已吸纳2600多贫困户养殖黑山羊；英山县润禾农业公司承包百亩高山茶园，建立茶乡鸡繁育基地和养殖专业合作社，与8个村对接茶乡鸡养殖项目，覆盖1000个贫困户。

（四）共同开发，资源共享。民营企业与贫困村、贫困户按照优势互补的原则，共同开发贫困村拥有的资源，通过资源共享达到"双赢"局面，推动贫困村、贫困户增收脱贫致富。凯迪生态环境科技股份有限公司是一家以发展生物质能源为主要经营业务的生态科技公司。近年来，该公司围绕着生物质燃料这个核心，将自身的发展与精准扶贫进行有机融合，通过生物质电厂、燃料利用和林地经营三个模块所涉及到的多个渠道，增加贫困户收入。截止2016底，该公司已在湖北投产运行9个生物质电厂，建立近1000个乡村级生物质燃料收购点，共解决4000个贫困农民就地就业。

（五）全程服务，包保脱贫。一些民营企业主动对接一定数量的贫困户，对贫困户增收脱贫实行包保脱贫，做到全程服务。地处宜昌的湖北森源集团利用其集地产开发、香菇产业于一体的产业集群优势，以住房安居和产业发展为载体，以茅坪场香菇文化村为基地，对100户贫困户实行包保脱贫，免费提供100套3室2厅

1厨2卫格局的简装修商品房，对这100户贫困户进行集中搬迁，并无偿为每户贫困户提供1-2个菇棚，对贫困户采取包产包销、技术服务一体化的“保姆式”服务，实行原辅材料统一配送、标准化菌棒统一发放、栽培技术统一服务、产品统一保价回收“四统一”服务模式。贫困户每户每年至少可生产香菇10000袋，每年收益可达3.5万元以上，可实现稳定脱贫。

（六）带动就业，劳动力转移。在推进精准扶贫工作中，民营企业充分运用其用工灵活的优势，充分吸收贫困户就业。阳新县泰鑫集团投资800万元在龙泉村建立500亩碧根果林特基地，吸纳25个贫困人口到基地务工就业，月工资人均可达2500元，可让25户贫困户彻底摆脱贫困。竹山县宝源矿业公司，是一家从事绿松石开采加工企业，其将发展采矿业务与参与精准扶贫深度融合，吸引附近3500多名村民务工，其中多为贫困户。

（七）教育培训，扶贫扶智。民营企业秉承“授人以鱼不如授人以渔”的理念，实施扶贫扶智工程。通过兴建学校、资助教育，实施教育精准扶贫；通过举办培训班，组织种养殖专家、专业技术人员深入到乡镇、基地为贫困群众进行技术技能培训，培养懂技术、会经营的农村新型技术人才，有效提升了贫困群众的致富能力。襄阳嘉恒房地产开发有限公司捐资1700多万元重建黄湾村小学，可容纳500余学生学习生活；同时，每年假期可对600余名贫困户进行技术技能培训。咸宁的湖北赢通公司出资900万余元，在通城县五里镇左港村新建一所高规格标准化小学，实行中、英、日三语教学，可吸纳周边贫困村470多名学生入学。十堰的昌升公司出资60万元资助32名贫困生全免费就读高级技工学校。

（八）捐资捐物，公益扶贫。一些民营企业通过直接捐款捐物的形式，帮助贫困村开展水、电、路、通讯、卫生、文化娱乐等基础设施建设，解决贫困群众生产生活困难。宜昌枝江酒业近年来累计捐赠近1亿元，用于帮助贫困村基础设施建设、道路沟渠修建、捐资助学、文化建设等事业，被评为“全国社会扶贫先进集体”。宜昌人福药业成立人福“慈善教育基金”和“扶贫教育基金”，每年捐赠1000万元定点帮扶县市区贫困中小学，已捐赠学校15所；10余年来，该公司已累计向社会捐款捐物6000余万元。

四、湖北省民营企业参与精准扶贫存在的不足

（一）思想认识有待进一步提高。少数民营企业未能充分认识到贫困地区是我国经济发展的巨大潜力、市场空间和回旋余地之所在，不能将开展精准扶贫与实施供给侧结构性改革和拓展自身发展空间有效结合起来，片面地将参与精准扶贫视为企业的负担，缺乏参与的积极性，即便参与其中，也只是做做样子、修点面子。

（二）缺乏高效合理的对接机制。由于民营企业参与精准扶贫涉及行业多、事务杂，组织引导难度大，故民营企业与贫困村、贫困户的对接机制上，还不够完善合理。当前，针对民营企业参与精准扶贫，还没有一个统一协调的中长期纲要或规划，不能做到贫困地区需要什么类型的企业帮扶就安排什么类型的企业帮扶，而大多数都是就近、

因情进行对接帮扶，而缺乏大统一、大协调的调度机制。

（三）帮扶方式精准性不够。民营企业在实施以“村企共建”为主要形式的精准扶贫时，大都选择资源秉赋相对较好、发展基础相对较优的村，而对那些贫困程度较深、资源相对缺乏的村参与不多，对贫困户的覆盖面不广。在具体帮扶上，多以给资金、送物质等为主，未能完全做到发挥企业在资金、技术、人才、管理、市场等方面的优势。

（四）激励政策措施不够完善。在激励民营企业参与精准扶贫上，涉农部门虽出台了一些激励政策，但总体力度不大、配套措施不够完善、可操作性不强，土地、税收、融资等方面的优惠政策兑现较难。一方面，已有的激励措施零乱分散，分布在不同部门的文件中，没有统一权威的解读，民营企业无从全面知晓和了解；另一方面，一些激励措施多为原则性的条款，可操作性不强，政策落地较难；特别是由于种种原因致使信贷优惠政策落不了地。

五、几点建议

（一）切实加强领导，强化民营企业参与精准扶贫的组织保障。各级党委、政府及相关部门要将民营企业参与精准扶贫放在扶贫攻坚体系的重要位置，科学制定推动民营企业参与精准扶贫中长期规划，建立民营企业参与精准扶贫的区域性调度协调机制，打破地域限制，让民营企业的市场优势与贫困村的资源优势充分互补、互利、互惠；加强对民营企业的思想引导，鼓励其积极履行社会责任，广泛参与精准扶贫工作；加强民营企业参与精准的业务指导，合理组织村企对接和帮扶项目的实施；加强调查研究，切实解决民营企业在参与精准扶贫中存在困难和问题。

（二）完善激励政策，健全民营企业参与精准扶贫的长效机制。从国家层面对现有的各类激励措施进行统一梳理汇总并加以完善细化，通过建、改、废等措施，使民营企业参与精准扶贫的激励政策更加系统和科学，以破解政出多门的问题；在保障政策上，强化财政、税收、农业、国土、林业、工商、金融等部门间的沟通协调，规范和简化程序，着力破解落地最后一公里难的问题。

（三）引导方式转变，提升民营企业参与精准扶贫的精准性。首先是帮扶对象的精准性，做到靶向瞄准，避免搞形象工程和政绩工程，不走以往大水漫灌的老路；其次是帮扶手段的精准性，要充分发挥企业自身的优势，因村制宜、因企制宜，做到项目资金帮扶与科技运用、人才培养、资源开发、产业培育、融资贷款、综合协调等多方面帮扶并重，着力增强帮扶对象的自我“造血”功能 。

（四）加大宣传力度，营造民营企业参与精准扶贫的浓厚氛围。对民营企业参与精准扶贫经验做法、推进模式进行总结提炼，并通过一定形式进行交流和推广；突出舆论引导，深度挖掘和宣传民营企业参与精准扶贫的先进典型；加大对民营企业参与精准扶贫的表彰力度，在政治待遇安排上优先考虑在精准扶贫工作中做出突出贡献的民营企业，增强民营企业参与精准扶贫的荣誉感和成就感。

（湖北省扶贫办 项克强 夏述国 叶建文　国家统计局湖北调查总队 胡先红）

湖南麻阳“互联网 + 扶贫监督”为精准扶贫加装“瞄准镜”

近年来，麻阳苗族自治县先行先试，在全省首创“互联网 + 扶贫监督”平台。截止到 2017 年 2 月底，平台共发现问题线索 20429 条，清退不符合扶贫条件人员 2821 人，清出易地扶贫搬迁对象 561 人，取消 52 户危房改造资格，立案 39 起，挽回经济损失达 3000 余万元。

一、打破信息壁垒，建立大数据库

由县纪委牵头打破部门信息壁垒，建立互联互通三大数据库。一是依托各部门数据信息建立车辆、房产、商业门面、财政供养人员及直系亲属基本信息、死亡人员等 12 大系统基础数据库；二是将基础设施建设、惠民补贴发放、城市和农村低保户的评定等 34 类民生项目、12 大类 107 项民生资金，分类逐项录入平台，建立民生资金数据库；三是把全县 87559 名贫困人口按户进行登记汇总，建立贫困人口数据库。

二、大数据比对分析，发现核查问题

将贫困人口数据与系统基础数据及民生资金数据进行分析比对，甄别出“四类对象”、死亡人员等不符合条件的贫困人口 2943 人。县纪委以督办件形式，把比对结果反馈给县扶贫办，县扶贫办迅速下发比对结果核查表，要求各乡镇一人一表，逐一核对，对系统比对有误，确实符合识别标准的，要求提交调查情况详细说明。通过核查，全县最终清理出不符合识别条件对象户 2821 人，其中“四类对象”2417 人，已死亡人员 404 人。

三、前台信息公开，便民查询监督

平台前端共设立扶贫政策、精准识贫、精准扶贫、精准脱贫四个模块。在扶贫政策模块中，把各类扶贫政策按照中央、省、市、县进行分类归档，群众随时可查。在精准识贫模块中，将全县 87559 名建档立卡贫困户信息按乡镇、村（社区）进行公开公示，全面接受群众监督。同时开通贫困户信息直报功能，未纳入建档立卡系统的贫困群众可自行填报信息，申请纳入贫困人口识别系统。2016 年，通过调查核实，该县按程序新识别纳入贫困户 26 户 102 人。在精准扶贫模块中，设立“四跟四走产业扶贫”“易地扶贫搬迁和危房改造”“教育助学”“金融扶贫”“社会兜底扶贫”“转移就业扶贫”“医疗救助”“生态补偿”“驻村和结对帮扶”等 9 个子模块，相关项目资金、受益人员以及干部结对帮扶情况进行全面公开。在精准脱贫模块中，将全县脱贫人口的帮扶措施和脱贫时间按户进行公示。该县开通了网络平台和微信公众号，在全县 18 个乡镇、3 个试点村、2 个涉农单位各配置了 1 台终端查询机，群众足不出户即可实时查询、投诉与举报。

四、三级监管联动，问题快查快办

组建县乡村三级监督机构，在县级设立“互联网 + 扶贫监督”工作领导小组，18 个乡镇设立监督组，221 个村（社区）设立监督小组。每一级都有专人负责平台的管理维护、信息数据收集录入，每个季度更新一次数据。为实现问题快查快办，前台界面设有“投诉处理”、“你呼我应”、“监督机构”等群众查询监督功能键。群众在前台发现问题即可举报和投诉，县纪委信息中心在后台根据“属地管理”原则，把举报、投诉意见分配至相关单位，相关单位必须在 7 个工作日内完成调查、处理及回复工作。

（湖南麻阳县扶贫办 滕志）

湖南新化“双提工程”：党建提质促脱贫提速

近年来，湖南新化县着力夯实党建基础，努力探索“党建+”模式，在全省率先推行“党建提质促脱贫提速”的“双提”工程，化党建优势为脱贫优势、党建活力为攻坚动力。

一、以“三个融合”构建党建促脱贫新格局

一是坚持目标融合，无缝对接。把基层服务型党组织建设的重心放在找“贫”根、寻“困”源上；把村级阵地建设的重心放在服务贫困群众上；把村级班子建设的重心放在强化精准扶贫的组织保障上；把党员队伍建设的重心放在为精准扶贫的示范引领上，实现基层党建和扶贫开发的“无缝对接”。

二是坚持问题融合，聚焦重点。以问题为导向，全县各驻村帮扶单位党组织、工作队和第一书记通过座谈、走访等方式认真查找和排查帮扶村党建方面存在的问题，找出帮扶村贫困的根本原因，找准每个贫困户致贫的根源。

三是坚持项目融合，互促提高。坚持加大项目整合力度，用好用活各种扶贫资源，将扶贫基础设施建设与党组织阵地建设“捆绑”起来；把群众愿望、群众需求与党建项目紧密结合起来，对产业发展、基础设施、公共服务等3大类、41项涉农资金“一揽子”整合投放贫困村，着力改善基层组织基本阵地，建设了一批服务群众生产生活的项目。

二、以“三联三帮”舞活脱贫攻坚的组织“龙头”

一是机关事业单位联村帮扶。各帮扶单位共为帮扶村争取项目372个，投入帮扶资金820多万元，协调项目资金1.5亿元。同时，充分发挥第一书记的“尖兵”作用和帮扶党组织的脱贫致富“桥头堡”作用，共选派帮扶干部474名，第一书记244个，从县级以上机关单位选派第一书记190个，并确保财政为第一书记每人每年安排不低于1万元工作经费。

二是乡镇领导干部联片帮扶。创新党组织设置方式，在产业相近、位置相邻、资源互补的村之间以包干负责的乡镇领导班子成员为联系纽带，促进抱团发展、联动脱贫。实施“党员带富”行动，把党员培养成致富能手、把致富能手培养成党员。

三是各级党员干部联户帮扶。紧紧抓住深入开展“一进二访”活动、“两学一做”学习教育等契机，建立党员干部结对帮扶困难群众制度，实行“1+x”帮扶模式，每名家庭条件较好或有技术的党员，根据自己的能力认选1-2名建档立卡贫困户，以传授技艺、提供就业和门路等方式帮助脱贫致富。

三、以“六项举措”确保“双提”工作落地有效

一是建强班子，打造精准脱贫的坚强领导核心。全县每个村都培养了2名以上优秀后备干部，共培养村级后备干部2512名，培养农民大学生86名，为村级班子建设培养了人才储备了力量。

二是提质队伍，建设精准脱贫的先锋队。坚持把提高党员队伍的“双带”能力。贫困村年内新发展党员85名，共排查出失联党员249名。组织贫困村党员每年集中培训都在2次以上，集中培训党员达1.1万多人次。

三是完善机制，保障精准脱贫的有序推进。推进以村务监督为重点的乡村法制治理机制。2015年，全县各贫困村实施的372个项目、贫困户和低保户的确定等都严格实现了通过“四议两公开”工作法进行民主决策，村委监督委员对扶贫项目的实施和资金管理使用进行全过程监督，对项目的决策、实施和扶贫资金管理使用情况及时进行了公示。

四是建强阵地，提升服务贫困群众水平。帮扶单位整合各类帮扶资金，为活动场所建设提供资金保障。同时，各贫困村加大了村级活动场所的提质改造和规范化建设，进行合理布局，完善功能。

五是壮大集体经济，注入精准脱贫新动力。各驻村帮扶单位积极引导支持村级组织开发集体资源、盘活集体资产、经营集体资金、发展集体产业。把涉农部门在农村的公益性小型工程设施（小水库、小塘坝等）投资形成的集体资产、集体土地、集体资金参与支持当地企业、产业发展，入股分红发展壮大村级集体经济的“红色股份”。

六是做强产业，加速精准脱贫步伐。创造性探索出“五色”产业这棵“摇钱树”，即以黑猪、黑茶、黑米为代表的“黑色”产业，以南竹、蔬菜为代表的“绿色”产业，以杨梅、桃树、油茶为代表的“红色”产业，以金银花等中药材和玉米为代表的“黄色”产业，以李树、稻田养鱼为代表的“白色”产业。按照“公司+基地+农户”的组织形式，以“三统一、两确保”（即统一为贫困户提供种苗、统一提供技术服务、统一保价回收，确保稻田养鱼品质安全、确保农户效益）的服务模式，让贫困户实现“低投入、高产出、卖得出、零风险、保增收”。

（湖南新化县扶贫办 黎义书）

海南脱贫致富电视夜校成果

“海南省脱贫致富电视夜校”是海南省精准扶贫的有力抓手，在推动精准扶贫工作，助力贫困人口提升素质和技能，摆脱贫困方面成果显著。

一、电视夜校初具规模

目前，共有 2784 个教学点、10 万余人参与，其中一线管理员 5617 人，参学贫困户约 8.3 万人，乡镇干部、第一书记、帮扶责任人、村两委干部约 2 万人。目前，管理干部签到率 99% 以上、困难群众参学率 90% 左右。截至 2017 年 3 月 27 日，服务热线①接听群众来电 20748 个，生成工单 18715 个，办结工单 18493 个，办结率达 98.8%。

二、电视夜校成效初显

一是让政府精准扶贫影响扩大。近两个月，省网、市网平均收视率分别为 2.33%、1.32%，单期节目最高收视率分别为 3.57%、1.95%，居同时段全省收视排名第一，平均每期节目收看人数 195 万，栏目影响力不断扩大，群众熟知度不断提高，社会效益开始显现。贫困户每周 2 次夜校学习，直观和深入了解住房、教育、医疗、产业发展等扶贫政策，逐步解开心结，更新观念，激发了脱贫致富的斗志，“等靠要望”思想有效转变，树立了“要立志、要学习、要勤劳”的观念，脱贫致富积极性提高，实现了“让我脱贫”到“我要脱贫”的转变。

二是让贫困人口转变落后思想。临高县临城镇头星村贫困户林青说：“致富路有千万条，只要勤劳就有路，天上不会掉馅饼，好日子不会主动送上门，白沙县农民兄弟通过养豪猪、黑山羊致富，海口新坡镇农民种蒜苗致富的典型事例都深深激励着我”。乐东县尖峰镇山道村贫困户李荣的妻子笑着说：“参加电视夜校后，丈夫嗜酒懒散习惯不见了，经常把午饭煮好后，主动到山上干活”；贫困户唐某是村里出了名的懒汉，通过观看夜校节目，视野得到扩展，不但自家地里种豆角，还租种土地种豆角、青瓜。

三是让扶贫政策解决实际问题。海口市龙华区龙泉镇美定村第一书记罗书体，通过电视夜校了解扶贫政策，帮助贫困户王成功办理小额贷款发展养猪业脱贫成功，2016 年下半年出售肉猪 25 头，收入 6 万多元。三亚市天涯镇华丽村第一书记杜佩林，听完第六期夜校关于职业教育的课，想到贫困户董雄明的儿子辍学在家，了解他有继续读书的愿望，迅速向上级反映，在区领导和教育局帮助下，原技工学校同意他回校继续完成学业。

①服务热线（961017）是电视夜校三大板块（电视节目、服务热线、钉钉系统）之一，三大板块基本功能为电视节目传播知识、服务热线解决实际问题、钉钉系统抓落实。

四是让贫困户找准脱贫致富路。海口市秀英区永兴镇雷虎村贫困户吴坤深在政府的扶持下，根据自身技术优势，从事养猪赚得5万多元，他将继续投入发展养猪业。陵水县三才镇乐安村周娇雪是个海鲜小商贩，由于市场竞争大，经营状况不佳，在听取夜校“怎么抢抓市场机遇，抢占先机”的讨论课后灵机一动，联系镇上某家快餐店为其提供海鲜货源，生意范围得到拓展延伸，每月净收入达3000多元。

（海南省扶贫办 张伟海 国家统计局海南调查总队 刘柏胜）

重庆云阳股权化改革进村入户不断开花结果

一、资产收益扶贫带动方式活、利益联系紧、覆盖范围广，扎根村级扶贫项目不断开花结果

2016-2017 年，云阳县投入股权改革试点资金 1.14 亿元，实施贫困村主导产业试点项目 306 个，全覆盖 162 个贫困村，位居全市前列。该县资产收益扶贫股权化改革有三个突出特点：一是覆盖范围广。全面推行农业项目财政补助资金股权化改革，凡是农业项目除基础设施建设以外的项目全部实行股权化改革，以促进贫困村主导产业发展，带动贫困户增收。二是与贫困户利益联结紧。建立完善集体资产与贫困户利益联结机制，162 个贫困村全部完成集体资产量化确权，将集体资产如集体房屋、山坪塘等优先优惠租赁给贫困户经营，增加贫困户承包经营收入。三是带动方式灵活。因地制宜创新带动模式，大力推广龙头企业 + 贫困村 + 贫困户、市场 + 专业合作社 + 贫困户、电商企业 + 贫困户、合作社 + 贫困户、专业大户（家庭农场）+ 贫困户等发展带动模式，创新创造新的带动方式和链接机制，对带动成效明显的龙头企业、农民合作社、专业大户给予重点扶持，形成政府扶龙头一龙头建基地一基地带农户的产业扶贫机制。

二、分类注资农业企业、专业合作社、村集体，“三驾马车”各司其职、各尽其能带领群众奔小康

区别对待农村资源条件、农民组织化程度高低和产业成熟度的差异，科学合理选择带动主体的不同类型，探索财政扶贫股权改革资金分别注入农业企业、专业合作社、村集体多种模式。

（一）农业企业实施股权化改革模式。基本条件：由农业企业流转租赁农村土地实施项目，业主须有项目配套自筹资金。配股方式：财政资金投入到农业企业的补助项目资金，持股比例为农业企业持股 50%，农村集体经济组织持股 10%，流转土地的农户持股 20%，贫困户持股 20%。存续期：不少于 5 年。分红方式：农村集体经济组织、土地流转农户和贫困户按持股金额 7% 年的标准实行“固定”分红。分红时间从财政补助资金到位时间起，以整年度计算，分红时限为项目存续期。退出方式：项目存续到期后，农业企业按股份原值返还农村集体经济组织及其成员。

（二）专业合作社实施股权化改革模式。基本条件：领办人自有核心基地 + 成员分散种植（养殖），合作社领办人须有项目配套自筹资金。配股方式：财政资金投入到农民合作社的补助项目资金，持股比例为合作社领办者持股 30%，农村集体经济组织持股 10%，其余成员或土地流转户持股 40%，贫困户持股 20%。存续期：不少于 5 年。分红方式：农村集体经济组织、合作社其他成员或土地流转农户和贫困

户按持股金额7%年的标准实行“固定”分红。分红时间从财政补助资金到位时间起，以整年度计算，分红时限为项目存续期。退出方式：项目存续到期后，专业合作社按股份原值返还农村集体经济组织及其成员或土地流转户。

（三）村集体实施股份合作模式。组织形式。1. 实施贫困村特色产业项目农户以土地承包经营权、资金、附着物等生产要素入股，村集体牵头组建股份合作社；2. 按股份合作社章程选举产生理事会、监事会，统一组织生产经营。股份分配。合作社领办人、农户等合作社成员的股份由合作社召开成员大会协商确定。运行机制。1. 实行农资统供、生产统管、病虫统防、品牌统建、产品统销的“五统一”方式进行经营；2. 按照统一的生产技术规程和产品质量标准组织生产；3. 与农产品加工企业或营销企业直接对接，产品实行订单销售；4. 监事会（村民主理财小组）对生产经营和财务收支情况进行监督。实行按股分红。当年能见效的产业，每年收益在提取一定比例的公积金和风险金后，按股份分配到成员；几年后才能见效的产业，见效前可暂不分红，有收益后在提取一定比例的公积金和风险金后，按股份分配到成员。优先解决有劳动能力的在家贫困户或社员务工，增加贫困群众工资性收入。

三、分户解决贫困户无资源、无资金、无技术“三无”难题，“借鸡下蛋”、“输血与造血”多措并举、多轮驱动

（一）“农民合作社+农户”的“借羊还羊”模式。借羊还羊，即贫困村农民合作社通过产业扶贫项目购进能繁母羊，与贫困户之间签订合同，将能繁母羊借给贫困农户，两年内由合作社按1：2比例组织归还后备母羊，再用于滚动扶持其他贫困户。农民专业合作社除将能繁母羊借给贫困农户之外，还免费提供养殖技术指导，政府全额补助保费，对贫困户山羊实行保险。“借羊还羊”扶贫模式，将政府财政投入、农民专业合作社市场经营与贫困户增收结合，既有效解决了贫困农户无资源、无资金、无技术的“三无”问题，帮助贫困户培育起一项骨干增收项目，实现了“输血”与“造血”相结合，还实现了扶持资金持续循环使用，有效放大了财政扶贫资金扶贫效应。脱贫攻坚以来，云阳县已在18个乡镇、65个贫困村推广运用，累计扶持农户4034户，其中贫困户2728户。农坝镇水竹村是“十三五”贫困村，海拔950至1500米，该村通过“借羊还羊”滚动扶持，2015年出栏山羊7800余只，养羊农户发展到313户，占全村总户数的45%，覆盖贫困户109户，占贫困户总数的69.4%，其中87户已通过养羊增收实现脱贫致富。

（二）“龙头企业+农户”的“寄养付酬”模式。当地政府采取公开申报、竞争入围等方式择优选择实力较强、经营状况好、履行扶贫义务信誉度高的种繁企业、畜产品加工企业，将牛犊通过寄养方式发放给贫困户，饲养到成熟体重后由企业回收，农户饲养期间的增重部分，企业按不低于保护价付给农户报酬的户企联动发展模式。财政对企业实施扶贫项目的贷款按基准利率给予贴息补助，政府全额补助保费，对项目农户养殖的肉牛进行农业保险。2015年，通过政策引导，云阳县票草牛肉干厂等4家企业，共向当地83户贫困户投放牛犊3批、305头，现已出栏216头，帮

助贫困户均增收 1 万元以上。

四、“三级联动五位一体”分层发动，汇聚新型经营主体和社会帮扶力量对贫困户“精确滴灌”

县、镇乡（街道）、村三级联动，加上驻村工作队和帮扶责任人“五位一体”，汇聚社会和集团帮扶力量，培育新型商贸物流和农村电商，打破联接田间地头与市民餐桌瓶颈制约，让贫困山区优质农产品摆上城里人“定制”餐桌。

（一）招商引资村企互动模式。鼓励引导新型经营主体参与扶贫攻坚，从“根”上摆脱区域性贫困。云阳县于 2015 年出台《鼓励引导民营企业参与扶贫攻坚实施方案》，引入 58 家农业企业入驻 76 个贫困村，共建 40000 余亩各类特色产业基地，82 个特色养殖小区。根据企业自身实际，以“公司 + 基地（专业合作社）+ 农户”的方式，建立直接经营、股份分红、流转土地、返聘务工等利益链接机制，实行集约经营，发展“一村一品”特色产业，以企带村，以村促企，从而实现村企互动共赢，群众稳定增收，带动了 2685 户贫困户脱贫。

（二）订单农业 + 贫困户模式。云阳县 162 个贫困村有 313 家农民合作社，以“订单农业”形式，吸纳贫困户入社 5312 户，专业合作社联结农产品批发市场 27 个、餐饮企业或机关、学校食堂 241 个。通过签订产销合同，组织贫困户统一生产销售、增加收入。云阳县上坝乡巾帼辣椒种植股份合作社，采取“统一供应农用物资、统一种植品种、统一收购、统一销售”的方式，自 2015 年与江苏恒顺醋业等 4 个厂家和成都、重庆等多个批发市场建立起产销对接联系，在上坝、票草等 10 个乡镇、22 个村发展辣椒 1.2 万亩，参与农户 4782 户 19128 人，其中贫困户 965 户 3860 人，产值达 5200 万元，实现户均增收 1 万元。

（三）商贸企业或电商企业 + 贫困户模式。云阳新世纪、腾龙、重百等 36 家商贸企业，采取农超对接、农商对接等方式，与 55 个贫困村签订农产品销售协议，形成产销订单，保护价收购；让贫困群众参与到产品生产、包装加工、网货供应、快递物流、网上营销的产业链，吸纳 862 名贫困群众就业。全县已培育电商服务企业和创客 89 家，建成乡镇电商综合服务站 41 个，村级电商服务点 215 个（其中覆盖贫困村 87 个）。2015 年销售农产品 109 万件，销售金额 1.15 亿元，今年 1-4 月农产品出件达到 32 万件。云安镇 2000 余亩“云安雪梨”，去年通过网上预订带动单价上涨 66%，户均增收 2.8 万元；水口镇枣子村电商扶贫服务站网上销售当地农特产口近 1.3 万件，销售金额达 31 万元，通过电商销售，当地面条、黑山猪、红苕粉等农特产品销量猛增，增强了当地群众发展特色产业脱贫的信心。

（重庆市扶贫办 孙元忠）

云南直过民族深度贫困区域脱贫攻坚调研分析

2017 年 5-6 月，国家统计局云南调查总队在全省 8 个州市开展直过民族深度贫困区域脱贫攻坚难点问题调研。从调研了解到的情况看，“思想、产业、资金”是云南直过民族深度贫困区域脱贫攻坚存在的主要难题。

一、调研总体情况

本次调研采取与市县部门、乡村干部、驻村工作队员座谈，走访直过民族贫困户、脱贫户和非贫困户，填写问卷等方式，完成了 101 名驻村工作队员、158 名村干部、247 户直过民族调查户的问卷调查。其中，直过民族涉及傈僳、拉祜、佤、景颇、布朗、怒、德昂、基诺和独龙 9 种民族，平均年龄 45.3 岁，男女比例为 172：75。

二、直过民族深度贫困区域脱贫攻坚存在的主要困难

（一）思想贫困是限制直过民族整体发展、按时脱贫的重要桎梏。

本次调研中，38.5% 的直过民族调查户认为扶贫工作中存在的主要问题是“思想扶贫不够，存在‘等’、‘要’现象”，这是 14 个选项中选择比例最高的一项。思想贫困的源头是素质型贫困，从而又导致脱贫内生动力不足。

一是直过民族素质型贫困的问题非常突出。247 户直过民族调查户中，17% 的人从未上过学，高中文化的仅有 2.4%，大学以上文化水平的完全没有。不少人听不懂普通话，多数无法用普通话流利表达。在调研组走访过程中，都需要村干部陪同作为翻译。因知识结构水平低，信息闭塞，思想僵化，不少群众安于现状，甘于贫困。二是贫困户主动脱贫意识不强。受平均分配的传统民族文化影响，直过民族多处于自给自足、幸福感高的生活方式中。当前如火如荼的脱贫攻坚工作在直过民族地区更多地体现为一种自上而下、单向维度的政府行为。董存珍是普洱市澜沧县宛卡村的驻村工作队员，她说：扶贫不仅需要扶“智”，更需要扶“志”。对佤族的扶贫重点首先是要从观念上转变，从“要我富”到“我要富”。

（二）产业带动成效不明显，产业发展空间和支撑能力都有待加强。

本次调研的 247 户直过民族调查户中，关于产业的 4 个选项“产业帮扶重生产轻市场”、“扶贫项目针对性不强”、“扶贫项目中贫困户受益少”、“产业扶贫与贫困户脱节”选择比例分别为 21.5%、18.2%、13% 和 7.7%，说明扶贫产业的发展现状与直过民族的期望之间还存在较大差距。

一是产业小众化，缺乏规模发展的基础和条件。云南直过民族贫困山区多是“高、远、散、少、边、穷”连片区域，产业受市场、技术、信息等要素制约更为突出，

缺乏大规模生产的基础。虽然各地纷纷开始依托特色种养拓宽脱贫渠道，但牲畜养殖大都属于家庭喂养，且直过民族长期以来形成的习惯，家禽家畜大部分自产自用，无法稳定带动增收。沧源县勐董镇芒回村的肖赛科是佤族，他说：自己家里种的菜有时候吃不完，想着去县城卖，但是来回的路费都要 40 多元，还不够卖菜钱，因此都拿了喂猪。

二是扶贫产业存在重生产轻市场的现象，对市场的重视不够、考虑不足。调研发现，当前的扶贫项目多倾向于关注产业的规模、技术、生产等，在销售领域更多地是靠农户自找渠道，一些产品的市场需求空间尚不明朗。当前沧源县单甲村正大力发展佛手、车厘子、樱桃、甜多依等种植，但受制于销售环节的不对接，高价值水果未形成应有的经济效益。普洱市澜沧县尹建兵是县委编办工作人员，到宛卡村驻村帮扶近两年。他认为：产业帮扶是扶贫的重点，产业的引进要考虑市场的需求，宛卡村的拉祜族没有能力自售，引进产业的同时要考虑引进企业来统一收购。

（三）脱贫成本高，资金缺口较大，成为扶贫工作推进的重要制约。

一是扶贫开发资金投入不足。本次调研中，31.2% 的直过民族调查户认为扶贫工作中存在的主要问题是“扶贫开发资金投入不足”。云南直过民族深度贫困地区多为高山陡坡，交通路网不完善、等级低。怒江州至今还有 1 千多个自然村未通公路，很多自然村仍无法通车，仅靠骡马或步行进入。好几个调研村都是分散在整条山沟的两边，对面看得见、摸不着。因历史欠账多，改造难度大，脱贫成本高，资金需求量尤其大。调研了解到，沧源县直过区交通建设路面类型为水泥混凝土，路基宽度 5.5 米，路面宽度 3.5-4.0 米，每公里投资约在 85 万元左右，按照上级补助 25 万元 / 公里，缺口资金达 60 万元 / 公里，涉及里程 1216.17 公里，缺口资金总计 72970.2 万元。

二是扶贫资金不能及时到位。本次调研中，21.9% 的直过民族调查户认为扶贫工作中存在的主要问题是“扶贫资金不能及时到位”。近年来，省、市安排的各类建设项目都强调地方资金配套，但调研中发现，直过民族地区财政基础薄弱，县级筹措补助资金难，群众筹措建房、发展资金难，财政根本无力解决配套资金。沧源县勐董镇芒回村的大学生村官李侦反映：当初答应村民的建房补助是每户 4 万元，分 4 个步骤发放。拆房子给 1 万，打地基给 1 万，封顶给 1 万，入住给 1 万。但事实上，因村财政资金不足，大部分农户没有拿全补贴。2016 年共建房 103 户，补贴发放了 302 万元，还欠 110 万元。2017 年截至目前，共建房 95 户，发放补贴 59 户 113 万元。

三、调研中的意见和诉求

（一）关注直过民族特有的思想意识和生活习性，加强思想教育和引领，转变观念，移风易俗。

从调研情况看，驻村工作队员和村干部普遍反映直过民族思想落后、思路闭塞、安于现状是贫困根源。基层干部建议加大直过民族深度贫困地区文化建设力度，加强政策的正面宣传，开展民族文艺活动，为基层扶贫提供更多的精神食粮。强化移风易俗工作力度，根除不良社会风气，消除“等靠要”思想，实现观念转变。

（二）给予种养殖技术帮扶。

种养殖技术帮扶是直过民族调查户最希望得到的扶贫项目，选择比例达34%。不少地区前期扶贫送了种苗和猪牛羊，建议相关部门在此基础上开展有针对性的技术“下乡”，派遣技术人员驻村扶贫，开展相应的技术培训。最好能够根据一家一户的不同需求给予技术指导，做到有的放矢、精准扶贫。

（三）加快危房改造资金落实和信息沟通。

危房改造在本次调查的直过民族希望得到帮扶的项目里排第二位，选择比例为16.5%。在扶贫政策的惠及下，一部分直过民族贫困户已经进行危房改造并上报相关材料，他们希望能简化手续、缩短周期，尽快将危房改造资金拨付到贫困户手中。同时，加强与贫困户的信息沟通，在政策变动和审批过程中让贫困户及时了解进度，减少工作矛盾。

（四）期望机耕路、饮水安全等基础设施项目投入。

一方面，期望改善交通条件，落实好“通达工程”，让扶贫项目能惠及村组道路、机耕路和坡改梯。另一方面，期望兴修水利设施，解决人畜饮水问题，解除生产发展瓶颈。德宏州梁河县曩宋乡弄别村小组干部赵贵清反映，从地里拉烟出去的路不好走，特别是下雨天，希望能够解决机耕路的问题；九保乡丙盖村的农户反映，由于附近新农村移民搬迁建设，导致山泉变浑，人畜饮水无法保障，需要解决重新引水的问题。

（国家统计局云南调查总队 王建伟 李月明）

云南怒江州深度贫困问题调研报告

云南怒江傈僳族自治州是习近平总书记点名的“三区三州”深度贫困地区之一，位于滇西边境高山峡谷地带，为傈僳族、怒族、独龙族等“直过民族”聚居地。全州总人口 53 万人，其中少数民族人口占 93.8%。截至 2016 年底，建档立卡贫困发生率 27.7%，比全国农村平均水平高 23.2 个百分点，其中直过民族贫困发生率超过 40%。按照党中央和国务院支持深度贫困地区的要求，2017 年 6 月下旬，国家统计局组成调研组①赴怒江州，就当地的贫困状况、扶贫成效及面临的困难与问题进行调研。

一、怒江州脱贫亮点和成功经验

怒江各级政府以习近平总书记扶贫战略思想为遵循，围绕“两不愁、三保障”目标，突出增收、安居、育人、强基关键点，强化组织领导，聚焦精准扶贫。从 2014 年到 2016 年，怒江州农村居民人均可支配收入从 4297 元增加到 5299 元，增长 23.3%；建档立卡贫困率由 38.7% 下降到 27.7%，扶贫工作取得明显成效。

（一）大力改善州内交通条件，基础设施建设助力脱贫攻坚。

近年来，怒江州努力补齐基础建设短板，村寨用电、电话信号全覆盖，竹篾溜索改为公路桥梁，特别是长达 6.7 公里的独龙江公路高黎贡山隧道通车，结束了独龙族群众千百年来半年大雪封山与世隔绝的历史。交通和基础设施改善使怒江州产生巨变。公路通了后，原本单程 6、7 个小时，现在村民骑摩托车只需半个多小时，工作生活都便利多了。对此调研组最直观的感受就是公路通不到的地方，住房多为木板竹草搭建，外面看一片破败，里面看四面透风；公路通到的地方，饰有民族色彩和纹样的新建住房掩映在青山绿水间。

（二）产业扶贫多管齐下，增收成效逐渐显现。

近年来，怒江州大力推进核桃、漆树、油茶、草果、云黄连、重楼等经济作物和中药材的种植，发展独龙牛、高黎贡山猪、乌骨绵羊等特色养殖，成为支撑贫困群众增收致富、造血扶贫的产业力量。如草果，是一种有助消化的食用香料，平均亩产约 400 公斤，市场价格现为 24 元 / 公斤。此次调研的 7 个村村民少则种植 2-3 亩，多则 20-30 亩，农民增收效果明显。

①调研组赴怒江州及其所辖泸水、福贡、贡山等市县，分别与州委州政府及有关单位、泸水市政府、福贡县委、贡山县政府及有关单位就直过民族深度贫困问题进行了座谈讨论，实地调研走访了泸水市鲁掌镇鲁祖村托把村民小组、洛本卓白族乡金满村、福贡县马吉乡马吉村基底组和布腊村、贡山县独龙江乡孔当村和马库村、丙中洛镇重丁村等 7 个贫困村，走访了 30 多户村民，与贫困对象动态管理工作组和驻村工作队进行座谈，现场了解直过民族聚居村深度贫困现状、扶贫成效及面临的困难与问题。

（三）大力推进易地搬迁危房改造，切实保障居住安全。

据了解，怒江州危房改造通过政府补贴 3-8 万元，村民平均利用政府贴息贷款 6 万元的办法，使得 3.13 万贫困人口陆续搬进人畜分离、安全适用的新居。调研组在泸水市鲁掌村托把村民小组这个普通的傈僳族聚居村了解到，全村 50 户村民，经评估后有 20 户被纳入危房改造范围；在独龙江乡看到不少危房正在改造重建，新建安居房面积适中、结构合理，较好地贯彻了国家住房扶贫政策。同时，政府统筹规划，保留怒江民居特色，辅以现代化内部装修设计，打造了独龙江、丙中洛等特色小镇，促进旅游服务业发展。

（四）普及 14 年义务教育，教育扶贫对提高当地人口素质、改变落后状况产生极大影响。

调研组发现，2016 年在全州开始实施的 14 年免费教育受到干部群众交口称赞。受访的 30 多户农户家中 7 岁以上儿童均在乡（镇）或村中心小学集中住宿，政府免费提供一日三餐营养餐，所有学生每天必须折叠被褥、整理内务、定期洗澡。据观测，已入学儿童与未入学儿童在营养状况和与人沟通交流等方面差别较明显。未入学儿童，卫生状况较差，听不懂普通话。已入学儿童，无论是在被访户家中还是在路边偶遇的住校返家儿童，均健康整洁、落落大方，能流利使用普通话沟通和交流。学龄内儿童无论是身体素质还是文化素质都远高于其父辈，为阻断贫困代际传递打下坚实基础。

（五）政府搭桥组织劳动力输出，增强自身造血功能。

怒江州地少人多，工业基础薄弱，劳务输出成为怒江群众摆脱贫困的有效方法之一。一是加大对职业教育扶持力度，通过“两后生”①职业教育全免费、全覆盖，提升当地青壮劳动力谋生技能和水平。二是积极拓展劳动力输出渠道和途径，与珠海、台州等地，和三峡集团、大唐集团等大型企业合作，加快劳动力转移，有效促进群众增收脱贫。调研结果也较好地证明了这一点。外出务工人员一般月薪 3-4 千元，女性略低，打工收入成为一般家庭主要收入来源。也有部分青年村民选择返乡创业。一位受访的州职校毕业生，返乡准备在当地开展特色旅游经营，且对未来充满信心。

（六）社会保障托底有力，成为建档立卡贫困人口脱贫重要基础。

一是建档立卡贫困人口参加新型农村合作医疗保险基本实现全覆盖，市、县、乡三级定点住院起付线分别下调到 150 元、100 元和 50 元，住院报销比例分别上调到 80%、90% 和 95%，实施大病分类救治、大病医疗保险，切实减轻群众医疗费用。二是城乡居民养老保险参保面加大，农村低保标准从 1918 元提高到 2700 元，社会救助兜底有效保障贫困人口基本生活。三是对部分建档立卡贫困户通过生态补偿、边民补助等措施，户均实现近 1 万元的稳定收入，精准对口脱贫。调研结果表明，

① “两后生”是指农村贫困家庭中初中、高中毕业后（含退学、辍学等）未继续升学的、年龄在 28 周岁以下的农村户籍学生。

社保覆盖面广、标准提高，成为建档立卡户收入达标、稳定脱贫的重要基础。

（七）多民族、多宗教共同发展、和顺融合，为怒江社会发展提供稳定保障。

调研组发现，虽然当地经济尚属落后，贫困程度较深，但民风淳朴，大家对党和政府的惠民政策充满感激，对生活充满希望；不同民族相处融洽，很多家庭是两、三个甚至四个民族的成员构成。国家各项政策落实较好，最明显的就是怒江州计划生育政策较其他深度贫困地区落实更到位，一般家庭大多 2-3 个孩子，4 个及以上孩子家庭很少。多种宗教信仰并存，多年来未发生过因民族宗教引发的群体性事件，毒赌情况也较少。多民族、多宗教和顺融合为怒江稳定发展提供社会基础。

二、存在的问题和困难

怒江州脱贫工作虽已取得积极成效，但受自然环境和历史原因制约，还存在不少薄弱环节和急需改进的地方。

（一）贫困面广、程度深，且普遍缺乏自主脱贫能力，扶贫攻坚难度依然很大。

一是农村贫困发生率仍然超过四分之一，一些群体的贫困深度和广度令人触目惊心。调研组实地走访白族支系“勒墨人”、“拉玛人”时发现，他们由于属于整体较为发达的白族，前期所受扶持力度相对较小，仅略高于白族整体水平，普遍处于极度贫困状态。很多人居住条件极差，“千脚落地”茅草屋里黑乎乎的，人畜混居和火塘燃烧使得室内空气混浊，食物多是洋芋和番薯叶。傈僳族、怒族、普米族和景颇族支系“茶山人”的贫困程度也较高。

二是已达标的建档立卡贫困人口普遍缺乏自主脱贫能力。近两年，国家对独龙族实施了高强度的整族脱贫措施，从收入、住房、教育、医疗等标准看，独龙族基本达到脱贫标准，但现有人口文化程度低，与外界交往能力差，自主脱贫能力仍然较差，多数人主要依靠低保补贴、生态护林员工资、边民补贴生活，脱贫却离不开扶贫。此外，随着人口增长和新家庭的成立，原已达标的住房无法满足新需求，全乡有 2 百多户希望政府帮助再建住房。

（二）边防重地、环境脆弱，发展经济与保护特有生态环境间存在较大矛盾。

一是全州境内极度缺乏平地。调研组目力所见，怒江中下游地区峡谷中，从山腰到山顶可以说是“无一丈平地”，不少耕地如壁画一般“挂”在山上，很多住房就在危崖之下。据了解，全州除兰坪县通甸、金顶有少量较平坦的山间盆地和江河冲积滩地外，多为高山陡坡，耕地破碎零星分布。客观上使怒江州无论是发展产业还是易地搬迁，腾挪空间都很窄小。二是资源开发受限。怒江是我国重要生态功能区，境内 61% 的面积被纳入各种自然保护区范围，其中有 2 处国家级自然保护区，“三江并流”保护区被列为世界自然遗产。据反映，为保护怒江流域生态环境，丰富的矿产资源和水能资源难以开发利用。

（三）交通条件差仍是严重制约经济社会发展的瓶颈。

一是到目前为止，怒江州是云南省唯一无高速、无机场、无铁路、无水运的“四无”州市。州首府六库到泸水、福贡、贡山等县城，山高路远，仅有一条悬崖峭壁和滚滚激流边的公路进出。贡山至独龙江乡的公路为单车道，越野车需错车进出。调研组到达前两天，某驻村工作队的车被突然冲下的瀑布打到公路边上，差点掉进怒江漩涡中。二是交通路网不完善、等级低，仍有 1 千多个自然村未通公路。即使经过大规模改造，目前也仅能实现所有村委会所在地通硬化路，且道路等级低，水毁现象严重，通而不畅，当地人称“卡脖子公路”。很多自然村仍无法通车，仅靠骡马或步行进入。调研组下村入户十几天时间中，多次遇到由于塌方和泥石流堆积，主干公路中断，交通严重堵塞的情况。

（四）脱贫产业趋同化、小众化，产业发展空间和支撑能力有待加强。

一是产品与外界雷同，附加值不高。核桃、油茶等作物虽已大面积种植，但都处在初级产品生产环节，产品精深加工、品牌创建、产品销售等整个产业链并未跟上，且外地交通便利地区雷同产品也较多。二是投入资源限制，部分产业缺乏大规模生产基础。当地特色牲畜养殖大都是家庭喂养，本地玉米产量有限，缺乏大规模养殖的饲料，且家禽家畜大多自产自用，偶然零星卖给旅游者，单价虽高，却无法稳定增收。三是特色产品市场需求空间尚不明朗。调研组发现，政府和村民对草果等特色产品增收期望很高，但对产品的市场空间考虑较少。如云黄连、重楼等单价虽高，但作为中草药，总需求有限。而草果价格走高，一方面是由于刚开始推广、尚未完全成熟挂果，需求的天花板作用还没有显现；另一方面是因为越南、红河、文山等其他产区受灾严重、产量减少。一旦本地产品大面积成熟挂果，其他遭灾地州恢复生产，则存在价格直线下跌，农民收入随之下滑的风险。

（五）住房改造缺口较大，集中安置仍然存在安全隐患。

一是部分收入略超标的危房户无力自行改造住房。调研发现，部分地区规定人均收入超过 2982 元（云南省定贫困标准）的农村居民不能享受住房改造补贴，因此部分收入超标不多、负累较重、积蓄甚微的农户，无力进行危房改造，仍住在“竹篱为墙、柴扉为门、茅草为顶、千脚落地”的陋室中，人畜混居，室内几乎无家具，人在火塘边席地而卧。

二是人地矛盾突出，部分新建居住点仍存在严重安全隐患，且村民搬迁后续生活存在困难。目前部分集中安置点建造在泥石流或滑坡冲积后形成的缓坡地或填河挖山造出的平地，地质次生灾害极易再次发生。调研组还发现部分安置点处于半空置状态。主要是由于可开发空间有限，易地搬迁后的村民很难在新安置点得到耕地，又缺乏其他谋生技能，生活难以为继，不少村民拒绝搬出或搬离后不久又回到原有旧房中居住。

三是位于中缅边境线上的村民守土固边任务重，不能易地搬迁。他们地处生态脆弱、灾害频发、交通不便的偏远高寒山区，贫困面大、贫困程度深，居住条件改善难度大，因房因灾因病致贫返贫现象特别突出，但由于前期规划不当，资金有限，政策性补贴无法实现全覆盖。

（六）公共卫生安全和健康知识极度匮乏，“乱投医”、“过度医疗”加重村民负担。

如鲁祖村一被访村民因腰椎间盘突出长期服用止疼药和所谓的中药偏方，每月药费近 400 元，难以报销。金满村一调查户，户主因澳抗阳性返乡 1 年多，长期服用治疗肝炎的药物。药费支出成为两个村民家庭消费支出的“大头”。据调研组了解，由于公共健康知识匮乏，很多村民不明白哪些病需要看、如何看，不能根据病情理智选择治疗方法。部分医疗机构由于技术水平有限，医疗措施不当。如给腰椎间盘突出患者长期服用止痛药，不仅使患者有病情减轻的错觉、增加工作量造成病情加重，且带来后续的肝肾伤害，患者医疗支出负担加重，贫困状况进一步恶化。

（七）成年人文化素质较低，仍是限制怒江直过民族整体发展、按时脱贫的重要桎梏。

怒江州直过民族中 50 岁以上人群基本上为文盲，青壮年特别是青年妇女中文盲也不少，不少人听不懂普通话，多数无法用普通话流利表达。由于文化程度低、缺乏劳动技能，不具备外出打工能力。留在本地务工者也多从事简单体力劳动，较少从事现代农业种养殖，收入大幅提升的空间相对较小。并且，不少群众安于现状，脱贫内生动力严重不足。

（八）既缺乏当地农民喜闻乐见的思想文化作品，也缺乏行之有效的传播手段和形式。

调研组在走访的三个市县发现很多村庄都建有基督教（或天主教）教堂，宗教影响较大。被访村庄中，村“两委”班子主要精力多集中在改善基础设施建设、发展当地经济上，缺乏对党外群众做思想工作的理论资料和工作抓手，甚至也缺乏对党外群众做思想工作的想法。村文化活动中心或图书室等因无集体文化活动，多为闲置。调研组所走访的 30 多户村民家中，仅有的文化娱乐设施就是政府配发或自行购买的电视，没有任何书籍。农民群众看书难、难看书在三县市几乎是普遍现象。

此外，怒江州山区里无线信号时有时无，只能依靠卫星天线（锅）接收上星频道节目，但云南省只有云南卫视和云南国际频道 2 个上星频道。而地方电视台制作的一些民族语言类节目由于信号不好，收听收看不便。群众喜闻乐见的精神文化产品匮乏且传播不畅。

（九）扶贫干部对“脱贫”目标及标准存有困惑。

调研期间，正好是怒江州进行2017年建档立卡动态调整工作，所到之处均能看到驻村干部和工作组包村包户，认真开展贫情分析。但在座谈中，基层同志也向调研组反映对脱贫目标、标准和实际操作方法存有困惑。

一是不明白收入贫困与住房贫困的关系。云南省规定按1+N识别贫困户，即将收入不达标且住户、教育、医疗中一个以上条件不达标的户纳入扶贫。但在精准识别时基层存在困惑：住在危房里但收入超过扶贫标准的户算不算贫困户？如纳入扶贫，扶贫规模大大超过原定规模怎么办？但若不纳入，保障住房安全就是一句空话。

二是不理解收入统计方法。建档立卡时，农户的低保补贴、养老金等不算收入。但在衡量某个农户是否脱贫时，这些转移收入是否应计入收入总数？如不计入，即使低保达到扶贫标准也难以实现脱贫。若计入，脱贫是否就要脱钩？

三是搞不清楚达标和脱贫的关系。某调研村的7户建档立卡户的家庭主要劳动力这两年均成为护林员，家庭收入明显改善，住房也已改造，其他基本情况相差无几，但上报系统后被评定为2户脱贫、5户达标。对此迷惑不解的队员担心由于扶贫与检查方法不同导致工作不符合要求，单位和个人受影响还是小事，没完成脱贫攻坚任务是大事。

三、对策建议

针对怒江州自然条件特殊、生态保护任务重、基础设施差、贫困面广程度深、劳动力素质低、固边维稳压力大等实际困难和问题，调研组认为要确保怒江深度贫困地区按期实现脱贫目标，既要国家进一步加大扶贫力度，给予特殊政策倾斜，也要当地加强组织实施，做好做实精准扶贫工作。

（一）从全省或全国角度通盘考虑怒江贫困人口脱贫问题，缓解当地十分尖锐的经济发展与生态保护的矛盾。

山高坡陡、人多地少、生态脆弱是怒江州的基本特征，基于本地实现现有人口全部自主脱贫、持续提高居民生活水平难度很大。建议：一是加强对本地区人口承载能力的研究。可根据第三次全国农业普查数据、扶贫系统的建档立卡资料和其他资料，从资源支撑能力、戍边卫国需要、人口增长趋势等方面合理确定本地区农村常住人口总量目标和分布安排，分类扶贫。二是从长期看，应通盘考虑促进本地居民外出安居。在强化教育、促进劳动力输出的同时，试行本地居民州外定居补贴以促进本地居民在外地易地落户。三是在生态保护、水利建设等方面给予更多扶持。进一步加强对怒江州森林、水质、土地、矿产和物种多样性的监测，开展自然资源资产核算；推进森林碳汇计量监测与交易，研究建立生态效益财政补偿和市场补偿并行机制；适当增加怒江州生态护林员名额和资金；在不破坏现有生态环境的基础上，科学开发“三江”水利资源。

（二）适当提高中央危房改造补贴标准，扩大危房改造补贴范围。

从调研结果看，怒江州农村住房安全问题是全面实现“两不愁、三保障”最大短板。建议：一是适当提高中央危房改造补贴标准。怒江因交通不便，物价高于周边地州。据测算，水泥、钢材等原材料运入怒江地区，成本已高于周边，再由州府所在地六库镇运至下辖四县，每吨运费平均增加 100 元左右。但中央危房改造补贴仍为全国统一标准。建议对于高山峡谷地区，提高补贴发放标准。二是适当放宽危房改造限制条件。如简单以收入是否超过 2982 元作为危房改造补贴发放标准，则相当一部分并未稳定脱贫的群众无力进行危房改造，无法实现住房安全。三是根据戍边卫国需要，确定重点扶持村落，全面进行村庄整治和危房改造。协调宅基地使用，适当使高山上分散的村民小组向行政村村部所在地集中。四是实事求是地将前期应纳未纳的危房户列入改造补贴范围。

（三）继续加大国家对怒江州基础设施建设扶持力度，进一步补齐制约发展的短板。

加大在建公路项目建设力度，尽快硬化通车，改变目前怒江州“进出一条道”和公路等级过低的现状，为发展旅游业提供基础；针对通村公路通而未畅的情况，整合扶贫资金，交通建设项目向进村入户倾斜；结合易地搬迁，适当集中人口，避免分散居住造成的公路建设浪费。

（四）切实发挥“两委”作用，加大文化建设和社会治理力度。

一是全国统一录制普通话基础教程，通过卫视和网络定时、定向播出，提高民族地区成人普通话水平。二是统一编写通俗易懂的、关于社会伦理道德和理想信念的材料，提供给基层加强对村民的思想工作。三是加强对民族地区地方文艺创作的扶持，开发更多老百姓喜闻乐见的文艺作品，通过多种途径播出，使之真正传播到老百姓眼里和心里。四是组织专门力量加强科普宣传，编制适应群众需求、普及健康知识、生活常识和生产生活简单用语以及“乡规民约”的海报、影音制品，提高村民文明素养。五是探索适当形式，切实加强村“两委”在农村精神文明建设中的作用。在加强扶贫工作的同时，促进民族地区基层党建工作与文明建设相融合，让农民群体在情感认同中潜移默化的接受教育。

（五）加大特色产业宣传扶持力度，推动产业脱贫。

尽早组织对草果等农产品有利健康效果和怒江原产地的宣传，提高消费者认同度，扩大潜在需求，防止出现量增价跌现象，打开农民增收空间。继续挖掘农副产品绿色、有机的优势，探索农产品种植、收购、深加工和销售一条龙，强化质量监管，以产业为依托，强化贫困村自我造血功能。加强对旅游业的支持、服务和管理，引进现代化管理理念和手段，借助“外脑”打造精品、高端旅游服务产业。在确保不破坏优美自然环境的前提下，对丰富旅游资源有序开发、规范管理、严格监管，促进旅游产业做大做强，促进贫困人口通过旅游业实现稳定脱贫。

（六）强化义务教育和职业技能教育，推动智力扶贫和就业扶贫。

一是继续加大对义务教育的支持力度。主要是提高农村教师待遇，改善农村教育条件薄弱学校的基本办学条件。二是拓展职业教育的深度和广度。积极寻求社会办学资源，扩大“两后生”比例；努力消除贫困群体“等、靠、要”思想，增加其自主脱贫能力，开展多层次、多主题技能培训，特别是对20至50周岁年龄段的贫困劳动力和贫困家庭子女的就业创业技能培训，使外输劳动力走得出、留得下。

（七）加大公共卫生健康宣传力度，提高当地医疗水平。

一是加强健康知识宣讲力度，普及卫生健康、妇幼保健和儿童养育等知识，防病于未然，同时引导患者选择正确的医疗方式，防止“乱投医”。二是提高当地基层医疗水平，严禁医疗机构乱检查、滥用药，避免小病大治、小病大养等“过度医疗”；加强对基层医疗机构的技术培训和医疗合作，为贫困人口提供安全便捷、经济有序的医疗卫生保健服务。

（八）完善扶贫实践中对“脱贫”标准的认定和统计。

扶贫相关部门和统计部门应加强相互沟通和联系，从国家和省级层面加强方法制度研究制定，明确“两不愁、三保障”的具体指标和衡量办法。在不同扶贫阶段、针对工作目的采用适当的收入统计方法，要将对“达标”意义上的脱贫以及“脱钩”意义上的脱贫的不同要求区分开来。

（国家统计局住户调查办公室 王萍萍 王琦）

统计资料篇

资料使用说明

一、数据来源

本报告的数据主要有四个来源：

（一）全国住户收支与生活状况调查：该调查由国家统计局住户调查办公室负责组织实施，按照分层随机抽样方法在全国共抽取约16万调查户开展抽样调查。样本规模和分布经过科学测算，抽样结果经过严格评估，对全国、分省有代表性。统计资料第一部分《全国农村统计资料》主要来自该调查。

（二）国家农村贫困监测调查：该调查由国家统计局住户调查办公室负责组织实施。抽样方法同全国住户收支与生活状况调查，样本覆盖我国贫困地区的592个扶贫重点县及14个连片特困地区县，调查村委会5000多个，近6万户，抽样结果对全国贫困地区、连片特困地区和扶贫重点县有代表性。统计资料第二部分《贫困地区统计资料》、第三部分《连片特困地区统计资料》、第四部分《扶贫重点县统计资料》主要来自该调查。

（三）县（市）社会经济基本情况统计：该项统计由国家统计局农村司负责组织实施。统计资料第二部分《贫困地区统计资料》、第三部分《连片特困地区统计资料》、第四部分《扶贫重点县统计资料》中的综合资料来自该项统计。

（四）部门统计调查。

二、其他说明

（一）本报告中的全国数据未包括香港、澳门特别行政区和台湾省；

（二）空栏代表数据缺失，使用“--”表示；

（三）由于小数点原因，部分分项数据加总与汇总数据不完全一致，本报告未做调整。

一、全国农村

表 1-1　历年全国农村贫困状况

年　份	1978 年标准		2008 年标准		2010 年标准	
	贫困人口（万人）	贫困发生率（%）	贫困人口（万人）	贫困发生率（%）	贫困人口（万人）	贫困发生率（%）
1978	25000	30.7			77039	97.5
1980	22000	26.8			76542	96.2
1981	15200	18.5				
1982	14500	17.5				
1983	13500	16.2				
1984	12800	15.1				
1985	12500	14.8			66101	78.3
1986	13100	15.5				
1987	12200	14.3				
1988	9600	11.1				
1989	10200	11.6				
1990	8500	9.4			65849	73.5
1991	9400	10.4				
1992	8000	8.8				
1994	7000	7.7				
1995	6540	7.1			55463	60.5
1997	4962	5.4				
1998	4210	4.6				
1999	3412	3.7				
2000	3209	3.5	9422	10.2	46224	49.8
2001	2927	3.2	9029	9.8		
2002	2820	3.0	8645	9.2		
2003	2900	3.1	8517	9.1		
2004	2610	2.8	7587	8.1		
2005	2365	2.5	6432	6.8	28662	30.2
2006	2148	2.3	5698	6.0		
2007	1479	1.6	4320	4.6		
2008			4007	4.2		
2009			3597	3.8		
2010			2688	2.8	16567	17.2
2011					12238	12.7
2012					9899	10.2
2013					8249	8.5
2014					7017	7.2
2015					5575	5.7
2016					4335	4.5

数据来源：国家统计局农村住户调查和住户收支与生活状况调查。

注：① 1978 年标准：1978—1999 年称为农村贫困标准，2000—2007 年称为农村绝对贫困标准。

② 2008 年标准：2000—2007 年称为农村低收入标准，2008—2010 年称为农村贫困标准。

③ 2010 年标准：即现行农村贫困标准，于 2011 年确定。

表 1-2　2010-2016 年全国分地区农村贫困人口规模

单位：万人

地　区	2010 年	2011 年	2012 年	2013 年	2014 年	2015 年	2016 年
全　国	16567	12238	9899	8249	7017	5575	4335
北　京	1	2	1	0	0	.	.
天　津	8	5	1	0	0	.	.
河　北	872	561	437	366	320	241	188
山　西	574	444	359	299	269	223	186
内蒙古	258	160	139	114	98	76	53
辽　宁	213	157	146	126	117	86	59
吉　林	216	140	103	89	81	69	57
黑龙江	239	155	130	111	96	86	69
上　海	0	0	0	0	0	.	.
江　苏	187	123	106	95	61	.	.
浙　江	148	94	83	72	45	.	.
安　徽	839	710	543	440	371	309	237
福　建	167	114	87	73	50	36	23
江　西	538	438	385	328	276	208	155
山　东	544	345	313	264	231	172	140
河　南	1461	955	764	639	565	463	371
湖　北	678	488	395	323	271	216	176
湖　南	1006	908	767	640	532	434	343
广　东	314	166	128	115	82	47	.
广　西	1012	950	755	634	540	452	341
海　南	133	88	65	60	50	41	32
重　庆	363	202	162	139	119	88	45
四　川	1409	912	724	602	509	400	306
贵　州	1521	1149	923	745	623	507	402
云　南	1468	1014	804	661	574	471	373
西　藏	117	106	85	72	61	48	34
陕　西	756	592	483	410	350	288	226
甘　肃	862	722	596	496	417	325	262
青　海	118	108	82	63	52	42	31
宁　夏	77	77	60	51	45	37	30
新　疆	469	353	273	222	212	180	147

数据来源：国家统计局住户收支与生活状况调查。

注：“.”表示数值较小，统计上不显著，下同。

表 1-3　2010-2016 年全国分地区农村贫困发生率

单位：%

地　区	2010 年	2011 年	2012 年	2013 年	2014 年	2015 年	2016 年
全　国	17.2	12.7	10.2	8.5	7.2	5.7	4.5
北　京	0.3	0.3	0.2	0	0	.	.
天　津	2.0	1.2	0.2	0	0	.	.
河　北	15.8	10.1	7.8	6.5	5.6	4.3	3.3
山　西	24.1	18.6	15.0	12.4	11.1	9.2	7.7
内蒙古	19.7	12.2	10.6	8.5	7.3	5.6	3.9
辽　宁	9.1	6.8	6.3	5.4	5.1	3.8	2.6
吉　林	14.7	9.5	7.0	5.9	5.4	4.6	3.8
黑龙江	12.7	8.3	6.9	5.9	5.1	4.6	3.7
上　海	0.1	0	0	0	0	.	.
江　苏	3.8	2.5	2.1	2.0	1.3	.	.
浙　江	3.9	2.5	2.2	1.9	1.1	.	.
安　徽	15.7	13.2	10.1	8.2	6.9	5.8	4.4
福　建	6.2	4.2	3.2	2.6	1.8	1.3	0.8
江　西	15.8	12.6	11.1	9.2	7.7	5.8	4.3
山　东	7.6	4.8	4.4	3.7	3.2	2.4	1.9
河　南	18.1	11.8	9.4	7.9	7.0	5.8	4.6
湖　北	16.9	12.1	9.8	8.0	6.6	5.3	4.3
湖　南	17.9	16.0	13.5	11.2	9.3	7.6	6.0
广　东	4.6	2.4	1.9	1.7	1.2	0.7	.
广　西	24.3	22.6	18.0	14.9	12.6	10.5	7.9
海　南	23.8	15.5	11.4	10.3	8.5	6.9	5.5
重　庆	15.1	8.5	6.8	6.0	5.3	3.9	2.0
四　川	20.2	13.0	10.3	8.6	7.3	5.7	4.4
贵　州	45.1	33.4	26.8	21.3	18.0	14.7	11.6
云　南	40.0	27.3	21.7	17.8	15.5	12.7	10.1
西　藏	49.2	43.9	35.2	28.8	23.7	18.6	13.2
陕　西	27.3	21.4	17.5	15.1	13.0	10.7	8.4
甘　肃	41.3	34.6	28.5	23.8	20.1	15.7	12.6
青　海	31.5	28.5	21.6	16.4	13.4	10.9	8.1
宁　夏	18.3	18.3	14.2	12.5	10.8	8.9	7.1
新　疆	44.6	32.9	25.4	19.8	18.6	15.8	12.8

数据来源：国家统计局住户收支与生活状况调查。

表 1-4　2013-2016 年全国分地区农村常住居民人均可支配收入

单位：元

地　区	2013 年	2014 年	2015 年	2016 年
全　国	9430	10489	11422	12363
北　京	17101	18867	20569	22310
天　津	15353	17014	18482	20076
河　北	9188	10186	11051	11919
山　西	7949	8809	9454	10082
内蒙古	8985	9976	10776	11609
辽　宁	10161	11191	12057	12881
吉　林	9781	10780	11326	12123
黑龙江	9369	10453	11095	11832
上　海	19208	21192	23205	25520
江　苏	13521	14958	16257	17606
浙　江	17494	19373	21125	22866
安　徽	8850	9916	10821	11720
福　建	11405	12650	13793	14999
江　西	9089	10117	11139	12138
山　东	10687	11882	12930	13954
河　南	8969	9966	10853	11697
湖　北	9692	10849	11844	12725
湖　南	9029	10060	10993	11930
广　东	11068	12246	13360	14512
广　西	7793	8683	9467	10359
海　南	8802	9913	10858	11843
重　庆	8493	9490	10505	11549
四　川	8381	9348	10247	11203
贵　州	5898	6671	7387	8090
云　南	6724	7456	8242	9020
西　藏	6553	7359	8244	9094
陕　西	7092	7932	8689	9396
甘　肃	5589	6277	6936	7457
青　海	6462	7283	7933	8664
宁　夏	7599	8410	9119	9852
新　疆	7847	8724	9425	10183

数据来源：国家统计局住户收支与生活状况调查。

表 1-5　2013-2016 年全国分地区农村常住居民人均消费支出

单位：元

地　区	2013 年	2014 年	2015 年	2016 年
全　国	7485	8383	9223	10130
北　京	13564	14535	15811	17329
天　津	12491	13739	14739	15912
河　北	7377	8248	9023	9798
山　西	6458	6992	7421	8029
内蒙古	9080	9972	10637	11463
辽　宁	7032	7801	8873	9953
吉　林	7523	8140	8783	9521
黑龙江	7192	7830	8391	9424
上　海	13016	14820	16152	17071
江　苏	10759	11820	12883	14428
浙　江	12803	14498	16108	17359
安　徽	7200	7981	8975	10287
福　建	9986	11056	11961	12911
江　西	6807	7548	8486	9128
山　东	6877	7962	8748	9519
河　南	6359	7277	7887	8587
湖　北	7850	8681	9803	10938
湖　南	7833	9025	9691	10630
广　东	8938	10043	11103	12415
广　西	6035	6675	7582	8351
海　南	6376	7029	8210	8921
重　庆	6971	7983	8938	9954
四　川	7365	8301	9251	10192
贵　州	5291	5970	6645	7533
云　南	5247	6030	6830	7331
西　藏	4102	4822	5580	6070
陕　西	6488	7252	7901	8568
甘　肃	5654	6148	6830	7487
青　海	7506	8235	8566	9222
宁　夏	6740	7676	8415	9138
新　疆	7103	7365	7698	8277

数据来源：国家统计局住户收支与生活状况调查。

表 1-6 2011-2016 年全国农村常住居民收入消费增长情况

单位：%

年 份	人均可支配收入名义增速	人均可支配收入实际增速	人均消费支出名义增速	人均消费支出实际增速
2011	17.9	11.4	19.2	12.6
2012	13.5	10.7	13.2	10.4
2013	12.4	9.3	12.1	9.0
2014	11.2	9.2	12.0	10.0
2015	8.9	7.5	10.0	8.6
2016	8.2	6.2	9.8	7.8

数据来源：国家统计局全国农村住户调查、住户收支与生活状况调查。

注：2012 年国家统计局开始实施城乡一体化住户调查改革。全国农村贫困资料中 2011—2012 年数据来源于改革之前的全国农村住户调查，2013—2016 年数据来源于改革之后的全国住户收支与生活状况调查，下同。

表 1-7 2013-2016 年全国农村常住居民人均可支配收入及构成

指 标	收入水平（元／人）				构成（%）			
	2013 年	2014 年	2015 年	2016 年	2013 年	2014 年	2015 年	2016 年
可支配收入	9430	10489	11422	12363	100.0	100.0	100.0	100.0
一、工资性收入	3653	4152	4600	5022	38.7	39.6	40.3	40.6
二、经营净收入	3935	4237	4504	4741	41.7	40.4	39.4	38.3
（一）第一产业净收入	2840	2999	3154	3270	30.1	28.6	27.6	26.4
1. 农业	2160	2307	2412	2440	22.9	22.0	21.1	19.7
2. 牧业	460	443	489	574	4.9	4.2	4.3	4.6
（二）第二产业经营净收入	253	259	276	288	2.7	2.5	2.4	2.3
（三）第三产业经营净收入	843	980	1074	1184	8.9	9.3	9.4	9.6
三、财产净收入	195	222	252	272	2.1	2.1	2.2	2.2
四、转移净收入	1648	1877	2066	2328	17.5	17.9	18.1	18.8

数据来源：国家统计局住户收支与生活状况调查。

表 1-8　2013-2016 年全国农村常住居民消费支出及构成

指　标	水平（元／人）				构成（%）			
	2013 年	2014 年	2015 年	2016 年	2013 年	2014 年	2015 年	2016 年
消费支出	7485	8383	9223	10130	100.0	100.0	100.0	100.0
（一）食品烟酒	2554	2814	3048	3266	34.1	33.6	33.0	32.2
（二）衣着	454	510	550	575	6.1	6.1	6.0	5.7
（三）居住	1580	1763	1926	2147	21.1	21.0	20.9	21.2
（四）生活用品及服务	455	507	546	596	6.1	6.0	5.9	5.9
（五）交通通信	875	1013	1163	1360	11.7	12.1	12.6	13.4
（六）教育文化娱乐	755	860	969	1070	10.1	10.3	10.5	10.6
（七）医疗保健	668	754	846	929	8.9	9.0	9.2	9.2
（八）其他用品及服务	144	163	174	186	1.9	1.9	1.9	1.8

数据来源：国家统计局全国住户收支与生活状况调查。

表 1-9　2010-2016 年农村居民年末每百户主要耐用消费品拥有量

指　标	单 位	2010 年	2013 年	2014 年	2015 年	2016 年
家用汽车	辆	2.8	9.9	11.0	13.3	17.4
摩托车	辆	--	61.1	67.6	67.5	65.1
电动助力车	台	--	40.3	45.4	50.1	57.7
洗衣机	台	57.3	71.2	74.8	78.8	84.0
电冰箱（柜）	台	45.2	72.9	77.6	82.6	89.5
微波炉	台	--	14.1	14.7	15.0	16.1
彩色电视机	台	111.8	112.9	115.6	116.9	118.8
空调	台	16.0	29.8	34.2	38.8	47.6
热水器	台	28.3	43.6	48.2	52.5	59.7
排油烟机	台	11.1	12.4	13.9	15.3	18.4
移动电话	部	136.5	199.5	215.0	226.1	240.7
计算机	台	10.4	20.0	23.5	25.7	27.9

数据来源：国家统计局全国农村住户调查、全国住户收支与生活状况调查。

二、贫困地区

（一）2011-2015年贫困地区综合资料

表 2-1　贫困地区经济社会发展情况

指　标	单位	2011 年	2012 年	2013 年	2014 年	2015 年
一、基本情况						
行政区域面积	万平方公里	--	--	--	--	464
乡个数	个	6917	6920	6796	6515	6046
镇个数	个	5271	5347	5554	5671	5729
户籍人口	万人	--	--	--	30469	30517
二、财政金融资料						
地区生产总值	亿元	36637	42491	47773	52357	55607
# 第一产业增加值	亿元	8979	10197	11108	11910	12668
第二产业增加值	亿元	16019	18804	21082	22560	22463
第三产业增加值	亿元	11641	13490	15583	17887	20477
公共财政收入	亿元	1833	2345	2987	3348	3561
公共财政支出	亿元	10427	13023	14612	16172	18811
居民储蓄存款余额	亿元	23414	28729	33710	38771	44250
年末金融机构各项贷款余额	亿元	16759	20889	25863	30557	36195

数据来源：国家统计局县（市）社会经济基本情况统计。

注：贫困地区综合资料包括贫困地区共812个县（旗、县级市）数据，不包括20个区县改区的区数据。

表 2-2 贫困地区居民生产生活情况

指 标	单位	2011 年	2012 年	2013 年	2014 年	2015 年
一、农业生产情况						
农业机械总动力	万千瓦特	20945	22441	23427	24662	25740
粮食总产量[①]	万吨	--	--	13689	13813	14041
油料产量	万吨	803	833	885	890	920
棉花产量	万吨	101	95	86	113	119
肉类总产量	万吨	2077	2302	2318	2423	2422
二、工业生产情况						
规模以上工业企业单位数	个	19993	22467	25287	27226	30187
规模以上工业总产值	亿元	32248	38111	45125	51809	54497
三、生产生活条件						
固定电话用户	万户	2577	2415	2212	2394	1914

数据来源：国家统计局县（市）社会经济基本情况统计。

注：粮食总产量中未包括黑龙江、新疆数据。

表 2-3 贫困地区文化教育、医疗保健情况

指　标	单位	2011 年	2012 年	2013 年	2014 年	2015 年
一、文化教育情况						
普通中学在校学生数	万人	1660	1577	1474	1460	1440
小学在校学生数	万人	2512	2523	2222	2198	2194
二、医疗保健						
医疗卫生机构床位数	万床	67	76	86	96	104
各种社会福利收养性单位数	个	9239	9385	9372	10202	10421
各种社会福利收养性单位床位数	万床	58	60	69	78	81

数据来源：国家统计局县（市）社会经济基本情况统计。

（二）2016年贫困地区贫困状况

表2-4　2016年贫困地区农村贫困人口变化情况

地　区	贫困人口			贫困发生率	
	数量（万人）	比上年下降（万人）	下降幅度（%）	水平（%）	比上年下降（百分点）
合　计	2654	836	23.9	10.1	3.2
河　北	147	50	25.3	10.6	3.6
山　西	67	16	18.8	11.9	2.7
内蒙古	46	20	30.1	6.6	2.7
吉　林	10	2	20.2	9.0	1.8
黑龙江	53	15	21.4	10.0	2.7
安　徽	155	54	25.7	7.9	2.8
江　西	103	38	26.7	8.5	3.1
河　南	221	66	23.0	7.3	2.2
湖　北	117	31	21.2	9.6	2.6
湖　南	205	74	26.6	10.3	3.7
广　西	100	35	26.0	9.7	3.4
海　南	9	2	21.6	11.2	3.2
重　庆	35	33	49.2	4.0	3.9
四　川	150	53	26.0	9.0	3.1
贵　州	346	98	22.1	11.9	3.4
云　南	352	95	21.3	13.7	3.7
西　藏	34	14	28.9	13.2	5.4
陕　西	140	40	22.4	10.6	3.0
甘　肃	235	61	20.7	14.5	3.8
青　海	31	10	25.0	8.1	2.8
宁　夏	18	5	22.6	8.7	2.4
新　疆	80	21	20.9	12.8	3.0

数据来源：国家统计局农村贫困监测调查。

表 2-5　2016 年贫困地区农村常住居民收入情况

地　区	人均可支配收入（元）	名义增速（%）
合　计	8452	10.4
河　北	8382	10.6
山　西	6623	9.0
内蒙古	9005	9.8
吉　林	7669	8.9
黑龙江	7828	9.1
安　徽	9890	10.5
江　西	8643	11.4
河　南	9735	9.8
湖　北	9502	9.4
湖　南	8029	11.2
广　西	8800	11.0
海　南	9163	10.6
重　庆	10244	12.3
四　川	8799	10.5
贵　州	7894	10.1
云　南	7847	11.0
西　藏	9094	10.3
陕　西	8424	9.5
甘　肃	6323	9.3
青　海	8664	9.2
宁　夏	7937	9.4
新　疆	8055	9.7

数据来源：国家统计局农村贫困监测调查。

注：2012 年国家统计局实施了城乡住户调查一体化改革，贫困地区开始使用农村常住居民人均可支配收入。

表 2-6　2016 年贫困地区农村常住居民消费支出

地　区	人均消费支出（元）	增长（%）
合　计	7331	10.1
河　北	7171	6.4
山　西	5841	7.1
内蒙古	8377	6.2
吉　林	7272	10.1
黑龙江	6471	9.1
安　徽	9178	11.6
江　西	7330	8.4
河　南	7157	9.6
湖　北	8499	9.0
湖　南	7825	10.9
广　西	7755	10.9
海　南	7697	8.5
重　庆	9119	11.6
四　川	7757	12.4
贵　州	7327	12.8
云　南	6275	10.4
西　藏	6070	8.8
陕　西	7615	9.8
甘　肃	5857	7.4
青　海	9222	7.7
宁　夏	7728	9.5
新　疆	5633	3.7

数据来源：国家统计局农村贫困监测调查。

注：2012 年国家统计局实施了城乡住户调查一体化改革，贫困地区开始使用农村常住居民人均消费支出。

表 2-7　2016 年贫困地区农村常住居民收入消费结构

指　标	水平（元）	构成（%）	增长（%）
一、人均可支配收入	8452	100.0	10.4
1. 工资性收入	2880	34.1	12.7
2. 经营净收入	3443	40.7	4.9
（1）一产净收入	2696	31.9	2.7
# 农业	1931	22.8	2.1
牧业	571	6.8	6.9
（2）二、三产净收入	747	8.8	13.9
3. 财产净收入	107	1.3	14.3
4. 转移净收入	2021	23.9	17.4
二、人均消费支出	7331	100.0	10.1
1. 食品烟酒	2567	35.0	6.5
2. 衣着	423	5.8	4.4
3. 居住	1543	21.1	12.2
4. 生活用品及服务	448	6.1	9.2
5. 交通通信	803	11.0	15.9
6. 教育文化娱乐	790	10.8	16.2
7. 医疗保健	638	8.7	12.5
8. 其他商品和服务	118	1.6	4.0

表 2-8　2016 年贫困地区农户住房及家庭设施状况

地　区	居住竹草土坯房的农户比重（%）	使用照明电的农户比重（%）	使用管道供水的农户比重（%）
合　计	4.5	99.3	67.4
河　北	3.6	100.0	66.9
山　西	6.5	99.2	68.7
内蒙古	14.3	100.0	51.7
吉　林	12.2	99.9	85.4
黑龙江	14.7	100.0	50.8
安　徽	0.2	97.2	52.2
江　西	1.5	99.9	64.4
河　南	0.6	100.0	60.7
湖　北	7.0	98.8	68.1
湖　南	1.1	99.4	61.9
广　西	0.4	99.4	85.4
海　南	0.0	99.2	81.0
重　庆	3.8	99.1	65.7
四　川	8.4	97.5	51.1
贵　州	0.5	99.7	78.9
云　南	4.4	99.9	76.6
西　藏	1.7	95.6	48.9
陕　西	8.8	99.4	76.5
甘　肃	9.5	99.3	70.8
青　海	3.4	96.4	83.6
宁　夏	8.4	98.3	71.6
新　疆	10.8	99.8	87.6

数据来源：国家统计局农村贫困监测调查。

表 2-8 2016 年贫困地区农户住房及家庭设施状况（续）

单位：%

地 区	使用经过净化处理自来水的农户比重	饮水无困难的农户比重	独用厕所的农户比重	炊用柴草的农户比重
合 计	40.8	87.9	94.2	51.4
河 北	41.9	97.1	98.5	40.7
山 西	31.3	78.6	93.8	29.7
内蒙古	43.9	94.9	91.0	70.2
吉 林	71.1	94.0	99.5	81.7
黑龙江	35.4	82.8	99.8	95.9
安 徽	44.4	94.6	96.3	65.5
江 西	30.2	92.0	92.3	60.4
河 南	50.9	93.1	97.1	41.7
湖 北	40.1	88.4	93.5	70.2
湖 南	31.5	89.4	97.8	49.4
广 西	40.5	89.2	97.6	57.5
海 南	46.6	90.1	71.4	68.2
重 庆	36.3	81.4	98.8	58.5
四 川	21.5	81.9	94.3	66.7
贵 州	42.3	87.7	94.3	23.7
云 南	28.6	79.4	81.6	50.7
西 藏	25.8	75.0	71.2	54.7
陕 西	47.6	87.7	96.5	60.3
甘 肃	58.1	85.1	98.5	44.0
青 海	53.7	89.0	90.8	24.8
宁 夏	67.0	90.8	98.7	12.6
新 疆	82.0	87.6	98.4	52.1

数据来源：国家统计局农村贫困监测调查。

表 2-9　2016 年贫困地区农村每百户耐用消费品拥有量

地　区	汽车（辆）	洗衣机（台）	电冰箱（台）	移动电话（部）	计算机（台）
合　计	11.1	80.7	75.3	225.1	15.1
河　北	12.9	85.1	77.3	190.3	18.8
山　西	6.8	78.3	48.1	160.5	14.8
内蒙古	17.4	86.3	88.6	212.9	20.3
吉　林	11.7	87.6	83.5	178.7	27.7
黑龙江	7.2	88.0	78.0	188.0	17.8
安　徽	9.3	77.3	89.3	205.5	13.3
江　西	9.4	43.3	77.7	220.2	14.9
河　南	10.1	92.7	79.1	220.8	18.8
湖　北	11.4	76.2	86.9	222.4	19.1
湖　南	6.0	66.8	76.6	229.3	17.3
广　西	11.5	72.6	94.4	257.4	18.1
海　南	4.5	35.0	60.0	255.4	6.9
重　庆	11.7	87.4	90.2	223.8	21.9
四　川	9.1	77.0	76.3	218.7	10.6
贵　州	14.8	91.7	76.8	265.8	14.9
云　南	13.4	75.8	56.9	243.7	7.1
西　藏	18.1	59.9	53.3	187.3	0.2
陕　西	9.0	86.8	66.4	233.2	18.7
甘　肃	10.5	89.5	60.8	241.6	12.3
青　海	28.6	92.4	91.1	270.4	13.5
宁　夏	18.6	93.9	85.1	292.0	15.4
新　疆	8.7	84.0	74.5	134.4	4.4

数据来源：国家统计局农村贫困监测调查。

表 2-10 2016 年各省贫困地区农村基础设施和公共服务状况

单位：%

地区	所在自然村通公路的农户比重	所在自然村通电话的农户比重	所在自然村能接收有线电视信号的农户比重	所在自然村进村主干道路硬化的农户比重	所在自然村能便利乘坐公共汽车的农户比重
合计	99.8	99.9	94.2	96.0	63.9
河北	99.5	99.8	92.1	97.7	83.9
山西	100.0	99.4	96.9	98.1	82.4
内蒙古	100.0	100.0	95.7	93.8	85.8
吉林	100.0	100.0	100.0	94.9	69.1
黑龙江	100.0	100.0	100.0	93.5	87.5
安徽	100.0	100.0	96.2	98.1	60.0
江西	100.0	100.0	100.0	99.3	53.9
河南	100.0	100.0	95.7	99.2	73.0
湖北	100.0	100.0	93.7	97.8	72.9
湖南	99.3	100.0	89.1	98.2	50.5
广西	100.0	100.0	89.1	96.9	47.0
海南	100.0	78.8	77.1	100.0	51.2
重庆	100.0	100.0	100.0	94.2	55.2
四川	99.7	99.8	88.0	94.8	48.0
贵州	100.0	100.0	93.0	96.6	59.0
云南	100.0	99.9	95.1	88.3	47.6
西藏	100.0	100.0	81.8	97.4	55.3
陕西	99.7	100.0	98.4	97.1	74.3
甘肃	100.0	100.0	100.0	96.3	75.0
青海	97.3	97.1	80.2	96.0	71.6
宁夏	100.0	100.0	92.3	100.0	85.4
新疆	100.0	100.0	85.1	93.3	76.1

数据来源：国家统计局农村贫困监测调查。

表 2-10　2016 年各省贫困地区农村基础设施和公共服务状况（续）

单位：%

地　区	所在自然村通宽带的农户比重	所在自然村垃圾能集中处理的农户比重	所在自然村有卫生站的农户比重	所在自然村上幼儿园便利的农户比重	所在自然村上小学便利的农户比重
合　计	79.8	50.9	91.4	79.7	84.9
河　北	93.4	55.4	98.4	86.4	85.1
山　西	81.8	59.0	85.5	67.8	70.5
内蒙古	73.7	53.4	95.4	70.1	71.8
吉　林	100.0	42.6	86.2	69.5	74.8
黑龙江	94.1	26.8	87.7	70.8	73.8
安　徽	93.5	60.6	91.6	89.6	92.6
江　西	85.1	66.3	88.4	81.6	90.2
河　南	93.9	30.5	98.4	94.3	98.0
湖　北	87.3	56.7	91.9	76.0	81.1
湖　南	75.7	67.1	86.1	75.8	77.0
广　西	75.4	80.7	80.3	84.5	91.3
海　南	54.8	74.3	82.1	71.5	84.5
重　庆	81.4	35.7	93.4	74.5	74.2
四　川	70.1	52.9	87.9	73.7	76.9
贵　州	67.7	48.3	95.2	78.1	88.6
云　南	71.1	37.2	84.8	73.7	83.3
西　藏	14.4	53.1	91.3	83.4	94.7
陕　西	78.4	63.6	95.6	73.8	80.7
甘　肃	81.0	53.6	92.7	76.4	86.5
青　海	57.6	42.7	94.7	85.6	88.2
宁　夏	64.3	34.7	93.7	77.6	89.1
新　疆	72.7	39.0	93.3	95.0	94.6

数据来源：国家统计局农村贫困监测调查。

表 2-11　2016 年各省贫困地区农村基础设施和公共服务改善情况

单位：%

地　区	所在自然村通公路的农户比重比上年提高	所在自然村通电话的农户比重比上年提高	所在自然村能接收有线电视信号的农户比重比上年提高	所在自然村进村主干道路硬化的农户比重比上年提高	所在自然村能便利乘坐公共汽车的农户比重比上年提高
合　计	0.1	0.2	2.0	1.9	3.0
河　北	0.0	0.7	0.3	1.8	5.1
山　西	0.0	0.0	0.0	0.0	2.7
内蒙古	0.0	0.0	0.0	8.9	5.9
吉　林	0.0	0.0	0.0	1.4	0.0
黑龙江	0.0	1.0	0.0	3.2	1.0
安　徽	0.7	0.0	5.1	0.0	0.0
江　西	0.0	0.0	5.8	2.5	1.6
河　南	0.0	0.0	1.8	0.5	1.4
湖　北	0.0	0.0	7.2	0.0	11.2
湖　南	0.1	0.3	2.8	0.0	0.0
广　西	0.0	0.0	7.1	1.7	0.2
海　南	0.0	7.4	9.7	3.5	0.0
重　庆	0.0	0.0	2.6	0.0	12.4
四　川	0.0	0.0	0.0	5.3	7.3
贵　州	0.0	0.2	0.0	0.7	0.3
云　南	0.2	0.1	4.1	4.7	4.4
西　藏	0.0	0.0	1.5	1.7	5.4
陕　西	0.0	0.0	0.9	1.1	3.7
甘　肃	0.7	0.0	2.6	3.0	2.9
青　海	0.2	2.7	13.2	1.3	0.0
宁　夏	0.0	0.0	0.8	0.0	0.0
新　疆	0.0	0.0	2.9	7.3	3.9

数据来源：国家统计局农村贫困监测调查。

表 2-11　2016 年各省贫困地区农村基础设施和公共服务改善情况（续）

单位：%

地　区	所在自然村通宽带的农户比重比上年提高	所在自然村垃圾能集中处理的农户比重比上年提高	所在自然村有卫生站的农户比重比上年提高	所在自然村上幼儿园便利的农户比重比上年提高	所在自然村上小学便利的农户比重比上年提高
合　计	8.0	7.6	1.0	3.6	3.2
河　北	5.9	8.1	1.5	2.2	3.0
山　西	0.5	0.0	1.7	0.6	1.3
内蒙古	6.0	23.0	4.3	4.5	9.5
吉　林	10.1	5.0	10.0	5.3	2.4
黑龙江	2.4	4.0	4.5	1.2	0.0
安　徽	4.8	18.5	0.0	4.7	3.8
江　西	1.5	15.9	1.4	1.4	4.3
河　南	0.0	3.3	0.0	1.6	1.5
湖　北	10.8	6.9	2.9	4.4	5.2
湖　南	4.9	2.5	0.0	0.3	0.8
广　西	7.5	3.2	0.2	4.1	1.4
海　南	18.5	8.0	0.6	3.3	8.8
重　庆	9.1	9.7	5.7	12.2	4.6
四　川	17.3	9.2	3.7	12.6	10.5
贵　州	5.5	5.7	0.0	1.5	1.0
云　南	13.1	2.7	0.0	2.5	1.1
西　藏	8.4	7.3	0.2	1.5	4.2
陕　西	11.7	4.9	1.9	0.5	3.8
甘　肃	16.6	12.0	2.8	7.0	4.5
青　海	7.2	7.0	1.6	6.1	3.6
宁　夏	12.8	0.0	0.0	9.9	3.2
新　疆	5.4	15.2	4.7	2.5	3.3

数据来源：国家统计局农村贫困监测调查。

表 2-12　2016 年贫困地区扶贫资金来源与投向

单位：亿元

指　标	金　额
一、扶贫投资总额	2958.6
1. 中央扶贫贴息贷款累计发放额	556.7
2. 中央财政专项扶贫资金	627.6
#以工代赈资金	45.2
少数民族发展资金	25.7
3. 中央专项退耕还林还草工程补助	107.9
4. 中央拨付的低保资金	378.0
5. 省级财政安排的扶贫资金	259.7
6. 国际扶贫资金	3.2
7. 其他资金	1025.4
二、扶贫资金投向	2958.6
1. 农业	263.0
2. 林业	112.6
3. 畜牧业	178.3
4. 农产品加工业	22.3
5. 农村饮水安全工程	59.9
6. 小型农田水利及农村水电	66.5
7. 病险水库除险加固	16.2
8. 村通公路（通畅、通达工程等）	303.5
9. 农网完善及无电地区电力设施建设	81.7
10. 村村通电话、互联网覆盖等农村信息化建设	35.8
11. 农村沼气等清洁能源建设	7.6
12. 农村危房改造	191.3
13. 乡卫生院、村卫生站（室）建设及设施	24.6
14. 卫生技术人员培训	2.2
15. 劳动力职业技能培训	13.8
16. 易地扶贫搬迁	507.3
17. 农村中小学建设	216.8
18. 农村中小学营养餐计划	103.4
19. 其他	751.9

数据来源：国家统计局农村贫困监测调查，根据各县上报数据加总。

（三）2016年贫困地区分组收入消费情况

表 2-13　按人均可支配收入五等份分组的贫困地区农村常住居民收入消费

单位：元

指　标	合计	低收入组	中低收入组	中等收入组	中高收入组	高收入组
一、人均可支配收入	8452	2391	5329	7335	9908	17295
1. 工资性收入	2880	1021	1992	2765	3615	5006
2. 经营净收入	3443	505	1985	2750	3940	8037
3. 财产净收入	107	42	54	71	98	269
4. 转移净收入	2021	824	1297	1749	2254	3983
二、人均消费支出	7331	5486	5899	6674	7914	10680
1. 食品烟酒	2567	1976	2150	2396	2768	3547
2. 衣着	423	319	344	386	456	608
3. 居住	1543	1183	1249	1407	1643	2236
4. 生活用品及服务	448	313	349	409	483	688
5. 交通通信	803	570	558	652	892	1343
6. 教育文化娱乐	790	593	702	775	893	988
7. 医疗保健	638	450	455	550	653	1081
8. 其他用品和服务	118	83	94	98	127	189

数据来源：国家统计局农村贫困监测调查。

表 2-14　按家庭规模分组的贫困地区农村常住居民收入消费

单位：元

指　标	合计	1 人户	2 人户	3 人户	4 人户	5 人户	6 人户以上
一、人均可支配收入	8452	14090	10966	9290	7914	6797	6156
1. 工资性收入	2880	3485	2971	3142	2994	2611	2314
2. 经营净收入	3443	4477	4148	3684	3335	2928	2863
3. 财产净收入	107	229	175	117	82	72	80
4. 转移净收入	2021	5900	3672	2348	1503	1186	899
二、人均消费支出	7331	13571	9324	8065	6936	5972	5090
1. 食品烟酒	2567	5386	3588	2758	2285	2003	1811
2. 衣着	423	743	467	464	422	359	326
3. 居住	1543	3452	2119	1710	1417	1183	946
4. 生活用品及服务	448	892	600	503	420	347	278
5. 交通通信	803	1178	925	880	772	698	652
6. 教育文化娱乐	790	503	453	954	984	783	573
7. 医疗保健	638	1171	1010	664	528	509	428
8. 其他用品和服务	118	245	161	132	109	89	76

数据来源：国家统计局农村贫困监测调查。

表 2-15　按照地势分组的贫困地区农村常住居民收入消费

单位：元

指　标	合计	平原	丘陵	山地
一、人均可支配收入	8452	8956	8743	7959
1. 工资性收入	2880	2875	3088	2752
2. 经营净收入	3443	3776	3377	3283
3. 财产净收入	107	113	131	88
4. 转移净收入	2021	2192	2148	1838
二、人均消费支出	7331	7312	7755	7073
1. 食品烟酒	2567	2458	2663	2573
2. 衣着	423	490	422	382
3. 居住	1543	1586	1723	1404
4. 生活用品及服务	448	454	483	423
5. 交通通信	803	847	810	771
6. 教育文化娱乐	790	695	854	808
7. 医疗保健	638	665	670	601
8. 其他用品和服务	118	117	130	111

数据来源：国家统计局农村贫困监测调查。

表 2-16　按家庭成员最高文化程度分组的贫困地区农村常住居民收入消费

单位：元

指　标	合计	未上学	小学	初中	高中	大学专科	本科及以上
一、人均可支配收入	8452	7761	7830	8196	8522	9387	9521
1. 工资性收入	2880	1456	2035	2689	3014	3793	3749
2. 经营净收入	3443	3486	3497	3343	3416	3597	3901
3. 财产净收入	107	100	111	94	112	137	122
4. 转移净收入	2021	2719	2187	2070	1980	1859	1749
二、人均消费支出	7331	6272	6410	6917	7505	8523	9153
1. 食品烟酒	2567	3083	2831	2551	2490	2576	2478
2. 衣着	423	388	354	419	442	453	435
3. 居住	1543	1213	1271	1516	1581	1743	1737
4. 生活用品及服务	448	338	377	438	462	507	504
5. 交通通信	803	382	555	760	873	962	1017
6. 教育文化娱乐	790	95	225	474	945	1505	2186
7. 医疗保健	638	679	701	643	593	647	659
8. 其他用品和服务	118	95	97	117	120	129	137

数据来源：国家统计局农村贫困监测调查。

表 2-17 按照东中西分组的贫困地区农村常住居民收入消费

单位：元

指 标	合计	东部	中部	西部
一、人均可支配收入	8452	8423	8951	8128
1. 工资性收入	2880	4174	2999	2656
2. 经营净收入	3443	2573	3386	3579
3. 财产净收入	107	106	103	109
4. 转移净收入	2021	1570	2463	1784
二、人均消费支出	7331	7199	7710	7097
1. 食品烟酒	2567	2496	2591	2560
2. 衣着	423	476	444	402
3. 居住	1543	1511	1757	1408
4. 生活用品及服务	448	382	503	420
5. 交通通信	803	876	779	810
6. 教育文化娱乐	790	697	798	795
7. 医疗保健	638	648	690	603
8. 其他用品和服务	118	111	148	100

数据来源：国家统计局农村贫困监测调查。

注：东部贫困地区包括河北、海南的贫困地区；中部贫困地区包括山西、吉林、黑龙江、安徽、江西、河南、湖北、湖南的贫困地区；西部贫困地区包括内蒙古、广西、重庆、四川、贵州、云南、西藏、陕西、甘肃、青海、宁夏、新疆的贫困地区。

表 2-18 按不同类型县分组的贫困地区农村常住居民收入消费

单位：元

指标	合计	民族地区县	陆地边境县	沙漠化县	较少民族聚集村所在县
一、人均可支配收入	8452	8065	7804	8217	7617
1. 工资性收入	2880	2438	1859	2987	2022
2. 经营净收入	3443	3841	4461	3483	4018
3. 财产净收入	107	108	116	133	112
4. 转移净收入	2021	1678	1368	1615	1465
二、人均消费支出	7331	6869	6236	6700	6547
1. 食品烟酒	2567	2498	2429	2363	2314
2. 衣着	423	390	354	479	373
3. 居住	1543	1333	1186	1316	1215
4. 生活用品及服务	448	381	318	339	361
5. 交通通信	803	860	821	831	914
6. 教育文化娱乐	790	763	560	676	709
7. 医疗保健	638	550	486	601	572
8. 其他用品和服务	118	94	83	95	90

数据来源：国家统计局农村贫困监测调查。

表 2-19　2016 年贫困地区分地区收入结构

单位：元

地　区	人均可支配收入				
		工资性收入	经营净收入	财产净收入	转移净收入
合　计	8452	2880	3443	107	2021
河　北	8382	4190	2503	110	1578
山　西	6623	2812	2117	80	1614
内蒙古	9005	1679	4859	224	2243
吉　林	7669	1412	4734	357	1166
黑龙江	7828	773	4810	407	1839
安　徽	9890	3148	3662	102	2978
江　西	8643	3636	3342	100	1565
河　南	9735	2703	4080	77	2875
湖　北	9502	3158	3284	76	2984
湖　南	8029	3550	2216	65	2198
广　西	8800	2430	3857	125	2389
海　南	9163	3882	3824	29	1428
重　庆	10244	2916	4120	183	3026
四　川	8799	3079	3556	187	1976
贵　州	7894	3275	3046	46	1527
云　南	7847	2236	4311	66	1233
西　藏	9094	2205	5238	149	1502
陕　西	8424	3466	2924	121	1913
甘　肃	6323	1971	2556	85	1710
青　海	7772	2373	2702	302	2395
宁　夏	7937	2938	2862	90	2046
新　疆	8055	2463	3788	84	1721

数据来源：国家统计局农村贫困监测调查。

表 2-20 2016 年贫困地区分地区消费结构

单位：元／人

地 区	消费支出				
		食品烟酒	衣着	居住	生活用品及服务
合 计	7331	2567	423	1543	448
河 北	7171	2453	487	1518	382
山 西	5841	2105	364	1240	239
内蒙古	8377	2611	503	1498	340
吉 林	7272	2628	520	1360	300
黑龙江	6471	1992	478	1390	319
安 徽	9178	3177	464	2107	603
江 西	7330	2714	354	1929	473
河 南	7157	2334	544	1559	546
湖 北	8499	2607	432	2174	548
湖 南	7825	2635	365	1655	490
广 西	7755	2828	264	1642	426
海 南	7697	3269	282	1384	394
重 庆	9119	3457	570	1781	679
四 川	7757	3428	452	1402	527
贵 州	7327	2399	382	1639	445
云 南	6275	2477	286	1119	339
西 藏	6070	3183	643	851	346
陕 西	7615	2213	452	1788	471
甘 肃	5857	1943	385	1127	385
青 海	8379	2531	557	1453	418
宁 夏	7728	2217	535	1341	481
新 疆	5633	2236	537	1088	211

数据来源：国家统计局农村贫困监测调查。

表 2-20　2016 年贫困地区分地区消费结构（续）

单位：元 / 人

地　区	交通通信	教育文化娱乐	医疗保健	其他用品和服务
合　计	803	790	638	118
河　北	880	688	651	112
山　西	566	646	617	64
内蒙古	1264	1132	912	118
吉　林	638	744	929	153
黑龙江	792	676	729	95
安　徽	869	864	928	166
江　西	613	637	468	143
河　南	833	660	525	156
湖　北	965	799	767	208
湖　南	687	1085	778	129
广　西	892	942	669	92
海　南	810	862	603	92
重　庆	906	971	638	118
四　川	659	581	563	143
贵　州	891	1001	466	104
云　南	760	756	474	65
西　藏	602	193	153	99
陕　西	767	880	924	120
甘　肃	647	651	631	87
青　海	1375	813	1103	131
宁　夏	994	982	1008	171
新　疆	708	321	453	79

数据来源：国家统计局农村贫困监测调查。

（四）2012-2016 年贫困地区发展情况

表 2-21　2012-2016 年贫困地区贫困人口变动情况

年　份	贫困人口（万人）	贫困发生率（%）	贫困人口下降（万人）	贫困人口下降幅度（%）
2012	6039	23.2	--	--
2013	5070	19.3	969	16.1
2014	4317	16.6	753	14.8
2015	3490	13.3	827	19.2
2016	2654	10.1	836	23.9

数据来源：国家统计局农村贫困监测调查。

表 2-22　2013-2016 年贫困地区农村居民收入增长情况

年　份	农村常住居民人均可支配收入（元）	收入名义增速（%）	收入实际增速（%）
2013	6079	16.6	13.4
2014	6852	12.7	10.7
2015	7653	11.7	10.3
2016	8452	10.4	8.4

数据来源：国家统计局农村贫困监测调查。
注：2012 年国家统计局实施了城乡住户调查一体化改革，贫困地区开始使用农村常住居民人均可支配收入。

表 2-23　2013-2016 年贫困地区农村居民消费增长情况

年　份	农村常住居民人均消费支出（元）	名义增速（%）	实际增速（%）
2013	5404	14.9	11.8
2014	6007	11.2	9.2
2015	6656	10.8	9.4
2016	7331	10.1	8.1

数据来源：国家统计局农村贫困监测调查。
2012 年国家
局实施了城
调查一体
贫困地
用农村
费支

表 2-24　2012-2016 年贫困地区分地区农村贫困人口

单位：万人

地 区	2012 年	2013 年	2014 年	2015 年	2016 年
合 计	6039	5070	4317	3490	2654
河 北	354	304	265	197	147
山 西	157	126	107	83	67
内蒙古	134	110	95	66	46
吉 林	16	15	14	12	10
黑龙江	104	89	82	68	53
安 徽	333	301	252	209	155
江 西	255	215	176	141	103
河 南	444	370	328	287	221
湖 北	286	216	180	148	117
湖 南	501	423	343	279	205
广 西	249	196	164	135	100
海 南	10	9	12	11	9
重 庆	103	97	83	68	35
四 川	399	331	273	203	150
贵 州	756	654	545	444	346
云 南	744	607	536	448	352
西 藏	85	72	61	48	34
陕 西	312	271	227	180	140
甘 肃	540	451	381	296	235
青 海	82	63	52	42	31
宁 夏	36	33	30	23	18
新 疆	138	117	111	101	80

数据来源：国家统计局农村贫困监测调查。

表 2-25　2012-2016 年贫困地区分地区农村贫困发生率

单位：%

地 区	2012 年	2013 年	2014 年	2015 年	2016 年
合 计	23.2	19.3	16.6	13.3	10.1
河 北	23.8	20.4	19.0	14.2	10.6
山 西	27.3	21.7	18.9	14.6	11.9
内蒙古	19.7	16.1	13.4	9.3	6.6
吉 林	14.6	13.6	12.9	10.8	9.0
黑龙江	20.4	17.3	15.5	12.7	10.0
安 徽	18.7	15.6	12.9	10.7	7.9
江 西	22.0	18.1	14.9	11.6	8.5
河 南	15.9	13.3	11.3	9.5	7.3
湖 北	23.5	17.7	14.9	12.2	9.6
湖 南	24.8	20.8	18.3	14.0	10.3
广 西	24.4	19.1	15.7	13.1	9.7
海 南	12.2	12.5	15.9	14.4	11.2
重 庆	12.3	10.3	9.7	7.9	4.0
四 川	22.5	19.7	16.3	12.1	9.0
贵 州	27.2	23.6	19.0	15.3	11.9
云 南	26.7	21.9	20.3	17.4	13.7
西 藏	35.2	28.8	23.7	18.6	13.2
陕 西	22.1	19.4	17.2	13.6	10.6
甘 肃	32.8	27.5	23.4	18.3	14.5
青 海	21.6	16.4	13.4	10.9	8.1
宁 夏	17.4	16.1	14.4	11.1	8.7
新 疆	24.5	20.0	18.7	15.8	12.8

数据来源：国家统计局农村贫困监测调查。

表 2-26　2013-2016 年贫困地区分地区农村常住居民人均可支配收入

单位：元

地　区	2013 年	2014 年	2015 年	2016 年
合　计	6079	6852	7653	8452
河　北	6150	6886	7575	8382
山　西	4875	5430	6078	6623
内蒙古	6545	7375	8201	9005
吉　林	5798	6414	7045	7669
黑龙江	5896	6450	7174	7828
安　徽	7119	8062	8952	9890
江　西	6053	6830	7759	8643
河　南	7070	7983	8865	9735
湖　北	6971	7831	8682	9502
湖　南	5715	6461	7222	8029
广　西	6252	7044	7927	8800
海　南	7145	7449	8284	9163
重　庆	7131	8044	9120	10244
四　川	6282	7091	7966	8799
贵　州	5557	6381	7171	7894
云　南	5616	6314	7070	7847
西　藏	6553	7359	8244	9094
陕　西	6162	6963	7692	8424
甘　肃	4487	5106	5782	6323
青　海	6462	7283	7933	8664
宁　夏	5840	6555	7255	7937
新　疆	5986	6635	7341	8055

数据来源：国家统计局农村贫困监测调查。

注：2012 年国家统计局实施了城乡住户调查一体化改革，贫困地区开始使用农村常住居民人均可支配收入。

表 2-27 2013-2016 年贫困地区分地区农村常住居民人均消费支出

单位：元

地区	2013 年	2014 年	2015 年	2016 年
合计	5404	6007	6656	7331
河北	5767	6210	6738	7171
山西	4630	5080	5455	5841
内蒙古	6467	7232	7886	8377
吉林	5344	5948	6607	7272
黑龙江	5005	5612	5930	6471
安徽	6375	7159	8227	9178
江西	5443	6035	6763	7330
河南	5296	5845	6529	7157
湖北	6507	7249	7798	8499
湖南	5633	6355	7054	7825
广西	5764	6517	6991	7755
海南	6319	6626	7091	7697
重庆	6442	7345	8170	9119
四川	5527	6100	6903	7757
贵州	5327	5897	6498	7327
云南	4413	4958	5686	6275
西藏	4102	4822	5580	6070
陕西	5840	6406	6934	7615
甘肃	4313	4912	5452	5857
青海	7506	8235	8566	9222
宁夏	5616	6132	7060	7728
新疆	4925	5203	5434	5633

数据来源：国家统计局农村贫困监测调查。

注：2012 年国家统计局实施了城乡住户调查一体化改革，贫困地区开始使用农村居民人均消费支出。

表 2-28　2012-2016 年贫困地区农户生产生活条件改善情况

指　标	单位	2012 年	2013 年	2014 年	2015 年	2016 年
一、农户生产生活条件						
1. 居住竹草土坯房的农户比重	%	7.8	7.0	6.6	5.7	4.5
2. 使用照明电的农户比重	%	--	99.3	99.5	99.8	99.3
3. 使用管道供水的农户比重	%	56.4	53.6	55.9	61.5	67.4
4. 使用经过净化处理自来水的农户比重	%	33.1	30.6	33.1	36.4	40.8
5. 饮水无困难的农户比重	%	--	81.0	82.3	85.3	87.9
6. 独用厕所的农户比重	%	91.0	92.7	93.1	93.6	94.2
7. 炊用柴草的农户比重	%	61.1	58.6	57.8	54.9	51.4
二、农户耐用消费品拥有情况						
1. 百户汽车拥有量	辆	2.7	5.5	6.7	8.3	11.1
2. 百户洗衣机拥有量	台	52.3	65.8	71.1	75.6	80.7
3. 百户电冰箱拥有量	台	47.5	52.6	60.9	67.9	75.3
4. 百户移动电话拥有量	部	158.3	172.9	194.8	208.9	225.1
5. 百户计算机拥有量	台	5.4	7.9	11.1	13.2	15.1

数据来源：国家统计局农村贫困监测调查。

表 2-29　2013-2016 年贫困地区农村基础设施和公共服务情况

单位：%

指　标	2013 年	2014 年	2015 年	2016 年
1. 所在自然村通公路的农户比重	97.8	99.1	99.7	99.8
2. 所在自然村通电话的农户比重	98.3	99.2	99.7	99.9
3. 所在自然村能接收有线电视信号的农户比重	79.6	88.7	92.2	94.2
4. 所在自然村进村主干道路硬化的农户比重	88.9	90.8	94.1	96.0
5. 所在自然村能便利乘坐公共汽车的农户比重	56.1	58.5	60.9	63.9
6. 所在自然村通宽带的农户比重	--	--	71.8	79.8
7. 所在自然村垃圾能集中处理的农户比重	29.9	35.2	43.3	50.9
8. 所在自然村有卫生站的农户比重	84.4	86.8	90.4	91.4
9. 所在自然村上幼儿园便利的农户比重	71.4	74.5	76.1	79.7
10. 所在自然村上小学便利的农户比重	79.8	81.2	81.7	84.9

数据来源：国家统计局农村贫困监测调查。

表 2-30　2012-2016 年扶贫资金投向变化情况

单位：%

指　标	2012 年	2013 年	2014 年	2015 年	2016 年
1. 农业占扶贫投资的比重	8.9	10.0	9.2	9.1	8.9
2. 林业占扶贫投资的比重	6.4	5.7	4.9	5.4	3.8
3. 畜牧业占扶贫投资的比重	5.5	6.4	5.3	5.4	6.0
4. 农产品加工业占扶贫投资的比重	2.5	2.6	1.6	1.4	0.8
5. 农村饮水安全工程占扶贫投资的比重	2.7	2.7	2.7	2.7	2.0
6. 小型农田水利及农村水电占扶贫投资的比重	3.3	4.0	4.1	2.6	2.2
7. 病险水库除险加固占扶贫投资的比重	2.2	1.4	0.9	0.8	0.5
8. 村通公路（通畅、通达工程等）占扶贫投资的比重	9.4	11.0	12.8	14.6	10.3
9. 农网完善及无电地区电力设施建设占扶贫投资的比重	3.6	2.5	3.0	3.4	2.8
10. 村村通电话、互联网覆盖等农村信息化建设占扶贫投资的比重	1.2	1.1	0.9	1.8	1.2
11. 农村沼气等清洁能源建设占扶贫投资的比重	0.9	0.6	0.4	0.3	0.3
12. 农村危房改造占扶贫投资的比重	9.3	9.0	7.7	7.6	6.5
13. 乡卫生院、村卫生站（室）建设及设施占扶贫投资的比重	1.3	1.4	1.2	1.1	0.8
14. 卫生技术人员培训占扶贫投资的比重	0.1	0.1	0.1	0.1	0.1
15. 劳动力职业技能培训占扶贫投资的比重	0.8	1.1	0.8	0.6	0.5
16. 易地扶贫搬迁占扶贫投资的比重	4.6	4.8	5.5	4.6	17.1
17. 农村中小学建设占扶贫投资的比重	10.6	11.6	11.3	10.0	7.3
18. 农村中小学营养餐计划占扶贫投资的比重	7.6	5.9	5.2	4.5	3.5
19. 其他占扶贫投资的比重	19.0	18.3	22.5	24.2	25.4

数据来源：国家统计局农村贫困监测调查。

三、连片特困地区

（一）2011-2015 年连片特困地区综合资料

表 3-1　连片特困地区经济社会发展情况

指　标	单位	2011 年	2012 年	2013 年	2014 年	2015 年
一、连片特困地区基本情况						
行政区域面积	万平方公里	--	--	--	--	402
乡个数	个	5991	5996	5845	5622	5197
镇个数	个	4218	4279	4460	4557	4626
户籍人口	万人	--	--	--	24243	24287
二、财政金融资料						
地区生产总值	亿元	26763	31212	35300	38968	41808
#第一产业增加值	亿元	6757	7696	8403	9035	9664
第二产业增加值	亿元	11099	13142	14841	16077	16240
第三产业增加值	亿元	8908	10374	12056	13856	15904
公共财政收入	亿元	1399	1782	2302	2572	2759
公共财政支出	亿元	8312	10454	11769	13088	15326
居民储蓄存款余额	亿元	17618	21751	25684	29686	33854
年末金融机构各项贷款余额	亿元	12966	16288	20446	24140	28790

数据来源：国家统计局县（市）社会经济基本情况统计。

表 3-2 连片特困地区居民生产生活情况

指 标	单位	2011 年	2012 年	2013 年	2014 年	2015 年
一、农业生产情况						
农业机械总动力	万千瓦特	14650	15853	16758	17606	18344
粮食总产量	万吨	7788	8744	9898	10055	10232
油料产量	万吨	609	634	669	676	692
棉花产量	万吨	66	65	59	86	96
肉类总产量	万吨	1652	1834	1850	1934	1937
二、工业生产情况						
规模以上工业企业单位数	个	14126	16199	18329	19798	22354
规模以上工业总产值	亿元	20879	25053	29817	34469	36892
三、生产生活条件						
固定电话用户	万户	1969	1835	1682	1692	1428

数据来源：国家统计局县（市）社会经济基本情况统计。

表 3-3 连片特困地区文化教育、医疗保健、绿化环保情况

指 标	单位	2011 年	2012 年	2013 年	2014 年	2015 年
一、文化教育情况						
普通中学在校学生数	万人	1325	1264	1189	1185	1164
小学在校学生数	万人	2022	2053	1796	1772	1763
二、医疗保健						
医疗卫生机构床位数	万床	53	61	69	77	84
各种社会福利收养性单位数	个	7357	7402	7520	8233	8372
各种社会福利收养性单位床位数	万床	44	46	51	58	60

数据来源：国家统计局县（市）社会经济基本情况统计。

（二）2016年连片特困地区统计资料

表3-4　2016年连片特困地区农村贫困人口变动情况

片　区	贫困人口			贫困发生率	
	数量（万人）	下降（万人）	下降幅度（%）	水平（%）	下降（百分点）
全部片区	2182	693	24.1	10.5	3.4
1. 六盘山区	215	66	23.4	12.4	3.8
2. 秦巴山区	256	90	25.9	9.1	3.2
3. 武陵山区	285	95	25.0	9.7	3.2
4. 乌蒙山区	272	101	27.1	13.5	5
5. 滇黔桂石漠化区	312	86	21.7	11.9	3.2
6. 滇西边境山区	152	40	21.0	12.2	3.3
7. 大兴安岭南麓山区	46	13	22.0	8.7	2.4
8. 燕山-太行山区	99	23	18.7	11.0	2.5
9. 吕梁山区	47	11	18.4	13.4	3.0
10. 大别山区	252	89	26.2	7.6	2.8
11. 罗霄山区	73	29	28.2	7.5	2.9
12. 西藏区	34	14	28.9	13.2	5.4
13. 四省藏区	68	20	22.9	12.7	3.8
14. 南疆三地州	73	17	19.1	12.7	3.0

数据来源：国家统计局农村贫困监测调查。

表 3-5　2016 年连片特困地区农村常住居民收入增长情况

片　区	人均可支配收入（元）	名义增速（%）
全部片区	8348	10.9
1. 六盘山区	6915	8.5
2. 秦巴山区	8769	10.1
3. 武陵山区	8504	12.2
4. 乌蒙山区	7994	14.3
5. 滇黔桂石漠化区	8212	9.7
6. 滇西边境山区	7754	11.7
7. 大兴安岭南麓山区	8399	12.2
8. 燕山－太行山区	7906	10.4
9. 吕梁山区	6884	9.0
10. 大别山区	9804	8.6
11. 罗霄山区	8579	11.4
12. 西藏区	9094	10.3
13. 四省藏区	7288	12.9
14. 南疆三地州	7868	11.6

数据来源：国家统计局农村贫困监测调查。

注：2012 年国家统计局实施了城乡住户调查一体化改革，连片特困地区开始使用农村常住居民人均可支配收入。

表 3-6　2016 年连片特困地区农村常住居民消费增长情况

片　区	人均消费支出（元）	名义增速（%）
全部片区	7273	10.7
1. 六盘山区	6395	8.9
2. 秦巴山区	7678	8.8
3. 武陵山区	7832	12.0
4. 乌蒙山区	6795	11.8
5. 滇黔桂石漠化区	7284	11.9
6. 滇西边境山区	6385	9.2
7. 大兴安岭南麓山区	7208	13.1
8. 燕山-太行山区	6875	5.2
9. 吕梁山区	6178	6.5
10. 大别山区	8518	11.6
11. 罗霄山区	7642	10.6
12. 西藏区	6070	8.8
13. 四省藏区	6186	13.8
14. 南疆三地州	5512	5.8

数据来源：国家统计局农村贫困监测调查。

注：2012 年国家统计局实施了城乡住户调查一体化改革，连片特困地区开始使用农村常住居民人均消费支出。

表 3-7　2016 年连片特困地区农村常住居民收入消费结构

指　标	水平（元）	构成（%）	名义增速（%）
一、人均可支配收入	8348	100.0	10.9
1. 工资性收入	2846	34.1	13.7
2. 经营净收入	3429	41.1	5.0
（1）一产净收入	2647	31.7	3.2
#农业	1848	22.1	2.8
牧业	587	7.0	6.3
（2）二、三产净收入	782	9.4	11.9
3. 财产净收入	97	1.2	16.2
4. 转移净收入	1976	23.7	18.0
二、人均消费支出	7273	100.0	10.7
1. 食品	2575	35.4	6.1
2. 衣着	414	5.7	5.5
3. 居住	1519	20.9	13.1
4. 家庭设备及用品	447	6.1	9.8
5. 交通通信	790	10.9	16.0
6. 文教娱乐	788	10.8	17.3
7. 医疗保健	623	8.6	14.6
8. 其他	118	1.6	10.2

数据来源：国家统计局农村贫困监测调查。

表 3-8　2016 年连片特困地区农户住房及家庭设施状况

单位：%

片　区	居住竹草土坯房的农户比重	使用照明电的农户比重	使用管道供水的农户比重
全部片区	4.8	99.2	67.4
1. 六盘山区	7.9	99.1	72.9
2. 秦巴山区	9.4	98.8	61.1
3. 武陵山区	2.5	99.4	68.1
4. 乌蒙山区	5.0	99.7	74.2
5. 滇黔桂石漠化区	1.2	99.7	82.0
6. 滇西边境山区	3.7	100.0	77.2
7. 大兴安岭南麓山区	13.9	100.0	46.9
8. 燕山 - 太行山区	9.2	100.0	54.5
9. 吕梁山区	3.4	99.3	56.7
10. 大别山区	0.5	98.4	55.2
11. 罗霄山区	1.7	99.8	69.2
12. 西藏区	1.7	95.6	48.9
13. 四省藏区	9.4	92.0	67.5
14. 南疆三地州	10.0	100.0	92.1

数据来源：国家统计局农村贫困监测调查。

表 3-8　2016 年连片特困地区农户住房及家庭设施状况（续）

单位：%

片　区	使用经过净化处理自来水的农户比重	饮水无困难的农户比重	独用厕所的农户比重	炊用柴草的农户比重
全部片区	38.5	86.9	93.9	52.0
1. 六盘山区	62.3	86.1	98.9	39.5
2. 秦巴山区	31.2	84.0	97.9	65.0
3. 武陵山区	37.5	86.7	98.2	56.0
4. 乌蒙山区	29.1	84.3	90.6	23.8
5. 滇黔桂石漠化区	41.7	84.1	93.6	44.2
6. 滇西边境山区	29.8	79.1	75.7	64.5
7. 大兴安岭南麓山区	32.9	90.1	99.3	93.4
8. 燕山-太行山区	27.3	93.2	98.3	41.8
9. 吕梁山区	21.8	81.1	89.3	27.0
10. 大别山区	46.0	95.0	94.6	57.1
11. 罗霄山区	30.5	94.4	92.3	54.5
12. 西藏区	25.8	75.0	71.2	54.7
13. 四省藏区	26.5	81.4	79.8	49.4
14. 南疆三地州	86.4	90.0	98.9	58.4

数据来源：国家统计局农村贫困监测调查。

表 3-9　2016 年连片特困地区每百户农户耐用消费品拥有量

片　区	汽车（辆）	洗衣机（台）	电冰箱（台）	移动电话（部）	计算机（台）
全部片区	10.6	80.4	73.8	226.1	13.6
1. 六盘山区	12.9	90.5	65.7	246.3	12.8
2. 秦巴山区	8.4	86.4	72.7	220.3	16.1
3. 武陵山区	9.1	79.0	81.3	237.6	17.6
4. 乌蒙山区	10.5	84.4	48.5	223.4	7.0
5. 滇黔桂石漠化区	15.5	83.9	84.8	269.3	16.7
6. 滇西边境山区	14.2	68.7	67.7	262.5	9.5
7. 大兴安岭南麓山区	11.2	88.0	79.2	192.5	17.3
8. 燕山－太行山区	8.9	77.4	71.3	170.5	13.6
9. 吕梁山区	6.2	84.4	52.6	178.6	12.1
10. 大别山区	8.1	80.8	86.2	207.1	12.7
11. 罗霄山区	9.2	46.4	81.6	231.3	18.6
12. 西藏区	18.1	59.9	53.3	187.3	0.2
13. 四省藏区	19.7	75.7	65.1	215.4	5.5
14. 南疆三地州	8.9	84.7	73.6	126.7	3.4

数据来源：国家统计局农村贫困监测调查。

表 3-10　2016 年连片特困地区农村基础设施和公共服务状况

单位：%

片　区	所在自然村通公路的农户比重	所在自然村通电话的农户比重	所在自然村能接收有线电视信号的农户比重	所在自然村进村主干道路硬化的农户比重	所在自然村能便利乘坐公共汽车的农户比重
全部片区	99.8	99.9	93.4	95.6	61.2
1. 六盘山区	100.0	100.0	97.9	96.9	77.8
2. 秦巴山区	99.9	100.0	97.4	97.0	63.3
3. 武陵山区	99.6	100.0	90.6	97.4	56.0
4. 乌蒙山区	99.7	99.7	87.5	91.2	47.4
5. 滇黔桂石漠化区	100.0	100.0	93.5	95.0	52.5
6. 滇西边境山区	100.0	100.0	95.8	87.6	49.7
7. 大兴安岭南麓山区	100.0	100.0	100.0	95.5	83.7
8. 燕山-太行山区	99.2	99.3	90.3	98.0	84.3
9. 吕梁山区	100.0	100.0	100.0	94.3	77.5
10. 大别山区	100.0	100.0	93.4	99.1	61.6
11. 罗霄山区	100.0	100.0	96.7	99.2	61.8
12. 西藏区	100.0	100.0	81.8	97.4	55.3
13. 四省藏区	96.7	96.2	83.1	84.4	49.8
14. 南疆三地州	100.0	100.0	83.7	93.0	75.3

数据来源：国家统计局农村贫困监测调查。

表 3-10　2016 年连片特困地区农村基础设施和公共服务状况（续）

单位：%

片　区	所在自然村通宽带的农户比重	所在自然村垃圾能集中处理的农户比重	所在自然村有卫生站的农户比重	所在自然村上幼儿园便利的农户比重	所在自然村上小学便利的农户比重
全部片区	77.4	49.5	90.6	79.6	85.2
1. 六盘山区	77.7	52.3	94.6	81.0	87.8
2. 秦巴山区	80.2	51.3	93.6	76.0	82.2
3. 武陵山区	73.3	53.8	89.9	74.1	77.1
4. 乌蒙山区	59.6	35.7	87.5	78.5	89.8
5. 滇黔桂石漠化区	74.9	58.5	89.2	77.9	85.9
6. 滇西边境山区	73.1	44.5	84.9	73.1	83.8
7. 大兴安岭南麓山区	89.4	26.9	88.2	76.7	80.9
8. 燕山 - 太行山区	86.5	50.8	95.2	80.4	79.3
9. 吕梁山区	71.9	48.0	79.8	60.3	60.5
10. 大别山区	91.8	45.4	93.2	92.0	95.3
11. 罗霄山区	91.7	69.4	88.1	86.7	87.6
12. 西藏区	14.4	53.1	91.3	83.4	94.7
13. 四省藏区	49.2	58.1	78.9	67.8	77.5
14. 南疆三地州	73.9	39.5	94.0	96.8	95.8

数据来源：国家统计局农村贫困监测调查。

表 3-11　2016 年连片特困地区农村基础设施和公共服务改善状况

单位：%

片　区	所在自然村通公路的农户比重	所在自然村通电话的农户比重	所在自然村能接收有线电视信号的农户比重	所在自然村进村主干道路硬化的农户比重	所在自然村能便利乘坐公共汽车的农户比重
全部片区	0.1	0.2	3.0	1.9	2.9
1. 六盘山区	0.6	0.0	3.1	2.1	1.7
2. 秦巴山区	0.0	0.0	1.0	1.9	3.8
3. 武陵山区	0.2	0.2	4.6	-0.3	6.4
4. 乌蒙山区	0.1	-0.2	1.2	13.7	7.8
5. 滇黔桂石漠化区	0.3	0.0	4.4	0.4	1.0
6. 滇西边境山区	0.0	0.3	3.2	1.4	3.9
7. 大兴安岭南麓山区	0.0	1.0	0.0	1.8	2.4
8. 燕山－太行山区	0.1	0.8	-0.8	2.0	5.1
9. 吕梁山区	0.0	0.0	2.1	-1.2	5.7
10. 大别山区	0.0	0.0	4.4	0.0	0.7
11. 罗霄山区	0.0	0.0	6.1	0.8	1.1
12. 西藏区	0.0	0.0	1.5	1.8	5.4
13. 四省藏区	0.2	3.2	19.1	4.9	6.3
14. 南疆三地州	0.0	0.0	3.4	8.1	3.2

数据来源：国家统计局农村贫困监测调查。

表 3-11　2016 年连片特困地区农村基础设施和公共服务改善状况（续）

单位：%

片　区	所在自然村通宽带的农户比重	所在自然村垃圾能集中处理的农户比重	所在自然村有卫生站的农户比重	所在自然村上幼儿园便利的农户比重	所在自然村上小学便利的农户比重
全部片区	7.4	6.4	1.4	4.3	4.0
1. 六盘山区	14.5	9.4	1.6	7.4	3.2
2. 秦巴山区	13.9	5.3	2.0	7.2	8.5
3. 武陵山区	6.3	3.5	2.5	4.4	3.7
4. 乌蒙山区	11.8	4.9	2.4	9.5	7.3
5. 滇黔桂石漠化区	7.8	3.0	-0.1	0.8	-0.5
6. 滇西边境山区	8.3	4.4	1.1	2.1	2.7
7. 大兴安岭南麓山区	1.6	6.9	5.6	4.5	8.3
8. 燕山 - 太行山区	7.0	6.7	0.5	3.0	2.5
9. 吕梁山区	1.2	9.0	4.6	2.1	1.7
10. 大别山区	1.3	10.4	-1.1	3.9	3.7
11. 罗霄山区	4.5	11.8	3.0	2.1	-0.5
12. 西藏区	8.4	7.2	0.2	1.5	4.1
13. 四省藏区	9.2	15.1	3.1	11.6	9.6
14. 南疆三地州	4.9	16.0	4.6	1.9	4.3

数据来源：国家统计局农村贫困监测调查。

（三）2011–2016年连片特困地区统计资料

表 3-12 2011-2016 年连片特困地区农村贫困人口

单位：万人

片 区	2011 年	2012 年	2013 年	2014 年	2015 年	2016 年
全部片区	6035	5067	4141	3518	2875	2182
1. 六盘山区	642	532	439	349	280	215
2. 秦巴山区	815	684	559	444	346	256
3. 武陵山区	793	671	543	475	379	285
4. 乌蒙山区	765	664	507	442	373	272
5. 滇黔桂石漠化区	816	685	574	488	398	312
6. 滇西边境山区	424	335	274	240	192	152
7. 大兴安岭南麓山区	129	108	85	74	59	46
8. 燕山－太行山区	223	192	165	150	122	99
9. 吕梁山区	104	87	76	67	57	47
10. 大别山区	647	566	477	392	341	252
11. 罗霄山区	206	175	149	134	102	73
12. 西藏区	106	85	72	61	48	34
13. 四省藏区	206	161	117	103	88	68
14. 南疆三地州	159	122	104	99	90	73

数据来源：国家统计局农村贫困监测调查。

表 3-13 2011-2016 年连片特困地区农村贫困发生率

单位：%

片　区	2011 年	2012 年	2013 年	2014 年	2015 年	2016 年
全部片区	29.0	24.4	20.0	17.1	13.9	10.5
1. 六盘山区	35.0	28.9	24.1	19.2	16.2	12.4
2. 秦巴山区	27.6	23.1	19.5	16.4	12.3	9.1
3. 武陵山区	26.3	22.3	18.0	16.9	12.9	9.7
4. 乌蒙山区	38.2	33.0	25.2	21.5	18.5	13.5
5. 滇黔桂石漠化区	31.5	26.3	21.9	18.5	15.1	11.9
6. 滇西边境山区	31.6	24.8	20.5	19.1	15.5	12.2
7. 大兴安岭南麓山区	24.1	21.1	16.6	14.0	11.1	8.7
8. 燕山-太行山区	24.3	20.9	17.9	16.8	13.5	11.0
9. 吕梁山区	30.5	24.9	21.7	19.5	16.4	13.4
10. 大别山区	20.7	18.2	15.2	12.0	10.4	7.6
11. 罗霄山区	22.0	18.8	15.6	14.3	10.4	7.5
12. 西藏区	43.9	35.2	28.8	23.7	18.6	13.2
13. 四省藏区	42.8	38.6	27.6	24.2	16.5	12.7
14. 南疆三地州	38.7	33.6	20.0	18.8	15.7	12.7

数据来源：国家统计局农村贫困监测调查。

表 3-14 2012-2016 年连片特困地区农村常住居民人均可支配收入

片 区	水平（元）				名义增速（%）				
	2013 年	2014 年	2015 年	2016 年	2012 年	2013 年	2014 年	2015 年	2016 年
全部片区	5956	6724	7525	8348	15.1	15.4	12.9	11.9	10.9
1. 六盘山区	4930	5616	6371	6915	16.6	11.8	13.9	13.4	8.5
2. 秦巴山区	6219	7055	7967	8769	15.7	15.9	13.4	12.9	10.1
3. 武陵山区	6084	6743	7579	8504	14.0	21.0	10.8	12.4	12.2
4. 乌蒙山区	5238	6114	6992	7994	9.5	13.5	16.7	14.4	14.3
5. 滇黔桂石漠化区	5907	6640	7485	8212	17.3	15.3	12.4	12.7	9.7
6. 滇西边境山区	5775	6471	6943	7754	25.8	18.4	12.1	7.3	11.7
7. 大兴安岭南麓山区	6244	6801	7484	8399	17.1	15.1	8.9	10.0	12.2
8. 燕山－太行山区	5680	6260	7164	7906	11.3	14.2	10.2	14.4	10.4
9. 吕梁山区	5259	5589	6317	6884	19.0	14.5	6.3	13.0	9.0
10. 大别山区	7201	8241	9029	9804	16.6	14.9	14.4	9.6	8.6
11. 罗霄山区	5987	6776	7700	8579	12.2	12.2	13.2	13.6	11.4
12. 西藏区	6553	7359	8244	9094	16.6	15.0	12.3	12.0	10.3
13. 四省藏区	4962	5726	6457	7288	18.9	12.9	15.4	12.8	12.9
14. 南疆三地州	5692	6403	7053	7868	21.4	14.5	12.5	10.2	11.6

数据来源：国家统计局农村贫困监测调查。

注：2012 年国家统计局实施了城乡住户调查一体化改革，连片特困地区开始使用农村常住居民人均可支配收入。

表 3-15　2012-2016 年连片特困地区农村常住居民人均消费支出

片　区	人均消费支出（元）				名义增速（%）				
	2013 年	2014 年	2015 年	2016 年	2012 年	2013 年	2014 年	2015 年	2016 年
全部片区	5327	5898	6573	7273	11.3	14.2	10.7	11.4	10.7
1. 六盘山区	4677	5362	5875	6395	15.2	8.7	14.6	9.6	8.9
2. 秦巴山区	5739	6229	7057	7678	12.5	12.4	8.5	13.3	8.8
3. 武陵山区	5701	6353	6994	7832	11.8	14.6	11.4	10.1	12.0
4. 乌蒙山区	4718	5298	6077	6795	9.1	17.6	12.3	14.7	11.8
5. 滇黔桂石漠化区	5186	5788	6508	7284	11.1	20.8	11.6	12.4	11.9
6. 滇西边境山区	4547	5131	5848	6385	16.2	15.5	12.8	14.0	9.2
7. 大兴安岭南麓山区	5191	5958	6373	7208	12.5	7.7	14.8	7.0	13.1
8. 燕山－太行山区	5895	6181	6538	6875	11.2	9.0	4.9	5.8	5.2
9. 吕梁山区	5537	5315	5800	6178	16.8	30.6	-4.0	9.1	6.5
10. 大别山区	6107	6799	7631	8518	12.4	14.9	11.3	12.2	11.6
11. 罗霄山区	5510	6140	6909	7642	10.0	14.5	11.4	12.5	10.6
12. 西藏区	4102	4822	5580	6070	8.2	20.4	17.6	15.7	8.8
13. 四省藏区	4691	5010	5437	6186	19.2	12.5	6.8	8.5	13.8
14. 南疆三地州	4803	5033	5207	5512	16.0	18.7	4.8	3.5	5.8

数据来源：国家统计局农村贫困监测调查。

注：2012 年国家统计局实施了城乡住户调查一体化改革，2013 年起连片特困地区开始使用农村居民人均消费支出。2013–2016 年老口径人均生活消费支出根据新口径人均消费支出和增速推算得出。

表 3-16　2012-2016 年连片特困地区农户生产生活条件

指　标	单位	2012 年	2013 年	2014 年	2015 年	2016 年
一、农户生产生活条件						
1. 居住竹草土坯房的农户比重	%	8.1	7.5	7.0	6.1	4.8
2. 使用照明电的农户比重	%	98.8	99.3	99.5	99.8	99.2
3. 使用管道供水的农户比重	%	--	53.6	55.9	61.2	67.4
4. 使用经过净化处理自来水的农户比重	%	--	29.3	31.7	34.7	38.5
5. 饮水无困难的农户比重	%	--	80.0	80.9	84.0	86.9
6. 独用厕所的农户比重	%	89.9	92.0	92.5	93.0	93.9
7. 炊用柴草的农户比重	%	62.6	59.6	58.8	55.5	52.0
二、农户耐用消费品拥有情况						
1. 百户汽车拥有量	辆	2.7	5.3	6.2	7.9	10.6
2. 百户洗衣机拥有量	台	51.4	65.1	70.1	75.0	80.4
3. 百户电冰箱拥有量	台	46.1	52.3	58.5	65.8	73.8
4. 百户移动电话拥有量	部	162.8	175.3	196.0	210.5	226.1
5. 百户计算机拥有量	台	4.5	7.7	9.8	12.0	13.6

数据来源：国家统计局农村贫困监测调查。

表 3-17　2013-2016 年连片特困地区农村基础设施和公共服务情况

单位：%

指　标	2013 年	2014 年	2015 年	2016 年
1. 所在自然村通公路的农户比重	98.0	98.9	99.7	99.8
2. 所在自然村通电话的农户比重	98.1	99.2	99.7	99.9
3. 所在自然村能接收有线电视信号的农户比重	76.8	86.5	90.4	93.4
4. 所在自然村进村主干道路硬化的农户比重	88.4	90.1	93.7	95.6
5. 所在自然村能便利乘坐公共汽车的农户比重	53.5	55.4	58.3	61.2
6. 所在自然村通宽带的农户比重	--	--	70.0	77.4
7. 所在自然村垃圾能集中处理的农户比重	30.3	34.8	43.1	49.5
8. 所在自然村有卫生站的农户比重	83.6	86.2	89.2	90.6
9. 所在自然村上幼儿园便利的农户比重	70.8	74.2	75.3	79.6
10. 所在自然村上小学便利的农户比重	79.5	81.2	81.2	85.2

数据来源：国家统计局农村贫困监测调查。

四、扶贫重点县统计资料

（一）2011-2015 年扶贫重点县综合统计资料

表 4-1　扶贫重点县经济社会发展情况

指　标	单位	2011 年	2012 年	2013 年	2014 年	2015 年
一、贫困地区基本情况						
行政区域面积	万平方公里	250	250	249	251	251
乡个数	个	4964	4976	4869	4668	4347
镇个数	个	4165	4226	4410	4502	4524
户籍人口	万人	—	—	—	24505	24528
二、财政金融资料						
地区生产总值	亿元	28599	33095	37097	40702	43115
#第一产业增加值	亿元	7080	8036	8743	9354	9912
第二产业增加值	亿元	12550	14692	16410	17628	17493
第三产业增加值	亿元	8969	10366	11944	13720	15709
公共财政收入	亿元	1448	1847	2296	2618	2786
公共财政支出	亿元	8240	10282	11486	12610	14636
居民储蓄存款余额	亿元	18400	22685	26452	30474	34937
年末金融机构各项贷款余额	亿元	12778	16001	19883	23233	27442

数据来源：国家统计局县（市）社会经济基本情况统计。

表 4-2　扶贫重点县居民生产生活情况

指　标	单位	2011 年	2012 年	2013 年	2014 年	2015 年
一、农业生产情况						
农业机械总动力	万千瓦特	16515	17733	18391	19287	20113
粮食总产量	万吨	--	--	11338	11412	11599
油料产量	万吨	630	653	703	703	728
棉花产量	万吨	73	69	63	83	92
肉类总产量	万吨	1626	1769	1779	1861	1858
二、工业生产情况						
规模以上工业企业单位数	个	15641	17437	19742	21362	23939
规模以上工业总产值	亿元	25501	30289	35528	41096	42854
三、生产生活条件						
固定电话用户	万户	2041	1886	1725	1911	1462

数据来源：国家统计局县（市）社会经济基本情况统计。

表 4-3 扶贫重点县文化教育、医疗保健、绿化环保情况

指　标	单位	2011 年	2012 年	2013 年	2014 年	2015 年
一、文化教育情况						
普通中学在校学生数	万人	1344	1268	1182	1166	1152
小学在校学生数	万人	2028	2060	1787	1770	1768
二、医疗保健						
医疗卫生机构床位数	万床	52	60	67	74	80
各种社会福利收养性单位数	个	7536	7666	7557	8222	8526
各种社会福利收养性单位床位数	万床	48	50	58	66	69

数据来源：国家统计局县（市）社会经济基本情况统计。

（二）2016年扶贫重点县统计资料

表4-4　2016年扶贫重点县农村贫困人口变动情况

地区	农村贫困人口			农村贫困发生率	
	数量（万人）	下降（万人）	下降幅度（%）	水平（%）	下降（百分点）
合　计	2219	674	23.3	10.5	3.2
河　北	124	43	25.5	10.5	3.6
山　西	61	18	22.8	11.0	3.2
内蒙古	46	20	30.1	6.6	2.7
吉　林	10	2	20.2	9.0	1.8
黑龙江	42	19	31.1	12.4	5.6
安　徽	155	50	24.5	8.1	2.7
江　西	90	39	30.2	8.6	3.7
河　南	181	37	17.1	7.9	1.6
湖　北	110	27	19.6	9.6	2.4
湖　南	124	44	26.1	12.3	4.3
广　西	84	41	32.9	9.4	4.6
海　南	9	2	21.6	11.2	3.2
重　庆	35	33	49.2	4.0	3.9
四　川	117	48	28.9	8.5	3.4
贵　州	279	74	21.1	12.6	3.4
云　南	316	64	16.9	15.5	3.2
陕　西	116	35	23.4	10.5	3.2
甘　肃	217	48	18.2	16.4	3.7
青　海	18	9	33.8	10.3	5.2
宁　夏	18	5	22.6	8.7	2.4
新　疆	69	14	16.6	13.0	2.6

数据来源：国家统计局农村贫困监测调查。

表 4-5　2016 年扶贫重点县农村常住居民收入增长情况

地　区	人均可支配收入（元）	名义增速（%）
合　计	8355	10.8
河　北	8344	10.8
山　西	6748	6.3
内蒙古	9005	9.8
吉　林	7669	8.9
黑龙江	6767	12.6
安　徽	9892	10.6
江　西	8593	11.4
河　南	9653	10.4
湖　北	9357	10.3
湖　南	7671	12.5
广　西	8741	14.1
海　南	9163	10.6
重　庆	10244	12.3
四　川	8664	8.9
贵　州	7693	10.5
云　南	7635	11.5
陕　西	8406	10.3
甘　肃	5936	9.6
青　海	7676	10.4
宁　夏	7937	9.4
新　疆	8039	8.8

数据来源：国家统计局农村贫困监测调查。

注：2012 年国家统计局实施了城乡住户调查一体化改革，扶贫重点县开始使用农村常住居民人均可支配收入。

表 4-6　2016 年扶贫重点县农村常住居民消费支出增长情况

地　区	人均消费支出（元）	名义增速（%）
合　计	7260	9.7
河　北	7152	6.0
山　西	5868	4.6
内蒙古	8377	6.2
吉　林	7272	10.1
黑龙江	5730	15.7
安　徽	9148	11.7
江　西	7284	7.8
河　南	7057	9.0
湖　北	8441	9.4
湖　南	7553	10.2
广　西	7707	12.8
海　南	7697	8.5
重　庆	9119	11.6
四　川	7520	11.6
贵　州	7110	10.8
云　南	6105	9.5
陕　西	7523	8.3
甘　肃	5716	8.8
青　海	8308	13.2
宁　夏	7728	9.5
新　疆	5665	3.9

数据来源：国家统计局农村贫困监测调查。

注：2012 年国家统计局实施了城乡住户调查一体化改革，扶贫重点县开始使用农村常住居民人均消费支出。

表 4-7　2016 年扶贫重点县农村常住居民收入消费结构

指　标	水平（元）	构成（%）	名义增速（%）
一、人均可支配收入	8355	100.0	10.8
1. 工资性收入	2797	33.5	12.8
2. 经营净收入	3385	40.5	5.4
（1）一产净收入	2675	32.0	2.9
# 农业	1915	22.9	3.0
牧业	581	7.0	5.0
（2）二、三产净收入	710	8.5	16.2
3. 财产净收入	103	1.2	15.0
4. 转移净收入	2070	24.8	17.5
二、人均消费支出	7260	100.0	9.7
1. 食品烟酒	2573	35.4	5.9
2. 衣着	414	5.7	3.5
3. 居住	1516	20.9	11.7
4. 生活用品及服务	443	6.1	8.7
5. 交通通信	783	10.8	15.2
6. 教育文化娱乐	782	10.8	16.6
7. 医疗保健	636	8.8	13.6
8. 其他商品和服务	112	1.5	2.8

数据来源：国家统计局农村贫困监测调查。

表 4-8　2016 年扶贫重点县农户住房及家庭设施状况

单位：%

地　区	居住竹草土坯房的农户比重	使用照明电的农户比重	使用管道供水的农户比重
合　计	4.9	99.2	67.4
河　北	4.1	100.0	69.9
山　西	6.7	99.2	67.7
内蒙古	14.3	100.0	51.7
吉　林	12.2	99.9	85.4
黑龙江	15.3	100.0	53.4
安　徽	0.2	97.1	51.5
江　西	1.3	99.9	62.0
河　南	0.8	100.0	64.3
湖　北	6.5	98.7	67.9
湖　南	1.1	99.4	60.7
广　西	0.5	99.3	85.0
海　南	0.0	99.2	81.0
重　庆	3.8	99.1	65.7
四　川	10.0	97.1	52.4
贵　州	0.4	99.7	75.8
云　南	5.5	99.9	76.1
陕　西	9.0	99.5	75.2
甘　肃	11.0	99.3	68.6
青　海	3.0	94.6	87.7
宁　夏	8.4	98.3	71.6
新　疆	7.9	99.8	86.9

数据来源：国家统计局农村贫困监测调查。

表 4-8　2016 年扶贫重点县农户住房及家庭设施状况（续）

单位：%

地　区	使用经过净化处理自来水的农户比重	饮水无困难的农户比重	独用厕所的农户比重	炊用柴草的农户比重
合　计	41.3	87.8	94.2	52.8
河　北	47.0	97.1	98.2	43.7
山　西	30.7	78.8	94.0	29.9
内蒙古	43.9	94.9	91.0	70.2
吉　林	71.1	94.0	99.5	81.7
黑龙江	37.3	82.5	99.7	94.8
安　徽	43.8	94.7	96.3	64.8
江　西	30.9	91.6	93.3	57.8
河　南	54.3	91.9	97.5	41.2
湖　北	40.8	88.9	94.1	69.9
湖　南	32.8	88.7	97.3	54.8
广　西	40.8	87.6	98.0	56.8
海　南	46.6	90.1	71.4	68.2
重　庆	36.3	81.4	98.8	58.5
四　川	19.9	80.4	93.4	66.1
贵　州	37.3	86.1	93.3	26.7
云　南	29.0	79.8	81.6	55.1
陕　西	45.5	87.9	96.0	58.5
甘　肃	55.1	85.6	98.4	46.0
青　海	65.4	92.8	92.5	22.6
宁　夏	67.0	90.8	98.7	12.6
新　疆	80.9	86.9	98.3	50.4

数据来源：国家统计局农村贫困监测调查。

表 4-9　2016 年扶贫重点县农村每百户耐用消费品拥有量

地　区	汽车（辆）	洗衣机（台）	电冰箱（台）	移动电话（部）	计算机（台）
合　计	10.9	80.5	74.8	223.4	15.0
河　北	13.2	84.8	76.9	190.9	19.3
山　西	6.6	78.5	47.8	162.3	14.5
内蒙古	17.4	86.3	88.6	212.9	20.3
吉　林	11.7	87.6	83.5	178.7	27.7
黑龙江	5.0	89.2	76.1	192.0	12.0
安　徽	8.8	78.3	89.2	205.0	12.9
江　西	9.9	42.7	77.0	221.8	15.5
河　南	11.4	91.9	80.6	222.0	20.1
湖　北	11.4	75.8	86.3	220.6	18.6
湖　南	4.9	68.8	71.1	217.4	15.9
广　西	11.3	74.4	94.7	259.5	19.2
海　南	4.5	35.0	60.0	255.4	6.9
重　庆	11.7	87.4	90.2	223.8	21.9
四　川	7.7	73.8	72.9	217.9	10.0
贵　州	14.1	90.1	75.2	264.3	14.1
云　南	12.7	74.4	54.9	243.7	6.6
陕　西	8.5	86.5	66.0	232.6	18.7
甘　肃	9.9	88.2	58.1	236.2	11.3
青　海	26.6	91.8	89.2	277.2	13.2
宁　夏	18.6	93.9	85.1	292.0	15.4
新　疆	8.7	85.1	75.2	135.6	4.5

数据来源：国家统计局农村贫困监测调查。

表 4-10　2016 年各省扶贫重点县基础设施和公共服务状况

单位：%

地　区	所在自然村通公路的农户比重	所在自然村通电话的农户比重	所在自然村能接收有线电视信号的农户比重	所在自然村进村主干道路硬化的农户比重	所在自然村能便利乘坐公共汽车的农户比重
合　计	99.9	99.8	94.6	95.7	64.5
河　北	100.0	99.7	95.4	97.8	87.0
山　西	100.0	100.0	97.8	98.1	82.3
内蒙古	100.0	100.0	95.7	93.8	85.8
吉　林	100.0	100.0	100.0	94.9	69.1
黑龙江	100.0	100.0	100.0	94.6	89.0
安　徽	100.0	100.0	96.1	98.0	59.8
江　西	100.0	100.0	100.0	100.0	54.5
河　南	100.0	100.0	98.0	99.0	75.6
湖　北	100.0	100.0	93.8	97.6	74.4
湖　南	98.7	100.0	81.7	98.8	48.8
广　西	100.0	100.0	90.3	96.6	48.4
海　南	100.0	78.8	77.1	100.0	51.2
重　庆	100.0	100.0	100.0	94.2	55.2
四　川	99.6	99.8	86.7	95.3	47.8
贵　州	100.0	100.0	91.8	96.0	56.2
云　南	100.0	99.9	95.1	86.1	46.2
陕　西	99.7	100.0	98.1	96.5	73.1
甘　肃	100.0	100.0	100.0	95.6	72.9
青　海	97.0	95.5	95.7	98.3	73.3
宁　夏	100.0	100.0	92.3	100.0	85.4
新　疆	100.0	100.0	84.3	92.9	74.7

表 4-10　2016 年各省扶贫重点县基础设施和公共服务状况（续）

单位：%

地　区	所在自然村通宽带的农户比重	所在自然村垃圾能集中处理的农户比重	所在自然村有卫生站的农户比重	所在自然村上幼儿园便利的农户比重	所在自然村上小学便利的农户比重
合　计	80.3	50.2	91.7	78.9	84.4
河　北	93.7	57.4	98.2	86.4	85.4
山　西	81.8	58.1	85.7	67.2	70.0
内蒙古	73.7	53.4	95.4	70.1	71.8
吉　林	100.0	42.6	86.2	69.5	74.8
黑龙江	95.0	28.5	89.0	68.6	72.6
安　徽	93.7	59.8	91.7	89.3	92.4
江　西	83.1	62.8	88.2	80.1	88.7
河　南	93.5	32.3	98.4	93.1	97.4
湖　北	86.7	57.0	91.3	76.4	81.1
湖　南	72.9	69.3	83.3	75.3	80.4
广　西	77.2	80.2	80.8	83.7	91.1
海　南	54.8	74.3	82.1	71.5	84.5
重　庆	81.4	35.7	93.4	74.5	74.2
四　川	71.3	53.4	89.1	73.6	77.3
贵　州	65.1	44.1	95.7	76.4	86.7
云　南	70.1	35.1	85.7	71.4	82.6
陕　西	81.5	62.7	95.6	72.5	78.1
甘　肃	78.2	48.4	92.3	73.7	84.9
青　海	70.0	41.6	97.0	92.0	90.1
宁　夏	64.3	34.7	93.7	77.6	89.1
新　疆	74.7	41.3	92.9	94.7	94.3

表 4-11 2016 年各省扶贫重点县基础设施和公共服务改善状况

单位：%

地 区	所在自然村通公路的农户比重	所在自然村通电话的农户比重	所在自然村能接收有线电视信号的农户比重	所在自然村进村主干道路硬化的农户比重	所在自然村能便利乘坐公共汽车的农户比重
合 计	0.2	0.1	2.2	2.3	3.3
河 北	0.0	-0.1	1.7	1.9	6.6
山 西	0.0	0.0	0.0	-1.2	-0.3
内蒙古	0.0	0.0	-3.0	8.9	5.9
吉 林	0.0	0.0	0.0	1.4	-1.6
黑龙江	0.0	1.6	0.0	5.2	2.7
安 徽	0.8	0.0	5.3	-1.7	-1.4
江 西	0.0	0.0	6.7	3.9	0.4
河 南	0.0	0.0	0.4	0.8	0.8
湖 北	0.0	0.0	7.4	-1.5	12.6
湖 南	0.1	0.6	-0.6	0.0	-4.9
广 西	0.0	0.0	7.8	1.5	0.5
海 南	0.0	7.4	9.7	3.5	-7.7
重 庆	0.0	0.0	2.6	-0.3	12.3
四 川	0.0	0.0	-0.4	7.8	8.8
贵 州	0.0	0.0	-6.2	0.1	4.0
云 南	0.0	0.1	4.6	4.9	4.5
陕 西	0.0	0.0	1.1	1.2	3.5
甘 肃	0.8	0.0	3.3	3.0	1.6
青 海	0.6	1.3	12.9	2.1	-5.3
宁 夏	0.0	0.0	0.8	0.0	-2.5
新 疆	0.0	0.0	3.8	8.3	2.9

表 4-11　2016 年各省扶贫重点县基础设施和公共服务改善状况（续）

单位：%

地　区	所在自然村通宽带的农户比重	所在自然村垃圾能集中处理的农户比重	所在自然村有卫生站的农户比重	所在自然村上幼儿园便利的农户比重	所在自然村上小学便利的农户比重
合　计	6.9	7.0	2.0	3.8	3.6
河　北	6.2	7.1	1.3	1.6	1.5
山　西	0.6	-1.5	-0.4	0.4	1.1
内蒙古	6.1	23.0	4.2	4.4	9.6
吉　林	10.1	5.0	10.0	5.3	2.4
黑龙江	0.4	5.8	4.8	-2.1	-1.8
安　徽	4.5	18.5	-1.4	4.8	3.9
江　西	-0.9	12.3	2.6	0.1	1.8
河　南	0.0	1.0	-0.3	1.4	1.5
湖　北	10.9	8.5	3.1	5.5	5.7
湖　南	7.4	3.8	-0.3	1.4	3.0
广　西	6.7	2.2	0.8	3.6	1.0
海　南	18.5	8.0	0.6	3.3	8.8
重　庆	9.2	9.6	5.7	12.3	4.6
四　川	18.7	7.8	6.1	13.4	10.8
贵　州	-6.2	-1.5	0.4	-2.3	2.6
云　南	12.0	2.5	0.8	2.5	1.1
陕　西	13.2	6.8	1.1	1.5	2.7
甘　肃	16.5	9.7	4.2	8.3	5.8
青　海	8.6	7.5	1.4	7.3	1.5
宁　夏	12.7	-2.4	-0.4	10.0	3.2
新　疆	4.6	18.4	4.9	1.1	2.1

（三）2011–2016 年扶贫重点县贫困状况

表 4-12　2011-2016 年扶贫重点县分地区农村贫困人口

单位：万人

地　区	2011 年	2012 年	2013 年	2014 年	2015 年	2016 年
合　计	6112	5105	4279	3649	2893	2219
河　北	358	304	274	235	167	124
山　西	160	134	123	104	79	61
内蒙古	153	134	110	95	66	46
吉　林	22	16	15	14	12	10
黑龙江	93	79	70	73	61	42
安　徽	395	311	296	248	205	155
江　西	317	268	201	159	129	90
河　南	488	391	324	264	218	181
湖　北	326	278	203	169	137	110
湖　南	379	299	232	208	168	124
广　西	252	193	183	143	125	84
海　南	15	10	9	12	11	9
重　庆	116	103	97	83	68	35
四　川	384	320	275	236	165	117
贵　州	722	622	535	440	353	279
云　南	782	672	543	469	380	316
陕　西	312	266	231	188	151	116
甘　肃	602	514	395	346	265	217
青　海	61	53	46	36	27	18
宁　夏	47	36	33	30	23	18
新　疆	127	103	84	97	83	69

数据来源：国家统计局农村贫困监测调查。

表 4-13　2011-2016 年扶贫重点县分地区农村贫困发生率

单位：%

地　区	2011 年	2012 年	2013 年	2014 年	2015 年	2016 年
合　计	29.2	24.4	20.2	17.5	13.7	10.5
河　北	28.5	24.1	21.7	19.8	14.1	10.5
山　西	28.8	23.8	21.8	18.8	14.3	11.0
内蒙古	24.5	19.7	16.1	13.4	9.3	6.6
吉　林	20.4	14.6	13.6	12.9	10.8	9.0
黑龙江	28.1	23.3	20.7	21.7	17.9	12.4
安　徽	20.7	18.1	15.9	13.0	10.8	8.1
江　西	31.9	26.4	19.4	15.5	12.2	8.6
河　南	22.5	18.0	15.1	12.1	9.6	7.9
湖　北	28.7	24.3	17.7	14.8	12.0	9.6
湖　南	37.5	29.2	22.6	22.4	16.6	12.3
广　西	28.7	22.0	20.7	15.8	14.0	9.4
海　南	19.2	12.2	12.5	15.9	14.4	11.2
重　庆	13.5	12.3	10.3	9.7	7.9	4.0
四　川	27.9	23.1	19.9	17.0	11.9	8.5
贵　州	35.4	29.2	25.1	20.1	16.0	12.6
云　南	36.2	30.7	24.9	22.8	18.7	15.5
陕　西	26.2	22.3	19.6	17.1	13.7	10.5
甘　肃	45.1	38.6	29.9	26.3	20.1	16.4
青　海	30.8	24.5	21.3	16.8	15.6	10.3
宁　夏	22.4	17.4	16.1	14.4	11.1	8.7
新　疆	30.7	24.0	17.1	19.5	15.7	13.0

数据来源：国家统计局农村贫困监测调查。

表 4-14 2012-2016 年扶贫重点县农户生产生活条件

指　标	单位	2012 年	2013 年	2014 年	2015 年	2016 年
一、农户生产生活条件						
1. 居住竹草土坯房的农户比重	%	8.4	7.7	7.0	6.2	4.9
2. 使用照明电的农户比重	%	99.0	99.2	99.5	99.8	99.2
3. 使用管道供水的农户比重	%	--	53.1	55.5	61.2	67.4
4. 使用经过净化处理自来水的农户比重	%	--	30.9	33.4	36.5	41.3
5. 饮水无困难的农户比重	%	--	80.4	82.3	85.2	87.8
6. 独用厕所的农户比重	%	91.6	92.3	93.2	93.7	94.2
7. 炊用柴草的农户比重	%	63.3	61.1	59.4	56.5	52.8
二、农户耐用消费品拥有情况						
1. 百户汽车拥有量	辆	2.4	5.6	6.6	8.1	10.9
2. 百户洗衣机拥有量	台	52.8	65.8	70.6	75.3	80.5
3. 百户电冰箱拥有量	台	47.0	54.4	60.5	67.5	74.8
4. 百户移动电话拥有量	部	159.7	172.1	193.0	207.0	223.4
5. 百户计算机拥有量	台	5.5	8.9	11.4	13.3	15.0

数据来源：国家统计局农村贫困监测调查。

表 4-15　2013-2016 年扶贫重点县农村基础设施和公共服务情况

单位：%

指　标	2013 年	2014 年	2015 年	2016 年
1. 所在自然村通公路的农户比重	97.8	99.1	99.7	99.9
2. 所在自然村通电话的农户比重	98.5	99.2	99.7	99.8
3. 所在自然村能接收有线电视信号的农户比重	80.0	89.1	92.4	94.6
4. 所在自然村进村主干道路硬化的农户比重	88.6	90.5	93.4	95.7
5. 所在自然村能便利乘坐公共汽车的农户比重	56.1	58.3	61.2	64.5
6. 所在自然村通宽带的农户比重	--	--	73.4	80.3
7. 所在自然村垃圾能集中处理的农户比重	29.1	35.0	43.2	50.2
8. 所在自然村有卫生站的农户比重	84.3	86.8	89.7	91.7
9. 所在自然村上幼儿园便利的农户比重	70.6	73.5	75.1	78.9
10. 所在自然村上小学便利的农户比重	79.1	80.3	80.8	84.4

数据来源：国家统计局农村贫困监测调查。